Gebhard Friebel

Blutiger Reis

Gekidnappt in Kambodscha

Thriller

Gebhard Friebel

Blutiger Reis

Gekidnappt in Kambodscha

Thriller

Universal Frame

Titelgestaltung Werner Hense
Titelfoto: © Fotolia/elizaliv
Universal Frame Verlag GmbH, Zofingen
ISBN 9783905960563

MIX
Papier aus verantwortungsvollen Quellen
Paper from responsible sources
FSC® C105338
FSC
www.fsc.org

Vorwort

Im Jahre1973 übernahmen die Khmer Rouge die Regierungsgewalt in Phnom Penh, der Hauptstadt von Kambodscha. ihr Ziel war die Abschaffung der korrupten Regierung unter Lon Nol. Diese Regierung herrschte mit der in weiten Teilen Asiens üblichen Korruption und Vetternwirtschaft. Zehn reiche Familien hatten die Ausbeutung des Landes unter sich aufgeteilt.

In den Städten wuchs mit der Zeit eine Elite aus bürgerlichem Mittelstand heran, die von der französischen Protektoratsmacht mit neuen Ideen infiziert worden war. Viele Mitglieder dieses neuen Mittelstandes hatten in Frankreich studiert und europäische Werte wie Aufklärung und die Ideale der französischen Revolution, von Egalité, Fraternité und Liberté zu ihren eigenen Werten gemacht. Aber auch kommunistische Ideale und Ideologien chinesischen Ursprungs fanden unter kambodschanischen Studenten viele Anhänger. Zur Durchsetzung ihrer Ideen setzten diese Studenten zunehmend auf blutige Gewaltausübung.

Die auf Grund ihrer überwiegend buddhistischen Erziehung zur Gewaltlosigkeit tendierenden, eher pazifistischen, westlich orientierten Gruppierungen, hatten der wütenden Gewalt der Kommunisten nichts Wirksames entgegenzusetzen. Im Jahr 1975 übernahm der Kommunist Pol Pot, früher selbst Buddhist, zusammen mit einer Clique China-höriger Anhänger die Macht in Phnom Penh. Als erstes wurde Prinz Sihanouk aus dem Land getrieben. Dann beschlossen sie die Säuberung des Landes von allen Revisionisten, denen die gesamte intellektuelle Oberschicht, soweit sie nicht erklärte Kommunisten war, zum Opfer fiel. Aber damit nicht genug. Sie entvölkerten die Städte und planten, das Land zu einem steinzeitlichen Bauernstaat zu machen. Jeder Kambodschaner, der im Verdacht stand, intellektueller Abweichler zu sein, wurde verhaftet.

Im Rahmen dieser Säuberungen wurden mehr als zwei Millionen Menschen ermordet. Zusätzlich verhungerten während dieser Zeit eine Million Menschen. Es war eine schreckliche Zeit für die Mehrzahl der Einwohner Kambodschas.

Die in den unbesiedelten Busch und ins Bergland vertriebenen Städter und Intellektuellen wurden gezwungen, um vier Uhr morgens aufzustehen, und von der Morgendämmerung an Buschland zu roden und Felder anzulegen. Die Arbeitstage hatten vierzehn Stunden. Viele Menschen starben an unbehandelten Krankheiten, Unterernährung, Auszehrung und Entkräftung. Ganz Kambodscha ähnelte den Todeslagern des Dritten Reiches in Deutschland unter Adolf Hitler.

***

Der Verlust von drei Millionen Menschen in diesem dünn besiedelten Land, das vor dem Genozid nur ungefähr neun Millionen Einwohner hatte, bedeutete, dass während der vier Jahre anhaltenden Herrschaft der Pol Pot Clique jeder dritte Kambodschaner sein Leben verlor. Heute verfügt Kambodscha nach diesem schrecklichen Aderlass wieder über vierzehn Millionen, überwiegend jüngere und junge Einwohner. Vieles ist getan worden, damit das Land in die Lage versetzt wurde, eigene Industrien zum Wohl der Bevölkerung zu errichten. Das Land sollte unabhängiger werden, und nicht weiterhin von Ländern wie China als Billigstlohnland missbraucht werden. Darüber hinaus war ungefähr 90% des aus teurem, langsam gewachsenem Edelholz bestehenden Baumbestandes gefällt worden. Vor allem thailändische Firmen verdienten sich an diesem Holz, überwiegend Mahagoni- und Teakholz, eine goldene Nase. Als weiterer Nachteil für Kambodscha erwies sich, dass Frankreich die ehemalige Protektoratsmacht des Königreichs gewesen war. Frankreich wurde auf Grund seiner früheren Erfahrungen in Kambodscha mit der Verteilung der reichlich strömenden EU-Hilfsgelder beauftragt. Leider bestanden die Franzosen auf egoistischen Auflagen. So musste vor dem Aufbau einer neuen Schule die Zusage gegeben werden, dass beim Fremdsprachenunterricht an erster Stelle immer Französisch anzubieten sei. Wurden diese Zusagen später nicht eingehalten, wurde die gesamte Lehrerschaft nicht mehr bezahlt.

Dies erwies sich als zusätzlicher Hemmschuh für die Entwicklung des Landes. Denn in ganz Restasien war Englisch als einzige ernstzunehmende Fremdsprache üblich, mit Französisch kam man nicht weit, es sei denn, man wollte in frankophone Teile Afrikas oder in die zu Frankreich gehörenden Departements d'outre mer auswandern.

Eine selbstständige, eigene Entwicklung des Landes wurde nicht gefördert, sondern sträflich vernachlässigt. Hilfe zur Selbsthilfe blieb bis heute ein Fremdwort. So wurde und wird zum Beispiel die Restaurierung der einmaligen Tempelanlagen von Angkor Wat, Preah Vihear und vieler Anderer überwiegend von ausländischen Freiwilligen durchgeführt.

Die üppigen Eintrittsgelder, die für einen Besuchstag 20 US Dollar, für zwei Tage 40 US Dollar und für bis zu sieben Tage immerhin 60 US Dollar betragen, fließen fast zur Gänze in die Taschen dreier ohnehin schon reicher Familien.

Um dem Ganzen die Krone aufzusetzen, müssen die ausländischen freiwilligen Aufbauhelfer auch noch den vollen Eintrittspreis bezahlen, damit sie zu ihrem Arbeitsplatz gehen dürfen. Das gleiche gilt für Unterkunft, Verpflegung, Transportkosten, Ausgaben für Material, Werkzeug, und Visagebüren. Oft übernehmen die Herkunftsländer der Archäologen und Restaurateure beziehungsweise die UNESCO sämtliche anfallende Kosten. Die vielen freiwilligen Freelancer, die dort mit Begeisterung und aus Liebe zu den alten Ruinen tätig sind, müssen alle ihre Ausgaben selbst tragen. Dies ist nur eines von vielen Beispielen aus einer ganzen Palette von Fehlsteuerungen. Aber es zeigt auf, wie der Selbst- und Eigenständigkeit dieses Landes ein Bärendienst erwiesen wird, und es wird verständlich, warum viele Asiaten Ausländer verachten, ob ihrer Dummheit und Naivität.

Phnom Penh, Kambodscha

Kaing Guek Eav, von Freunden und Bekannten, seit er sich zurückerinnern konnte, ‚Duch' genannt, war von Angst gepeinigt. Der Schrecken hielt ihn unbarmherzig im Griff. Er lehnte sich zurück und merkte, dass er wieder zitterte. Er holte tief Luft. Wieder überlebt. Doch wie lange noch würde er Glück haben. Der Mörder war jedes Mal im letzten Moment gestoppt worden. Im buchstäblich allerletzten Augenblick. Von Wachleuten, von Mitgefangenen, von Bediensteten des großen Gefängnisses. Heute wieder einmal. Duch überschlug die Zahl. War es zwanzigmal, oder fünfundzwanzig? Meist sollten Messer das schmutzige Werk vollbringen, aber auch Schlingen, Taue und mindestens dreimal giftige Schlangen, die jemand zum Fenster hereingleiten ließ. Lautlose, schwarze Kobras, die den Tod brachten.

„Sie lassen sich was einfallen, die Mörder. Immer wieder etwas Neues. Wie lange werde ich noch überleben? Wochen, Monate?" fragte er sich in der Dämmerung. Der kambodschanische Staatsanwalt sagte immer wieder: „Lasst ihn doch gehen, sein Schicksal wird ihn einholen, drinnen oder draußen.

Doch er wollte nicht durch die Hand eines Mörders sterben. Er war zwar früher ein enger Freund und Mitarbeiter Pol Pot's gewesen, aber von dessen Mitstreitern war er der einzige, der im Gefängnis saß.

Es hatte so viele Mitläufer gegeben. Aber ausgerechnet ihn hatte es erwischt. Sogar Ministerpräsident Hun Sen selbst war früher ein prominentes Führungsmitglied der Khmer Rouge gewesen und bis 1977 Kommandeur der Verwaltungszone Ost. Er war ein Gesinnungsgenosse gewesen; schließlich hatte er sich aber rechtzeitig nach Vietnam abgesetzt.

Viele Kabinettsmitglieder seiner heutigen Regierung waren früher ebenfalls Khmer Rouge Mitglieder gewesen. Kaing Guek Eav war auf internationalen Druck hin 1999 verhaftet worden. Ein amerikanischer

Journalist hatte den auf dem Land in Ruhe lebenden Mann enttarnt.

Hun Sen hatte ihm wiederholt versichert, dass er, Duch, mit seiner baldigen Freilassung zu rechnen habe. Aber der internationale Druck, vor allem von der Vollversammlung der Vereinten Nationen ausgeübt, hatte Hun Sen immer wieder davon abgehalten, sein Versprechen einzulösen. Duch vermutete, es sei der jetzigen Regierung ganz recht, wenn Pol Pots letzter Kampfgefährte bald stürbe. Dann würden all die Mordanschläge einen Sinn finden.

Die UN hatten auf der Etablierung eines international besetzten Kriegsverbrechertribunals bestanden. Dort sollten die ehemaligen Missetäter um Pol Pot wegen Genozids und wegen Verbrechen gegen die Menschlichkeit angeklagt werden.

Unter diesen hatte sich damals auch Kaing Guek Eav befunden. Die Regierungen von Kanada und Frankreich hatten angedeutet, die Einstellung der Vergabe von Fördermitteln zu überdenken, falls der damals prominenteste, verfügbare Überlebende der obersten Fühungsclique des Pol Pot Regimes ohne Prozess freikommen würde.

Als diese Intervention unbeachtet blieb, hatte schließlich der Vertreter der EU in Phnom Penh offen angekündigt, im Falle einer Freilassung dieses Mannes die Vergabe von Finanzmitteln ganz einzustellen.

Seit Vertreibung des Pol Pot Regimes waren Milliarden in das verarmte Land geflossen. Die Errichtung einer moderneren Infrastruktur war das Ziel. Über das ganze Land verteilt wurden neue Schulen und Straßen gebaut. Viele Gelder wurden in Berufsausbildungsstätten, Colleges und Universitäten investiert. Allerdings flossen auch große Teile der Hilfsgelder in die Taschen der wenigen, ohnehin schon reichen Mitglieder der machtvollen Oberschicht, wie das in ganz Asien üblich ist. Unter deren Druck stand nun Hun Sen. Aber er stand auch unter dem Druck sämtlicher ehemaliger Mitstreiter Pol Pots, die mittlere Führungspositionen bekleidet hatten. Diese hatten sich inzwischen überall in Verwaltungspositionen eingenistet, und befürchteten, falls auf internationalen Druck hin eine Prozesslawine in Gang kommen würde, ihre lukrativen und geruhsamen Posten zu verlieren. Leider wussten sie sehr viel über die Vergangenheit zahlreicher jetzt führender Politiker. Diese mussten befürchten, dass, wenn die gefassten Mitstreiter erst einmal auspackten, sie international geächtet würden. Sie hatten wenig Interesse, als Parias wie Mohammad el Ghaddafi von Libyen von internationalen Begegnungen ausgeschlossen zu werden. Der Ministerpräsident wies in zahlreichen Interviews immer wieder darauf hin, dass die Verfolgung weiterer Kader des Pol Pot Regimes beendet werden müsse.

Falls dies nicht geschehe, sei unter Umständen mit dem Ausbruch eines Bürgerkriegs zu rechnen. Dieses Gespenst des Bürgerkrieges, von Hun Sen und anderen Kabinettsmitgliedern an die Wand gemalt, zirkulierte in der nationalen und internationalen Presse. Das entsprach keineswegs der Realität, da die überwiegende Mehrzahl der Kambodschaner unverändert kriegsmüde war. Aber die naiven ausländischen Regierungen wollten auf keinen Fall für Unruhen verantwortlich gemacht werden. So hatte man sich in geheimen Absprachen darauf geeinigt, dass Kaing Guek Eav als letzter der Genossen von Pol Pot gerichtlich verfolgt werden sollte. Als quasi letztes Bauernopfer!

Damit hatten sich denn auch die ehemaligen Pol Pot Mitstreiter zufrieden gegeben. Sie selbst würden in Zukunft unbehelligt bleiben. Die ausländischen Regierungen hatten sich ebenfalls mit diesem Arrangement einverstanden gezeigt. Aber auf der sauberen Durchführung dieses letzten Prozesses hatten sie bestanden. Man konnte jetzt keinen Rückzieher mehr machen. Für den Fall, dass der Prozess gegen Duch platzen würde, mussten deshalb die führenden Familien des Landes mit erheblichen finanziellen Einbußen für die Zukunft rechnen.

Morgens in Münster

Das Telefon klingelte. Uli Frings schrak zusammen. Er war vor zehn Minuten ins Büro gekommen. Seine Sekretärin Ulla fehlte noch. Montags war sie nie vor zehn Uhr da.

„Scheiß-Gleitzeit!“, hatte er immer wieder gedacht. Gut, er war ja auch erst um neun Uhr ins Büro gekommen. Aber immerhin war er ihr Boss. Er war jetzt seit drei Jahren in Münster. Er hatte in Saarbrücken seinen guten Job aufgegeben, um nach Münster überzusiedeln. In Saarbrücken hatte er nach insgesamt acht Jahren Arbeit im größten regionalen Zeitschriftenverlag keine weiteren Aufstiegschancen gesehen. Der Job in Münster war erheblich besser dotiert; und hier bestanden auch weitere Aufstiegschancen für ihn. Er war jetzt 43 Jahre alt; hatte aber keine Lust, in Saarbrücken bis zu seiner Rente den gleichen, allmählich eintönig werdenden Job zu machen. In Münster sah er dagegen die Möglichkeit, nach der Pensionierung seines Chefs, des Verlagsleiters Theo Hammer, in etwa fünf Jahren dessen Position zu erhalten.

Er ärgerte sich: jeden Montagmorgen kam Ulla erst gegen zehn Uhr. Das Telefon klingelte immer noch. Er hob den Telefonhörer nicht ab. Stattdessen stand er auf und verließ sein Büro.

Er überlegte: Mischa war vielleicht da. Mischa war die Sekretärin von Paul Wegener, seinem Kollegen. Mischa war nicht besonders hübsch, aber zuverlässig. Obwohl, ‚nicht besonders hübsch‘, war sehr, sehr schmeichelhaft. Sie war eher hässlich. Um nicht zu sagen, potthässlich. Sie war nicht verheiratet und hatte auch keinen Freund. Er wusste, dass sie in Ermangelung von Beziehungen zu Männern nur selten spät zur Arbeit erschien. Er klopfte an ihrer Tür, die zugleich die Tür des Vorzimmers von Paul Wegener war. Paul Wegener war sein Vertriebskollege. Gleiche Stellung, gleicher Job. Sie beide waren eingestellt worden, um den Vertrieb des Verlages zu straffen. Dies war ihnen gelungen. Sie hatten die Zahl der Zustellbezirke um 40% verringert, und die Zustellbezirke entsprechend vergrößert. 40% der Zusteller waren ‚freigestellt' worden. Jetzt musste jeder Zusteller gut eine Stunde früher beginnen. Aber das hatte auch sein Gutes. Früh am Morgen herrschte deutlich weniger Verkehr, und die Luft war besser! Und wenn Uli Frings einen Zusteller fragte:

„Ist eine Stunde für sie eine lange oder eine kurze Zeit?“, wussten die meisten keine Antwort.

Wenn Uli dann noch hinzugefügte:

„Auf jeden Fall gibt man so früh am Morgen kein Geld aus“, vertiefte sich das Schweigen. Die Zeiten waren nun mal härter geworden im Verlagsgeschäft in Deutschland. Die Konkurrenten hatten mit den Kürzungen begonnen, und wenn man nicht selbst ähnlich reagierte, blieb man auf der Strecke. Beide Vertriebsleute hatten mit viel Druck erreicht, dass es nun keine Angestellten in ihrem Bereich mehr gab, sondern nur noch ‚Freie Mitarbeiter'. Sie selbst waren davon natürlich ausgenommen.

Die ‚Freien' verdienten deutlich weniger, aber immerhin hatten sie jetzt einen sicheren Arbeitsplatz. Das hatte man ihnen jedenfalls versichert. Und dass die Wahl auf sie gefallen sei, weil sie immer schon die Besten gewesen waren. Und das war auch schon ein Wert an sich; ein solches Lob eines Vertriebsleiters.

Aus dem Arbeitsleben

Uli klopfte noch einmal. Ein gequältes “Ja“ ertönte. Er öffnete die Tür nur soweit, dass er gerade den Kopf in den Raum strecken konnte. Mischa stand an der kleinen Kaffeemaschine. Auf ihrem Gesicht machte sich ein honigsüßes Lächeln breit. Das dachte sie zumindest. Er musste grinsen, obwohl er Kopfweh hatte. Er musste fast immer grinsen, wenn er sie sah. Sie bemühte sich immer wieder, attraktiv zu wirken. Eine ihrer ‚besten Freundinnen' musste ihr irgendwann einmal verraten haben, dass sie attraktiver war, wenn sie ‚lächelte'. Leider war dieses‚Lächeln' aber immer nur ihr schiefes, dümmliches Grinsen. Obwohl sie nicht dumm war. Oder zumindest nicht sehr dumm. Obwohl, Paul hatte mal geäußert, sie sei ‚brunsdumm'. Uli hatte heftig widersprochen: „Sie kocht aber tollen Kaffee!"

Mischa hatte mit ihrem ‚Lächeln' noch nie einen Erfolg bei Männern erzielt, aber sie hielt eisern daran fest. Uli nickte kurz:

„Tach, Mischa, haben sie vielleicht einen Kaffee für mich?" Sie sah ihn mit ihren großen Glubschaugen an, nickte kurz und wandte sich wieder der Kaffeemaschine zu. Irgendwie tat sie ihm manchmal leid. Aber wenn er einmal mit ihr was angefangen hätte, hätte er mit Sicherheit alle seine Chancen bei sämtlichen anderen Mitarbeiterinnen verspielt. In diesem großen Verlag gab es viele hübsche Kolleginnen.

Bei den Beschäftigten waren die Frauen deutlich in der Überzahl. Einmal bei einem Betriebsfest hatte sie sich neben ihn gesetzt. Er war stark angeheitert gewesen. Sie hatte ihn angehimmelt. Mit seiner Freundin hatte er am Wochenende mal wieder Krach gehabt. Er musste unwillkürlich an seinen Onkel Horst denken, der immer wieder gepredigt hatte: „Jede Frau ist irgendwo schön!" Er hatte tatsächlich überlegt, ob er sie erhören und sich ihr hingeben solle. Aber dann hatte sich glücklicherweise der Verlagsleiter Theo Tamer an den Tisch gesetzt, und Uli gefragt, ob er Lust habe, noch etwas mitzukommen zu seinem Freund Peter, der zu Hause sei und unter Depressionen leide. Peter war das Codewort für das verschwiegene Edeletablissement ‚Madame O.', ungefähr 20 Kilometer von Münster entfernt, zwischen Emsesch und Elberich an der alten B 51. Es war ein Saunaclub mit allem drum und dran. Jetzt war der Kaffee fertig. Mischa drückte ihm die Tasse mit dem duftenden Inhalt in die Hand. Wieder dieses ‚Lächeln'! Er nickte und verließ wortlos den Raum. In seinem Büro ließ er sich in den Sessel sinken.

Gestern Abend war er mit seinem Freund Hugo zum Zechen gegangen. Es war eine heftige Sitzung geworden. Hugo war ein angenehmer Zechpartner. Er redete nie viel, eher wenig. Meistens sagte er sogar gar nichts. Er sprach dem Bier dafür umso heftiger zu. Uli hatte immer noch Migräne wegen der Zecherei, und schluckte zwei weitere Aspirin.

Er dachte bei sich : „Die Weiber und der Suff, die reiben den Menschen uff!"

Nachdenken

Seit seiner Verhaftung im Jahr 1999 hatte Kaing Guek Eav, alias Duch, nun schon neun Jahre im Zentralgefängnis von Phnom Penh zugebracht. In den ersten Jahren der Haft hatte er sich mit dem ruhigen, beinahe bequemen Leben abgefunden. Das Essen war, wie auch die medizinische Versorgung, akzeptabel. Niemand zwang ihn zu körperlicher Arbeit. Er bewohnte ein für kambodschanische Verhältnisse komfortables Appartement. Dann begannen die ersten Mordanschläge. Er wollte, musste aus dem Gefängnis raus, wollte er überleben. Er vertraute einfach nicht mehr den Beteuerungen seines ehemaligen Freundes und heutigen Premiers Hun Sen, für den Geld wichtiger war als Freundschaft. Er musste bald raus hier aus dem Gefängnis. Das stand für ihn schon seit geraumer Zeit fest. Die Zeit drängte, seine Zeit. Neun Jahre waren genug. Seine Urenkel hatte er noch nie gesehen. Er fühlte immer stärker das Alter. Er hatte viel Zeit gehabt zum Nachdenken. Obwohl er schon 71 Jahre alt war, war er trotzdem, wie viele alte Asiaten, geistig äusserst fit. Er hatte schon einiges versucht, um hier herauszukommen. Bei den Überlebenden der vielen Opfer hatte er sich öffentlich entschuldigt – und war sogar zum Christentum übergetreten.

Aber all das hatte nichts genutzt. Zwar hatte ihm ein katholischer Priester nach seiner ersten Beichte die Absolution erteilt, Doch das hatte auch nicht, wie erhofft, zu einer Begnadigung geführt. Wenn er sich in Gedanken in die Vergangenheit zurückversetzte, hatte er kein schlechtes Gewissen.

Unter Pol Pot war er Chef des berüchtigten Untersuchungsgefängnisses S21 in Phnom Penh gewesen.

Das Schulhaus, in dem er vor der Machtübernahme als Mathematiklehrer gearbeitet hatte, war zum Verwaltungsgebäude eines Umerziehungslagers geworden. In diesem Lager waren Abertausende von Abweichlern und Verrätern, Revisionisten eben, verhört worden. Folter war an der Tagesordnung gewesen. Dabei waren die meisten der Delinquenten gestorben. Es hatte furchtbare Szenen gegeben. Säuglinge und kleine Kinder wurden lebend aus dem obersten Stockwerk des Verwaltungsgebäudes geworfen, um Geständnisse ihrer Eltern zu erzwingen. Oder die Kinder wurden gegen Bäume geschlagen, bis sie tot waren. Es waren schlimme Zeiten damals, aber Duch hatte nie Kinder aus dem Fenster geworfen und sich auch nie persönlich an Folterungen beteiligt. Wenn jemand diese entsetzlichen Verhörmethoden überlebt hatte, wurde er wenig später zu den als ‚Killing Fields' bekannten Plätzen um Cheng Ek transportier und dort getötet.

Kaing Guek Eav sah sich nur als einer der Befehlsempfänger, der Anordnungen ausgeführt hatte. Sein Arbeitsplatz war der Schreibtisch gewesen. Bei der Ergreifung der Verdächtigen war er auch nie zugegen gewesen. Die Opfer wurden – ohne seine Mithilfe – in sein Lager eingeliefert.

Dass viele dort verhungerten, sah er nicht als seine Schuld. Ihm wurde einfach zu wenig Reis für die grosse Zahl der Lagerinsassen angeliefert.

Die Situation

Als ihn vor vier Wochen wieder einmal sein Sohn besucht hatte, bat er diesen, nach Sok, dem Sohn eines alten Freundes Nuon Chea aus den seligen Khmer Rouge Zeiten zu suchen. Er sollte ihn bitten, ihn hier im Gefängnis zu besuchen. Nach zwei Wochen war er tatsächlich erfolgreich gewesen. Sok Vai war gekommen. Er hatte allerdings inzwischen seinen Namen geändert, weil er immer wieder von ausländischen Journalisten belästigt worden war, die den Aufenthaltsort seines Vaters, des ‚Bruder Nr. 2', erfahren wollten. Sein Vater, der engste Mitarbeiter von Pol Pot, war in Pailin, der letzten ‚Khmer Rouge' Hochburg, schließlich – vor einem Jahr – doch verhaftet worden. Er saß nun in komfortabler Spezialhaft für ehemalige Politiker im Militärgefängnis von Kampot ein.

Schlimmes

Das Telefon klingelte wieder. Widerwillig hob er den Hörer ab. „Frings".

„Tag Uli", flötete eine Stimme. „Hier Anita, na wie war dein Wochenende?" Uli grinste trotz Migräne.

„Etwas feucht."

„Neue Freundin, was?"

„Nein, ein Kollege aus Saarbrücken. Wir waren in der Altstadt. Weißt ja, wie das läuft!"

„Ach so. Also, der Theo will dich sehen, um elf Uhr. Geht das klar bei dir?"

„Weißt du, was er will?"

„Nönö, aber der Paul soll um zwölf kommen."

„Na dann bis elf Uhr."

Anita war eine tolle Frau mit einer riesigen Oberweite. An sich war sie ganz nach seinem Geschmack. Aber sie war die Sekretärin des Verlagsleiters. Damit war sie absolut tabu.

Als er fünf Minuten vor elf Uhr bei Anita klopfte, und das Vorzimmer von Theo betrat, strahlte sie ihn an wie immer. Uli fühlte sich wieder gut, und ein Blick in den Spiegel hatte ihm klar gemacht, dass man ihm die Strapazen der gestrigen Tour nicht ansah. Grinsend ging er in Theos Zimmer, der ihm die Hand entgegenstreckte.

„Und, alles klar?" meinte dieser, „wie war dein Wochenende?" Sie duzten sich seit dem ersten Betriebsfest, das Uli mitgemacht hatte.

„Gut, und du? Warst du wieder beim Golfen?"

„Ja, darüber wollte ich mit dir reden."

Uli stutzte. „Was soll das?" dachte er, „deshalb hat er mich bestimmt nicht kommen lassen."

Theo fuhr lächelnd fort: „Ich wollte mit dir über dein Handicap reden. Als wir neulich zusammen mit dem Chef vom Münsteraner Bistumsblatt gespielt haben, hat er, als wir später noch einmal telefoniert haben, gemeint, du hättest gespielt wie ein blutiger Scratching Golfer. Wenn du wenigstens ein Handicap von fünf oder sechs hättest, würde es für alle von uns mehr Spaß machen; es wäre auch spannender. Was hältst du von einem dieser Golfkurse, zum Beispiel in Daytona? Dort sollen sie sehr gute Lehrer haben. Und die fangen mit Extra day scores an. Einige der besten ehemaligen amerikanischen Profis arbeiten dort als Lehrer. du musst ja nicht gleich als Beckenbauer zurückkommen, aber etwas tun solltest du schon. Denkst du nicht auch?"

Uli war verblüfft. Er nickte. Wollte Theo ihm etwa einen Golfkurs in Daytona bezahlen? Damit hatte er nicht gerechnet. Theo sah ihn listig an.

„Du hast erzählt, dass du gerne nach Dubai fährst, und dein letzter Urlaub in Thailand war doch auch ein Fiasko gewesen." Uli nickte verdattert, allmählich verstand er gar nichts mehr. Plötzlich blickte Theo ihn ernst an: „Die Sache ist nämlich die: Gestern hatten wir die monatliche Gesellschafterversammlung. Und da wurde beschlossen, dass wir vom Ersten des nächsten Monats an auf Kurzarbeit gehen müssen. Du weißt ja selbst, wie es ist. Das Anzeigenvolumen sinkt seit sechs Monaten, die Auflage schrumpft, die Anzahl der Beilagen hat sich halbiert."

Uli schwante allmählich, worauf Theo hinaus wollte. „Die Kurzarbeit soll auch für das mittlere Management gelten. Ich habe mich für euch, für dich und Paul, stark gemacht, so gut es ging. Jetzt stell dir vor: Paul und du, ihr beide werdet mehr verdienen. Zehn Prozent monatlich."

Jetzt war Uli wieder durcheinander: mehr als vorher.

Doch jetzt ließ Theo die Ente aus dem Sack. „ ihr beide werdet auch auf Kurzarbeit gesetzt. ihr arbeitet jeder nur noch 50 %. Aber erhaltet 60 % eurer früheren Bezüge" Theo strahlte wieder.

„Eure Wagen dürft ihr beide auch behalten. Nur den Sprit müsst ihr ab jetzt bezahlen. Ich denke, damit könnt ihr gut leben. Na ja, das war's in aller Kürze.

Übrigens: als wir das diskutiert haben, sind wir übereingekommen, dass es uns am liebsten wäre, wenn ihr euch turnusmäßig ablöst; also Einer arbeitet, während der Andere frei nimmt. Damit die Kompetenzen und Verantwortlichkeiten besser überschaubar sind. Also zum Beispiel: du drei Monate, und dann Paul drei Monate. Da könnt ihr euch absprechen. Wir wollen auf jeden Fall euch beide behalten, bis die Konjunktur wieder anspringt. Und dann geht es wieder normal weiter; wir hoffen, das wird sehr bald sein. Du musst mich jetzt aber leider entschuldigen. Ein paar wichtige Telefonate, und dann noch Paul. Wenn du ihn siehst, sag' ihm bitte nichts, er soll es von mir erfahren."

Uli schluckte tief, und würgte ein ‚Tschüs' heraus. Damit verließ er den Raum. Anita strahlte ihn nicht wie gewöhnlich an, als er den Raum verließ. Wahrscheinlich hatte sie gelauscht. Uli ging in sein Büro, und schloss die Tür. Damit hatte er nicht gerechnet, obwohl er schon wusste, dass die Geschäfte überall rückläufig waren. Jetzt hatte es also auch ihn erwischt. Er lehnte sich zurück und dachte nach. Wie sagen die Daarler doch: ‚Ist das Lewe noch so trüb, immer hoch die Gellerüb!' Um halb eins rief Paul an.

„Ist ja eine schöne Bescherung. Kannst Du mir sagen, wie ich jetzt mein Haus abbezahlen soll?"

Uli erwiderte: „Lass uns heute Abend einen trinken gehen, dann reden wir über alles.

Freunde

Bestandteil der Hafterleichterung, die Duch Hun Sen zu verdanken hatte, war, dass er jederzeit Besuch empfangen konnte. Darüber hinaus konnte er, wann immer er wollte, seine Zelle verlassen und im schattigen Innenhof des Gefängnisses spazieren gehen. Dorthin ging er mit Sok Vai. Er erzählte zuerst von den guten alten Zeiten. Für die Funktionäre des Regimes waren es goldene Zeiten gewesen. Für manche sogar im wörtlichen Sinne des Wortes. Als die Opfer damals verhaftet wurden, wurden sie aufgefordert, ein Bündel persönlicher Gegenstände mitzunehmen. Die meisten packten Ausweispapiere, Schmuck und Geld in ihre kleinen Bündel, da sie damit rechneten, nach den Verhören wieder in die Freiheit entlassen zu werden.

Die Schmuckstücke waren überwiegend Gold- und Jadeschmuck. Dieser Schmuck wurde bei Duch, der ja Lagerkommandant war, abgegeben. Manchmal waren es nur kleine Ketten oder Ringe, aber unter den Gefangenen waren anfänglich auch viele reiche Kambodschaner. Diese verfügten oft über große Mengen an Schmuck.

Als sich allmählich herumsprach, dass es für die meisten eine Reise ohne Wiederkehr werden würde, verließen diejenigen, die etwas vermögend waren, ihre Heimat in Richtung Thailand.

Zurück blieben die ärmeren Leute, die weniger Schmuck besaßen. Aber von den vielen ärmeren Opfern hatten doch manche Goldzähne. Weil die Täter asiatische Pragmatiker waren, wurden den Opfern die

Goldzähne entfernt. Die würden sie sowieso nicht mehr brauchen.

Dann gab es auch etliche Reiche, die damals schon über Prothesen verfügten. Diese Prothesen waren meist aus Titanlegierungen gefertigt. Die Prothesenträger wurden nicht nach Cheong Ek gebracht, solange sie diese Prothesen besaßen. Zuerst mussten die Prothesen entnommen werden. Manche Aufseher brachten die Opfer vor der Entnahme der Prothesen gar nicht erst um, sondern trennten sie aus den lebenden Opfern heraus. Das war hart, aber im Lager gab es nun mal keine Betäubungsmittel, und ein Krankenhaus war es auch nicht. Diese Prothesen wurden vom Lagerkommandanten ebenfalls gehortet. Denn als ehemaliger Lehrer hatte er studiert und wusste um den Preis von seltenen Metallen.

Als nach vier Jahren Schreckensherrschaft die Vietnamesen in Kambodscha einmarschierten, und siegreich in Richtung Hauptstadt vorrückten, hatte ‚Duch' bei Nacht, oft mit Hilfe jeweils eines Aufsehers alles, was an Gold- und Jadeschmuck, Zahngold und Titanprothesen vorhanden war, an entlegenen Plätzen im Busch und in Höhlen der karstigen Umgebung der entvölkerten Hauptstadt vergraben. Es waren große Mengen gewesen. Seinen jeweiligen Helfer erschoss er gewöhnlich eigenhändig auf dem Nachhauseweg. Niemand – außer ihm – kannte die Verstecke der Schätze. Das war sein großes Geheimnis. Nie hatte er darüber ein Wort verloren, gegenüber niemandem. Er hatte auch, solange er vor dem unseligen Jahr 1999 in Freiheit war, nie auf diese Schätze zurückgegriffen, um keine überflüssige Aufmerksamkeit oder nicht Argwohn zu erregen. Doch nun hatte er beschlossen, mit Hilfe dieser Schätze dem Gefängnis zu entkommen. Außerdem sollten sie natürlich zu seinem weiteren Lebensunterhalt dienen – wenn er schließlich in Freiheit wäre.

Zu Sok Vai hatte er Vertrauen. Es war schade, daß er nicht seinen eigenen Sohn in seine Pläne einweihen konnte. Aber der war einfach zu dumm, zu gesprächig und zu geldgierig. Duch befürchtete, daß sich dieser aus dem Staub machen würde, wenn er ihm das Geheimnis auch nur eines Versteckes preisgeben würde. Mit den Wertsachen natürlich.

Sok Vai begrüßte den alten Mann. Er sah ihn neugierig an und verneigte sich tief. ‚Duch' flüsterte ihm zu: „Ich muss aus dem Gefängnis hier heraus. Du weißt, ich sitze jetzt schon neun Jahre hier und halte das einfach nicht mehr aus. Und Hun Sen wird sein Versprechen nie einlösen. Wahrscheinlich wäre er froh, wenn ich tot wäre."

Ein beunruhigendes Schweigen hing plötzlich in der Luft.

„Was will der alte Mann nur von mir?" dachte Sok Vai, aber er schwieg.

„Wenn du reich werden willst, sehr reich, musst du mir helfen, hier 'raus zu kommen. Willst du mir helfen?"

Sok Vai antwortete: „Sicherlich will ich dir helfen. Du warst einer der besten Freunde meines Vaters. Er hat mir viel von dir erzählt. Willst du hier ausbrechen? Hast du einen Plan? Ich habe schon gelesen, daß in Europa manchmal Leute mit einem Hubschrauber aus Gefängnissen befreit werden. Denkst du an so etwas?"

„Nein, nein, das hätte keinen Sinn. Es gäbe eine heftige Schießerei, und vielleicht würden die Wächter den Hubschrauber sogar abschießen. Nein, nein, ich habe die folgende Idee:

Hör gut zu:"

Duch legte ihm alle Einzelheiten seines Plans auseinander. Danach machte Duch aus dem Gedächtnis eine Skizze von der Lage eines der Verstecke. Hier war eine Kunststofftüte mit Jadeschmuck vergraben, die er in einem Plastikeimer mit Deckel verpackt hatte. Der Jadeschmuck war heute ein Vermögen wert. Jeder Andere außer Sok Vai würde sich wahrscheinlich mit dem Schmuck aus dem Staube machen. Aber er vertraute ihm. Außerdem hatte er ihm persönlich einen ganzen Eimer mit Goldschmuck versprochen, wenn er hier raus wäre. Er musste einfach hier raus; und Sok Vai benötigte für die Realisierung des Befreiungsplanes viel Geld.

Schicksal

Am Abend trafen sich Uli Frings und Paul Wegner in der Altstadt von Münster. Paul machte einen niedergeschlagenen Eindruck. Die Ankündigung der Kurzarbeit hatte ihn arg getroffen. Sicher, sein Haus war noch nicht völlig abbezahlt. Aber hatte er nicht selbst vor drei Wochen auf der Party zu seinem vierzigsten Geburtstag verkündet, dass er gestern von der Bank den aktuellen Jahresauszug bekommen hatte? Aus dem war hervorgegangen, dass bis heute 80 % der Hypothek zurückgezahlt sei. Ulli meinte nach dem zweiten Bier:

„Hör doch endlich auf, Trübsal zu blasen. Die restlichen 20 % sind doch auch irgendwann abgezahlt. Außerdem gibt es seit einiger Zeit auch für leitende Angestellte Kurzarbeitsgeld vom Arbeitsamt. 80% des Lohnausfalls werden gezahlt! Und daran, dass sie uns beide behalten wollen, siehst du ja, dass der Theo damit rechnet, dass die Konjunktur bald wieder anspringt. Jetzt hast du doch auch Zeit, die vielen Dinge zu tun, die du immer vorgehabt, aber aus Zeitnot immer wieder verschoben hast. Jetzt kannst du dir deinen Minizoo bauen. Und dein Froschhaus!“ Pauls Augen hellten sich wieder auf. Die Erwähnung ‚Froschhaus’ hatte ihn wie so oft elektrisiert. Er bestellte sofort zwei weitere Biere und zwei Korn.

„Viele Leute lachen, wenn sie vom Froschhaus hören. Dabei haben sie keine Ahnung.“

„Alles Ignoranten“, sagte Uli, und leerte sein Bierglas. Paul lächelte, und trank ebenfalls aus. Frösche waren seine Freunde, und er bestellte mit den Worten „Du bist mein Freund, du hast Ahnung.“ eine neue Runde.

Über Frösche

Jetzt war er bei seinem Lieblingsthema.

„Wenn man mal einem grünen Grasfrosch tief in die Augen schaut, sieht man sofort, dass er einen verträumten, ins Ungewisse reichenden Blick hat. Nicht so animalisch amorph und heterodiabolisch wie normale braune Kröten. Wenn ich einem Frosch in die Augen schaue, empfinde ich immer etwas von einer faszinierenden fünfdimensionalen Erhöhung meines Geistes und dessen Transformation ins Übersinnliche. Das passiert mir bei keinem anderen Tier; nur bei Fröschen. Früher hatten die Menschen noch einen Blick für die freie Natur und waren sensibler. Ich habe neulich ein Buch gelesen. Fritz Quack hieß der Autor, oder so ähnlich. Der Titel war ‚Die Kulturgeschichte der Frösche und ihre Auswirkungen auf die Neuzeit'.

Das meiste wusste Paul ja schon, aber er hat auch ein paar neue Denkansätze und Feldforschungen einfließen lassen und hat sogar einige historischen Erkenntnisse neu belegt. Waldbauern aus dem Hochschwarzwald konnten ihm einige brauchbare Fakten liefern Dann fand er heraus, dass schon in der germanischen Mythologie, genauer in der Nibelungen-Sage, Frösche eine große Rolle spielten. So hatte Siegfried, der Drachentöter, einen Lieblingsfrosch – der Albert hieß. Er trug ihn immer bei sich. Aber dann kam Brunhilde ins Spiel. Siegfried verliebte sich in sie, und dann durfte Albert nachts nicht mehr bei Siegfried schlafen, weil Brunhilde sich vor Fröschen ekelte. Das ärgerte Albert sehr… Als dann Siegfried im Drachenblut badete, lag kein Eichenblatt auf seiner Schulter. Nein, es war Albert, der auf seinem Rücken saß. So hat sich Albert gerächt, denn an diese Stelle kam kein Drachenblut und Hagen von Tronje, Siegfrieds Feind, konnte ihn an dieser Stelle, als er mal Schwimmen ging, mit der Lanze durchbohren und töten…"

„Quak quaak“, meinte sein Freund. Als Paul beleidigt oder erfreut schwieg, sagte Uli:

„Faszinierend, ich wollte dich nicht unterbrechen. Ich bestelle nur mal zwei neue Biere und gehe zum Klo. Gleich musst du mir weiter berichten.“ Paul war nicht beleidigt. Als Uli zurückkam, fing er sofort wieder an.

„Dann die ‚Sage' mit dem Froschkönig. Die beweist eindeutig, dass man schon damals die ganze Wahrheit des göttlichen Wesens der Frösche erkannt hatte. Wenn man sich dieser Wahrheit öffnet, kann man im Froschgequake den Klageruf der Toten hören. Oder auch übergeistige, unheimlich berührende Sphärenklänge aus anderen Galaxien, wenn die Frösche gut drauf sind. Das hängt natürlich auch von der Jahreszeit ab. Im Herbst werden die Frösche traurig, weil sie wissen, dass der Winter kommt. Auch dafür baue ich mein Froschhaus. Es wird im Winter beheizt sein. Dann werden die Frösche im Herbst nie mehr traurig sein. Darauf freue ich mich jetzt schon. Denn wenn Frösche lustig sind, ist ihr Gesang schöner, als jeder, ‚a capella-Chor' es sein könnte.

Einer der Sänger der ‚Comedian Harmonists' war ein Froschfreund. Es war Robert Bugert oder Biber oder so. Sie haben die Anregungen für die meisten ihrer Songs aus Froschliedern bezogen. Hinter seinem Haus hatte er ein richtiges Froschparadies angelegt. Das habe ich in seiner Biographie gelesen.“

Mit leuchtenden Augen bestellte er neue Getränke. Jetzt war er nicht mehr zu halten.

„Wenn ich erst mein Froschhaus habe, werde ich auch solch eine ‚a capella-Band' gründen. Mit Froschunterstützung, versteht sich. Wenn du willst, kannst du dann ja mitmachen.“

„Ich habe noch nie in einer Band gesungen. Quaak quack quack.

Quaak quack, quack quack“, sang der Neffe nun leise, probeweise vor sich hin.

Jetzt sah Paul ihn wieder befremdet und fragend an. „Wollte nur mal sehen, wie das so klingt. Denke, das hört sich schon sehr gut an. Da ist viel Harmonie drin“, log Uli.

Paul fuhr wieder versöhnt fort: „Ja ja, besser als alle Harmonien von Beethoven oder Schubert. Carl Orff hat sich auch von Froschmusik inspirieren lassen. Und du kennst vielleicht den Begriff ‚Kakophonie'? Der stammt aus dem Mittelalter. Sie hatten damals ihre Minnegesänge als ‚Quackophonie' bezeichnet. Im Lauf der Lautverschiebungen hat sich der Begriff dann verändert. Heutzutage hat er einen negativen Beigeschmack. Aber sogar Musik von Richard Strauß, aus seiner ‚Elektra' und Kompositionen von Schostakowitsch wurden schon als Quackophonie bezeichnet.“

Nun war Paul wieder so gut drauf, wie Uli ihn kannte und mochte.

Uli fügte hinzu: „Wenn sie alt werden, und nicht mehr singen können, kann man ja immer noch ihre Schenkel essen.“ Er rief in Richtung der Bedienung: „Noch zwei Bier bitte, quaak quaak, quick!“

Die schielende Kellnerin, die – unbestimmbar – zwischen zwanzig und sechzig Jahren alt war, blickte zu ihnen mit hochgezogenen Augenbrauen und gekrauster Nase hin…

***

Ob Paul jetzt wieder beleidigt war, oder erfreut, bekam Uli nicht mehr ganz mit. Es entstand wieder dieses beredte Schweigen zwischen ihnen. Uli meinte: „Ja, ja, das muss ein Heidenspaß sein, mit den Fröschen zusammen zu singen. Könnte mir vorstellen, dass sich dieser Spaß durch Alkohol-Genuss noch steigert. Paul konnte ihm inzwischen nicht mehr so ganz folgen, und sah ihn fragend an.

„Ich meine, man müsste mal testen, was ist, wenn man in das Froschschwimmbecken eine Flasche Korn kippt und die Frösche dann ins Wasser scheucht. Ich könnte mir denken, dass sie dann noch besser singen. Aber etwas anderes: Was passiert eigentlich im Winter, wenn die Fliegen knapp werden. Da hast du ein echtes Problem. Willst du darüber reden?“ Paul kniff die Augen zusammen. Er dachte offensichtlich scharf und angestrengt nach. Dabei wäre er fast eingenickt, denn sein Kopf hatte sich inzwischen fast bis auf die Fläche des Tisches gesenkt. Er schrak hoch und lallte. „Sag mal, willst du mich verscheißern, Uli?"

„I wo, nein, bei der Bundeswehr haben wir nur immer am besten gesungen, wenn wir ein paar Schnäpschen intus hatten. Man kann ja im Sommer Fliegen fangen und die dann einfrieren" Jetzt war Paul offenbar kurz vor dem Aus. Er warf sich mit Mühe in die Brust.

„Probleme sind dazu da, um sie zu lösen" babbelte er mühsam, „außerdem…" Er brach ab. „ Noch ‚n Korn und die Rechnung!" stammelte er.

„Und zwei Taxis, quaaak" fügte Uli hinzu.

Die Kellnerin, die sichtlich von Thekengästen unter Alkohol gesetzt worden war, stutzte, setzte sich aber gleich darauf wieder in Bewegung. „Drei Korn und drei Rechnungen und Taxis und so – geht klar, sofort!"

So fand dieser beschauliche, Paul aufmunternde Abend, sein harmonisches Ende.

Allerdings hatten die Beiden am nächsten Morgen mit einer mittelschweren Migräne zu kämpfen, die sie aber tapfer durchstanden...

Im Dschungel

Am nächsten Tag machte sich Sok Vai im Morgengrauen auf den Weg. Er hatte sich von einem Bekannten dessen Toyota Landcruiser ausgeliehen. Die Skizze von ‚Duch'war im Handschuhfach des Wagens. Auf der Ladefläche lagen ein Spaten, eine Machete, eine Schaufel, eine Spitzhacke und ein Metalldetektor. In der Gegend, wo das Versteck war, wohnte kaum noch jemand. Das Gebiet war immer noch stellenweise vermint. Mit dem Metalldetektor konnte man immerhin die alten chinesischen Landminen finden. Besser als nichts, obwohl die größere Gefahr von den kleineren Plastikminen ausging.

Aber er wusste, dass manche von diesen im Lauf der Jahrzehnte unbrauchbar geworden waren. Solches galt nicht für die sogenannten ‚Froschminen', deren Zünder mit einem Stolperdraht aktiviert wurde. Wurde auf diesen Draht Druck ausgeübt, so sprang diese Art von Plastikminen durch einen Federmechanismus vor der Explosion ungefähr einen Meter in die Höhe. Es kam zu schwersten, oft tödlichen Verletzungen. Glücklicherweise waren nach dreißig Jahren feuchten, warmen Klimas, viele der Minen nicht mehr funktionsfähig, oder die Stolperdrähte waren korrodiert. Oft hatten auch Tiere die Minen zur Explosion gebracht.

Sok Vai nahm den von Duch beschriebenen Weg nach Süden auf der alten Nationalstraße Nr. 1, die ungefähr 40 km. parallel zum Mekong verlief. Nach zwölf Kilometern erreichte er die alte Brücke über den Fluss. Hier fand er den von Duch beschriebenen Schotterweg, der in östlicher Richtung führte. Er fuhr nun im Schritttempo. Die Gegend war, wie Duch vorausgesagt hatte, so gut wie unbesiedelt; es hatten sich schon früher nur wenige Leute hierher getraut. Es wurde immer wieder von bösen Geistern berichtet, die hier ihr Unwesen treiben sollten.

***

Ab und zu fuhr Sok an nun von üppiger Vegetation überwucherten Trümmern vorüber, die Zeugnis von früher spärlich vorhandener Besiedlung ablegten. Die Entvölkerung hatte schon während der Pol Pot Ära begonnen. Als dann zusätzlich das Minenproblem auftauchte, beschleunigte sich der Exodus.

Der Schotterweg war immer mehr überwuchert, und teilweise nur noch zu erahnen. Er musste oft anhalten, aussteigen und den Weg suchen. Immer langsamer kam er voran. Aber vom Weg abkommen, konnte tödlich sein. Offenbar war hier schon lange niemand mehr unterwegs gewesen.

Laut Tachometer hatte er noch vier Kilometer bis zum Ende der Schotterstraße zurückzulegen. Schließlich stieg er endgültig aus dem Wagen und sperrte ihn ab. Er schulterte den Metalldetektor und nahm die Machete in die rechte Hand. Vorsichtig ging er zu Fuß weiter. So konnte er immer wieder Überreste des alten Weges ausmachen. Er musste höllisch aufpassen, damit er nicht den Weg verfehlte.

Mit der Machete hackte er ständig die von den Bäumen herabhängenden Luftwurzeln und die überall wuchernden Lianen ab. Immerhin brauchte er nicht auf Schlangen zu achten, da diese bei den kleinsten Bodenerschütterungen, die menschliche Schritte hervorriefen, verschwanden.

Die dichten Baumkronen ließen immer weniger Sonnenlicht bis zum Boden dringen. Er sah auf seine Armbanduhr: schon 14.30 Uhr! Er beschloss, nach spätestens einer Stunde umzukehren. Um 15.15 Uhr hatte er den ihm von Duch beschriebenen Punkt erreicht, der durch drei große Kokosnusspalmen markiert sein sollte. Diese drei Palmen hatten damals ein gleichseitiges Dreieck mit zwanzig Metern Schenkellänge gebildet. Im Zentrum dieses Dreiecks sollte laut Duch ein großer Felsbrocken liegen, auf dessen oberen Seite ein indisches Fabelwesen eingemeißelt war. Unter diesem Stein sollte der Eimer mit dem Jadeschmuck vergraben sein.

Dieser Platz war von den wenigen Menschen, die früher hier in der Gegend gewohnt hatten, streng gemieden worden, weil darüber geredet wurde, dass an diesem Platz die Geister verstorbener, schlechter Menschen hausten.

Über Geister

Es war ein verwunschener, unheimlicher Ort. Sok Vai selbst war überzeugter Kommunist wie sein Vater. Er belächelte Leute, die von Geistern erzählten. Aber nun, da es langsam dunkler wurde, weil die Sonne inzwischen hinter Wolken verschwunden war, und das grüne Zwielicht in ein Dunkelgrün überging, erfasste ihn ein seltsames Unbehagen. Er fühlte sich unwohl. Trotzdem sah er sich sorgfältig um und entdeckte vier große, fast gänzlich überwucherte Steine. Links stand eine große Palme. Als er nach rechts blickte, konnte er Reste des Stammes einer zweiten Palme entdecken. Aber eine dritte, zur Beschreibung passende Palme konnte er von seinem Standpunkt aus nicht mehr ausmachen.

Er beschloss, zu seinem Wagen zurückzukehren und am folgenden Morgen zurückzukommen. Vorsichtig ging er den Weg zurück. Immer wieder knickte er Zweige tiefhängender Äste ab, die er, zur Markierung, auf den Weg fallen liess. Auch wenn morgen früh der Bodenbewuchs sich wieder aufgestellt hätte, würde er so den Pfad leichter wieder finden. Als er sein Auto erreicht hatte, atmete er erleichtert auf.

Ab dem Punkt, wo der Schotterweg wieder deutlicher zu erkennen war, fuhr er rückwärts und bemühte sich, exakt in der Fahrspur der Herfahrt zu bleiben. Er wäre sonst, wenn er versucht hätte zu wenden, seitlich des Weges in das tiefer liegende, morastige Gelände gerutscht. Dort konnten überall Minen liegen. So war es schon fast dunkel, als er die Abzweigung vom Hauptweg erreichte. Die Heimfahrt verlief dann problemlos und zügig. Er fühlte, wie die Anspannung langsam von ihm abfiel. Jetzt bemächtigte sich seiner sogar langsam eine stille Euphorie. Er war sich sicher, das Versteck gefunden zu haben. Morgen würde er wiederkommen, und den Eimer mit dem Schmuck bergen.

***

Am nächsten Morgen verließ er sein Haus schon kurz vor Morgengrauen. Als er den Abzweig an der alten Brücke erreicht hatte, war es fast hell. Auf den Schotterweg ließ er das Wagenlicht sicherheitshalber noch brennen. Nach zehn weiteren Minuten entdeckte er seine Wagenspur von gestern im Gras und folgte dieser genau. Als er die Stelle erreicht hatte, wo er gestern ausgestiegen war, fühlte er noch mal den Puls an seinem Hals. Er war, nachdem er zu Hause angekommen war, noch kurz zu seinem besten Freund gegangen. Von ihm erbat er sich leihweise das Buddha-Amulett, das dessen Mutter immer getragen hatte. Der Freund war darüber zwar erstaunt, dass ein überzeugter Kommunist sich dieses Amulett ausleihen wollte. Sok hatte ihm jedoch erklärt, er habe vorletzte Nacht sehr schlecht geträumt, und mittags beinahe einen Verkehrsunfall verursacht. Er werde sich bald ein eigenes Amulett kaufen, dann werde er es zurückbringen.

„Sok Vai wird auch langsam alt", dachte sich der Freund. So gewappnet, schulterte Sok sein Werkzeug und machte sich auf den Fußweg. Über seine Schulter hatte er sich zusätzlich ein dünnes, dreißig Meter langes Plastikseil geschlungen. Er orientierte sich an den am Boden liegenden Zweigen und hatte bald die gesuchte Stelle gefunden.

Steine auf dem Weg zum Erfolg

Jetzt im vollen Tageslicht, das nur wenig durch die Baumkronen getrübt wurde, sah der Platz anders aus. Er musste über sich selbst schmunzeln, als er an seine Stimmung und seine Gefühle des gestrigen Nachmittags zurückdachte. Zunächst ging er, den Metalldetektor vor sich hin und her schwenkend, langsam auf die große Palme zu. Von dort aus sah er zu dem Palmenstumpf, der ihm schon gestern aufgefallen war. Er schlang das Seil dreimal um den Stamm und ging mit dem Ende des Seiles vorsichtig, das Metallsuchgerät vor sich her schwenkend, auf den verwitterten Stumpf zu. Das Seil war fast zu Ende. Dies dürfte die zweite Palme gewesen sein. Langsam ging er zu der großen Palme zurück und kürzte das Seil um fünf Meter. Er bewegte sich vorsichtig auf die Stelle zu, wo vermutlich die dritte Palme gestanden hatte. Die großen Steine befanden sich rechts von ihm. Als das Seil gestrafft war, ging er zuerst einige Schritte nach rechts. Durch das gespannt gehaltene Seil erreichte er, dass der Abstand zur großen Palme von 20 Metern immer eingehalten wurde.

Nichts – hier war kein Baumstumpf zu sehen. Er ging in die entgegengesetzte Richtung und hielt das Seil immer gespannt. Alle 50 cm steckte er ein Stöckchen in die Erde. Als er das Gefühl hatte, weit genug im Kreis um die alte Palme gegangen zu sein, kehrte er wieder zu diesem Baum zurück. Er löste das Seil und ging zum vermoderten Baumstumpf hinüber. Dort fixierte er das Seil an einem kleinen Baum, der direkt neben dem alten Stumpf stand. Nun ging er im Winkel von ungefähr 45 Grad auf die kleinen Zweige zu. Als das Seit wieder gespannt war, und er den nächsten kleinen Zweig erreicht hatte, wusste er, dass, wenn überhaupt, dann hier früher die dritte Palme gestanden haben musste.

Er steckte einen dickeren Zweig mit mehr Blättern an dieser Stelle in den Boden. Jetzt hatte er die drei Punkte, in deren Zentrum der besagte Stein liegen musste. Er sah sich neugierig um. Genau im Zentrum lag einer der vier Steine. Er ging zu diesem, kniete sich hin und musterte ihn genau. Es war kein indisches Fabelwesen an ihm zu sehen.

Ihm kamen Zweifel auf. Entmutigende Gedanken. War er umsonst hier? Hatte Duch ihn zum Narren gehalten? Aber warum? Sollte er zurück in die Stadt fahren? Oder woanders suchen? Er setzte sich auf den Stein. Was tun? In Ruhe nachdenken!

„Das war," sagte er sich, „das war immerhin über dreißig Jahre her. Die Verwitterung hatte vielleicht das ihrige getan. Er wusste, dass Sandstein sehr weich ist. Es konnte durchaus der Stein sein. Auf der Oberfläche eingemeißelte Fabelwesen konnten verschwunden sein.

Hier war es immer feucht, immer warm. Er war überzeugt, es konnte der besagte Stein sein. Er musste versuchen, den Stein auszugraben; oder ihn umwerfen.

Die Temperatur von inzwischen über 30 Grad und die hohe Luftfeuchtigkeit würden ihren Zoll fordern. Aber er fühlte sich jung, jung und kräftig. Jetzt kam Schwerstarbeit auf ihn zu. Sei's drum! Er stemmte sich mit aller Kraft gegen den Stein. Keinerlei Bewegung. Nun ging er um den Stein herum und suchte eine Stelle, die mehr Erfolg versprach. Dort würde er es als Nächstes versuchen. Sicherlich hatte sich der Stein über die Jahre wegen des Regens in der feuchten Jahreszeit in den Boden gesenkt. Er versuchte erneut, den Stein umzudrücken, diesmal von der anderen Seite. Und tatsächlich: er gab etwas nach. Immerhin! Er ging zum verrotteten Baumstumpf hinüber, wo immer noch das Seil an den kleinen Baum geknotet war. Er löste es, und knotete es um den Stein. Dann ging er hinter einen stabilen Baum, an dem er Halt gewinnen konnte. Er zog mit all' seiner Kraft am anderen Seilende. Langsam neigte sich der Stein zur Seite.

Ein letzter kräftiger Ruck, und er neigte sich erst und kippte dann um.

***

Erschöpft ließ sich Sok auf den Boden fallen. Er hörte ein leises Rascheln rechts neben sich. Teufel noch mal! Nur einen Meter von ihm entfernt richtete sich neben ihm eine Königskobra auf. An der gespreizten Haube erkannte er, dass sie ihn angreifen würde. Geistesgegenwärtig rollte er sich nach links, sprang auf und rannte, so schnell er konnte dorthin, wo er seine Machete liegen gelassen hatte. Er ergriff sie und lief noch fünf Meter weiter. Er blickte rückwärts, und sah, wie die Schlange sich schnell auf ihn zu bewegte.

Er blieb stehen, und wartete, bis sie noch einen Meter von ihm entfernt war. Dann machte er einen kleinen Schritt auf sie zu und hieb mit der Machete auf sie ein. Der erste Schlag musste sitzen, das wusste er. Es gelang ihm. Mit einem Schlag durchtrennte er den etwa acht Zentimeter dicken Körper kurz hinter dem Kopf. Der hintere Teil des über vier Meter langen Körpers zuckte noch einige Minuten, aber die Gefahr war vorüber. Jetzt suchte er gründlich den Boden ab. So etwas hatte er noch nie erlebt. Und nie gehört. Eine Kobra, die einen Menschen verfolgt! Gerade Kobras sind scheue Schlangen, und werden nur aggressiv, wenn man sie angreift.

Als er sich überzeugt hatte dass keine weitere Schlange zu sehen war, blickte er nach oben. Auch auf Bäumen hielten sie sich manchmal auf. Er suchte systematisch die Stämme und Baumkronen ab, und soweit er sehen konnte, war keine weitere Schlange zu entdecken. Langsam beruhigte er sich wieder. Das war wirklich knapp gewesen. Er ging zu der Stelle zurück, an der der umgestürzte Stein gestanden hatte. Da sah er die Ursache des Angriffs. Unter dem Stein wimmelte es von kleinen Schlangen. Offenbar hatte die Kobra dort ihr Nest angelegt, und war deshalb in der Nähe gewesen. Dass Kobras ihre Brut verteidigen war bekannt.

Mit seiner seiner Machete hackte er so lange auf die jungen Kobras ein, bis sie alle zerstückelt waren. Er schätzte, dass es 25 bis 30 Tiere gewesen waren. An sich tat es ihm leid, aber an dieser Stelle konnte er sie wirklich nicht brauchen. Mit der Schaufel schob er die Überreste der Tiere zur Seite. Dann kniete er sich vor die Stelle, wo der Stein gestanden hatte. Mit bloßen Fingern kratzte er den Boden auf. Weil er nur zwei Zentimeter tief kam, stand er auf und griff nach der Spitzhacke. Mit kräftigen Schlägen lockerte er den Boden. Dann hob er das lose Material mit der Schaufel heraus. Das Loch war jetzt ungefähr zwanzig Zentimeter tief. Er verschnaufte kurz und nahm dann seine Machete zur Hand. Neben dem Loch ging er in die Hocke.

Er stocherte mit der Machetenspitze ziellos im Loch herum. Ein paar kleinere Steine lösten sich, dann stieß er auf etwas Weiches. Ihn erfasste das Jagdfieber. Mit der rechten Hand hob er zwei Handvoll des gelockerten Materials heraus. Noch eine Handvoll – etwas schimmerte rötlich. Er kratzte mit den Fingern das Erdreich zur Seite. Der rote Gegenstand konnte der Deckel eines roten Plastikeimers sein. Er kratzte weiter, schneller, schneller. Richtig: da war ein Deckel zu sehen. Er wischte an einer Seite des Deckels den Rand frei und zog ihn ab. Eine rote Plastiktüte kam zum Vorschein. Bei dem Versuch, die Tüte heraus zu zu ziehen, zerbröselte sie.

Erster Erfolg

Sok griff vorsichtig in den Eimer. Sein Herz schlug schneller, raste. Er griff zu. Zog heraus, was er in der Hand hielt. Es war grüner Jadeschmuck! Er zog sein Hemd aus, und breitete es neben sich auf dem Boden aus. Darauf legte er vorsichtig nacheinander alle Schmuckstücke, die er aus dem Eimer förderte. Nichts zerkratzen! Er musste insgesamt siebzehn Mal hineingreifen, bis er den ganzen Schmuck aus dem Eimer neben sich liegen hatte.

Nachdenklich sah er den grünen Schatz an. Er musste einen ungeheuer großen Wert haben. Er verknotete das Hemd sorgfältig zu einem Bündel und stand auf. Seine Knie zitterten. Ihm war schwindlig. Er musste sich setzen. Mit einer letzten Kraftanstrengung gelang es ihm, den Stein in seine alte Position zu heben. Bis auf den Metalldetektor und die Machete, ließ er alles andere Werkzeug und das Seil da liegen, wo es sich gerade befand. Nur jetzt weg von hier, schnell!

Das Bündel und den Metalldetektor in der linken Hand, die Machete in der Rechten, ging er zügig zu seinem Auto zurück. Als er es erreicht hatte, ließ er sich erschöpft hinter das Lenkrad fallen. Im Wagen fand er eine alte Decke. Sein Hemd knotete er wieder auf, legte den Schmuck in die Decke und schlug sie sorgfältig zu einem Bündel zusammen. Er zog sein Hemd wieder an, und startete den Wagen. Wie schon gestern, fuhr er rückwärts bis zum Abzweig.

Dann holte er minutenlang tief Luft und fuhr seelenruhig nach Hause.

Nur jetzt nicht auffallen.

Zu Hause angekommen, breitete er die Decke mit dem Schmuck auf dem Küchenboden aus. Er begann zu zählen: Es waren 88 goldene Halsketten, 135 Armbänder aus Jade, und 172 Halsketten aus Jade oder Halsketten mit Anhängern aus Jade. Sie stellten Götter, Buddhas und Mönche dar. Ohrringe und Fingerringe zählte er nicht, das war ihm jetzt zu mühsam. Aber was ihn beeindruckte, war: Viele der Jadestücke hatten eine dunkelgrüne Farbe. Dies waren sehr alte Stücke, wahrscheinlich Erbstücke, die seit Generationen in Familienbesitz gewesen waren. Und er wusste, dass mit zunehmendem Alter, Jadeschmuck dunkler wurde. Je dunkler, um so kostbarer war er. Er rieb sich die Hände und freute sich schon auf seine ersten Besuche bei den chinesischen Schmuckhändlern.

Glücksgefühle

Später ging er etwas essen, und kaufte im nahen Supermarkt eine Flasche mit australischem Rotwein. Diesen Tag wollte er gebührend feiern. Er saß später in seinem Zimmer und schaltete den Fernseher an. Der Wein schmeckte vorzüglich, und schon nach kurzer Zeit spürte er ihn im Kopf. Dann kam er ins Grübeln. Er schaltete den Fernseher aus, um sich besser konzentrieren zu können. Duch hatte ihm als Belohnung bei seiner Freilassung einen Eimer mit Goldschmuck versprochen. Er zweifelte nicht daran, dass das Gold tatsächlich existierte. Wenn er nur einen dieser Eimer finden würde, konnte er den Jadeschmuck und das Gold behalten und sich aus dem Staub machen. Es wäre doch möglich, sagte er sich, dass Duch den oder sogar mehrere andere Eimer unter den anderen Steinen vergraben hatte. Innerhalb des Dreiecks, das früher von den Palmen gebildet wurde, lagen drei weitere große Steine. Gut, um Duch täte es ihm etwas leid, aber der war schon über 70 Jahre alt. Wahrscheinlich würde er bald sterben.

Er, Sok Vai, war dagegen erst 39 Jahre. Der Gedanke an sein Alter machte ihn traurig wie schon oft. Er war bis vor vier Jahren glücklich verheiratet gewesen. An einem Tag im November hatte sein Glück jedoch ein jähes Ende genommen. An diesem Tag hatte das chinesische Schwein Fu Sen Miao volltrunken seine arme Frau totgefahren. Es war furchtbar für Sok gewesen. Fu hatte die Kontrolle über seinen Wagen verloren und seine geliebte Frau, die neben ihm auf dem Bürgersteig spazieren ging, einfach überfahren! Sie war in Soks Armen gestorben.

Fu, der als reicher Mann bekannt war, hatte sich mit Geld bei der Polizei freigekauft. Wenn er, Sok, von Duchs Schätzen genügend abbekäme, so schwor er, würde er den Tod seiner Frau rächen und wieder heiraten. Somit war es für ihn beschlossene Sache, morgen noch einmal zu bekannten Stelle im Busch zu fahren, und unter den anderen Steinen zu suchen – Schlangengefahr hin oder her.

Über Buddhas

Als die Weinflasche leer war, ging er ins Bett. Doch es war ihm nicht möglich einzuschlafen. Morgen wollte er zum letzten Mal in den Wald fahren. Er stand wieder auf, ging in die Küche, packte seinen Schatz aus und bestaunte ihn noch einmal. Sicherheitshalber suchte er sich einen Jade-Buddah an einer Goldkette aus seinem Schatz heraus. Den würde er morgen zusätzlich tragen. Er war Kommunist und hatte nie an Geister geglaubt. Im Gegenteil, Leute die an Geister glaubten, waren lächerlich, bemitleidenswert. Aber – man konnte nie wissen.

Rache an Fu Sen

Am nächsten Morgen machte sich Sok Vai wieder sehr früh auf den Weg in den Busch. Am Palmendreieck angekommen, hielt er zunächst nach Schlangen Ausschau. Als keine zu entdecken war, kippte er unter großen Mühen die verbliebenen drei Steine vorsichtig um, immer auf der Hut vor einem anderen Schlangennest. Dann untersuchte er mit dem Metalldetektor die Stellen unter den Steinen. Er hatte den Detektor auf höchste Empfindlichkeit gestellt und würde selbst noch in einem Meter Tiefe eine kleine Münze erkennen können oder auch den Metallhenkel eines Eimers. Aber der Detektor blieb stumm. Sok machte sich enttäuscht gleich wieder auf den Heimweg. Duch musste das Gold anderswo versteckt haben. Er war nicht umsonst als kluger Mann bekannt. Vor der Zeit Pol Pots war er schließlich Mathematiklehrer gewesen. Schade, aber einen Versuch war es wert gewesen, noch einmal hierher zu fahren. Jetzt hieß es nach vorne schauen.

Zuerst musste er den Jadeschmuck zu Geld machen. Dann würde er Duch im Gefängnis besuchen. Doch zuerst musste er Rache an Fu Sen üben. Mit Geld war das kein Problem.

Beim Juwelier

Zu Hause angekommen, packte er fünf Halsketten, fünf Armbänder, zehn Fingerringe, fünf zusammenpassende Ohrringe und fünf Buddha-Anhänger ein. Auf dem Chinesenmarkt erstand er ein altes Schmuckkästchen, in das er eine Halskette, ein Armband, einen Buddha-Anhänger, zwei Ringe und ein Paar Ohrringe legte. Damit betrat er ein Juweliergeschäft. Er legte das Schmuckkästchen auf die Ladentheke und erzählte dem Inhaber, es sei Schmuck seiner kürzlich verstorbenen Mutter. Er würde gerne wissen, welchen Wert alles zusammen habe.

Der Juwelier prüfte die Teile sehr genau und bot ihm für alles zusammen 1‘485 US Dollar. Nach kurzem Handel einigte man sich auf 1‘730 Dollar. Immerhin, das waren mindestens sechs Millionen Riels. Nach Besuchen in vier weiteren Juweliergeschäften hatte er 8’748 US Dollar erlöst. Wenn das so weiterging, überschlug er kurz, würde er als Ertrag des einen Eimers eine viertel Million Dollar zusammen haben.

***

Er kaufte sich wieder eine Flasche Rotwein. Diesmal war es spanischer Wein, der erheblich teurer als Wein aus Australien war, aber er hatte ja Geld.

Am nächsten Tag ging er mit der dreifachen Menge an Schmuck los. Am frühen Nachmittag hatte er mit dem Erlös des gestrigen Tages zusammen 33‘000 US Dollar . Er schaffte es gerade noch zur Hauptstelle der CANADIA Bank und eröffnete zwei Bankkonten auf seinen Namen. Auf jedes Konto zahlte er 10‘000 Dollar ein und beantragte eine Visa- und eine Master-Card Kreditkarte für jedes Konto.Bei einem Autohändler in der Umgebung kaufte er sich einen geländegängigen Toyota Hilux für 5‘500 Dollar. Mit dem Auto fuhr er an dem neuen Restaurant von Fu Sen Miao vorbei, im Schritttempo, um zu sehen, wo der Mörder seiner Frau sich nun niedergelassen hatte.

Es war ein beeindruckendes Anwesen, ein neues Eckhaus von ungefähr 30 mal 30 Metern. In großen Buchstaben war auf der Hauswand zu lesen: RIVERSIDE SEAFOOD RESTAURANT. Dies war die teuerste Gegend der Zweimillionenstadt Phnom Penh. Das Gebäude lag an einer Straßenecke direkt am Zusammenfluss von Tonle Sap und Mekong. Von hier aus hatte man einen beeindruckenden Blick auf das Wasser der träge dahinfließenden und sich genau hier vereinigenden Flüsse. Wie bei vielen chinesischen Restaurants standen vor dem Gebäude an den Außenseiten Aquarien, in denen viele Arten teurer, großer Speisefische schwammen. Jedes Aquarium war etwa zwei Meter lang.

Rechts und links vom Eingang gab es zwei weitere der imposanten Aquarien mit großen Koi-Karpfen. Diese teuren Zierfische waren jeweils um die vierzig Zentimeter lang, und wiesen auf der Haut Muster in allen Tönen zwischen weiß und rot auf.

Jeder einzelne dieser Fische war ein kleines Vermögen wert, selbst hier in Asien. Sie waren der chinesische Hinweis auf Glück und Wohlstand.

Unter Beobachtung

Sok parkte seinen Wagen und schlenderte langsam auf den Eingang zu. Als er das Restaurant betreten wollte, versperrten ihm zwei bullige Chinesen den Weg. Sie musterten ihn mit abschätzenden Blicken, aus denen Verachtung sprach. Einer von Ihnen fixierte ihn feindlich und sagte in rüdem, barschem Ton: „Haben sie einen Mitgliedsausweis?“ „Nein“, lautete die wahrheitsgemäße Antwort.

„Dann müssen sie einen kaufen, er kostet 500 Dollar.“ Sok schüttelte den Kopf und ging weiter. In den letzten fünf Aquarien befanden sich riesige Langusten, Hummer und die begehrten roten Flusskrebse. Diese Tiere waren ebenso wie alle übrigen Fische die größten Exemplare, dieser Arten die Sok Vai je gesehen hatte.

Er überquerte die Straße rechts des Anwesens, und setzte sich in das erste der vielen Straßencafés gegenüber. Hier bestellte er sich einen Kaffee und beobachtete das Restaurant des Chinesen. Auf jeder Seite des Restaurants zählte er zehn Aquarien und zusätzlich zwei mit den Zierkarpfen. Dem Kellner, der ihm den Kaffee brachte, fiel Soks Interesse an dem Anwesen auf.

Er sagte: „Ja, ja, das ist das teuerste Restaurant der Stadt. Sie sollten einmal abends herkommen. Alle Minister verkehren hier. Sogar Hun Sen kommt ab und zu hierher. Und alle neureichen Millionäre. Dort gibt es einen besonderen Nebenraum für die Leibwächter. Jeder, der hier verkehrt, lässt sich von ihnen hierher begleiten Manchmal sind in diesem Raum mehr Leibwächter als Gäste im Restaurant. Sogar dieser Fu hat drei Leibwächter." Sok entgegnete: „Sie haben mich nicht hineingehen lassen."

„Das waren nur die Türsteher, nein, es sind drei extra Leute, die ihn auf Schritt und Tritt bewachen. Ich möchte keiner dieser Millionäre sein. Man ist nie allein. Auch Reichtum hat seinen Preis."

***

Sok Vai beobachtete interessiert das Leben vor dem Restaurant. Plötzlich trat ein dicker Chinese aus der Eingangstür. Sok erkannte den Mann sofort an seiner Vollglatze. Es war sein Todfeind, Fu Sen Miao. Er trat vor das Restaurant. Ihm folgten drei breitschultrige Männer, von denen sofort zwei rechts und links von ihm Stellung bezogen. Ungefähr eine halbe Minute später fuhr eine große Mercedes-Limousine vor dem Portal des Restaurants vor. Der Chauffeur stieg aus, und öffnete die hinteren Türen. Fu und zwei seiner Leibwächter stiegen hinten ein, während der dritte auf dem Beifahrersitz Platz nahm. Dann setzte sich der Chauffeur wieder hinter das Lenkrad, schloss seine Tür und lenkte das Auto in Richtung Innenstadt. Es war ein beeindruckendes Schauspiel für Sok Vai, das sich eben seinen Augen geboten hatte. Er lehnte sich zurück und dachte nach.

Wenn er selbst den Chinesen erschießen wollte, hätte er keine Chance, danach zu entkommen. Er wollte noch nicht sterben. Noch nicht. Er hatte seine zweite Lebenshälfte noch vor sich. Außerdem würde er bald viel Geld haben. Der Chinese musste für seine Untat büßen. Das hatte er sich geschworen. Danach würde er auch wieder heiraten. Er bezahlte seinen Kaffee und fuhr in Richtung Munivong Viertel.

In dieser Gegend befanden sich früher die Opiumhöhlen. Aber Opium war schon lange aus der Mode gekommen. Das war nur noch etwas für alte und uralte Leute. Junge Menschen bevorzugten die schneller und intensiver wirkenden Chemieprodukte. Die konnte man einfach spritzen, oder als Tabletten einnehmen. Außerdem war die aufputschende und euphorisierende Wirkung viel stärker. Was die jungen Leute nicht wahrhaben wollten, war allerdings, dass bei vielen die Sucht und die Abhängigkeit schon nach zwei- oder dreimaliger Einnahme einsetzte. Man brauchte immer häufiger und mehr Amphetamine.

***

Hier hinter dem legendären Martini Pub begann das heute übelste Viertel Phnom Penhs. Besonders die Straße Nr. 360 war bekannt dafür, dass es hier alles zu kaufen gab. Wirklich alles, was illegal war: Von Drogen, über Waffen, bis hin zu Jungfrauen aus Laos oder Vietnam; alle Schmuggelware aus China, eben alles, was man sonst nur schwer bekam. In der ersten Spelunke fragte er nach einer Pistole. Innerhalb von zehn Minuten wurden ihm 17 Pistolen und Revolver verschiedenen Kalibers angeboten. Er entschied sich für eine siebenschüssige Cobra Semi-Automatic. Sie war klein und handlich. Er konnte sie einfach in seiner Jackentasche unterbringen, und sie war relativ leicht, so dass seine Jackentasche nicht sofort ausgebeult würde. Er bezahlte 124 Dollar einschließlich 20 Schuss Munition. Dann fragte er sich zu einer Bar durch, in der er Leute zu finden hoffte, die ganz spezielle ‚Probleme‘ lösen könnten. Er wusste, für Preise zwischen 500 und 1‘000 Dollar konnte man einen Killer anheuern.

In einer solchen Bar kam er schnell ins Gespräch mit entsprechenden Männern. Aber sobald er den Namen Fu Sen Miao erwähnte, winkten sie ab und lachten.

Für den würde man eine kleine Armee brauchen, meinte einer. Der habe immer seine Leibwächter dabei, und die seien bestens trainiert, meinte ein anderer. Aber auch, wenn man ihn einmal alleine erwischen würde, wäre man so gut wie tot, meinte ein dritter. Ein jeder hier kenne ihn, und ein jeder wisse auch, dass er zu den führenden Köpfen der chinesischen Gemeinschaft gehöre. Wenn man Fu liquidieren würde, wäre man nirgendwo mehr lange am Leben, auch nicht im Ausland. Chinesen gibt es auf der ganzen Welt, und wenn Fus reiche Verwandten ihn rächen wollten, würde ihr langer Arm einen Täter schon bald erreichen, meinte ein dritter. Auch als Sok Vai die Bezahlung verdoppeln und vervierfachen wollte, wurde abgewunken. Nicht mal für das Zehn- oder Zwanzigfache des Normalpreises würde er jemanden finden, der einen solchen Auftrag ausführen würde. Dann könne man sich ja gleich selbst erschießen, war die einhellige Meinung. Es war einfach niemand für diesen Job zu finden. Enttäuscht verließ er die Bar und versuchte es in drei anderen Kaschemmen.

Überall die gleiche Auskunft: es war sinnlos.

Ein neuer Weg

Dies war kein gangbarer Weg. Er musste sich etwas anderes ausdenken. Er ging in ein Kino und sah sich wahllos einen Film an. Aber er konnte sich nicht konzentrieren. Sok machte sich, bevor der Film zu Ende war, deprimiert und langsam auf den Weg nach Hause. Bis er seinen Wagen erreicht hatte waren ihm mehrmals Jababa-Pillen angeboten worden, sogar zweimal eine einzelne, kostenlos zum Ausprobieren. So hatte er eine mitgenommen.

Diese Amphetamintabletten waren die Renner auf den Drogenmärkten Asiens. Sie wirkten schneller als Crack und machten schneller süchtig. Vielleicht ließe sich damit ein Weg finden. Wenn er nur dem Chinesen schaden könnte! Er beschloss, umgehend einen Test zu machen.

Zu Hause ging er schnurstracks in die Küche. Er stellte das Glas mit seinem Goldfisch auf den Küchentisch.

Dieser Fisch war ein Geschenk seiner Freundin zu seinem letzten Geburtstag. Er machte sich nichts aus Goldfischen. Aber er wollte seine Freundin nicht enttäuschen. So hatte er sich erfreut gezeigt, obwohl er mit dem Tier nichts anfangen konnte. Gut, er konnte sich vor das Glas setzen, und den Fisch beobachten, wie er seine Kreise zog, wenn er gerade mal wollte. Aber meistens wartete der Fisch nur auf das Futter, das Sok Vai vergessen hatte. Nun machte er seinen Test. Er zerbröckelte eine der Yababa Tabletten, und gab etwa ein Viertel davon ins Wasser.

Nach etwa einer Minute zeigte der an sich immer träge Fisch ein ungewöhnliches Verhalten. Er schwamm schneller als gewohnt. Dann kurvte er wie ein Blitz in seinem Glas herum. Er durchquerte das Glas und schwamm mit noch nie da gewesener Geschwindigkeit frontal gegen die Glaswand. Benommen hielt er inne, nahm aber kurz darauf sein Rundenschwimmen wieder auf. Er wurde schneller und schneller, und raste wieder und wieder gegen die Glaswand. Sok Vai musste grinsen.

Er nahm das Glas, und leerte es in das Waschbecken aus. Der Fisch zappelte wie wahnsinnig. Sok füllte das Glas mit neuem Wasser, ergriff den Fisch an der Schwanzflosse und setzte ihn in das Glas zurück. Doch er hatte sich noch keineswegs beruhigt. Er schwamm wieder wie irrsinnig ständig im Kreis. Sok stellte das Glas auf seinen alten Platz zurück und gab etwas Futter ins Wasser. Dann ging er ins Wohnzimmer, schaltete den Fernseher ein und legte sich auf das Sofa.

Morgen würde er wieder Juweliere besuchen, und vielleicht auch Duch im Gefängnis. Dann nickte er ein.

Das schwere Los der Freundin

Er schreckte hoch: die Türklingel läutete. Er ging zur Wohnungstür und öffnete. Draußen stand seine Freundin Kim. Sie lächelte ihn an, er lächelte zurück. Beide gingen in die Küche. Sie stieß einen spitzen Schrei aus. ihr erster Blick hatte routinemäßig dem Goldfisch gegolten. Sie zeigte wortlos auf das Glas. Der Fisch schwamm mit dem Bauch nach oben und bewegte sich nicht. „Schau nur, der Goldfisch, was ist mit ihm, Sok?“ ihr vorwurfsvoller Blick streifte ihren Freund.

Sok ging zum Glas, klopfte mit einem Finger an den Behälter. In der Tat, das Tier rührte sich nicht mehr. Er griff mit der Hand ins Glas, berührte das Tier. Keinerlei Reaktion. Offenbar war er mausetot. Sok holte den Fisch aus dem Wasser und legte ihn neben dem Glas auf die Kommode.

„Was ist mit ihm?“ wollte Kim wissen.

„Keine Ahnung, er ist wohl tot. Wahrscheinlich ertrunken.“ Seine Freundin sah ihn ungläubig an. Sok fuhr fort:

„Er war doch immer so träge. Hast du mal Goldfische beobachtet? Sie kommen immer an die Oberfläche, um Luft zu schnappen. Dieser hier war extrem faul. Vielleicht hat er geschlafen, und vergessen, Luft zu schnappen. So ist er wahrscheinlich ertrunken.“ Seine Freundin sah ihn mit großen Augen an. „Zu Deinem nächsten Geburtstag bekommst du einen neuen. Und beim Kaufen werde ich darauf achten, dass es ein ganz munterer Fisch ist. Versprochen! Ich habe mir auch manchmal gedacht, dass er ganz schön faul ist. Sei bitte nicht zu traurig.“

„Ist schon in Ordnung“, meinte Sok.

Er nahm sie am Arm und beide gingen ins Wohnzimmer zum Fernsehen.

***

Am nächsten Tag fuhr Sok früh los und verkaufte die Hälfte des restlichen Schmuckes. Nachmittags hatte er 277‘000 Dollar erzielt. Damit fuhr er zur Bank und zahlte auf jedes seiner neuen Konten 136‘000 Dollar ein. Dann ließ er sich für jedes Konto eine Visa-Platinumkarte ausstellen. Damit fuhr er ins Gefängnis zu Duch und berichtete ihm, alles laufe planmäßig. Er habe schon 146‘000 Dollar erzielt. Er rechne noch mal mit etwa dem gleichen Betrag. Dann könne er loslegen. Duch meinte, er habe mit mehr Geld gerechnet.

Sok antwortete: „Das sind alle sehr geschäftstüchtige Chinesen, die Juweliere. Wenn ich mehr Zeit hätte, würde ich sicher mehr bekommen. Aber du willst ja schnell hier heraus." Duch klopfte ihm auf die Schulter.

„Sicher, sicher, Sok. Du hast Recht. Mach mal weiter so, mein guter Junge!"

Sok verabschiedete sich freundlich und verließ das Gefängnis.

Er fuhr wieder in die Straße Nr. 360. Bei einem Dealer kaufte er 50 Jababa Tabletten für 190 Dollar und machte sich auf den Heimweg. Zu Hause legte er die Tabletten auf den Küchentisch. Fünfzig Tabletten sollten ausreichen. Er zerstampfte die Tabletten zu Pulver. Dann fügte er etwas Wasser hinzu und verknetete alles zu einer festen Masse. Er formte ein kleines Kügelchen aus dieser Masse und ließ es in ein Wasserglas fallen. Es löste sich sofort auf. Dann fing er zu üben an. Er presste ein weiteres Klümpchen zusammen, legte es auf seinen Daumennagel und schnippte es in hohem Bogen durch die Luft. Nach ungefähr 100 Versuchen war er so geübt und zielsicher, dass er mit fast jedem Bröckchen genau in eine Teetasse traf. Nun formte er insgesamt 30 Kügelchen aus der zähen Masse und wickelte sie in Aluminiumfolie ein, damit sie nicht austrocknen konnten.

Zufrieden ging er wieder zum Fernseher.

Er dachte an den nächsten Tag. Morgen würde ein lustiger Tag werden, ein sehr lustiger Tag.

Vollzug der Rache

Am nächsten Tag zog er wieder früh los. Zuerst waren die Juweliere dran, wo er bis zum frühen Nachmittag 28'000 Dollar erzielte.

Dann ging es wie gestern zu der Bank, wo er das Geld wieder aufteilte und einzahlte; alles so, wie am Tage vorher. Danach fuhr er wieder zum Restaurant von Fu Sen Miao. Er setzte sich in aller Ruhe in das

Café auf der anderen Straßenseite und betrachtete abwechselnd den Fluss und das Restaurant. Gegen sechs Uhr wurde es allmählich dunkel. Die ersten beiden großen Limousinen fuhren vor, und zwei Gäste betraten, von Leibwächtern umgeben, das Restaurant. Inzwischen flanierten außen immer mehr Schaulustige an den offenen Aquarien vorbei.

Sok ließ sich die Rechnung bringen, bezahlte und stand auf. Langsam überquerte er die Straße, und reihte sich in die Reihe der Schaulustigen ein, die an den Aquarien vorbeizogen. Seine rechte Hand steckte in der rechten Jackentasche. Er schnippte unbemerkt in jedes Aquarium, an dem er vorbeikam, ein Kügelchen. Zweimal verfehle er eins, aber er hatte für diesen Fall ja vorgesorgt.

Als er auf diese Weise alle Aquarien ‚versorgt' hatte, schlenderte er wieder zu dem Café auf der anderen Straßenseite zurück, bestellte ein Glas Rotwein und wartete voller Spannung. Ob das Zeug wirkte? Keine fünf Minuten vergingen, als sich drüben vor den Aquarien ein erster Tumult erhob. Passanten riefen Sätze, die er hier nicht ganz verstehen konnte. Aber das war unwichtig. Das tumultartige Schreien verstärkte sich. Einer der beiden Türsteher ging zu den Aquarien und erstarrte. Ein erster der teuren Speisefische waraus seinem Becken herausgesprungen. Innerhalb der Aquarien brach offensichtlich die Hölle los.

Die Fische schwammen Amok.

Die Fische schwimmen Amok

Sok Vai beobachtete schmunzelnd das Geschehen. Er konnte zwar immer weniger Einzelheiten erkennen, da mehr und mehr Leute vor das Restaurant liefen und ihm die Sicht auf die Aquarien versperrten. Einige Fische griffen sich gegenseitig an, andere sausten gegen die Glasscheiben, und immer mehr sprangen aus den Aquarien, wo sie zwischen den Fußgängern zappelnd herumsprangen, und kurze Zeit später ihren Geist aufgaben. Dann fing der Zirkus auch rechts und links vom Eingang bei den teuren Koi-Karpfen an. Sie waren wohl etwas resistenter gegen Jababa, und brauchten etwas länger bis zur erwünschten Wirkung.

Zum Schluss gab es Terror bei den Krebsen, den Langusten und den Hummern. Sie griffen sich wie tollwütig mit ihren Scheren an, und versuchten, sich gegenseitig zu bekämpfen. Besonders die Hummer mit ihren starken, kräftigen Scheren schnitten sich gegenseitig ganze Körperteile ab. Die Langusten verhakten sich kämpfend ineinander. Allmählich waren fast alle Fische aus ihren Aquarien gesprungen und tanzten wie verrückt auf dem Boden, vor und unter den Aquarien, herum. Es gab die ersten Balgereien unter den Passanten. Mehr und mehr Menschen bückten sich und versuchten, die Fische, die auf dem Boden herum sprangen, zu ergreifen und mitzunehmen.

„Na ja, für eine ‚Fisch Amok' Mahlzeit sind sie immer noch gut genug“, dachte Sok Vai grinsend.

‚Fisch Amok' ist ein sehr beliebtes kambodschanisches Fischgericht, das man mit gelber Currysauce überall bekommt. Allerdings werden dazu nie solch teure Fische verwendet, wie sie nun zwischen den Füssen der Passanten herumsprangen.

Fu Sen gehen die Nerven durch

Sok stieg nun auf die obere Terrasse des Restaurants, um bessere Sicht auf das Geschehen zu haben. Plötzlich stürmte der Chinese Fu Sen Miao aus dem Eingang. Zornig blickte er um sich. Er sah die Horde von Kambodschanern, die sich vor und unter den Aquarien um seine zappelnden Fische balgten. Viele der teuren Fische hatten schon ihren Weg in Plastiktüten, Einkaufstaschen und Rucksäcke gefunden. Fu tobte und schrie den beiden Türstehern Befehle zu. Die Beiden griffen sich wahllos die ersten Leute, die sie zu fassen bekamen, und versuchten, sie von den Aquarien wegzutreiben. Trotzdem kamen immer mehr neue Menschen hinzu. Dann traten die Türsteher wahllos nach einigen der Leute, die unter den Aquarien um die dort herum springenden Fische kämpften. Bei etlichen schmerzten die Tritte offenbar so, dass sie schnell versuchten, aufzustehen. Dabei drückten sie so heftig von unten gegen zwei nebeneinander stehende Aquarien, dass diese über ihre Gestelle, auf denen sie standen, nach vorne weg kippten. Sie fielen aus ihren Halterungen, und zerschellten mit lautem Geklirr auf dem Boden.

Jetzt war das Chaos komplett. Die letzten Fische, die sich noch in den Aquarien befunden hatten, wurden mit dem Wasserschwall zwischen die zurückgewichenen Schaulustigen gespült. Diese bückten sich ebenfalls sofort, um noch den einen oder anderen Speisefisch zu ergattern. Das Gekreisch und die Streitereien wurde immer lauter. Dem Chinesen Fu gingen offenbar die Nerven durch. Er zog einem der Türsteher eine großkalibrige Waffe aus dem Schulterhalfter und gab drei Schüsse in die Luft ab. Die Schaulustigen erstarrten, und die ersten zogen sich auf die gegenüberliegende Straßenseite zurück. Der Verkehr war inzwischen völlig zum Erliegen gekommen.

Ein lautes Hupkonzert begann, und eine Polizeisirene ertönte von irgendwo her. Das Polizeiauto war im stehenden Verkehr stecken geblieben. Einer der Schaulustigen von der anderen Straßenseite, der wohl der Meinung war, Fu habe auf ihn geschossen, schoss in dessen Richtung zurück. Eine Kugel traf ihn in die Schulter, eine zweite schlug in ein hinter ihm stehendes Aquarium ein. Dessen Frontscheibe zerbarst, und auch dessen Inhalt ergoss sich über den Bürgersteig.

Tohouwabohu am Mekong

Plötzlich stürmten, von den Schüssen alarmiert, die vier Leibwächter der beiden ersten im Lokal befindlichen Gäste mit gezogenen Waffen aus der Eingangstür. Sie überblickten das entstanden Chaos nicht. Da kein direkter Angriff auf das Lokal oder sie selbst zu erkennen war, schossen sie ungezielt in die Luft. Zwei weitere schwere Limousinen mit neu ankommenden Gästen waren ebenfalls im Stau vor dem Restaurant hintereinander stehend, stecken geblieben. Die Insassen der Wagen befahlen, wegen der gefährlichen Situation, offenbar ihren Fahrern, das Weite zu suchen. Der erste der schweren Wagen rammte den vor ihm stehenden kleineren und schob diesen mit einem Ruck auf das vor ihm stehende Fahrzeug, das ebenfalls nach vorne gedrückt wurde und nun seinerseits auf das nächste Auto prallte. Darauf legte der Fahrer der ersten schweren Limousine den Rückwärtsgang ein, ließ den Motor aufheulen und verkeilte sich in den hinter ihm auf den Bürgersteig zustrebenden zweiten Wagen, der im selben Moment versucht hatte, über den Gehweg vor dem Restaurant zu entkommen. Der Chauffeur des ersten Wagens riss seine Fahrertür auf und rannte auf den Fahrer des zweiten Wagens zu. Er stieß wilde Flüche aus. Als er in diesem den Fahrer des Verteidigungsministers erkannte, mäßigte er seinen Ton, und beide einigten sich darauf, über den Bürgersteig vor dem Restaurant, dem herrschenden Chaos zu entkommen. Die zweite der großen Limousinen stieß zurück, wo sie rücksichtslos auf den hinter ihm stehenden Wagen knallte. Dann brauste der erste , der ebenfalls ein weiteres Stück zurückgestoßen war, mit heulender Maschine über den inzwischen menschenleeren Gehweg vor dem Restaurant davon. Dabei riss er zwei der intakten Aquarien um und suchte das Weite.

Der Fahrer der zweiten Limousine, in der der Verteidigungsminister mit einem hohen Offizier samt Adjudant saß, tat es ihm nach, und riss dabei die restlichen drei Aquarien mit ihren Ständern um. Der Wagen entfernte sich in Windeseile.

***

Ebenfalls über den Gehweg der Seitenstraße, näherte sich mit Blaulicht und Sirenengeheul ein Militär-LKW, auf dessen Ladefläche 15 Militärpolizisten und deren kommandierenden Offizier saßen. Als es für diesen LKW kein Weiterkommen gab, sprangen die Militärpolizisten auf ein Kommando des Offiziers vom Wagen und schwärmten auf der Fläche vor dem Restaurant aus. Mit schussbereiten, erhobenen Gewehren betrachteten sie verblüfft das Chaos vor ihnen und sicherten den Platz vor dem Lokal. Es war kein Feind zu erkennen; lediglich die Leibwächter der beiden hochrangigen Gäste, die noch im Lokal geblieben waren, standen ratlos da. Sie hatten ihre Waffen gesenkt und warfen sie, auf Befehl des kommandierenden Offiziers, vor sich auf den Boden. Dabei löste sich aus einer dieser Pistolen ein Schuss, der eine der beiden Eckscheiben des Restaurants durchschlug.

Ein erneuter Hagel von Glassplittern ergoss sich bis zur Straßenmitte und zwang die in der Nähe stehenden Soldaten, sich auf den gegenüberliegende Gehweg zurückzuziehen. Danach beruhigte sich die Situation schnell wieder. Als allerdings der kommandierende Offizier wissen wollte, was hier überhaupt vorgefallen sei, bekam er keine zufriedenstellende Antwort. Keiner wusste um die Ursache der Schießerei. Wenig später erreichten die Besatzungen zweier Streifenwagen den Schauplatz zu Fuß. Auch sie konnten nicht ermitteln, was eigentlich geschehen war. Langsam normalisierte sich der Verkehr. Die Schaulustigen, die Fische ergattert hatten, hatten sich aus dem Staub gemacht.

Auf der gegenüberliegenden Böschung strebte der letzte überlebende Flusskrebs, von johlenden Kindern umringt, dem rettenden Wasser zu.

***

In seinem Lokal saß ein zeternder Fu Sen Miao und verfluchte die räuberischen Kambodschaner, die ihn zu Grunde gerichtet hatten. Eine zufriedenstellende Antwort konnte er den ermittelnden Polizisten und Militärpolizisten nicht geben. Der kommandierende Polizeioffizier vermutete einen Bandenkrieg unter Chinesen oder einen Attentatsversuch auf den Verteidigungsminister. Diese Vermutung gab er den kurz später eintreffenden Reportern und einem Team eines inzwischen anwesenden kambodschanischen Fernsehsenders weiter.

Der Vorfall beherrschte die abendlichen Nachrichten; eine kommerzielle Fernsehanstalt unterbrach sogar seine abendliche Spiel- und Gewinnshow, um einen aktuellen Live-Bericht von den Ereignissen zu senden. Am nächsten Tag titelten die größten Tageszeitungen Cambodschas, die Phnom Penh Post, die Kambodscha Daily und die Voice oft Kambodscha unisono und in fast identischen Schlagzeilen:

„Attentat auf unseren Verteidigungsminister.geplant? Bandenkrieg unter Chinesen?

Wen hatte Fu Sen Miao im Visier?“

Der geplante Prozess gegen ‚Duch’ Kaing Guek Eav, der seit Wochen ununterbrochen die Schlagzeilen beherrscht hatte, war für einige Tage auf die zweiten Seiten verbannt worden.

Fu Sen Miao‘s Niederlage

Sok Vai hatte auf der Terrasse des Cafés im ersten Stockwerk einen Logenplatz gehabt und von hier, mit wachsendem Vergnügen, die dramatischen Ereignisse verfolgt.

Als der Straßenverkehr wieder zähflüssig floss, befragten die Polizisten die immer noch auf der anderen Straßenseite ausharrenden Menschen. Mehrere Augenzeugen sagten übereinstimmend aus, der Chinese Fu Sen Miao habe als erster das Feuer eröffnet. Er habe ohne ersichtlichen Grund auf die Leute auf der anderen Straßenseite geschossen.

Darauf erst sei in Notwehr zurück geschossen worden.

Die Polizisten verhafteten auf Grund dieser Aussage kurzerhand den verletzten Chinesen, und brachten ihn ins Polizeihauptquartier. Seinen Aussagen, der kambodschanische Mob habe versucht, sein Lokal zu stürmen, schenkte niemand Glauben. Er blieb die nächsten drei Tage in Haft, und wurde am vierten Tag gegen eine hohe Kaution wieder freigelassen. Er wurde angeklagt, die öffentliche Ordnung gestört zu haben und zusätzlich eines Mordversuchs an einem Unbekannten bezichtigt. Im kurz darauf folgenden Prozess verurteilte man ihn zu fünfzehn Jahren Gefängnis.

Besonders erschwerend wirkte sich auf das Urteil aus, dass er nicht geständig war, und nicht preisgeben wollte, wem sein Mordanschlag gegolten habe. Sein Lokal wurde geschlossen, das Haus zwangsversteigert, und der Erlös jugendlichen Minenopfern zugesprochen.

***

Damit konnte Sok Vai leben. Der Chinese lebte zwar noch, aber ob er die lange, schwere Zeit im Gefängnis überstehen würde, war fraglich. Chinesen waren nicht sehr beliebt bei Kambodschanern, denn viele waren sehr reich und behandelten Kambodschaner im Allgemeinen herablassend. Außerdem konnten viele Kambodschaner nicht vergessen, dass die Ideologien, die die Basis für Pol Pots Machtergreifung gebildet hatten und so viel Unglück über Kambodscha gebracht hatte, aus China ins Land gekommen waren. Nun konnte Sok Vai in Erwägung ziehen, seine Freundin Kim zu heiraten. Aber zuerst war die Befreiung von Duch zu erledigen. Dann würde er einen zusätzlichen Eimer Gold bekommen, und als reicher Mann mit Kim in Frieden leben können.

***

Am nächsten Vormittag besuchte Sok wieder Duch im Gefängnis. Er erzählte ihm, dass auf dem Konto nun 286‘000 Dollar waren. Sie beschlossen auf Vorschlag Sok Vai‘s, den zweiten Teil des Planes, der zu Tuch‘s Freilassunge führen sollte, in Sihanoukville durchzuführen. Dort war die Polizeipräsenz bekannterweise deutlich niedriger als in Phnom Penh, und außerdem stammte Sok Vai aus dieser Stadt. Er hatte viele Freunde dort, und die Befreiungsaktion würde dadurch erheblich erleichtert

Was die Touristenzahlen anging, kam Sihanoukville direkt hinter Siem Reap mit den Ruinen von Angkor Wat.

„Ein Problem sehe ich,“ bemerkte Sok abschließend.

„Wie können wir in der nächsten Zeit Kontakt halten?

Sok besorgte am nächsten Tag für Duch und sich je ein Handy. Damit machte sich Sok am nächsten Tag auf den Weg nach Süden. Er erreichte am frühen Abend die ersten Vororte von Sihanoukville.

Uli will verreisen

Uli Frings fuhr am folgenden Wochenende wie üblich nach Saarbrücken. Wenn er dort war, wohnte er normalerweise bei seiner Freundin, und stattete kurz seiner Mutter und der restlichen Familie einen Besuch ab, um zu sehen, ob alles in Ordnung sei. Er erzählte sofort seiner Freundin von der Kurzarbeit im Münsteraner Verlag. Mit Chef und Kollegen sei vereinbart, abwechselnd drei Monate zu arbeiten, und darauf die nächsten drei Monate auszusetzen. Ab Erstem des nächsten Monats würde sein Kollege arbeiten, und er hätte drei Monate Zeit. Was sollte er da machen? Er war unentschlossen. Seine Freundin schlug vor, er solle an einer der vielen Weiterbildungsmaßnahmen teilnehmen, die das Arbeitsamt anbiete. Uli dachte kurz nach. Noch einmal die Schulbank drücken? Dazu hatte er wirklich keine Lust. Seine Freundin meinte dann:

„Hast du keine Lust, einen neuen Job zu suchen?“

„Suchen kann ich, sicherlich, aber genauso sicher ist es, dass in der jetzigen konjunkturellen Situation nichts Vernünftiges zu finden ist. Ich habe schon vorsichtig die Fühler ausgestreckt, aber jedes Mal wurde mir abgewunken.“

Seine Freundin schlug darauf vor, er könne den großen Garten hinter dem Haus in Ordnung bringen; die Arbeit dort wachse ihrem Vater inzwischen über den Kopf. Sie wusste genau, dass Gartenarbeit nichts für ihren Freund war. Er sollte aber schon etwas Sinnvolles machen.

Sonst würde er ja doch nur jeden Abend mit seinen alten Freunden saufen gehen. Für die war das seit einigen Jahren normal – viele hatten ihre Arbeit verloren.

„Und wenn wir zusammen mal richtig lange Urlaub machen“? schlug er vor.

„Du weißt genau“, antwortete sie gereizt, „wenn ich jetzt nur für eine Woche weg fahre, kann ich meinen Job vergessen. Bei uns suchen sie nach jeder Gelegenheit, Mitarbeiter ‚freizusetzen’. Laufend werden irgendwelche Stellen gestrichen.“ Im Moment fiel weder ihr noch ihm eine sinnvolle Möglichkeit ein. Also beschlossen sie, eine Flasche Wein zu trinken, und dann noch eine und noch eine. Als seine Freundin schon lange schlief, dachte Uli immer noch nach. Trotz des Weines konnte er nicht einschlafen.

***

Er dachte zurück, nur ein paar Wochen, und musste insgeheim grinsen. Wegen des ganzen ‚Zirkus’ im letzten Urlaub war er kaum dazu gekommen, sich – wie erhofft – zu erholen.

Dabei war er nun mal zu gerne unterwegs. Warum eigentlich nicht einfach seinem Onkel in Thailand einen Überraschungsbesuch abstatten. Außerdem wollte er auch schon lange nach Krabi und Hua Hin. Das waren Plätze, die auf seiner Wunschliste schon lange ganz oben standen. Sicher, wenn er das seiner Freundin erzählen würde, wäre sie wahrscheinlich stinksauer.

Aber das Wetter war in Deutschland schon seit Wochen kühl und regnerisch. Das hieß für ihn, dass er abends mit seinen alten Kumpels öfter einen saufen gehen würde. Also wenn schon, dann in einem schöneren Land und mit allem Quatsch drum herum!

Ja, das war’s!

Jetzt schlummerte auch er zufrieden ein.

Am nächsten Vormittag erzählte er seiner Freundin von seinen Überlegungen. Die nahm das erstaunlich gelassen auf.

„So was habe ich mir schon gedacht, Na ja, wenn du wieder zurückkommst, schauen wir weiter. Vielleicht fällt uns dann etwas Sinnvolles ein. Fahr' du ruhig, ich halte hier die Stellung und die Augen offen."

Uli war erstaunt über so viel Verständnis. Wieder in Münster, schaute sich Uli nach preiswerten Flügen um. Er fand bald, was er suchte: einen Flug nach Bangkok mit dreimonatigem offenem Rückflug für 550 Euro. Die Tourismuskrise war offenbar noch nicht vorbei. Gar nicht schlecht, da war er sicher, dann würde vor Ort auch einiges preiswerter sein, etwa die Unterkünfte, das Bier und der Quatsch drum herum. Außerdem würde er seinen Onkel Gerhard überraschen! Der Monat war schnell zu Ende, und Freund und Kollege Paul mit der Arbeit an der Reihe. Mit einem lachenden und einem weinenden Auge räumte er seinen Arbeitsplatz für drei Monate. Er verabschiedete sich besonders lange von Paul. Dessen allgemeine Stimmung hatte sich wieder gebessert. Von Depressionen war keine Rede mehr.

Als Uli ihm fest versprach, dass er ihm beim Bau seines Froschhauses helfen würde, und er schon sehr gespannt sei auf den Gesang der Frösche, strahlte Paul ihn an.

„Ja, das wird eine schöne Zeit werden, also dann in drei Monaten."

Mit einem freundschaftlichen „Quaaak, Quaak", verließ ihn Uli.

***

Gerhard Frings war wieder in Kambodscha. Er hatte immer noch nicht die Hoffnung aufgegeben, hier einen Platz zu finden, wo er bleiben und sich seinen Lebensunterhalt verdienen könnte. Es sprach so vieles für Kambodscha, unter anderem, dass man hier für 270 Dollar ein Geschäfts-Jahresvisum erhält und dann, anders als in Thailand, auch arbeiten darf. Ausnahmsweise reiste er über Phnom Penh ein, unter anderem, weil er hier zwei Männern seinen ganz besonderen Dank abstatten wollte.

Er buchte ein Zimmer im legendären FCC, dem ‚Freien Korrespondenten Club'.

Am nächsten Tag suchte er im Internet die Telefonnummer der Deutschen Botschaft in Phnom Penh heraus. Er fragte nach dem Botschaftssekretär, Herrn Naumann.

„Der ist heute unterwegs, aber morgen ist er anzutreffen," wurde ihm beschieden.

Er nahm sich den Stadtplan vor, den es an der Rezeption gab, und beschloss, sich etwas umzuschauen. Ganz in der Nähe war der alte Königspalast. Nach dessen Besichtigung ging er am Fluss entlang.

Fliegende Händler versuchten ihre Waren loszuwerden. Getränke, Speisen, Souvenirs und alle möglichen andere Kleinigkeiten wurden feilgeboten. Es herrschte emsiges Treiben bis spät in die Nacht hinein. In einem großen Supermarkt unterwegs kaufte er zwei Flaschen sehr guten Cognacs. Den Abend verbrachte er auf der geräumigen Dachterrasse mit einem überwältigenden Blick auf den Tonle Sap Fluss und dessen Mündung in den Mekong Fluss direkt gegenüber.

In seinem Reiseführer las er bei einem kühlen Bier viel Interessantes über den mächtigen Mekong Fluss und seinen außergewöhnlichen Zufluss Tonle Sap. Dieser Tonle Sap Fluss ist weltweit der einzige große Fluss, der zweimal im Jahr seine Flussrichtung ändert. Er entspringt ungefähr 100 km nördlich aus dem Tonle Sap See. Während und nach der Regenzeit dient er als Abfluss dieses großen Sees, und bringt dessen Wasser zum Mekong. Wenn dann in der Trockenzeit der Wasserspiegel des Sees mehr und mehr sinkt, ändert der Fluss seine Richtung und bringt nun das Wasser des Mekong als Zufluss in den See zurück. Wenn dann in der nächsten Regenzeit der See wieder mit dem Wasser von den umliegenden Bergregionen gefüllt wird, fließt das Wasser durch den Tonle Sap Fluss, der nun wieder als Abfluss dient, in den Mekong ab. Die Änderung der Fließrichtung wird jedes Mal mit rauschenden, viele Tage dauernden Volksfesten, und religiösen, buddhistischen Riten gefeiert. Das größere der Feste ist das, welches Ende Oktober, Anfang November stattfindet. Das ist offiziell das Ende der Regenzeit. Dann fließt der Fluss wieder langsam in Richtung des Sees. Zahllose Bootsrennen, und alle möglichen Volksbelustigungen sowie

Prozessionen zu den Tempeln in der Umgebung finden dann statt. Es wird viel gefeiert und getrunken, und alles geschieht unter freiem Himmel. Man hat den Eindruck, halb Kambodscha komme nach Phnom Penh. Ein Viertel pilgert zu den anderen Dörfern und Städten am Tonle Sap. Das restliche Viertel feiert am Abfluss des Flusses vom großen See.

In der Botschaft

Am nächsten Morgen fuhr Gerhard mit einem Taxi zur Deutschen Botschaft. Gegen zehn Uhr empfing ihn Herr Naumann, dem sein Name noch geläufig war. Er begrüßte ihn herzlich.
„Guten Tag, sie sind also dieser Herr Frings, der Onkel von dem Uli Frings. Durch sie wurden wir ganz schön in Trab gehalten.“

„Ja, und jetzt wollte ich es mir nicht nehmen lassen, ihnen, Herr Naumann, persönlich meinen Dank abzustatten.“ Gerhard überreichte ihm die Flasche Cognac.

„Ohne ihre Hilfe säße ich jetzt noch in Thailand im Knast.

Also nochmals, herzlichen Dank, vielleicht haben sie mir sogar das Leben gerettet. Sie und der Polizeioffizier Wing Ban. Können Sie mir sagen, wie ich den finden kann?“

„Oh, das ist schade, der ist nicht mehr in Phnom Penh. Er wurde nach den erfolgreichen Ermittlungen in Koh Kong befördert und nach Sihanoukville versetzt. Dort ist er jetzt stellvertretender Polizeichef.”

„Schade, aber ich wollte sowieso noch einmal nach Sihanoukville. Dort gefällt es mir besser, weil es am Meer liegt.

Ich würde gerne was aufziehen, um mir hier in Südostasien meinen Lebensunterhalt zu verdienen. Naja, mal sehen. Wie sieht es aus, Herr Naumann, haben sie heute Abend Zeit? Ich würde sie gerne zum Essen einladen.“

„Oh, das tut mir leid, Herr Frings, aber diese Woche bin ich voll ausgebucht. Wir haben gerade eine EU-Delegation hier, die wir betreuen.

Aber nächste Woche komme ich sicher mit einigen der Teilnehmer nach Sihanoukville. Dort können wir uns dann gerne treffen. Hier haben Sie meine Handynummer. Und die von Herrn Wing Ban. Er wird sich sicher freuen. Mit ihrem Neffen hat er Freundschaft geschlossen. Wenn sie ihn sehen, grüßen sie ihn bitte von mir. Sie finden ihn dort im Polizeihauptquartier. Er ist ein alter Freund von mir. Er ist integer und strebsam. Ja, langsam lösen hier auch allmählich die Vertreter der jungen Generation die alte, korrupte Garde ab. Es geht stürmisch aufwärts hier, auch mit der Armee und der Verwaltung. Nur in der Politik halten sich noch eisern und starr die alten Männer, aber auch da verändert sich ganz langsam einiges. Die biologisch Lösung, völlig gewaltfrei. Gleichzeitig verringert sich hier langsam die Korruption, aber merklich. Ich bin nun schon fast vierzig Jahre in diesem Land. Alles wird allmählich besser. Nun müssen sie mich aber entschuldigen. Wir legen die einzelnen Punkte der Besichtigungstour für die EU-Leute zusammen mit dem Botschafter fest, Da kann ich nicht fehlen. Also dann bis bald in Sihanoukville.“

Wing Ban

Gerhard machte am Nachmittag einen ausgedehnten Spaziergang am Fluss entlang. Der Mekong war beeindruckend, grösser und erhabener als der Rhein. Auf den vielen bunten Fischerbooten gingen die Flussfischer ihrer Arbeit nach. Sie warfen ihre Netze aus, und zogen sie mit reicher Beute wieder an Bord. Seit das Fischen mit Dynamit verboten war, und mit drakonischen Strafen geahndet wurde, hatten sich die Fischbestände rasch wieder erholt. Das einzige, was störte, waren die großen Touristenschiffe, die den Fluss in beiden Richtungen befuhren. In ihren klimatisierten Restaurants saßen die gut betuchten Touristen, die vom Lande und seiner Kultur nur wenig mitbekamen. Zu Kontakten mit Einheimischen kam es kaum. Lediglich in einigen Städten, wo die Boote anlegten, warteten klimatisierte Omnibusse auf die Touristen. Sie wurden dann zu einem Wat gefahren, und ab und zu gab es eine kurze, geführte Besichtigung eines pittoresken Marktes.

Und schon ging es wieder zurück auf das Schiff. So konnten sie nach Touren von zwei, drei oder vier Tagen Kambodscha als‚besucht' abhaken. Am nächsten Morgen nahm Gerhard Frings den Bus nach Sihanoukville, wo er sich vom Busbahnhof mit einem Taxi direkt ins ‚Mealy Chenda Guest House' fahren ließ. Hier war er schon letztes Mal gewesen und hatte sich wohl gefühlt. Dieses ‚Guesthouse' war eher ein Hotel. Es lag auf dem Victory Hill und von hier überschaute man weite Teile der Strände und des Hafens.Besonders beeindruckend war der Sonnenuntergang im Meer, den man täglich von der Dachterrasse im dritten Stockwerk beobachten konnte. Hier war seine Lieblingsbar, die von einem Deutschen namens Charly geführt wurde. Hier verkehrten viele Deutsche, und hier erhoffte er, mehr Informationen zu dem Thema zu erhalten, das ihn am meisten beschäftigte: irgendeine Existenz aufzubauen.

Für fünf Dollar bezog er ein Zimmer ohne Klimaanlage. Die Leute hier und in den umgebenden Restaurants waren freundlich und zuvorkommend. Es war eine ruhige Gegend ohne Kriminalität, obwohl sich auch hier, direkt an der nächsten Straße, ein kleines Barviertel breit gemacht hatte. Zum Strand unten waren es zu Fuß keine zehn Minuten. Tagsüber nutzte er die viele freie Zeit, um Tagebuch zu führen. Ab und zu ging er zum Schwimmen und zum Lesen an den Strand, Meistens ließ er sich vor dem Airport Club nieder, der tagsüber mit seinen großen, gepolsterten Strandliegen eine ruhige Entspannung bei normalen Preisen bot. Die Abende verbrachte er bei ‚Charly', um Kontakte zu knüpfen.

***

Gleich nach seiner Ankunft rief Gerhard Herrn Wing Ban an. Der Polizist bedauerte, er sei für zwei Tage auf einer Inspektionstour in Kampot. aber in drei Tagen sei er wieder zurück. Er käme dann gerne gegen sieben Uhr abends zu Gerhard ins Hotel, um ihn zu treffen. Im Übrigen freue er sich darauf, ihn kennen zu lernen. Damit verabschiedeten sie sich.

Freunde in Sihanoukville

Sok Vai war am frühen Nachmittag in Sihanoukville angekommen. Er hatte im Holiday Palace Casino eingecheckt.

Das war mit 55 Dollar das teuerste Hotel seines Lebens. Aber schließlich hatte er Geld, und er war im ‚Dienst'.

Die meisten Gäste waren Ausländer. Das Hotel lag direkt an der gut ausgebauten vierspurigen Straße, die ganz Sihanoukville umrundete. Ausserdem waren es nur vier Gehminuten zum Airport Club. Dies war tagsüber ein geruhsamer Platz für Strandtouristen. Doch abends verwandelte sich die geräumige Beach Bar zur größten und bekanntesten Discothek der Stadt. Wegen der vielen gefälligen Mädchen, die abends hier verkehrten, besuchten sehr viele Ausländer diesen Platz direkt am Strand.

Das Wahrzeichen des Clubs war eine original russische Passagiermaschine vom Typ Antonov AN 24. Sie stand mitten in der großen Disco Halle. Trotzdem war unter ihr und um sie herum viel Platz für Sessel, Tanzflächen und eine riesige Theke, die sich auf einer Seite über die gesamte Länge des Innenraumes erstreckte.

Als Zusatzattraktion waren an den Außenwänden rechts und links die beiden Karosseriehälften eines der Länge nach durchgeschnittenen Polizei-BMW angebracht. Diese Bar war die Hauptattraktion des gesamten Victory Beaches. Trotzdem hielten sich die Preise im Vergleich zu anderen Bars und Discos im normalen Durchschnitt. Ein Bier vom Fass kostete lediglich einen Dollar.

***

Direkt nach dem Einchecken begann Sok Vai zu telefonieren. Mehrere Freunde aus seinen Zeiten als Heranwachsender waren nicht mehr aufzutreiben. Er setzte er sich in seinen Wagen und fuhr in das alte Stadtviertel in der Nähe des Wat Leu, wo er aufgewachsen war. Er schlenderte durch die Gegend und fand zwei alte Jugendfreunde, mit denen er die Schule besucht hatte. Es waren Chap Virek und Sim Sam. Sim war etwas dicker als früher, aber er sah so aus, wie ihn Sok in der Erinnerung hatte

Chap dagegen war kaum wieder zu erkennen, weil er jetzt eine Vollglatze hatte. Die Glatze war poliert, und darauf war Chap stolz. Mit beiden verabredete er sich auf 19.00 Uhr, zum Essen in seinem Hotel.

Sie kamen pünktlich und brachten zwei Bekannte von früher mit: Kong Samit und Tep Tim. Die beiden waren Freunde aus der gemeinsamen Schulzeit. Diese Vier waren mit ihm zusammen jahrelang Mitglieder einer der vielen Jugendbanden gewesen. Sie hatten häufig kleine Gaunereien begangen, und Fahrraddiebstähle verübt, sich aber dadurch ausgezeichnet, dass sie nie Freunde und Komplizen verraten hatten.

Jetzt saßen die Fünf auf der Terrasse des ‚Holiday' und steckten die Köpfe zusammen.

Sok bestellte zuerst eine Flasche Wodka und Cola, Sprite und Orangensaft. Darauf kam er auf seinen Plan zu reden.

„Unsere Aufgabe ist es, Kaing Guek Eav freipressen. Wahrscheinlich wisst ihr nicht, wer das ist. Er war Chef des Lagers S 21 in Phnom Penh in den Zeiten von Pol Pot. Er hat den Spitznamen Duch."

„Warum hast du das nicht gleich gesagt. Duch ist auch hier unten gut bekannt. Er steht ständig in der Zeitung", bemerkte Kong. „Duch sitzt seit neun Jahren im Gefängnis, und will dort raus. Man will ihm gerade den Prozess machen. Er fürchtet, dass seine Privilegien wegfallen wenn er verurteilt ist und er danach wie ein normaler Sträfling behandelt wird. Das Schlimmste für ihn wäre, wenn er zu gewöhnlichen Kriminellen ins Prey Sar Gefängnis eingeliefert würde. Er bezahlt uns alle sehr gut. Danach braucht keiner von uns mehr arbeiten. Wir werden zwei bis drei Wochen zu tun haben. Dann sind wir gemachte Leute."

Er fragte im Kreis: „Wer von euch will mitmachen?“

Alle nickten mit dem Kopf und murmelten ihre Zustimmung.

„Wieviel springt für uns heraus?“, fragte Chap. „100‘000 Dollar für euch vier zusammen, und dann gibt‘s noch eine Erfolgsprämie. Wie hoch die sein wird, kann ich euch noch nicht sagen, aber er hat sehr viel Gold.“

„Wie gehen wir vor?“, fragte Sim. Sok Vai sah ihn an.

„Wir werden seine Freilassung erpressen. Wir entführen mehrere Touristen und nehmen sie als Geiseln. Im Austauch gegen deren Freilassung wird er freikommen. Wenn Kaing Guek Eav frei ist, werden die Geiseln freigelassen und wir verschwinden. Mit dem Geld, das wir von ihm bekommen, werden wir untertauchen und uns neue Existenzen aufbauen können. Die Geiseln müssen aus ganz bestimmten Ländern stammen. Aus den Ländern, die am meisten Wiederaufbauhilfe an Kambodscha leisten. Die Regierungen dieser Länder können den stärksten Druck auf unsere Regierung ausüben, damit sie Duch freilässt. Sie brauchen nur damit zu drohen, die Auszahlung der Hilfsgelder zu stoppen. Dann wird die Hun Sen-Regierung ihn sofort freilassen, denn von den Hilfsgeldern profitieren alle, besonders die Reichen hier im Lande.“

Kong sagte: „Das verstehe ich nicht ganz; wieso profitieren Reiche von den Hilfsgeldern, Sok?“

„Das ist ein offenes Geheimnis, Kong. Nehmen wir zum Beispiel ein großes Bauunternehmen, das einem Regierungsmitglied gehört. Wenn zum Beispiel in Battambang ein neues Krankenhaus für Minenopfer gebaut werden soll, beantragt unsere Regierung bei der kanadischen Regierung dafür Hilfsgelder, weil Kambodscha zu arm ist. Kanada fragt dann, was soll das Krankenhaus kosten. Die Antwort lautet: drei Millionen Dollar. Die kanadische Regierung überweist dann drei Millionen für den Bau. Der Auftrag geht an diese Bauunternehmung des Regierungsmitgliedes. Weil der Bau in Wirklichkeit nur eine Million kostet, erhält die Familie des Bauunternehmers 1,8 Millionen; der, der den Auftrag vermittelt hat, bekommt eine Provision von 200‘000 Dollar. Die kanadische Regierung erhält aber eine Rechnung über drei Millionen. So läuft das."

Kong schwieg beeindruckt, dann meinte er „Eigentlich ist das eine Schweinerei, weil man von diesem Geld ja drei Krankenhäuser bauen könnte“, meinte Chap.

„Natürlich ist das eine Sauerei, “ sagte Sok Vai, „aber so läuft es heutzutage in unserem Land.“

Der Plan

Also“, sagte Sok Vai, „die Geiseln müssen aus ganz bestimmten Ländern stammen: aus Canada, aus Norwegen, Deutschland, Frankreich und England. Das sind die Länder, die am meisten geben, und deswegen auch am meisten Druck auf unsere Regierung ausüben können. Habt ihr das verstanden?“

Alle nickten zustimmend. Sok Vai fuhr fort.

„Die Leute zu entführen, dürfte kein Problem sein. Unten am Strand wimmelt es jeden Tag von Fremden. Wir brauchen zuerst ein Haus mit einem Keller, wo wir sie gefangen halten können. Wenn ungefähr eine Woche vergangen ist, wird sich die Polizei wieder beruhigt haben. Dann bringen wir die Geiseln nach Pailin. Dort habe ich einen Freund. Er wird uns helfen.“

„In der Gegend war ich noch nie, Sok“, meinte Chap, und die anderen Drei nickten zustimmend.

„Warum gerade Pailin, werde ich euch später erklären, aber zunächst zum Haus, wo wir uns und unsere Geiseln verstecken. Kennt jemand von euch ein leer stehendes, unterkellertes Haus mit Garten drum herum und einer breiten Einfahrt, durch die man mit einem Wagen hinein und hinter das Haus fahren kann?“

„Ja, da gibt es schon einige, aber Keller hat hier kein Haus“, sagte Kong. Sim Sam widersprach: „Doch, es gibt da eine alte Villa aus der Kolonialzeit. Da waren Franzosen drin. Die haben sich einen Weinkeller reinbauen lassen. Das würde passen, und leer ist es auch. Es wird ab und zu für 500 Dollar im Monat an Touristen vermietet. Es liegt am Victory Hill, gegenüber vom australischen Konsulat. Ich habe da als Gärtner gearbeitet.

Ich denke, das wäre ideal. Ich kenne den Eigentümer. Aber es wäre gut, wenn jemand von euch das Haus mietet, weil der Eigentümer mich ja kennt. Er wohnt unten am Otres Beach. Erheißt Tep Nytha“

„Gut“, sagte Sok zu Sim, „Du bringst mich morgen vormittag zuerst zum Haus. Wenn es passt, fahren wir danach zum Eigentümer und ich miete es. Und jetzt, was haltet ihr davon, gehen wir alle zu dem berühmten Airport Club.“

Alle stimmten zu, und eine viertel Stunde später saßen sie mitten drin im Treiben der Diskothek. Sok bestellte wieder eine Flasche Wodka, und die zugehörigen Softdrinks. Man prostete sich zu. Sok Vai schätzte die Gesamtzahl der ausländischen Besucher auf siebzig Männer, die von doppelt so vielen Mädchen umschwirrt wurden. Reden und verstehen konnte man sich kaum, dazu war es hier zu laut. So verabredete man sich schreiend für den nächsten Abend. Die wichtigsten Dinge waren besprochen.

***

Am nächsten Morgen kam Sim um neun Uhr ins Hotel, wo ihn Sok Vai in der Lobby erwartete. Nach einer kurzen Begrüßung fuhren sie mit Soks Wagen zum Haus auf dem Victory Hill. Es war ein kleiner, eineinhalbgeschossiger Bau aus der Kolonialzeit. Sim ging auf die Veranda, wo hinter einem Fensterladen immer der Schüssel zur Hintertür gehangen hatte. Er hing immer noch dort. Sie betraten das Haus durch den Hintereingang. Sok Vai sah sich um.

„Wo ist der Keller?“

Sim Sam grinste und ging durch den Flur nach vorne. Auf der rechten Seite öffnete er eine Tür, und drehte einen Lichtschalter an.

„Hier geht es runter.“

Sok folgte ihm die steile Treppe hinunter und staunte nicht schlecht. Nach etwa vier Metern weitete sich vor ihnen ein langgezogener Kellerraum. Es war kühl, und es roch leicht nach Wein und Lehm. An den Wänden zogen sich auf zwei Seiten stabile, eiserne Regale hin. Der Keller war ideal für ihre Zwecke geeignet.. An den Regalen konnte man die Gefangenen ganz einfach anketten. Man war hier so tief unter der Erdoberfläche, dass selbst lauteste Schreie von außen nicht hörbar waren. Sok war zufrieden.

„Gut, dann lass uns wieder nach oben gehen."

Dort warf Sok einen kurzen Blick in die Zimmer und die Küche. Alles war eingerichtet. In einem Wandschrank war sogar Bettwäsche gestapelt.

„Dann wollen wir mal zum Vermieter, Sim"

Sie verließen das Haus, und auf dem Weg zum Otres Beach hielt Sok vor einer Filiale der Canadia Bank.

„Ich bin gleich wieder da", meinte er zu Sim.

In der Bank hob Sok vom ‚Geschäftskonto' 5'000 Dollar ab. Im Wagen gab er Sim 1'000 Dollar in die Hand. Der machte grosse Augen.

„Ein Vorschuss! Wenn ihr irgendwelche anderen Ausgaben im Zusammenhang mit unserem Vorhaben habt, ist das kein Problem. Ich gebe euch das Geld anschießend," verkündete Sok. Er ließ den Wagen an und es ging weiter in Richtung Otres Beach.

Mit dem Vermieter war er sich bald bei 450 Dollar einig, obwohl der sich sehr wunderte, dass Sok das Haus gar nicht besichtigen wollte. Aber als Sok ihm erklärte, er sei vor einem Jahr mal zu einer Party dort eingeladen gewesen, und er kenne das Haus sehr gut, war das Misstrauen des Vermieters schnell beseitigt. Außerdem zahlte Sok Vai die Miete in bar und im Voraus.

***

Darauf beauftragte er Sim damit, 20 Meter massive Eisenkette, einen kräftigen Bolzenschneider und 20 stabile Vorhängeschlösser zu kaufen. Telefonisch verabredete er sich mit Chap Virek, Tep Tim und Kong Samit. Zunächst überreichte er jedem Tausend Dollar. Alle waren hocherfreut. Dann gab er ihnen den Auftrag, Vorräte für zehn Personen und ebenso viele Tage und zehn Wolldecken einzukaufen, und in die Villa bringen zu lassen. Er selbst ging auf den Markt und ließ sich die Schlüssel für Vorder- und Hintereingang der Villa fünfmal kopieren, damit jeder seiner Kumpane über einen Schlüsselsatz verfügte. Am Nachmittag tauschte er seinen Toyota Landcruiser gegen einen Datsun Minibus mit drei Sitzreihen ein. Er musste 500 Dollar draufzahlen, aber das störte ihn nicht sonderlich.

Als am Abend das Haus mit allem Erforderlichen ausgestattet war, saßen die Gangster wieder zusammen. Sok Vai instruierte seine Kollegen.

„Jetzt können wir anfangen, die Ausländer ‚einzusammeln'. Denkt daran, wir wollen keinen verletzen oder gar töten. Verletzte oder Tote behindern uns nur, und versetzen die Polizei frühzeitig in Alarm. Das können wir wirklich nicht brauchen."

Die Airport Bar

Gegen zehn Uhr fuhren die fünf Männer mit ihrem Minibus die einen Kilometer weite Strecke hinunter zum Strand. In einer Seitenstraße hinter dem Airport Club parkten sie und gingen vor der Discothek zum Strand. Wie gestern schon, brannte hier die Luft. Der Lärm der Techno-Musik lag hart an der Schmerzgrenze. Die Männer mussten sich schreiend unterhalten. Sie verteilten sich unter den Gästen. Als Treffpunkt war – in einer Stunde – ein ruhigerer Platz am Strand abgemacht.

Als sie sich dort trafen, begann Kong, der mit Sok am besten Englisch sprach:

„Engländer und Amerikaner gibt es viele, ebenso Franzosen. Ein paar Deutsche sind auch da, aber Kanadier und Norweger habe ich keine ausmachen können."

Die anderen Drei, die nur ein paar Brocken Englisch beherrschten, berichteten von ähnlichen Beobachtungen. Lediglich Tep Tim widersprach.

„Ich habe vorhin mit jemandem gesprochen, der aus Norwegen ist, ich glaube es zumindest. Genau verstehen konnte ich ihn nicht. Es war sehr laut, und mein Englisch – nun, ihr wisst ja! Er steht dahinten an der Theke und trinkt Wodka. Ich glaube, der hat schon eine halbe Flasche vertilgt."

„Zeig ihn mir, ich werde schon herausfinden, woher er kommt", sagte Sok und nickte Tep zu. Tep ging voraus zur Theke und zeigte mit dem Kopf auf einen breitschultrigen, blonden Mann von ungefähr 40 Jahren. Sok schätzte ihn auf 1,90 Meter. Aber er wusste, dass die meisten Skandinavier groß und blond waren. Sok stellte sich neben ihn und bestellte ein Bier.

„Ziemlich viel los hier", begann er das Gespräch. Der Blonde sah ihn an und nickte. Seine Vodkaflasche vor ihm war nur noch zu einem Viertel voll.

„Trinkst du einen Vodka mit"? fragte er, leicht angeheitert, den Kambodschaner. Dieser antwortete zögernd:

„Danke. Ich vertrage nicht viel Alkohol."

„Komm schon, einer geht immer."

„Also gut, einen Kleinen würde ich nehmen."

Der Blonde schenkte ein Glas halb voll, schob es zu Sok hin, und hob sein eigenes Glas.

„Skol!"

„Skol, was heißt das?"

„Prost!"

„Ah Prost! Wo bist du denn her?"

„Aus Hammerfest in Norwegen!"

„Ist es dort sehr kalt jetzt?"

„Ja sehr, und das ganze Winterhalbjahr über wird es nicht richtig hell.“

Der Riese hielt ihm die Hand hin:

„Knut Hansen“

Sok ergriff die riesige Hand, schüttelte sie und antwortete:

„Sok Vai“

Sie unterhielten sich ab und zu, und der Norweger bestellte eine weitere Flasche Vodka.

Als diese auch fast leer war, meinte Knut, er wolle nachher noch in eine GoGo Bar weiterziehen. Sok bot ihm an, ihn in eine dieser Bars zu bringen.

„Ich fahre nachher sowieso in Richtung Innenstadt. Ich muss in die Love Kiss Bar. Meine Freundin arbeitet dort. Ich werde ihr etwas zum Essen bringen“

Dankend nahm Knut an. Sok Vai sagte ihm, er hole seinen Wagen und erwarte Knut in zehn Minuten auf dem Parkplatz vor der Bar. Sein Wagen sei ein weißer Minibus, er warte direkt am Ausgang der Discothek. Sok Vai strebte davon und sammelte seine vier Freunde ein. Zusammen gingen sie zum Minibus, und fuhren zum Eingang der Disco zurück. Knut stand draußen, und nahm auf dem Beifahrersitz neben Sok Vai Platz. Dass hinten vier andere Personen saßen, störte den Norweger nicht, oder er bemerkt es nicht. Als kurz darauf der Wagen links abbog, und den steilen Berg zum Victory Hill hinauffuhr, schüttelte Knut den Kopf. Er forderte Sok Vai auf, anzuhalten. Sok Vai schüttelte seinerseits den Kopf, und zeigte nach hinten. Direkt hinter Knut saß Kong, und zielte mit der Pistole, die ihm Sok vorher gegeben hatte, sichtbar auf den Kopf des Ausländers.

„Du kommst jetzt mit uns“, erklärte Sok Vai dem Norweger kurz und bündig. Der Minibus fuhr im Schritttempo, da die Straße große Schlaglöcher aufwies und es steil den Berg hinaufging. Der Ausländer schüttelte wieder den Kopf und öffnete die Tür. Er stieg aus.

„Stopp. Halt“, rief Kong und stieg ebenfalls aus. Mit eiligen Schritten hastete er hinter dem Blonden her und holte ihn nach wenigen Metern ein. Er hetzte in einem Halbkreis an ihm vorbei. Zwei Meter vor dem Fremden wurde er lamgsamer und drehte sich um. Er fuchtelte mit der Waffe vor seinem Kopf herum und zischte:

„Geh zurück, oder ich erschieße dich!“

Der Norweger ging weiter auf ihn zu und schob Kong mit einer einzigen, ausholenden Handbewegung aus dem Weg. Ratlos blieb Kong stehen, und rief zweimal: „Stopp, stopp, oder ich schieße.“ Doch der Norweger setzte seinen Weg bergab fort, ohne Kong weiter zu beachten.

Langsam kam Kong zum Wagen zurück und empörte sich:

„Er ist einfach weitergegangen. Das verstehe ich nicht. So eine Unverschämtheit! Er hatte einfach keine Angst vor mir und der Pistole.“ Die vier übrigen Kumpane hatten aus dem Minibus das Geschehen verfolgt. Sok drückte die Beifahrertür auf und sagte zu Kong gewandt:

„Steig‘ wieder ein. Da kann man nichts machen, aber es war gut, dass du nicht geschossen hast. Das hätte nur Ärger gegeben. Vielleicht hat er die Pistole nicht gesehen. Morgen werden wir für jeden von euch einen großen Revolver kaufen, das wird die Ausländer hoffentlich mehr beeindrucken. Jetzt fahren wir nach Hause.“

Kong kochte innerlich vor Zorn und schüttelte immer wieder den Kopf. „Wenn ich den noch mal sehe, dann ist die Hölle los. Wartet nur mal ab; so eine dummer Hund! Ich bin tief beleidigt.“ Am nächsten Vormittag ging jeder für sich einen großkalibrigen Revolver samt Munition und Schulterhalfter kaufen. Den Vogel hatte Kong abgeschossen, der mit einer riesigen Waffe, einer Magnum Kaliber 44 zurückkam.

In Zukunft würde ihm solch eine Panne nicht mehr passieren.

***

Gegen Abend waren die Fünf wieder in der Airport Bar. Zuerst hielten sie Ausschau nach dem Norweger von gestern abend. Aber der war nirgends zu sehen. Vielleicht war er woandershin gegangen und mied wegen des gestrigen Vorfalls diese Diskothek. Sicherheitshalber wurde Sim in der Nähe des Eingangs postiert. Er sollte die Anderen warnen, falls der Norweger doch noch auftauchen sollte. Sie sahen sich um; laute Musik, viele Leute wie jeden Abend, und darunter jede Menge Ausländer. Tep lenkte nach kurzer Zeit die Aufmerksamkeit auf einen Fremden, der zusammengesunken in einem der Sessel am Strand saß.

Die Bedienung trat zu ihm an den Tisch mit einem Tablett in der-Hand. Darauf standen eine Flasche Vodka und ein Eiskübel. Sie legte dem Gast sanft die Hand auf die Schulter. Er schrak hoch, weil er eingenickt war. Er straffte sich und saß wieder aufrecht. Die Bedienung schenkte ihm Vodka nach. Sofort griff er gierig nach dem Glas, das halbvoll mit Vodka und Eis war. Er stürzte den Inhalt mit einem Zug hinunter, und wackelte mit dem Kopf im Takt der Musik.

Dann stand er auf und wankte in Richtung Toilette. Dabei kollidierte er leicht mit zwei Mädchen, die ihm im Weg standen. Als die Bedienung an Chap vorbeikam, grinste er sie an und sagte.

„Der Mann da ist wohl ganz schön betrunken. Ob der noch die Toilette finden wird?“

Die Bedienung grinste zurück und sagte: „Dieser Engländer hat jetzt alleine die dritte Flasche Vodka vor sich. Wenn er die drin hat, ist er richtig betrunken. Wir mussten ihn gestern zum Taxi führen; alleine hätte er das nicht mehr geschafft. Aber er ist sehr großzügig mit dem Trinkgeld.“

Suche nach Opfern

Chap postierte sich in der Nähe des Sessels, auf dem der Engländer gesessen hatte. Als er zurückkam, nahm er wieder einen herzhaften Schluck Vodka, diesmal direkt aus der Flasche. Er rülpste laut. Chap ging zu ihm hin, und fragte:

„Brauchen sie ein Taxi, Sir?“

„Ja, in zehn Minuten.“

Chap nickte, ging zu den Anderen zurück und informierte sie, dass der Engländer die Beute des heutigen Abends sein könne. Sie sollten dafür sorgen, dass der Bus gleich am Eingang stehen würde. Sie verschwanden in Richtung Eingang. Kurze Zeit später rief der Engländer nach der Bedienung und bezahlte. Er versuchte aufzustehen. Es misslang beim ersten Versuch. Er landete auf dem Fussboden. Chap eilte zu ihm und half ihm auf die Beine.

„Ich bin ihr Taxi, Sir. Wo wollen sie hin?“

Der Mann war nicht mehr in der Lage zu sprechen, aber er kramte in seiner rechten Hosentasche. Dann zog er eine Karte des ‚Chrystal Hotels' hervor, die er Chap reichte.

Chap sah auf die Karte, und nickte. „Fünf Dollar Sir, ok?“ Der Engländer nickte, und legte Chap die Hand auf die Schulter. „D, d, du gehst voran.“ Chap nickte, und beide verließen das ‚Airport'. Draußen wartete der Minibus mit Sok Vai am Steuer. Chap zog die Schiebetür in der Mitte auf, und half dem Engländer auf den Sitz.

Der legte sich, kaum dass er saß, auf die Seite, und fing an zu schnarchen. Er schlief während der ganzen Fahrt zum Haus, und wachte auch nicht auf, als Tep das breite Einfahrtstor aufschob.

Als der Bus hinter dem Haus hielt, und Chap die Schiebetür öffnete, schlief er immer noch. Chap rüttelte ihn wach.

„Your Hotel, Sir!“

Ein Engländer

Der Ausländer nickte, und bemühte sich auszusteigen. Mit vereinten Kräften wuchteten Chap und Tep ihn aus dem Bus, und führten ihn durch den Hintereingang. Der Engländer checkte gar nichts mehr.

„Nach drei Flaschen Vodka kein Wunder“, sagte Tep zu Chap.

Der Fremde ließ sich widerstandslos in den Keller führen.

Unten angekommen, stammelte er:

„Mein Hotel“.

„Yes, yes, “antwortete Chap, und zeigte auf eine am Boden liegende Decke. Der Fremde setzte sich auf den Boden, legte sich auf die Seite und begann sofort zu schnarchen. Er merkte nicht mehr, dass Tep ihm Fußketten anlegte, und das Licht löschte. Sorgfältig verschloss Chap die Kellertür. Dann ging er in die Küche. Er hörte, wie draußen der Bus gestartet wurde, und sah Sok fragend an.

„Kong geht etwas Wein kaufen. Wir wollen unseren Gast Nummer Eins etwas feiern.“

Als Kong zurück war, prosteten sich die Entführer zu. Sie feierten, bis der Karton mit sechs Flaschen Rotwein leer war.

***

Wie verabredet kam Herr Wing Ban pünktlich um sieben Uhr ins Mealy Chenda, um Gerhard abzuholen. Er war ihm sofort sympathisch, und der Deutsche überreichte ihm zunächst die mitgebrachte Flasche Cognac. Dann dankte er ihm ausdrücklich für seine Hilfe, damals bei der Rauschgiftangelegenheit in Thailand. Gerhard schlug vor, in die Airport Bar zu fahren. Dort könne man gut essen. Wenn später der Disco-Rummel losginge, könne man sich ja einen ruhigeren Platz suchen. Der Polizist stimmte zu.

Das Essen in der Airport Bar war vorzüglich. Als Gerhard bezahlen wollte, sagte Wing Ban sehr bestimmt:
„Das übernehme ich."
Gerhard widersprach energisch;
„Nein, sie sind mein Gast."
Der Kambodschaner legte seine Hand auf seinen Arm, und sagte:
„Bitte lassen sie das, das ist sehr wichtig für mich. Ich erzähle ihnen nachher, warum."
Er rief nach der Bedienung und verlangte die Rechnung. Die junge Frau verschwand. An ihrer Stelle erschien ein Herr im Anzug. Er stellte sich als der Manager vor, und sagte, die Rechnung gehe selbstverständlich auf's Haus. Er sei als stellvertretender Polizeichef eingeladen. Wing Ban erwiderte freundlich, aber bestimmt:
„Eben, weil ich Polizist bin, bestehe ich darauf, zu zahlen. Also bitte die Rechnung!"
Der Manager entfernte sich kopfschüttelnd. Kurze Zeit später erschien die Bedienung mit der Rechnung. Wing Ban bezahlte, und gab noch einen Dollar Trinkgeld. Die Bedienung machte große Augen. Das war unfassbar für sie. Sie dankte und verschwand.
„So", meinte Wing Ban: „von mir aus können wir gehen." Beide gingen zum Strand und dann ungefähr 150 Meter weiter am Meer entlang.
Hier lagen viele Beach Bars, in denen man sich bei angenehmer Musiklautstärke unterhalten konnte. Wing Ban bestellte eine Flasche Vodka. Vodka war hier unten offenbar das Nationalgetränk. Im Supermarkt kostete eine Flasche sechs Dollar, und in den Beach Bars zwischen acht und zwölf Dollar, inklusive Eis und Softdrinks.

***

„Sie müssen das verstehen, Herr Frings", begann er, „hier in Kambodscha hat die Polizei keinen guten Ruf. Sie gilt als korrupt und korrumpierbar. Manchmal stimmt das leider auch. Es beginnt schon mit dem

Bezahlen der Rechnung, wie sie ja vorhin mitbekommen haben. Wir, und das sind der Polizeipräsident und ich, haben allen unseren Polizisten verboten, kleine Geschenke anzunehmen. Denn dafür werden dann kleine Gefälligkeiten erwartet. So fängt es schon im ‚Kleinen' an. Damit wollen wir nun Schluss machen.

Jetzt verstehen sie wahrscheinlich, warum ich vorhin auf Bezahlung bestanden habe. Polizisten verdienen zwar hier wenig, aber wir haben uns vorgenommen, den Polizeiapparat zu säubern. Wir versuchen es zumindest!"

„Das ist wirklich beachtenswert, antwortete Gerhard.

„In Thailand hat die Polizei auch nicht den besten Ruf, Herr Ban"

„Aber ich bin sicher, auch dort kommt bald und immer stärker die neue, junge Generation ans Ruder. Sicher passiert das nicht von heute auf morgen. Aber wir müssen das Image unseres Landes verbessern. In der aktuellen Rangliste der korruptesten Staaten liegt Kambodscha auf Platz 160 von insgesamt 170 Staaten. Irgendwo am Ende zwischen korrupten Staaten aus Afrika und Südamerika. Das ist eine Schande für unser Land."

„Ja", erwiderte Gerhard, „der Ruf dieses schönen Landes ist nicht der Beste. Prostitution und vor allem Kinderprostitution werden bei uns immer wieder genannt, wenn die Rede von Kambodscha ist."

„Das sind zwei unterschiedliche Sachen, Herr Frings. Sie müssen wissen, Prostitution gibt es seit Menschengedenken auf der Welt. Und besonders hier in Asien, obwohl sie fast überall verboten ist. Und wie in Thailand sind auch in Kambodscha über 90% der Bordellbesucher Einheimische." Gerhard staunte nicht schlecht.

Der Polizist fuhr fort. „Es sind gerade Gesetze in Vorbereitung, die die Prostitution legalisieren sollen. Denn die Mehrzahl der Prostituierten hat Aids. Aber weil Prostitution verboten ist, trauen sie sich fast nie zum Arzt oder ins Krankenhaus. Sie haben Angst vor Fragen. Aber es muss unbedingt etwas getan werden. Geschätzte 70% der Fischer hier unten haben Aids. Das Problem wird immer grösser. Durch Pol Pot haben wir drei Millionen Einwohner verloren. Inzwischen wächst eine Generation von Aidskranken heran. Wir wollen einen zweiten, solch schlimmen Aderlass verhindern."

Er bestellte eine neue Flasche Wodka.

***

Als die zweite Flasche da war, fuhr er fort.

„Nun zur Kinderprostitution. Auch die hat eine lange Tradition. Gehen Sie mal nach China oder Sri Lanka oder Indien. Dort werden überall Kinder angeboten. Und keineswegs überwiegend an Ausländer“

„Ich weiß,“, warf Gerhard ein. „Ich war in China und in Sri Lanka. In China kaufen sich reiche Chinesen Jungfrauen aus Laos, Burma oder auch Kambodscha. Wie jung sie sind, interessiert keinen. Nur, Jungfrauen müssen es sein. Sie gelten als Jungbrunnen. Prostitution gibt es auch dort offiziell nicht. Sie ist schließlich verboten! Was verboten ist, kann und darf es nicht geben. Ich lebte ein Jahr auf Hainan. Wenn man abends in Sanya durch die Straßen geht, fallen einem sofort Geschäfte mit rosa Beleuchtung auf. Wenn man da hinschaut, sitzen auf Bänken an den Wänden entlang gelangweilte Frauen jeden Alters herum. In manchen steht zusätzlich ein Friseurstuhl. Dann nennt sich das Etablissement ‚Beauty Salon‘.

Viele Polizisten würden ihre Haupteinnahmequelle verlieren, wenn Prostitution erlaubt wäre. Ich weiß von China, Vietnam und Laos, dass viele Polizisten daran gut verdienen. Sie beobachten diese ‚Frauenhäuser’. Wenn ein Ausländer dort eine solche Frau mietet und mit ihr in sein Hotel geht, klopft oft zehn Minuten später ein Polizist an die Tür. Wenn der Ausländer öffnet, erklärt der Polizist ihm, dass er verhaftet sei. Er müsse mit ihm zur Polizeistation und dann ins Gefängnis. Schließlich ist Prostitution verboten. Natürlich könne der Ausländer durch sofortige Zahlung einer Buße die Verhaftung vermeiden. So leben die Polizisten ganz gut mit diesem Verbot; sie sind sogar die Hauptnutznießer.“

„Ja, so etwas soll es auch hier geben“, meinte Herr Wing Ban.

„Wahrscheinlich ist deshalb auch der Widerstand der Gegner der Legalisierung so stark.

Aber nun noch etwas zur Kinderprostitution: Wir wollen und werden diese auch ausmerzen. Nur haben wir hier wie fast überall Probleme. In dem Fall sind es selbst ernannte ‚Kinderschützer' aus Europa und Amerika. Sie schießen sehr oft über das Ziel hinaus. Manche sind sogar schon als kriminell zu bezeichnen. Sie streunen durch die Rotlichtegenden, besonders abends. Hier gibt es sehr viele arme Waisenkinder. Sie verkaufen abends Blumen oder anderen Krimskrams. Oder sie betteln, versuchen Mitleid zu erregen. Viele Weiße wollen den armen Kindern helfen, weil sie Mitleid haben. Wenn diese ‚Kinderschützer' dann einen Weißen sehen, der einem Kind auch nur ein Glas Saft bezahlt, und das Kind setzt sich neben den Weißen, machen sie ein Foto von beiden. Dann rufen sie die Polizei. Die Ordnungshüter sollen dann den Ausländer verhaften, weil er sich an das Kind herangemacht habe. Als Beweis dient das Foto.

So haben wir es oft mit völlig unschuldigen Touristen zu tun. Aber wir müssen dann einschreiten und ermitteln. Zu trauriger Berühmtheit hat es eine französische Organisation gebracht; sie hat den Namen APLE. Das steht für ‚Action pour les enfants'. Diese Organisation zahlt ihren Mitarbeitern sogar Prämien für jedes Beweismittel, also für jedes Foto.

Natürlich haben die auch schon einige wirkliche Fälle aufgedeckt, aber viele ihrer Mitarbeiter übertreiben ihre Bemühungen. Das ist auch der Grund, warum ich in Kampot war. Manchmal geht einem dieser Job ganz schön auf die Nerven. Das können Sie mir glauben."

Die zweite Flasche Vodka war fast leer. Wing Ban entschuldigte sich.

„Herr Frings, ich muss gehen. Ich muss morgen sehr früh aufstehen."

Dieses Mal ließ er Gerhard bezahlen. Er stand auf.

„Stopp", sagte Gerhard, „eines hätte ich beinahe vergessen. Mein Neffe Uli kommt übermorgen hier her."

„Au fein. Da freue ich mich. Wenn er da ist, rufen sie mich bitte an. Hier haben Sie eine Karte mit meinen anderen Telefonnummern. Unter einer bin ich immer zu erreichen.“ Er gab dem Deutschen eine Karte mit insgesamt vier Telefonnummern.

„Wenn sie auch gehen wollen, kann ich sie ein Stück mit dem Wagen mitnehmen

„Herr Ban, danke für das Angebot. Aber die zehn Minuten Weges gehe ich lieber zu Fuß. Ich habe sowieso zu wenig Bewegung.“

Sie verabschiedeten sich.

Gerhard musste dem Kambodschaner noch einmal ausdrücklich versichern, dass er ihn anrufen würde, wenn Uli und er demnächst abends Zeit hätten. Beide schlenderten am, vor der Disko immer noch gut bevölkerten, Strand entlang zum Strandparkplatz. Wing Ban bestieg sein Auto und bog nach links auf die Hauptstraße ab. Vor Gerhard lag der dreihundert Meter lange bergan führende schmale Schotterweg, der zum Hotel führte.

Uli taucht auf

Zwei Tage vorher hatte Uli Frings im „Woraburi Hotel’ in Bangkok eingecheckt. Im Internetraum mailte er an seinen Onkel Gerhard:

„„„Durstig? Wollte mit dir einen Trinken gehen. Bin in Bangkok. Wie sieht es aus? Wo bist du? Auf ‚der Insel Ko Chang?’ Gruß Uli.“

Abends machte er den gewohnten Rundgang durchs ‚Nana’ Viertel und danach durch die ‚Soi Cowboy’, zwei sehr bekannte ‚Unterhaltunszentren’.

„Auf jeden Fall ist es hier besser und billiger als im verregneten Deutschland.“, sagte er sich wieder einmal. Der Himmel war zwar bewölkt, aber das Thermometer zeigte noch 28 Grad. Am Nachmittag war er im Pool auf dem Dach schwimmen gewesen und hatte sich an der zugehörigen Bar schon etwas warm getrunken.

***

Am nächsten Morgen, nach dem Frühstück, ging Uli wieder in den Internetraum und las Gerhards Antwort.

„Tach, ich würde dich gerne treffen, bin in Sihanoukville. Ich bin heute Abend mit dem Herrn Wing Ban verabredet, der ist jetzt hier stellvertretender Polizeichef. Den kennst du auch von damals. Hast du keine Lust, hier vorbeizukommen? Die Gegend hier in Kambodscha braucht keinen Vergleich mit Koh Chang zu scheuen. Im Gegenteil, hier ist es ruhiger. Es ist leicht, von Bangkok herzukommen Wenn du um sechs Uhr morgens vom EKAMAI Busbahnhof abfährst, bist du um elf im Busbahnhof von Trat. Dort nimmst du einen Minibus bis zur Grenze. Das dauert nicht ganz zwei Stunden. Direkt auf der anderen Seite der Grenze warten dann die großen Busse nach Sihanoukville. Die Fahrt dauert etwa fünf Stunden. So bist du gegen sechs Uhr hier am Busbahnhof. Nimm dann ein Taxi zu meinem Hotel, dem ‚Mealy Chenda'. Kostet drei Dollar. Aber lass dir vom Taxifahrer nicht erzählen, das Hotel sei neulich abgebrannt. Das machen sie gerne, um Gäste zu einem Hotel zu bringen, wo sie Provision bekommen. Zimmer sind hier viele frei, ähnlich wie in Thailand. Hast du Lust zu kommen?"

Uli mailte zurück. „Ich habe schon oft von Sihanoukville gehört. Mach' dich auf mich gefasst. Ich komme. Bin in drei Tagen unten, bis dann."

***

Als Gerhard etwa die Hälfte der steilen, schmalen Straße hinter sich hatte, hörte er von hinten ein Auto kommen. Hier wie auf vielen Nebenstraßen gab es keine Straßenbeleuchtung. Das einzige Licht kam vom Halbmond und von einigen vereinzelten Häusern rechts und links Er ging vorsichtig zum Straßenrand, und schaute dem sich nähernden Auto entgegen. Um diese Tageszeit waren hier wie in China und Thailand viele Betrunkene mit Auto oder Moped unterwegs. Alkohol im Straßenverkehr wird erst dann zum Delikt, wenn man jemanden anfährt oder einen Unfall verursacht. Deswegen ist besonders abends und nachts Vorsicht angebracht.

Der Wagen, ein Minibus, hielt neben Gerhard an. Vier Männer stiegen aus und umringten ihn. Alle hielten Waffen in den Händen und zielten auf ihn. Gerhard erstarrte. Teufel noch mal, ein Überfall! Aber viel Geld habe ich nicht dabei. Vielleicht zehn Dollar und 20'000 Riels. Er hob beruhigend die Hände. Ich werde das Geld freiwillig herausrücken; ich habe kein Interesse an Gewalt. Wegrennen wird auch nichts bringen. Wahrscheinlich schießen die, und wenn sie zu viert hinter mir her ballern, wird bestimmt einer treffen, obwohl es hier ziemlich dunkel ist. Einer der Täter, der längste unter ihnen, zeigte mit seiner Waffe auf die offene Schiebetür des Wagens. Gerhard griff langsam in seine Hosentasche. In seiner Hand waren ein zehn Dollar Schein und zwei große Riel Scheine. Er hielt sie dem Langen hin. Der schüttelte den Kopf, sagte „Go, Go." Seine Waffe zeigte wieder ins Wageninnere Es fiel Gerhard wie Schuppen von den Augen. Die Gangster wollen gar kein Geld! Der Lange zeigte wieder mit der Waffe in Richtung der offenen Schiebetür. Die wollten offenbar, dass ich einsteige.

Gerhard überdachte kurz seine Lage. Er blickte sich um, konnte keine Gesichter erkennen. Weder oben noch unten war ein weiteres Auto in Sicht, das Hilfe bringen könnte. Die vereinzelt stehenden Häuser am Straßenrand wirkten wie ausgestorben, tot.

Was bleibt mir anders übrig, als einzusteigen? Tue ihnen den Gefallen, wenn sie dich so eindringlich und überzeugend darum bitten!

Ein Deutscher

Gerhard stieg ein, setzte sich auf die Mittelbank und sah sich im Bus um. Der Fahrer, ja der Fahrer vor ihm kam ihm jetzt bekannt vor. Wo habe ich ihn schon gesehen? Im Hotel?

Nein. Langsam kam die Erinnerung zurück. Gestern Nachmittag unten am Strand! Da hatte er sich zu mir gesetzt und ein kurzes Gespräch mit mir geführt. Es war normaler Small Talk gewesen. Wie es mir hier gefällt? Ob ich das erste Mal hier bin? Wo ich herkomme und so weiter. Als später das Gespräch auf deutschen Fußball kam, und Gerhard ihm erklärte hatte, dass ihn Fußball wenig interessiere, war er kopfschüttelnd gegangen. Jetzt sitze ich in diesem Minibus mit vier Bewaffneten hinter, vor und neben mir. Die seitliche Schiebetür fiel mit einem Knall zu.

Der Bus fuhr an. An der Hügelkuppe angekommen, bog er rechts ab. Zu Gerhards Hotel ging es nach links. Er zeigte in diese Richtung und sagte: „Wenn Sie Geld wollen, da geht es zu meinem Hotel. Da habe ich mehr."

Der Bewaffnete neben ihm schüttelte den Kopf. Also Geld wollten sie definitiv keines, aber was dann? Nach etwa 50 Metern hielt der Bus vor einer kleinen, alten Villa. Einer der Fünf stieg aus, und öffnete das Tor der Einfahrt. Der Bus fuhr hinein, an der Längsseite des Hauses vorbei und hielt an einer Tür hinter dem Haus. Ein schönes Haus, ruhig und zentral gelegen.

Die Schiebetür öffnete sich und sie führten ihn hinein.

Die dritte Tür rechts führte in einen Keller. Unten schrie jemand. Nein, der fluchte sehr laut.

Gerhard verstand in etwa, dass der Unbekannte nach dem britischen Botschafter schrie, und dass er alle umbringen würde.

Unsanft stieß man Gerhard die Treppe hinunter. Eine schwache Glühlampe verbreitete diffuses Licht. Da auf dem Boden saß ein Weißer mit dem Rücken an die Wand gelehnt. Es war der Schreihals.

***

Mit schweren Ketten waren seine Hände und Füße gefesselt. und an ein stabiles, eisernes Wandregal angekettet. Ob man das auch mit mir machen wird? Bleibe ruhig. Widerstand ist sinnlos. Gerhard ließ sich ohne Gegenwehr anketten. Der Weiße glotzte ihn an.

„Diese blutigen Bastarde sollten mich gestern Abend ins ‚Chrystal' Hotel bringen. Aber heute Morgen finde ich mich hier wieder. Angekettet. Keiner redet mit mir. Zum Mittagessen haben sie mir Reis mit Sauce gegeben. Ungenießbar. Ich habe nichts davon angerührt. Weißt du, was die von uns wollen?"

„Keine Ahnung, aber Geld wollen sie nicht. Ich habe ihnen angeboten, mich in mein Hotel zu bringen. Dort könnten sie Geld haben. Aber Geld wollten sie keins!"

Das Licht erlosch und es wurde stockdunkel. Gerhard machte es sich auf der Decke, auf der er saß, so bequem wie möglich. Gar nicht so einfach, wenn einem Hände und Füße gefesselt sind! Langsam beruhigte sich der Weiße neben Gerhard. Seine Stimme klang rau. Wo bist du her?"

„Aus Deutschland, und du?"

„Schottland, Berry Mc. Guire."

„Ich heiße Gerhard Frings. Ich verstehe das Ganze hier nicht.

Mal sehen, ob wir bald erfahren, was das soll?" Es kehrte Schweigen ein.

Gerhard nickte ein, aber kurze Zeit später gab es wieder Lärm. Mit einem Knall wurde die Tür geöffnet; die Lampe ging an.

Ein weiterer Fremder, ebenfalls ein Weißer, wurde die Treppe heruntergestoßen. Er war offenbar stark angetrunken. Seine Hände waren mit Handschellen gefesselt. und auf der fünftletzten Treppenstufe kam er ins Stolpern. Er konnte sich nicht am Handlauf festhalten.

Er stolperte den Rest der Treppe abwärts und fiel genau auf Gerhard. Glück für ihn. Auf dem Steinboden hätte er sich böse verletzen können. Pech für den am Boden Liegenden, denn der Neuankömmling wog bestimmt zweieinhalb Zentner. Gerhard blieb für eine Minute die Luft weg, obwohl der Fremde sich sofort von ihm herunter wälzte. Jetzt lag er am Boden und starrte zuerst Berry an und dann Gerhard

Dann schrie er:

„Diese Schweine da oben."

Einer der Kambodschaner kam die Treppe herunter, und der Neue trat nach ihm, als sich dieser, mit einer Kette in der Hand, zu ihm herunter beugen wollte. Er trat einen Schritt zurück und schlug ihm die Kette mit Kraft voll ins Gesicht.

Der Angegriffene versuchte zwar, mit erhobenen Händen den Schlag abzuwehren, aber er war zu langsam. Die Kette war ihm schon ins Gesicht gesaust und hatte blutende Platzwunden auf Stirn und rechter Wange hinterlassen. Er schrie vor Schmerz laut auf und fluchte. Der Kambodschaner sah ihn mit zornigem Blick und funkelnden Augen an. Er holte noch einmal mit der Kette aus. Aber der Widerstand des Weißen war gebrochen. Offenbar hatte er eingesehen, dass er auf jeden Fall den Kürzeren ziehen würde.

Er hob schützend die gefesselten Hände vor sein Gesicht.

Ein Franzose

Von oben ertönte ein Kommando. Zögernd ließ der Kambodschaner die Kette sinken. Der, der offenbar von oben das laute Stopp-Kommando gegeben hatte, kam die Treppe herunter. Er sagte drohend zu dem Neuzugang:

„Ich bin Sok Vai. Und das ist Kong Samit. Wenn du noch einmal Widerstand leistest, wird er dich töten. Sieh dich vor. Er hat schon einige Leute umgebracht."

Er sah sich im Kreis um „Also verhaltet euch ruhig, in eurem eigenen Interesse."

Die Opfer schwiegen betroffen. Dann kettete Kong, der wohl der

Brutalste war, den Neuen wie die beiden Anderen mit zwei Ketten an. Gerhard setzte sich aufrecht und fragte: „Können Sie uns sagen, warum wir hier sind. Was soll das alles?“

„Wartet es ab, ihr werdet es früh genug erfahren.“

Damit drehte er sich um, und ging hinter ‚Kong’ die Treppe hinauf. Das Licht erlosch wieder. Gerhard hörte, wie der Neue leise vor sich hin weinte. Er flüsterte in seine Richtung:

„Kein Grund zur Panik, wir sind alle noch am Leben. Beruhige dich. Wo kommst du her?“

„Aus der Corner Bar. Kennst du die? Sie ist keine 100 Meter von hier entfernt.“

„Ja sicher, da gehe ich jeden Tag auf dem Weg zum Strand vorbei. Nein, ich meine, aus welchem Land du stammst?“

„Ich bin aus Frankreich, aus Nancy. Eine schöne Scheiße ist das, was wollen die von uns.?“

„Wir wissen es nicht“, mischte sich Berry ein. „Wie heißt du?“

„Philippe, Philippe Viflau, Psychiater aus Nancy.“

***

Am Abend des folgenden Tages erreichte Uli Frings den Busbahnhof von Sihanoukville. Er nahm, wie empfohlen, das Taxi zum Mealy Chenda, checkte ein und fragte nach Gerhards Zimmernummer.

„Nummer 12“, war die Auskunft.

Er ging zuerst in sein Zimmer, duschte ausgiebig und zog sich um. Darauf ging er zum Zimmer Nr. 12 und klopfte. Er klopfte lauter. Keine Antwort. Dann schlug er mit der flachen Hand auf die Tür und rief:

„Bettenpolizei – sofort aufmachen!“

Es kam keine Antwort, und die Tür blieb verschlossen.

„Wahrscheinlich ist er etwas essen gegangen“, sagte er sich.

Er ging zur Rezeption zurück und fragte, wo das Restaurant sei. Ob die Rezeptionistin wisse, wo Herr Frings, sein Onkel sei? Die Dame schüttelte den Kopf, meinte aber, abends sei Herr Frings immer in der

Bar im dritten Stock bei dem Deutschen Charly, der die Bar führte. Uli ging zum Restaurant, und speiste ausgiebig.

Dann stieg er eine Etage höher in ‚Charlys Bar'. Er stellte sich vor, und fragte den Inhaber, ob er seinen Onkel, Herrn Frings, kenne und vielleicht wisse, wo er diesen finden könne.

„Der kommt fast jeden Abend her, mal um acht Uhr, mal um zehn Uhr. Gestern allerdings ist er ausnahmsweise nicht da gewesen, vielleicht ist er bei Mädchen hängengeblieben."

Uli bestellte einen Krug Bier. Er setzte sich auf die Terrasse und genoss den wunderbaren Blick über weite Teile der Stadt und das Meer dahinter.

Gegen elf Uhr war sein Onkel immer noch nicht aufgetaucht.

Uli war etwas müde wegen der langen Anreise. Außerdem spürte er die Wirkung des Bieres.

Beim Gehen nannte er Charly seine Zimmernummer, falls sein Onkel später noch auftauchte. Dann bezahlte er und verließ die gastliche Stätte.

***

„Jetzt brauchen wir noch einen Norweger und einen Kanadier."

Damit begrüßte Sok Vai am nächsten Morgen seine Handlanger.

„Aber zuerst versorgen wir die Drei, die wir schon haben, mit Essen und Wasser. Chap, du bist der Geschickteste von uns; stelle du etwas aus unseren Vorräten zusammen.

„Aber mach' es nicht zu scharf. Du weißt, viele Ausländer wollen das nicht."

„Du, Sim, du leerst den Eimer mit ihrer Scheiße. Das ist jetzt deine Aufgabe, bis wir hier verschwinden. Heute Nachmittag trennen wir uns, und gehen einzeln an die verschiedenen Strände. Da werden wir hoffentlich finden, was wir suchen. Wenn einer einen Norweger oder Kanadier gefunden hat, telefoniert er die anderen herbei."

Chap und Sim nickten, und machten sich an ihre Aufgaben. Am frühen Nachmittag versammelte Sok seine Freunde um sich. Vor ihm lag eine Karte von Sihanoukvilles Stränden.

„Nachher gehen wir los. Wir verteilen uns wie folgt: Tep nimmt den Hawaii Beach. Kong geht zum Independence Beach. Sim checkt den Sokha Beach, und Chap den Serendipity Beach. Ich treibe mich am Ochheuteal Beach herum. Wenn einer etwas Interessantes findet, ruft er mich an. Los jetzt!" Sie machten sich auf den Weg.

Ein Norweger

Der Erste, der Sok Vai anrief, war Chap vom Serendipity Beach: „Hier im Cloud 9 ist eine ganze Gruppe von Skandinaviern. Ob Norweger dabei sind, kann ich noch nicht feststellen. Am besten ist, du kommt mal vorbei, Sok." Eine halbe Stunde später saßen Chap und Sok vor dem Cloud 9 am Strand.

Sok ging zur Theke und bestellte die obligatorische Flasche Vodka.

„Wo sind denn deine Skandinavier?" fragte er den enttäuscht schauenden Chap.

„Da vorne an den beiden Tischen haben vorhin acht davon gesessen. Sie haben so ähnlich geredet, wie neulich der Norweger. Jetzt ist nur noch dieses Paar da vorne übrig. Die Anderen sind vor fünf Minuten gegangen."

Sok schaute in die erwähnte Richtung.

Da saß lediglich ein Paar und stritt sich. Sok schätzte sie auf etwa vierzig Jahre. Beide waren sehr dick. Die Frau wog mindestens zwei Zentner und hatte eine riesige Oberweite. Der Mann war noch viel schwerer, geschätzte drei Zentner.

Er hatte einen ungeheuer dicken Bauch, und Sok wunderte sich, wie er sich in den Strandsessel gezwängt hatte. Er wunderte sich noch mehr darüber, dass der Sessel das Gewicht des Mannes aushielt.

Er setzte sich mit seinem Glas an den Nachbartisch. Das Paar stritt sich sehr heftig auf Englisch. Doch das Englisch des Mannes klang seltsam. Als die Frau zornig aufstand, und in Richtung Wasser davon ging, bestellte sich der Mann sofort ein großes Bier und einen doppelten Vodka. Sok prostete ihm zu und als der Fremde zurückprostete, grinste Sok verschwörerisch.

„Ja ja, die Frauen, wenn sie schlecht gelaunt sind, kann man nichts machen.“

Sok stellte sich vor. Der Fremde antwortete

„Ole Olafson.“

Sok meinte: „Das klingt aber gar nicht englisch.“

„Ich bin auch kein Engländer; meine Freundin ist Engländerin; ich bin aus Norwegen. Meine Freundin ist so beleidigt,“ er grinste wieder, „weil ich Filzläuse habe. Sackratten, nennt man die bei uns. Dagegen hilft Jakutin, aber das gibt es hier nicht. Und wie soll ich einem Apotheker klarmachen, was ich habe. Soll ich Anschauungsunterricht auf der Ladentheke veranstalten?“ Sein Lachen schallte über den Strand.

„Vorgestern war ich in einem der Stundenhotels hier, tagsüber, als meine Freundin am Hotelpool eingeschlafen war. Ich war nur für eine Stunde weg, und sie hat nichts gemerkt. Die Filzläuse habe ich mir wohl dort eingefangen. Jetzt hat meine Freundin sie auch.“

Das Lachen ließ ihn stöhnen.

„Ich habe das natürlich abgestritten, das mit dem Hotel, es war auch nur für eine Stunde.“

Die Frau kam wieder zurück. Sie belferte sofort wieder los:

„Wenn ich dir nicht reiche, dann sag es doch, und ich ziehe sofort aus unserem Zimmer aus.“

„Stell dich nicht so an, ich habe dir doch gesagt, ich war nicht im Puff.“

Er sah zu Boden, ihr dann ins Gesicht. Jetzt hatte seine Stimme einen vorwurfsvollen Unterton.

„Wer sagt mir denn, dass du nicht in einem dieser Hotels warst, und dich mit einem jungen, knackigen Kambodschaner vergnügt hast. Vielleicht hast du dir ja die Tierlein dabei geholt“. Er kratzte sich demonstrativ zwischen den Beinen.

„Also solch eine Frechheit, solch eine Unverschämtheit; das hat mir noch keiner gesagt." Sie zitterte vor Wut.

Sie stand auf, holte aus und gab ihrem Gegenüber eine schallende Ohrfeige. Er wich ihr aus, grinste, und sie stand auf.

„Ich geh' jetzt ins Hotel zurück", schrie sie.

Der Norweger meinte lapidar: „Viel Spaß, diese Jungs kommen übrigens auch ins Hotel. Sollen fünf Dollar die Stunde kosten. Mit zornig blitzenden Augen stand sie immer noch vor ihm. Sie musterte wütend Sok Vai, der krampfhaft versuchte, sein Grinsen zu unterdrücken. Sie stampfte mit dem rechten Fuß auf und hastete davon.

***

„Morgen hat sie sich wieder beruhigt; oder auch nicht", sagte der Norweger.

„Wenn sie tatsächlich bei mir auszieht, habe ich am nächsten Tag eine schlanke, junge und hübsche Kambodschanerin bei mir. Aber das ist unwahrscheinlich, sondern eher ihr Wunschdenken. Sie weiß genau, dass sie hier keinen weißen Freund findet. Weiße Männer, die ohne Frau hier sind, wissen schon warum. Sie werden sich bestimmt hier nicht mit solch einer fetten Tussi einlassen." Er schmunzelte wieder vertraulich.

„An sich ist sie manchmal ganz nett, aber halt nicht immer. Dann gehe ich üblicherweise einen trinken. Apropos. Trinken sie einen Wodka mit?"

„Ja, aber nur einen Kleinen, vielen Dank." Inzwischen war die Sonne untergegangen.

Ole ging zur Theke und kam wieder mit einer Flasche Tequila, zwei Wassergläsern, einem Teller voller Zitronenscheiben und einem Salzstreuer. Er führte Sok vor, wie man Tequila trinkt.

Nach einer Stunde und einer zweiten Flasche Tequila war Ole sterngranatenbetrunken und nahm das Angebot von Sok, ihn ins Hotel zu fahren, gerne an.

Dass ihm auf der Rückfahrt Sim mit dem Colt vor dem Gesicht herumfuchtelte, bekam er nicht mehr mit. Er war, ähnlich wie der Engländer zwei Tage vorher, direkt eingenickt, kaum dass er im Auto saß. Als es zwanzig Minuten später ans Aussteigen ging, zeigte er sich zunächst uneinsichtig. Aber die vier auf ihn gerichteten Waffen überzeugten ihn, dass Gegenwehr sinnlos war. Die im Keller Festgehaltenen bekamen einen weiteren Neuzugang.

Ein Australier

Am nächsten Morgen fand in der Küche wieder eine Besprechung statt. Alle Vier versicherten Sok, dass gestern nirgendwo ein Kanadier gesichtet worden war.

„Dann suchen wir uns heute einen“, meinte Chap.

Am frühen Abend trafen sich die fünf wieder in der Küche. Alle sahen niedergeschlagen aus. Keiner hatte einen Kanadier gefunden. Sim meinte:

„Wenn es unbedingt ein Kanadier sein muss, warum gehen wir dann nicht nach Phnom Penh. Wir stellen uns vor die kanadische Botschaft und warten, bis einer herauskommt. Da gibt es bestimmt jeden Tag einige davon.

„Quatsch, jetzt sind wir hier in Sihanoukville und hier bleiben wir“, antwortete Sok.

Chap meinte: „Warum muss es denn unbedingt ein Kanadier sein? Es gibt doch so viele Russen, Chinesen und Amerikaner hier unten am Kasinoschiff im Hafen, und das jeden Abend. Da sind fast nur Ausländer zum Spielen.“

„Witzbold“, entgegnete Sok.

„Chinesen kommen nicht in Frage, weil die Regierung in Beijing sich nie um Touristen kümmert. Die haben 1,4 Milliarden Menschen, das sind denen sowieso zu viele. Russen fallen auch weg, weil die russische Regierung, wenn Druck in russischen Zeitungen gemacht wird, wahrscheinlich Soldaten schicken würde, um ihren Landsmann zu befreien. Und die Amerikaner würden Geheimdienstleute schicken. Gegen die hätten wir keine Chance.“

Sim legte die Stirn in Krausen. „Was ist mit Australiern? Sie haben doch den Neubau der Schnellstraße von Ta Khmau bis nach Phnom Penh finanziert; die neue Nationalstraße Nr.2. Das habe ich neulich im Radio gehört. Am Strand sind zwar wenig Australier zu sehen, aber sie haben ein Konsulat hier ganz in der Nähe. Auf der anderen Straßenseite, ungefähr sechs Häuser weiter in Richtung Victory Monument. Da können wir uns hinstellen, und einen fangen. Was hältst du davon, Sok?“

„Darüber kann man nachdenken; ich sage euch morgen früh Bescheid! Lasst uns jetzt schlafen gehen.“

***

Am folgenden Morgen gab Sok Vai grünes Licht, einen Australier zu schnappen. Gegen elf Uhr vormittags parkte Sok den Bus fünf Häuser weiter rechts auf der anderen Straßenseite, ein Haus neben dem australischen Konsulat. Er parkte absichtlich ungefähr einen Meter von dem das Gebäude umgebenden Zaun entfernt.

Wenn man auf dieser Seite vorbeiging, musste man entweder mitten auf der Straße gehen oder den Weg zwischen Zaun und Bus wählen. Sie warteten über ein Stunde lang. Sechs Australier hatten in der Zeit das Konsulatsgebäude verlassen.

Zwei davon waren direkt in Autos eingestiegen und weggefahren. Zwei waren mit Mopeds weggefahren. Zwei weitere waren zu Fuß weggegangen; aber nicht in Richtung des Minibusses. Aber dann verließ ein siebter Mann das Konsulat. Er hatte rote Haare und kam pfeifend in ihre Richtung geschlendert. Er wählte den Weg zwischen Zaun und Bus; wie geplant! Als er in Höhe der Schiebetür war, öffnete Sim die Beifahrertür. Dem Mann war der Weg vorwärts versperrt. Kong zog die seitliche Schiebetür auf; drei Waffen richteten sich auf den Herankommenden. Tep stand hinter ihm und schwenkte seinen Revolver in Richtung der offenen Schiebetür. Sim schnauzte ihn an:

„Einsteigen, oder es knallt!“

Verwirrt sah sich der Fremde um. Sein Pfeifen war erstorben, nur seine Lippen bewegten sich noch.

„Was soll das?“ fragte er überrascht. Sim sagte drohend:

„Du sollst einsteigen, oder du bist tot.“

Zögernd wandte sich der Mann zur offenen Schiebetür. Aus dem Wageninneren hielt Chap seine Waffe auf den Fremden gerichtet.

„Wollt ihr Geld?“, fragte er.

Sim hielt ebenfalls seine Waffe an den Kopf des Angehaltenen und zog den Spannhebel nach hinten. Das überzeugte den Mann, und er stieg ein. Während der kurzen Fahrt blieben die vier Waffen auf ihn gerichtet. Er hatte eingesehen, dass jeder Widerstand zwecklos war.

„Du bist Australier?“ fragte Sok.

„Ja, aber was soll das?“, antwortete er.

„Du stellst hier keine Fragen“, antwortete Sok.

Zehn Minuten später gehörte der Neue zur Kellergemeinschaft, angekettet wie die Anderen auch.

„Willkommen im Club“, grölte Berry ihn voller Sarkasmus an.

„Was soll das Ganze hier?“, fragte der Fremde und sah sich suchend um.

„Das weiß der Teufel“, schrie Berry wild.

„Und was macht ihr hier?“

„Wir warten.“

„Worauf, wenn ich fragen darf.“

„Das weiß keiner!“ Berry lief blutrot an.

Der Neue schüttelte den Kopf und fragte ihn:

„Wo bist du her?“

„Aus England, und das ist ein Franzose, das ein Deutscher, das ein Norweger! Und du? Woher kommst du?“

„Ich bin Australier, wenn’s genehm ist.“

„Die haben uns hier einen nach dem anderen festgesetzt“, fuhr Berry fort. „Kostenlose Vollpension. Klimaanlage ist überflüssig! Ha, Ha“

„Ein wahrer Witzbold, dieser Berry“, dachte sich Gerhard. Er fühlte sich körperlich nicht wohl. Nachts war er oft schweißgebadet aufgewacht.

Er hatte einmal einen der Bewacher gefragt, ob er ein Fieberthermometer hätte. Der hatte nur mit dem Kopf geschüttelt.

„Wahrscheinlich habe ich Dengue Fieber oder einen Malariaanfall“, dachte er sich. „Woher sonst auch die Fieberanfälle.“

Außerdem litt er unter immer wirreren Träumen, an die er sich, wenn er erwachte, nur bruchstückhaft erinnern konnte. Tagsüber tröstete er sich immer wieder mit dem Gedanken, dass so was in tropischen Gegenden nicht unnormal sei. Richtig gefährlich, das wusste er, waren diese fiebrigen Krankheiten nur für Menschen mit geschwächter Kondition; auch für alte Leute und kleine Kinder. Also an sich kein Grund zu übermäßiger Besorgnis!

Über Frösche und Frauen

Am nächsten Morgen wachte Uli mit Kopfweh auf. Wieso eigentlich? Er blinzelte zum Fenster. Draußen gleißte das Sonnenlicht vom wolkenlosen Himmel. Er hob das Kopfkissen auf seinen Kopf. Das Telefon klingelte. Er musste es suchen und fand es in seiner Hosentasche, versteckt unter seinen Klamotten.

Mit verschlafener Stimme meldete er sich:

„Frings.“

Die Stimme seines Kollegen Paul Wegener! Uli stöhnte leise.

„Hier Paul, Uli, Uli! Ganz neue Nachrichten: Du bist mein bester Freund, du sollst es als erster erfahren: Hier im Verlag ist im Moment wenig los. Ich stöbere viel im Internet. Jetzt halt‘ dich ganz fest: In Tasmanien wurde eine neue Froschart entdeckt

‚Rana arralis tasmaniensis'; oder volkstümlich: Tasmanischer Glubschfrosch! Der sieht ziemlich ungewöhnlich aus. Er hat seinen Namen von seinen riesigen Glubschaugen. Diese Frösche sind äusserst kurzsichtig! Diese Frosch-Spezies hat extrem stark ausgebildete hintere Sprungbeine. Die braucht dieser Frosch auch, weil die Tasmanischen Teufel seine Hauptfeinde sind. Und die sind höllisch schnell. Er kann aus dem Stand einen Satz von drei Metern machen. Leider sind die Vorderbeine nur zwei Zentimeter lang. Diese kurzen Vorderbeine, in Verbindung mit seiner Kurzsichtigkeit führen dazu, dass er bei weiten Sprüngen fast immer unsanft landet. Oder, was auch oft passiert: Er springt gegen Bäume. Das Maul ist deswegen doppelt so breit wie sein Kopf, weil er halt laufend aufs Maul fällt. Er ähnelt dem Breitmaulfrosch in unseren Breiten. Aber jetzt kommt die Sensation!. Er hat tatsächlich drei einzelne Stimmbänder. So kann er über fünf Oktaven dreistimmig singen. Ein einziger Frosch!

Das ist unglaublich. Im Moment sammele ich noch Informationen über diese Frösche. Ich werde dich wieder anrufen, wenn ich etwas Neues weiß. Das interessiert dich doch, oder?“

Uli glaubte leichte Zweifel aus der Stimme herauszuhören.

„Doch, doch, das interessiert mich brennend“, log er. Beruhigt sagte Paul: „Da, wo du jetzt bist, kannst du dich ja auch mal nach Fröschen umschauen. Vielleicht gibt es dort ja auch was Neues zu entdecken. Also mach's gut.“ Er legte auf.

„Im Verlag muss ja jetzt wirklich ‚Tote Hose' sein“, dachte Uli. Aber wer lag da links neben ihm? Offensichtlich eine Frau! Wieso? Wo kam die her? Wo hatte er die denn noch aufgegabelt? Langsam, bruchstückhaft kam die Erinnerung zurück. Er war in der Bar des Berliners gewesen. Auf dem Weg zu seinem Zimmer war ihm jemand begegnet. Ja, richtig, der hatte ihn gefragt, wo noch was los sei. Auf Deutsch. Da hatte er geantwortet, er habe keine Ahnung, er sei erst vor vier oder fünf Stunden angekommen. Der Deutsche hatte sich vorgestellt als Ludwig Lindner aus Leipzig. Er sei auch erst heute angekommen. Wenn man 50 Meter nach rechts gehe, wäre auf der Ecke ein Restaurant gewesen. Sehr europäisch habe es ausgesehen. Ob er nicht Lust habe, dort kurz einzukehren?

Uli hatte kurz überlegte: warum eigentlich nicht? So waren sie bis zur Ecke gegangen. Und da war eine lebhafte Straße gewesen. Abwechselnd eine Bar, ein Restaurant, eine Bar, ein Restaurant und so weiter und so weiter. Zuerst waren sie im Haus an der Ecke eingekehrt. Im Erdgeschoss befand sich ein Restaurant, und im Obergeschoss eine Bar mit Grossbildschirm. Sinnigerweise hieß das Ganze 'Corner Bar'. Die anwesenden Frauen interessierten Uli nicht, sondern der Grossbildschirm. Da lief live ein Fußballspiel: Manchester United gegen Chelsea. Da konnte er nicht widerstehen. Er ließ sich nieder, und damit fing alles wieder wie gewohnt an. Bier, fußballbegeisterte Bardame,

Schnäpschen, andere Frauen und so fort. Ja, jetzt fiel ihm auch ein, dass Manchester gewonnen hatte. 3:1, oder 4:1 gegen Chelsea. Das muss der Auslöser gewesen sein. Er war nun mal ein Man U. Fan. Allerdings, was dann passiert war, daran konnte er sich beim besten Willen nicht mehr erinnern.

Das Mädchen? Hatte er es schon bezahlt? Er ging mit unsicheren Schritten ins Badezimmer. Er hatte dringend ein Aspirin nötig; bessser gleich zwei, und aus der Minibar ein kaltes Bier. Damit legte er sich ins Bett zurück, und zog einen tiefen Schluck aus dem Fläschlein. Er schloss die Augen. Das Mädchen neben ihm drehte sich zu ihm hin. Mit großen Augen lächelte sie ihn an.

Sie sah gar nicht mal so schlecht aus. Hatte er sie gestern Abend noch ‚verarztet'. Keine Ahnung. Wenn er sie gestern schon bezahlt, aber noch nicht beglückt hatte, war es jetzt an der Zeit. Sicherheitshalber griff er ihr zwischen die Beine. Nein, das war eine waschechte Frau, nicht ein Ladyboy, wie sie dort gelegentlich auch auftauchten, wenn viel Alkohol im Spiel war. Sie reagierte sofort und streichelte ihn sanft. Zuerst im Gesicht, dann glitt ihre Hand langsam tiefer. Also, dann mal ran an die Bouletten, würde jetzt wohl Jimmy, der Berliner, sagen.

Wo ist der Onkel?

Gesagt, getan; nach einer halben Stunde fragte er sie, ob sie Lust auf ein Frühstück habe.

„Das habe ich doch eben gehabt“, sagte sie lächelnd.

„Ich meine, ob du Kaffee trinken willst, und was zu essen?“

„Nur Tee, das ist o.k.“

So zogen beide nach Duschen und Ankleiden ins Restaurant. Nach einer Tasse Tee stand sie auf, verabschiedete sich, gab ihm einen Kuss auf die Wange, und sagt: „Bis bald, du weißt ja, wo du mich findest.“

Sie wollte kein Geld, also hatte er sie vermutlich schon gestern bezahlt. Auch gut! Er nickte, auf seinem Baguette kauend, ihr zu. Allerdings wusste er keinesfalls, wo er sie aufgegabelt hatte. Vielleicht in der Corner Bar, aber auch möglicherweise später woanders. Ist ja auch egal. Er trank noch drei weitere Tassen Kaffee. Allmählich ging es ihm wieder richtig gut. Guter, echter Bohnenkaffee, knuspriges Baguette Kolonialhinterlassenschaften der Franzosen, ähnlich wie in Vietnam!

Er ging in den Internetraum neben der Rezeption. Dort checkte er die Mails – nichts neues vom Onkel.

Noch einmal las er die letzte Mail des Onkels. Da stand unter anderem, dass er Wing Ban treffen wollte. Der sei jetzt hier stellvertretender Polizeipräsident. Er schaltete den Computer aus und ging zur Rezeption zurück. Dort bat er die Empfangsdame, ihm eine Verbindung zum Polizeipräsidium zu machen. Er müsse den stellvertretenden Polizeipräsidenten sprechen, erwähnte er beiläufig.

Die Rezeptionistin sah ihn ungläubig und mit großen Augen an; doch dann holte sie ein Telefonbuch unter der Theke hervor.

Sie blätterte darin herum, und wählte dann eine Nummer. Sie sprach länger auf Kambodschanisch, und reichte Uli den Hörer. Er meldete sich mit „Uli Frings hier, spreche ich mit Herrn Wing Ban?“

„Hallo Herr Frings, ja, Wing Ban hier. Wie geht es ihnen. ihr Onkel hat schon angekündigt, dass sie bald kommen. Sind sie hier in Sihanoukville? Haben sie und ihr Onkel heute Abend Zeit?“

„Ich habe schon Zeit. Nur kann ich meinen Onkel nicht finden“

„Was heißt ‚nicht finden’? Er wohnt im Mealy Chenda Guesthouse, auf dem Victory Hill. Wo sind sie denn?“

„Im selben Hotel. Aber hier ist er nicht. Ich bin gestern angekommen. Er hat geschrieben, er sei hier.“

„Das ist verrückt, vorgestern Abend habe ich ihn getroffen, unten am Strand. Es war ein netter Abend. Und im Hotel ist er wirklich nicht?“

„Nein, aber nachher werde ich die Dame am Empfang fragen, ob sie einen Zweitschlüssel zu seinem Zimmer hat und dort mal nachschauen. Vielleicht ist ihm etwas passiert.“

„Ja, tun sie das, die haben ja Generalschlüssel für alle Zimmer. Rufen sie mich bitte nachher noch mal an. Ich bin den ganzen Tag hier im Haus. Ich gebe ihnen noch für alle Fälle meine Handynumer. Haben sie was zum Schreiben in Reichweite?“ Uli notierte die Telefonnummer und bat die Rezeptionistin um einem Schlüssel zum Zimmer seines Onkels. Nachdem sie den Namen Uli‘s an Hand der Anmeldekarte mit dem des Onkels verglichen hatte, händigte sie ihm den Schlüssel aus. Das Zimmer des Onkels erwies sich als sauber gemacht, aufgeräumt, die Kleider im Schrank, nur kein Onkel weit und breit!

***

Er ging zum Empfang zurück. „Können Sie mir noch einmal eine Verbindung herstellen, die gleiche wie vorhin?“ Die Empfangsdame entsprach seinem Wunsch.

„Und?“ fragte sofort die Stimme am anderen Ende.

„Nichts vom Onkel! Kleider, Schuhe und Koffer sind da. Die Rezeptionistin hat ihn ebenfalls vorgestern zum letzten Mal gesehen. Seitdem nicht mehr, und das Zimmermädchen hat gestern das Zimmer sauber gemacht, aber heute nicht, weil nichts angerührt war.“

„Seltsam, seltsam; ich muss annehmen, dass da irgendetwas nicht stimmt. Etwas Seltsames geht auch hier bei uns vor sich. Wir haben gestern und vorgestern zwei Vermisstenmeldungen bekommen. Eine der Personen ist ein Engländer, der andere ein Norweger. Im ersten Fall kam die Meldung von seinem Hotel, im zweiten von der Freundin. Und nun ist ihr Onkel verschwunden. Wenn er im Laufe des Tages auftauchen sollte, rufen sie mich bitte an; wenn nicht, schicke ich morgen früh einen Polizeiwagen vorbei. Die sollen seine Papiere abholen und noch mal sein Zimmer ansehen. Kommen Sie dann bitte mit hierher. Alles klar?"

„Alles klar, also dann spätestens bis Morgen früh."

Uli kaufte sich darauf eine kambodschanische Sim-Card und versuchte auf gut' Glück, über die letzten Telefonnummern, die er noch von seinem letzten Besuch des Onkels aus Thailand und Kambodscha hatte, ihn zu erreichen. Doch es kam keine Verbindung zustande. Nachdenklich ging er auf die Terrasse im zweiten Stockwerk, nachdem er der Rezeptionistin eingeschärft hatte, ihn sofort zu informieren, falls sein Onkel auftauchen sollte.

***

Die Gefangenen saßen zu fünft im Keller und rätselten, warum man sie festhielt.

Berry hatte sich mehrmals über das Essen, allerdings ohne Erfolg, beschwert.

Gerhard ertrug die Situation mit mehr Gelassenheit. Allerdings machte ihm der dicke Norweger, Ole Olafs, Sorgen. Er redete nichts, sondern lag fast den ganzen Tag apathisch in seiner Ecke.

Als Gerhard ihn am zweiten Tag fragte, was mit ihm los sei, erklärte er, dass es ihm sehr schlecht gehe. Er leide unter einer starken Diabetes. Er brauche morgens und abends eine Spritze mit Insulin.

„Wenn heute Mittag wieder der Wärter mit dem Essen kommt", sagte Gerhard ihm zu, „werde ich ihm Bescheid sagen."

Dann unterhielt er sich leise mit dem Australier. Er war mit Abstand der normalste und sympathischste unter den vier Anderen. Er erzählte ihm, dass er vor 22 Jahren aus Deutschland nach Melbourne ausgewandert sei. Seine Familie stamme aus dem Saarland.

„Aha, lustig," dachte Gerhard, denn er selbst hatte immer in Saarbrücken gelebt, wenn er nicht gerade in der Welt unterwegs war. Roman, so hieß der Australier, war nach Kambodscha gekommen, um Abstand von seiner Frau Sue zu gewinnen. Sue war drei Jahre älter als er. In den letzten Jahren hatte sie sich immer mehr zu einem Drachen verwandelt. Sie machte ihm ohne triftige Gründe Vorwürfe. An allem was er tat, fand sie etwas auszusetzen. Sie hatte nie gearbeitet und von ihm, der in Tasmanien bei verschiedenen Ölfirmen harte Schichtarbeit verrichtete, gut gelebt.

Aber sie war permanent mit sich und der Welt unzufrieden. Als er das letzte Mal nach drei Wochen Arbeit in Tasmanien zurückgekehrt war, hatte sie seine Harley Davidson mit in Wasser gelöster Zahnpasta von vorne bis hinten übergossen. Seine Harley ‚Bad Boy' war sein einziges Hobby. Er fuhr sie nur noch sehr selten, aber er hatte alles, was verchrombar war, verchromen lassen. Dieses Motorrad war sein ganzer Stolz. Zweimal im Jahr fuhr er mit dem Motorrad nach Sydney zum dortigen Harley-Treffen. Da wurde sein Motorrad regelmäßig als das schönste seines Typs prämiert.

Damals waren es nur noch zwei Tage bis zum nächsten Bikertreffen, und er war nicht in der Lage, die eingetrocknete Zahnpasta in der verbleibenden Zeit völlig zu entfernen und alles wieder aufzupolieren. Sue hatte ihm keine Erklärung gegeben. Im Gegenteil, sie hatte ihn mal wieder angekeift:

„Dein Motorrad war dir immer schon wichtiger als ich."

Das hatte das Fass zum Überlaufen gebracht. Ohne ein Wort war er zu einem Reisebüro gefahren und hatte drei Wochen Kambodscha gebucht. Er wolle sich von Sue scheiden lassen, das stand für ihn nun fest. Wenn sie sehr schlecht, so schlecht gelaunt war, dann hatte er sich immer zu seiner Harley verzogen, sie entstaubt und poliert. Danach war ihm Sues schlechte Laune egal gewesen. Aber diesmal hatte sie sich an seinem Moped vergriffen.

Das war entschieden zu viel; jetzt war sie zu weit gegangen. Jetzt wollte er das Leben genießen; aber nun saß er hier unten im Keller fest. Verrückte Welt!

Sok Vai‘s Fahrt nach Phnom Penh

Die fünf Entführer hatten sich in der Küche versammelt. Sok Vai erklärte seinen vier ‚Mitarbeitern’, er müsse heute nach Phnom Penh fahren, um von ‚Duch’ letzte Instruktionen einzu holen. Seinen Leuten schärfte er ein, von jetzt an keine. Telefongespräche mehr zu führen. Sicher war die Polizei inzwischen über das Verschwinden der Ausländer informiert worden. Man könne nicht riskieren, dass durch Orten von Handygesprächen das Versteck entdeckt würde.

Sie sollten nichts unternehmen und die Gefangenen gut behandeln. Morgen Abend sei er wieder zurück. Bevor er fuhr, machte er von den Gefangenen mit seinem Handy Fotos.

Als ihm Chap bei dieser Gelegenheit erklärte, dass der Norweger Medikamente brauche, meinte er, morgen würde er sich darum kümmern. Dann verließ er den Keller.

Mit seinem Minibus fuhr er nach Phnom Penh. Bevor er Sihanoukville verließ, wurde er an zwei Straßensperren kontrolliert. Da er gültige Papiere hatte, und der Bus leer war, dauerten die Kontrollen in seinem Fall nur wenige Minuten.

„Sie suchen also schon“, sagte er sich. Am nächsten Morgen würde er Duch im Gefängnis besuchen.

***

Am selben Morgen war Uli Frings‘ Onkel immer noch nicht aufgetaucht. Gegen zehn kam ein Polizeifahrzeug mit zwei uniformierten Polizisten, die zunächst kurz Gerhards Zimmer inspi- zierten. Dann ließen sie von der Rezeptionistin sein Schließfach öffnen, und entnahmen den Inhalt.

Sie fanden seinen Pass, zwei Kreditkarten und fünfzig Dollar in kleinen Scheinen. Dann baten sie Uli, mit ins Präsidium zu fahren undgingen mit ihm in das Büro von Herrn Wing Ban. Der begrüßte Uli herzlich:

„Ich hätte mir lieber einen angenehmeren Empfang gewünscht. Es kann nämlich sein, dass ihr Onkel entführt wurde. Heute Morgen kam eine weitere Vermisstenmeldung. Diesmal betrifft sie einen Franzosen. Jetzt haben wir mit ihrem Onkel vier vermisste Ausländer. Da könnte ein Zusammenhang bestehen. Wir haben an allen Ausfallstraßen Straßensperren errichtet. Der Hafen wird überwacht, ebenso der Flughafen. In Phnom Penh und drei anderen Städten haben wir Polizeiverstärkung angefordert; insgesamt 2‘000 Beamte zusätzlich. Aber im Moment wissen wir noch nicht, wo wir überhaupt suchen sollen. Wir haben auch noch keine Nachricht von den Entführern erhalten, falls es eine Entführung ist. Wir tappen völlig im Dunkeln.

Das ist der aktuelle Stand der Dinge. Ich werde sie auf jeden Fall auf dem Laufenden halten, und sie mich auch, falls ihr Onkel doch noch auftauchen sollte. Es tut mir leid, dass ich ihnen nicht mehr sagen kann. Wir müssen abwarten. ihren Onkel setzen wir jetzt auch auf die offizielle Liste der Verschwundenen, wir haben schließlich jetzt seinen Pass. Den können sie mitnehmen, wenn unsere Leute alle Daten aufgenommen haben. Bis dann, hoffentlich haben wir bald positive Informationen für sie!“

Uli verabschiedete sich von ihm, und wartete, bis ein anderer Beamte das Vermisstenprotokoll ausgefertigt hatte. Dann fuhr man ihn zum Hotel zurück. Dort angekommen, dachte Uli lange nach. Aber es fiel ihm nichts ein. Unternehmen konnte er ja auch nichts. Er stieg auf die Dachterrasse und grübelte weiter nach. Zehn Minuten später bestellte er sich ein Bier. Vielleicht würde ihm dann etwas einfallen. Grübel, Grübel.

Doch es war sinnlos.

Sein Telefon klingelte. Es war wieder Kollege Paul.

„Uli, wie geht es dir? Ich wollte dir nur kurz das Neueste mitteilen. Ich habe zehn Exemplare des Tasmanischen Glubschfrosches bestellt. Ich will versuchen, sie abzurichten. Denn einer könnte mit seinen drei Stimmbändern zwei komplette Melodien gleichzeitig singen."

„Wie willst du die denn abrichten?"

„Du weißt doch sicher, man kann Papageien oder Kolkraben das Sprechen antrainiert; oder Kanarienvögeln und australischen Aras das Singen beibringen. Wenn du wieder da bist, werde ich viel Zeit haben. Falls es mit dem Singen klappt, werde ich beim Verlag aufhören. Da nerven die Mitarbeiter inzwischen nur noch. Ich werde mich selbstständig machen. Mit einem Wanderzirkus:

„Paul und die singenden Frösche" Das wird auf dem Zelt stehen. Oder so ähnlich! Das wird eine Weltsensation. Stell dir nur mal vor, bei den nächsten Olympischen Spielen singen meine Frösche die Nationalhymnen bei den Siegerehrungen. Das ihnen beizubringen, wird viel Arbeit bedeuten, aber davor habe ich keine Angst. Was hältst du davon?"

Uli schaute auf die Uhr. Es war Nachmittag in Deutschland. Sollte Paul um diese Zeit schon besoffen sein?

Uli antwortete: „Also ich möchte sagen: Herzlichen Glückwunsch!"

***

Am folgenden Morgen traf Sok Vai im Gefängnishof einen putzmunteren, gut gelaunten Kaing Guek Eav.

„Na, wie ist es gelaufen?" war dessen erste Frage.

Sok holte sein Handy zur Hand und zeigte ihm die Fotos.

„Allerdings ist einer ein Australier, denn einen Kanadier haben wir nicht auftreiben können."

„Der Unterschied ist nicht so wichtig. Ein Australier ist auch gut."

„Allerdings bin ich zweimal an Straßensperren kontrolliert worden. Sie suchen wohl schon und werden ihre Kontrollen in Richtung Süden sicher noch verstärken. Wie wir mit den Gefangenen da herauskommen sollen, ist mir schleierhaft.“

Duch erklärte darauf dem zunehmend verblüfften Sok Vai seine weiteren Pläne. Sok lauschte interessiert und sagte schließlich:

„Ja, ja, so könnte es klappen. Du bist ja doch ein alter Fuchs. Genauso wie mein Vater. Mein Kompliment!“

Duch traf noch einige Anordnungen. Damit verließ Sok das Gefängnis. Er besorgte sich ein Telefonbuch. Nacheinander rief er die Botschaften von England, Frankreich, Deutschland, Norwegen und Australien an. Er verlangte jedes Mal den stellvertretenden Botschafter und sprach die gleiche Drohung aus:

„Wir haben einen ihrer Staatsbürger in unserer Gewalt. Machen sie ihren Einfluss auf die kambodschanische Regierung geltend, dass Kaing Guek Eav sofort entlassen wird. Sorgen Sie dafür, dass er umgehend zwei Handys mit jeweils 100 Dollar Telefonguthaben erhält. Wenn er in drei Tagen nicht frei ist, werden wir die Geiseln nacheinander töten.“

Danach schickte er per Handy die entsprechenden Bilder nach. Zufrieden machte er sich auf den Rückweg nach Sihanoukville. Die Anzahl der Straßensperren vor und in der Stadt hatte sich tatsächlich verdoppelt. Er musste durch vier Kontrollen. Aber er hatte keinerlei Probleme weiter zu fahren.

***

Als die Botschaften die Nachrichten von Sok Vai erhalten hatten, brach dort große Hektik aus. Zuerst wurde im Polzeihauptquartier in Phnom Penh nachgefragt, ob Vermisstenmeldungen von Ausländern vorlägen. In Phnom Penh war nichts bekannt. Dann wurden die anderen Haupt-Touristengebiete gescannt. In Sihanoukville wurde man schnell fündig. Hier galten inzwischen vier Ausländer als vermisst. Ein Australier wurde im Laufe des Tages als fünfter gemeldet.

In Kampot war ein junges Pärchen aus Neuseeland als vermisst gemeldet worden. Allerdings wurde diesem Fall keine große Aufmerksamkeit geschenkt, da die Beiden schon seit drei Wochen verschwunden waren. Sie galten als drogensüchtig, und waren vor vier Monaten schon einmal für drei Wochen abgetaucht. Man vermutete, dass sie sich in der Nähe einer der vielen über das gesamte Land verteilten Drogenküchen herumtrieben.

So konzentrierte sich das Hauptaugenmerk der Polizei auf die fünf Fälle in Sihanoukville. Ein Vergleich ihrer Passbilder mit den per Handy übermittelten Bildern lieferte den Beweis, dass die fünf in Sihanoukville verschwundenen Ausländer tatsächlich entführt worden waren, um Kaing Guek Eav, alias ‚Duch', freizupressen.

Am folgenden Tag gab es Demarchen der fünf Botschafter an das Büro des Ministerpräsidenten, alles zu tun, damit die Geiseln bald frei kämen. Man wolle sich natürlich nicht in die inneren Angele- genheiten eines souveränen Staates einmischen, bot aber gleichzeitig die Entsendung eigener Spezialpolizeikräfte mit modernster Polizeiausrüstung an. Das Angebot der ‚modernsten Polizeiausrüstung' mit Ausbildern, welche die eher altmodisch ausgerüstete kambodschanische Polizei in der neuesten Technik unterweisen sollten, wurde gerne angenommen. Gleichzeitig wurden eilig lange Wunschlisten im Innenministerium erstellt, auf denen die neuesten unbedingt notwendigen Polzeiausrüstungsgegenstände aufgeführt wurden. Sie umfassten Abhörgeräte für Handys und Satellitentelefone, Infrarotnachtsichtgeräte, Laser-Zieleinrichtungen, Präzisions-Scharfschützengewehre und vieles mehr.

Der Innenminister war glücklich. Wenn man all‘ das kostenlos bekäme, wäre seine Polizei die modernst ausgerüstete Polizei in Asien.

Dann könnte man sich endlich wieder mit der Ruine von Prasat Preah Vihear befassen, die nach offizieller kambodschanischer Meinung völkerrechtswidrig von Thailand besetzt worden war.

Die Jagd beginnt

Der Ministerpräsident dagegen befand sich in einer Zwickmühle. An sich war Duch früher ein enger Freund gewesen, und gegen seinen Willen, und nur auf internationalen Druck hin, verhaftet worden; er sollte vor das internationale Tribunal gestellt werden.

Jetzt hätten es die selben Staaten am liebsten, wenn Duch freigelassen würde, um das Leben ihrer Staatsbürger zu retten. Doch jetzt würde er nicht klein beigeben; er wollte sich nicht lächerlich machen. Nein, jetzt würde er Rückgrat zeigen; er war nicht die Marionette der Ausländer. Schießlich: Wenn die Polizei Verbrecher verfolgt, dürfte das kein Grund für diese Staaten sein, ihre Hilfszahlungen einzustellen. Also gab er dem Innenminister persönliche Anweisung, alles zu tun, um die Kidnapper festzusetzen.

***

Wing Ban besprach sich inzwischen mit seinen Polizeiführern.

„Vielleicht haben die Kidnapper schon einen großen Fehler gemacht. Sie haben für Duch zwei Handys verlangt. In den letzten zwei Wochen hatte er zweimal Besuch von einem gewissen Sok Vai gehabt. Unsere Nachforschungen haben ergeben, dass er der Sohn von Nuon Chea ist. Der war ein Freund von Duch und genauso wie dieser ein ehemaliger Funktionär unter Pol Pot.

Vielleicht hat er etwas mit den Entführungen zu tun. Sobald wir die Daten und Fotos von diesem Sok Vai haben, werden wir verdeckt nach ihm fahnden. Darüber hinaus werden ab sofort alle Apotheken hier überwacht. Die Freundin des Norwegers hat uns informiert, dass er unbedingt Insulin braucht. Er ist stark zuckerkrank. Die beiden verlangten Handys werden wir mit passiven Sim-Karten ausstatten. So können wir jederzeit jedes Gespräch verfolgen und auch feststellen, von wo aus er angerufen wird, und wen er anruft."

Er hatte allerdings nicht damit gerechnet, dass seine Gegenspieler, Duch und Sok Vai, das auch ins Kalkül gezogen hatten.

Sok Vai rief noch am selben Tag einen Freund von Duch, der sich vor fünf Jahren nach Thailand abgesetzt hatte, an. Er kündigte an, diesem auf sein Bankkonto eintausend Dollar zu überweisen Sie vereinbarten, dass Informationen zwischen Duch und Sok nur über diesen Freund, mit Namen Psat Samudera, ausgetauscht würden. Da er in Thailand lebte, war sichergestellt, dass seine Telefongespräche mit Sok direkt von dort erfolgen müssten und zu ihm nicht zurückverfolgt werden könnten. Sok's altes Handy würde nicht über Handyortung ermittelt werden können.

Das Verhältnis zwischen Thailand und Kambodscha war seit Jahrzehnten denkbar schlecht. Es gab keinerlei Zusammenarbeit zwischen beiden Ländern seit der Erstürmung der thailändischen Botschaft in Phnom Penh, auch keine polizeiliche.

***

Wing Ban berief seine Polizeioffiziere jeden Morgen zu einer Besprechung ein und informierte sie, zusammen mit dem Polizeipräsidenten, über die neuesten Entwicklungen und die Planungsvorgaben der obersten Polizeiführung. Bei einer der ersten Konferenzen gab er seiner Meinung Ausdruck, dass Kidnapper und Geiseln noch in Sihanoukville seien.

Das Militär habe schon begonnen Hausdurchsuchungen vorzunehmen. Da die Entführungen offensichtlich alle in der Gegend um Victory Hill stattgefunden hatten, sei es unwahrscheinlich, dass hier der Unterschlupf zu finden sei.

Eine der vielen kleinen Bretterbuden dort komme auch deshalb nicht in Betracht, da zu den fünf Entführten auch einige Entführer hinzukämen. Für eine so grosse Gruppe böten die Hütten dort kaum Platz; einmal wegen der geringen Raumgösse, aber auch wegen der dort üblichen Nachbarschaftskontrolle. Mehrere Fremde, die in der Gegend plötzlich auftauchten, würden mit Sicherheit auffallen.

„Die Presse bringt morgen die Fotos der Entführten auf den Titelseiten, außerdem ist eine Belohnung von eintausend Dollar für Hinweise, die zur Ergreifung führen, ausgelobt worden. Aus der Stadt kommt keiner mehr hinaus, vor allem keine gefesselten Ausländer. Der Ring um die Stadt ist dicht und undurchdringlich." Mit den Durchsuchungen begonnen habe man am entferntesten Punkt Sihanoukvilles, in Victory Hill, den Gegenden um die Otres Beach. Von dort werde man sich zur Orcheutel Beach vorarbeiten. Man durchsuche bevorzugt einzeln stehende, mittelgroße Steinhäuser ohne Einsichtmöglichkeiten von den Nachbarhäusern.

Es gehe sehr langsam voran, aber ab morgen würden die Polizeiverstärkungen aus den anderen Städten eingesetzt. Außerdem habe der Innenminister den Verteidigungsminister um weitere Verstärkung gebeten. Ab morgen würden weitere Soldaten eintreffen, welche die Polizisten bei der Suche unterstützen würden.

Militär greift ein

Am selben Nachmittag hatte Sok Vai seine Freunde um sich geschart.

„Einer meiner Bekannten bei der Polizei hat mir berichtet, dass auch Militär bei der Suche nach uns eingesetzt wird. Die Soldaten werden im Klang Leu Army Camp stationiert. Innerhalb des Camps, das, wie ihr wisst, sehr klein ist, wird es nicht genug Platz für die Militärlastwagen geben, mit denen die Soldaten transportiert werden. Die Trucks müssen außerhalb abgestellt werden.

Einen solchen LKW werden wir uns nachts klauen. Das wird nicht schwer sein, da die Wagen nicht bewacht werden. Bis den Soldaten der Diebstahl – in dem Chaos, das dann dort herrschen wird – auffällt, vergehen mit Sicherheit Tage. Denn wer stiehlt schon ein Militärfahrzeug? Damit verziehen wir uns dann nach Pailin. Wir werden dort auch sicher ankommen, denn Militär-LKW werden wohl kaum kontrolliert werden."

„Warum ausgerechnet Pailin?" fragte Sim.

„Die Gegend um Pailin ist, wie ihr wisst, sehr dünn besiedelt. Es war das letzte Rückzugsgebiet der Roten Khmer. Erst vor einem Jahr hat die Polizei dort Nuon Chea verhaftet. Der war der beste Freund von Pol Pot. Man kannte ihn als Bruder Nummer 2.

Er ist zwar verhaftet, aber es gibt dort noch viele, die ihn unterstützen und alte Freunde, auch von Duch. Sie werden uns helfen. Außerdem gibt es direkt hinter der Stadt unzählige Höhlen, wo man früher nach Gold und Edelsteinen gegraben hat. Diese Gegend ist total vermint, aber Freunde werden uns führen. Sie kennen die Gegend.

Also geht heute Abend auf den Nachtmarkt von Phsar

Lau, da gibt es Uniformen jeder Art. Aber holt euch nur alte Mannschaftsuniformen, die grün gescheckten Kampfanzüge. Und einige alte Gewehre."

Verlagerung nach Pailin

Am nächsten Tag waren die Bilder der Geiseln mit Namen und Herkunftsländern auf den Titelseiten der Tageszeitungen zu sehen. Unter dem Bild des dicken Norwegers stand zu lesen, dass er stark zuckerkrank sei, und jeden Tag zwei Insulinspritzen benötige. Ein bekannter Arzt wurde zitiert:

„Es besteht akute Lebensgefahr."

Tep Tim bestätigte „Ja, das hat der Deutsche mir auch gesagt. Sollen wir das Medikament besorgen?"

Sok fuhr ihm über den Mund:

„Quatsch, das geht nicht. Es gibt hier in der Stadt ungefähr 20 Apotheken. Wenn die Polizei nicht ganz dumm ist, überwacht sie die. Wenn dann einer von uns das Insulin kauft, wird sie ihn hierher verfolgen und uns alle verhaften. Außerdem ist an dieser Krankheit noch niemand gestorben. Man fühlt sich schwach und unwohl und schließlich, sind wir hier kein Sanatorium.

Was anderes: Habt ihr heute die vielen Army Trucks durch die Stadt fahren gesehen. Die stehen jetzt tatsächlich alle vor dem Klang Leu Army Camp. Heute Nacht werden wir uns einen davon holen.

Aber zuerst müssen wir noch eine große Kiste bauen für unsere Gefangenen; ungefähr zwei mal drei Meter groß, und einen Meter hoch. Hinten, hinter dem Haus, liegt jede Menge Bauholz herum.

Du, Sim, besorgst eine Säge, drei Hämmer und genügend Nägel. ihr, Tep, Kong und Chep, bringt schon mal das Holz herbei. Sobald Sim zurück ist, fangt ihr an, die Kiste zu bauen. Außer Chap, der wird für drei Tage im Voraus kochen, und zwar Sachen, die auch ohne Kühlschrank nicht schlecht werden. Du kannst ja noch einige Konserven besorgen.“

***

Gegen Abend war die Kiste fertig und das Essen gekocht. Um Mitternacht zog Sok mit Chap los. Beide trugen Armeeuniformen. Sok hatte sich Rangabzeichen eines Majors gekauft, die er über die Schulterklappen zog. Sie fuhren zum Army-Camp. Den Bus ließen sie in einer Seitenstraße stehen. Den brauchten sie jetzt nicht mehr.

Unter den dreißig abgestellten Trucks suchte sich Sok den vertrauenerweckendsten aus.

Wie vermutet, war nicht ein einziger LKW abgeschlossen und kein Soldat bewachte sie.

Darauf entfernte Sok von der Außenseite zweier anderer LKW die mit einer Stoffhülle verdeckten Schilder mit der Aufschrift AMMUNITION und EXPLOSIVE und brachten sie an dem ausgewählten Fahrzeug an. Sie bestiegen das Führerhaus. Sok nahm auf dem Beifahrersitz Platz.

„Jetzt nichts wie weg hier!“

Chap, der während seines Militärdienstes LKW-Fahrer gewesen war, startete den schweren Truck souverän. Die Militärtrucks hatten keine herkömmlichen Zündschlösser. Man stellte lediglich den Hauptschalte auf ON und zog am Anlasserschalter. Befriedigt stellte Sok fest, dass die Tankanzeige auf FULL stand. Chap erklärte ihm, dass Militärautos abends immer vollgetankt abgestellt werden, damit im Fall eines Alarms nicht erst aufgetankt werden muss.

***

Am folgenden Tag bekam Duch die verlangten Handys. Er ging in den Gefängnishof und rief seinen Freund Psat Samudera in Thailand an. Psat freute sich, von Duch zu hören.

Duch berichtete, dass es ihm den Umständen entsprechend gut gehe. Dann fragte er, ob sein Freund ihm die eintausend Dollar geschickt habe.

Ja, das Geld sei angekommen, und der Freund habe ihn genauestens instruiert. Alles sei in Ordnung. Sobald er vom Freund eine Nachricht erhalte, werde er Duch anrufen und die Nachricht weiterleiten. Dann beschwerte sich Duch bitter über seinen ehemaligen Kampfgenossen, den Ministerpräsidenten. Immer und immer wieder habe der ihm die baldige Freilassung in Aussicht gestellt.

Aber genauso oft habe er ihn wissen lassen, dass der Druck der ausländischen Regierungen so groß sei, dass im Moment eine Freilassung unmöglich sei. Und das war jedes Mal der Fall, wenn irgendwelche Projekte finanziert werden sollten, bei denen die reichen Familien die Hauptnutznießer waren.

Doch jetzt denke er, bald sei es wirklich soweit; und Psat Samudera solle seinem Freund noch einmal einschärfen, mit der Erschießung der ersten Geisel zu beginnen, wenn die besprochene Frist abgelaufen sei. Er wünsche ihm alles Gute, und wenn er, Duch, erst in Thailand sei, werde er sich noch mal, und dann in größerem Rahmen, erkenntlich zeigen. Das Geld, das er jetzt bekommen habe, sei erst der Anfang gewesen. Damit beendete Duch das Gespräch.

Er war sich sicher, dass dieses Gespräch abgehört und aufgezeichnet worden war. Deshalb hatte er auch die Erschießung der Geisel erwähnt. Er wusste aber auch, dass die Polizei den Gesprächspartner in Thailand nicht ermitteln und deshalb auch nicht die Spur zu Sok Vai nach Kambodscha zurückverfolgen konnte.

Erste Ermittlungsergebnisse

Am selben Nachmittag stattete Uli, der sich langweilte, Wing Ban einen Besuch ab.

„Na, wie sieht es aus an der Front?“

„Wir sind etwas weitergekommen. Wir wissen inzwischen, dass der Kontaktmann zu Duch ein gewisser Sok Vai sein muss. Der war der einzige, der neben seinem Sohn in der letzten Zeit regen Kontakt zu ihm im Gefängnis gehalten hat. Der muss von Duch die Instruktionen erhalten haben. Jetzt fahnden wir nach ihm. Jeder Polizist hat ein Foto von ihm. Wir vermuten auch, dass Duch ihm seine Anweisungen über Telefon erteilt. Allerdings sind wir bei der Telefonüberwachung in eine Sackgasse geraten. Die Gangster wickeln ihre Kontakte über einen Mittelsmann in Thailand ab. Aber die Polizei dort arbeitet nicht mit uns zusammen. Das hat sie noch nie getan. Aber wir schaffen das auch ohne sie.

Wir sind sehr sicher, dass Geiselnehmer und Geiseln noch hier in Sihanoukville sind. Wir durchsuchen alle möglichen Gegenden und alle Häuser, die in Frage kommen. Heute haben wir zu den 2‘000 Polizisten, aus Phnom Penh, Kampot und Siem Reap, noch 5‘000 Soldaten hinzu bekommen, die morgen bei den Hafenanlagen beginnen. Da sind so viele große Lagerhallen, die sich als Versteck eignen. Uber kurz oder lang werden wir die Kidnapper finden. Aus Sihanoukville kommen sie nicht hinaus. Wir haben jetzt insgesamt vier Ringe um die

Stadt gezogen. Also, verzweifeln sie nicht. Es ist nur eine Frage der Zeit, bis wir sie finden."

Dass Duch seinen Kontaktmann aufgefordert hatte, wie besprochen bei Fristablauf mit der Exekution der Geiseln zu beginnen, verschwieg er. Er wollte Uli nicht beunruhigen.

Nach dieser Gespräch schlug Uli Wing Ban vor, sich am Abend mit ihm zum Essen zu treffen.

„Heute Abend und Morgen geht es schlecht, wir arbeiten die Einsatzpläne für die weiteren Soldaten aus, die morgen früh mit ihrer Suche anfangen sollen. Aber übermorgen Abend dürfte es gehen. Was halten Sie davon, wenn wir uns noch einmal in der Airport-Bar treffen?"

„Gerne, Herr Wing Ban! Dort ist wohl ihr Lieblingsrestaurant"

„Das auch. Aber vor allem: Ich denke, dort hat sich einiges in Bezug auf die Entführungen abgespielt. Vielleicht fällt uns dort noch etwas auf, das wir übersehen haben. Ich gehe immer gerne an die Schauplätze von Verbrechen zurück. Also acht Uhr, aber unter Vorbehalt, denn Dienst ist Dienst, und wenn etwas Unvorhergesehenes sich ereignen sollte...

Aber das werden Sie ja sicher verstehen. Dann bis übermorgen!"

Er stand auf, und geleitete Uli zur Tür.

***

Kaum draußen, klingelte Uli's Telefon. Wer? Schon wieder Paul!

„Guten Tag, Uli, ich habe eben noch etwas ganz Wichtiges in Internet gefunden. Diese Glubschfrösche aus Tasmanien können genau wie Chamäleons ihre Farbe verändern. Stell' dir mal vor, sie wechseln beim Absingen der Nationalhymnen ihre Farben und nehmen die Farben des jeweiligen Landes an, dessen Hymnen sie singen. Wenn ich denen das auch noch beibringen kann: das wäre die Welt-, Welt-, Weltsensation! Tolle Sache, findest du nicht auch?"

„Klar, klar", log Uli.

Er stöhnte leise vor sich hin; ließ es Paul aber nicht merken. Se- hen konnte der seinen Gesichtsausdruck glücklicherweise nicht.

War der jetzt ganz durchgeknallt?

Beim nächsten Mal würde er ihm vielleicht erzählen, dass er Ufos abrichten wolle, oder rosa Elefanten. So stieß er nur noch kurz heraus:

„Neue Frösche braucht das Land! Quak, Quaak.“

Damit legte er auf und schüttelte verzweifelt den Kopf.

***

In der selben Nacht, in der Sok und Chap den LKW beschafft hatten, war hektische Betriebsamkeit im und um das Haus der Entführer ausgebrochen. Chap bugsierte den LKW rückwärts in die Einfahrt. Mit wenigen Handgriffen löste er die in der Mitte der Ladefläche angeschraubten drei Sitzbänke und lud sie ab. Sim weckte die Geiseln und löste ihre Ketten von den Regalen. Dann forderte er sie auf, mit ihren Decken nach oben zu gehen. Sie blieben an Händen und Füssen gefesselt

Nur der Norweger war nicht in der Lage, die Treppe hinaufzusteigen. Kurzerhand trugen Tep und Kong ihn mit viel Mühe nach oben und legten ihn auf den Küchenboden. Dann schleppten Chap und Sim die große, schwere Kiste hinter den Truck. Sie wuchteten sie zu viert auf die Ladefläche und schoben sie ganz nach vorne. Dann hoben sie den Deckel an.

Sie führten die vier gehfähigen Geiseln zum LKW und hießen sie, den Truck zu besteigen.

Als sie sich erst weigerten, sich in die Kiste zu legen, zog Kong seine beeindruckende 44’er Magnum.

Allein der Wink mit diesem Monsterrevolver reichte, um die Vier gefügig zu machen. Knurrend stiegen sie darauf in die Kiste. Dann trugen sie den Norweger, der inzwischen mehr tot als lebendig schien, aus der Küche. Zuerst legten sie ihn auf die Pritsche des LKW und dann in die Kiste.

Nun bestieg Sok Vai die Ladefläche und erklärte den Geiseln:

„Den Deckel lassen wir offen. Nur wenn wir durch eine Kontrolle müssen, werden wir ihn vorher schließen. Zu Essen und trinken haben wir genug dabei.“

Drohend ergänzte er: „Falls wir bei einem Kontrollposten wirklich einmal angehalten werden sollten, was sehr unwahrscheinlich ist, dann denkt daran: wir haben alle Waffen. Und jetzt auch noch Gewehre. Wir werden zirka zwölf Stunden unterwegs sein. Ich hoffe, ihr seid vernünftig und ruhig.“

Inzwischen lud Sim Verpflegung und Wasserflaschen auf und

Chap baute die hintere Sitzbank wieder ein.

Dann entfernte Sok die Plastikabdeckungen über den seitlich angebrachten AMMUNITION EXPLOSIVE-Tafeln und brachte noch zwei weitere der orangenfarbenen Schilder vorne und hinten neben der RCAF-Nummernschildern an.

Damit waren sie fahrbereit. Sie trugen nun ihre Kampfanzüge. Sim, Kong und Tep nahmen auf der Sitzbank Platz, ihre Gewehre sichtbar zwischen die Beine geklemmt.

Sok Vai setzte sich neben Chap auf den Beifahrersitz.

Er hatte eine Flasche Vodka und Schlaftabletten eingepackt, für den Fall, dass es dem Norweger noch schlechter gehen sollte. Langsam setzte sich der LKW in Bewegung. Es ging in nördlicher Richtung zur Nationalstraße N3.

Sie passierten vier Kontrollpunkte. Zehn Kilometer nach der Stadtgrenze war der letzte eingerichtet. Der schon von weitem als Munitionstransporter gekennzeichnete LKW wurde sofort durchgewunken, zumal auf dem Beifahrersitz offenbar ein Major saß. Solch ein Fahrzeug wollte niemand durchsuchen.

***

In der Kiste wurde es langsam eng. Trotz der mitgebrachten Decken war es eine unbequeme Art zu reisen. Im Führerhaus kämpften Sok Vai und Chap gegen aufkommende Müdigkeit Nach ungefähr vier Stunden brach die Morgendämmerung an.

Gerhard setzte sich aufrecht mit dem Rücken an die Bretterwand. Die drei Bewacher waren eingeschlafen. Ganz selten, etwa einmal je Stunde, wurde der LKW von einem Fahrzeug überholt. Gegenverkehr gab es gar keinen.

„Wir sind wohl am Ende der Welt. Hier wohnt ja überhaupt niemand,“ dachte Gerhard.

„Phnom Penh hätte jetzt schon lange kommen müssen,“ sagte er zu dem neben ihm liegenden Franzosen.

„Offenbar haben wir es in weitem Bogen umfahren“, war dessen Antwort. Gerhard lugte über den Kistenrand und rief laut:

„Hallo!“ Noch einmal: „Hallo!“

Keine Reaktion. Er schlug mehrmals mit den gefesselten Hän- den an den Kistenrand. Endlich hob einer der Bewacher den Kopf und sah Gerhard fragend an.

„Ich muss zur Toilette. Soll ich vielleicht hier in die Kiste pinkeln?“

Der Bewacher rüttelte den neben ihm sitzenden zweiten Wächter wach und sagte zu ihm etwas auf Kambodschanisch.

Inzwischen waren bis auf Ole alle Mitreisenden in der Kiste wachgeworden. Der erste Bewacher stand auf und zwängte sich an der Kiste vorbei nach vorne. Er schlug mit der flachen Hand an das Führerhaus. Sok Vai sah nach hinten. Der Wächter gab ihm ein Zeichen, anzuhalten.

Langsam rollte der Truck aus. Als er stand, stieg Sok Vai aus. Er sah sich um und ging am Wagen vorbei nach hinten, öffnete die Heckklappe und stieg hoch

„Was ist los?“ Gerhard sagte laut:

„Ich muss pinkeln. Außerdem: dem Norweger geht es sehr schlecht.“

Ole lag reglos und schweißgebadet in seiner Kistenecke. Gerhard fuhr fort: „Wenn der nicht bald Insulin bekommt, stirbt er noch. Dann hast du eine Geisel weniger.“

Sok trat an die Kiste, befühlte Oles Stirn und sah Gerhard an.

„Ich kann euch hier nicht raus lassen. Wenn jemand vorbeikommt und euch sieht, nein das ist mir zu gefährlich.

Von der Straße runter können wir auch nicht. Wir wissen nicht, ob da Minen liegen. Oder wollt ihr das testen?“

Er ergriff einen leeren Benzinkanister, der in der Ecke stand, reichte ihn Gerhard und sagte: „Wenn das nicht reicht, dann mach’ halt in die Hose. Und für den Norweger habe ich Schlaftabletten und eine Flasche Vodka vorne. Ich hole sie sofort.“

Gerhard fuhr ihn an:

„Du spinnst ja, willst du ihn umbringen?“ Sok blieb hinter dem Wagen stehen.

„Wenn er vier Schlaftabletten nimmt und eine halbe Flasche Vodka trinkt, dann ist das ein künstliches Koma. Sogar eins mit schönen, alkoholisierten Träumen. Das macht man heute in allen westlichen Krankenhäusern so.“

Er verschwand nach vorne. Das hatte Gerhard die Sprache verschlagen. Obwohl, vielleicht hatte er gar nicht so unrecht. Jedenfalls müsste Ole dann nicht mehr unter den starken Schmerzen leiden, die er seit Beginn der Gefangennahme hatte. So pinkelte Gerhard in den Kanister.

Als Sok Vai zurückkam, drückte er Gerhard vier Schlaftabletten und die Vodkaflasche in die Hand. Der rüttelte den Norweger wach, so apathisch er auch da lag. Er legte ihm eine Schlaftablette zwischen die Lippen und hielt ihm die Vodkaflasche hin. Vorsichtshalber hatte er vorher selbst einen tiefen Schluck aus der Flasche genommen. Tatsächlich Vodka! Ole nahm einen kleinen Schluck aus der Flasche. Dann gab Gerhard ihm wieder eine Tablette, und Ole nahm wieder einen Schluck, diesmal einen größeren.

„Medizin“, sagte der Deutsche grinsend.

„Medizin", wiederholte Ole mit einem gequälten Lächeln. Nach der vierten Tablette war die Flasche nur noch viertelvoll, und Gerhard hielt sie in die Runde. Niemand griff zu, so leerte er – kurzentschlossen – die Flasche selbst. Dann wickelte er seine Decke zusammen und schob sie Ole unter den Kopf.

„Nachher, wenn er eingeschlafen ist, hole ich sie mir wieder zurück", nahm er sich vor. Ole fühlte sich offenbar etwas besser, denn der gepeinigte Gesichtsausdruck war fast völlig verschwunden. Er drehte sich zur Seite und begann fünf Minuten später zu schnarchen.

Dazu, die Decke später wiederzuholen, kam Gerhard allerdings nicht mehr, denn er schlief ebenfalls gleich tief und, durch den Vodka besser gelaunt, ein.

Bei Pailin

Als er wieder wach wurde, befanden sie sich in einer kleinen Stadt. Die Entführer hatten die Plane hinten heruntergelassen. Es war ungemütlich warm. Offenbar brannte die Sonne unbarmherzig auf dasVerdeck, und die geringe Luft, die als Fahrtwind von vorne kam, war mindestens dreißig Grad heiß. Ole schlief immer noch, aber jetzt mit einem seligen Gesichtsausdruck. Nach zehn Minuten hatten sie die Stadt hinter sich gelassen, und die Straße wurde zunehmend schlechter. Schlagloch reihte sich an Schlagloch.

Dann verließ der Wagen diese ‚Straße' und bog auf einen Feldweg ab. Der Kistendeckel war wieder geöffnet. Als Gerhard nach vorne über den Rand durch das Rückfenster der Fahrerkabine schaute, sah er, dass ein Mopedfahrer vor ihnen herfuhr.

Also jetzt haben wir sogar eine Escorte, dachte er. Der Weg wurde zusehends schlechter und schmaler. Teilweise war er als solcher gar nicht mehr zu erkennen; er war von beiden Seiten mit grünem Gestrüpp überwuchert. Die Landschaft wurde hügeliger. Es ging mal steil aufwärts, dann atemberaubend abwärts.

In einer Senke blieb der Wagen stecken. Der Fahrer versuchte mehrmals, durch Zurücksetzen etwas Geschwindigkeit aufzunehmen, um die nächste Steigung zu bezwingen. Aber jedes Mal drehten schon in der Senke die Räder durch.

Der Gestank nach strapazierter Kupplung und verbranntem Gummi, verbreitete sich im Wagen. Sok Vai rief nach hinten, alle sollten aussteigen. Das dauerte einige Zeit, wegen der Hand- und Fußfessellen, wodurch die Geiseln sehr behindert waren.

Dem Norweger ging es offenbar etwas besser. Der Schlaf hatte ihm wohl gut getan. Jedenfalls konnte er aus eigener Kraft die Kiste verlassen und von der Ladefläche steigen.

Schwerfällig umrundeten die Gefangenen das Fahrzeug. Rechts zog sich eine lange, steile Felswand, die von zwei schmalen Bächen in je einer zwei Meter breiten Einbuchtung zerschnitten war entlang. Links ging es mindestens dreihundert Meter fast senkrecht abwärts. Aus der Kiste hatten sie das nicht so erkennen können: sie befanden sich hier in einer zerklüfteten Gebirgslandschaft. Zwischen den Felsen erstreckte sich dauerfeuchter Regenwald. In der Senke, in der der Truck stecken geblieben war, war der Boden durch das Wasser von zwei Bächen aufgeweicht. Die Reifen hatten sich fast einen halben Meter tief in den Matsch eingegraben. Sie steckten hoffnungslos fest.

***

Olivier sagte zu Sok: „Ich muss jedenfalls erst einmal auf die Toilette. Und zwar richtig. Hast du Klopapier?“ Sok ging nach vorne ins Fahrerhaus und kam mit einem Metallsuchgerät in der Hand zurück.

„Papier haben wir keines, nimm Blätter. Und geh nicht weiter als zwei Meter in den Busch hinein. Nimm das Suchgerät mit. Hier liegen überall Minen. Es zeigt allerdings nur Minen aus Metall an. Auf Plastikminen reagiert es nicht. Außerdem: Achte auf Stolperdrähte, und auch auf Schlangen, besonders wenn du in der Hocke sitzt. Dann gibt es hier noch jede Menge anderer giftiger Reptilien und die grünen, großen Tausendfüßler. Die können tödlich sein. Schau auch nach oben. Baumschlangen lassen sich manchmal herabfallen, wenn sich unter ihnen was bewegt, oder wenn sie einen Warmblüter wittern. Also sei vorsichtig. Vergiss nie, wo du bist"

Damit verzog sich Olivier am ersten Bachlauf entlang ein kleines Stück in den Busch.

Gerhard sah sich um. Eine wirklich schöne Gegend ist das hier! Ob wir da jemals wieder rauskommen?

Nach zwei Minuten tauchte Olivier wieder auf. In der rechten Hand trug er das Suchgerät, in der Linken zwei Gegenstände in der Form von länglichen Handbällen. Er war kreidebleich. Die beiden rundlichen Teile legte er vorsichtig auf den Boden. Er stammelte: „Schaut mal, was das ist. Das sind Menschenschädel – dahinten liegen noch mehr davon. Und jede Menge Knochen. Furchtbar!"

Sok Vai murmelte lapidar: „Du vergisst, wo Du bist." Er kickte mit dem rechten Fuß die Schädel nach links, wo sie den steilen Abhang hinunterrollten und verschwanden.

„Man hätte sie begraben sollen", sagte Roman, der Australier. Aber Kong griff sich an den Kopf.

„Da kann man wochenlang Gräber ausheben, und eines für dich gleich zuerst. Du würdest hier mit Sicherheit keinen Tag überleben", bemerkte er grinsend.

***

Gerhard war inzwischen vorsichtig und langsam, weil die Fußketten die Haut über den Fußknöcheln aufgescheuert hatten, an dem Truck vorbei nach vorne geschlurft. Ja sicher, da war eine Lösung. Er rief nach Sok Vai. Als der neben ihm stand, zeigte er auf ein großes Loch in der Stoßstange, in dem ein dicker Eisenhaken zu sehen war. Sok hob verständnislos die Schultern.

Gerhard erklärte ihm „Der Wagen hat eine Seilwinde. Mit Sicherheit ist es eine mit einem langen Drahtseil dran. Damit können wir den Wagen aus dem Loch hier herausziehen. Wir müssen die Winde nur entriegeln. Öffne mir die Fußketten. Ich muss unter den Wagen kriechen."

Widerwillig schloss er Gerhard die Fußketten auf. Zuerst massierte der sich die Knöchel.

An mehreren Stellen war keine Haut mehr vorhanden. Das wird sich entzünden, wenn man nichts unternimmt. Aber später.

Er legte sich mit dem Rücken unter die Stoßstange und suchte und fand den Entriegelungshebel neben der Seilwinde. Dann sagte er Sok, er solle fest am Eisenhaken ziehen. Sok zog, zuerst brauchte er alle seine Kraft, um den Haken mit dem Stahlseil aus dem Loch herauszuziehen. Als er einen Meter draußen war, und die Windenrolle sich ein paar Mal gedreht hatte, ging es leichter.

Sok rief nach Tep und Sim. Er gab ihnen den Haken mit dem Drahtseil, und forderte sie auf, ungefähr dreissig Meter nach vorn bis zum nächsten kräftigen Baum zu gehen, das Drahtseil einmal herumzuschlingen und dann den dicken Haken in das Seil zu hängen. Als die beiden zurück waren, forderte Gerhard Chap auf, im Fahrerhaus den Schalter für die Seilwinde zu suchen.

Chap ließ den Motor an, und probierte sämtliche Schalter am Armaturenbrett aus. Nichts tat sich. Aber der Schalter musste doch irgendwo sein.

Gerhard öffnete die Fahrertür und forderte Chap auf, er solle auf den Beifahrersitz rutschen. Darauf steckte er seinen Kopf in den Fußraum und sah sich dort um. Ja, da war ein großer Hebel mit einem Rollensymbol. Das musste er sein. Gerhard legte sich wieder unter die Stoßstange und schob den Entriegelungshebel für die Winde in seine ursprüngliche Stellung zurück.

Dann sah er wieder ins Fahrerhaus, und legte den großen Hebel nach rechts. Es funktionierte. Langsam straffte sich das Seil. Alle stiegen wieder ein, und mit Hilfe der Seilwinde brachten die Gangster den Truck aus der Senke heraus.

Sok Vai strahlte Gerhard an:

„Du bist sehr intelligent, Deutscher!" Der zuckte mit den Schultern.

Als sie neben dem Baum, an dem das Drahtseil befestigt war, standen, und nun wieder mit eigener Kraft weiterfahren konnten, stieg Sok aus und löste das Drahtseil vom Baum. Langsam ging es weiter.

***

Am selben Tag rief Uli wieder bei Wing Ban an.

„Etwas neues, Herr Wing Ban?."

„Es tut mir leid, aber seien Sie zuversichtlich, Herr Frings. Wir sind jetzt mit allen Kräften im Einsatz."

„Dieses Herumsitzen und Warten macht mich wahnsinnig.

Auch die Sauferei alleine macht keinen Spaß. Ich habe oben in der Bar meines Hotels durch Jimmy, den deutschen Chef, viele andere Deutsche kennengelernt. Die kannten auch meinen Onkel. Sie haben mir alle zugesagt, die Augen offen zu halten. Aber ob das etwas bringt? Wissen Sie nicht irgendetwas, was ich noch tun könnte?"

„Das mit den Deutschen ist keine schlechte Idee. Aber sie müssen sich weiterhin gedulden. In wenigen Tagen werden wir weiter sein, glauben Sie mir."

„Sihanoukville ist doch eine große Stadt. Das dauert ewig, bis sie mit der Durchsuchung aller Häuser fertig sind. Wie viele Einwohner hat denn die Stadt überhaupt?"

„Mit den Randbezirken insgesamt 220‘000, Touristen nicht mitgezählt."

„Ja sehen sie."

„Langsam, langsam. Wir gehen davon aus, dass die Entführer ein allein stehendes Haus ausgewählt haben, das über genügend Platz für die fünf Geiseln und auch mehrere Bewacher verfügt. Von solchen Häusern gibt es etwa 20‘000. Davon sind 500 Hotels und 1‘500 Guesthouses, die wegfallen. So bleiben rund 18‘000 Häuser, die infrage kommen. Zusätzlich müssen ungefähr 2‘000 Hallen, Fabrikgebäude und Lagerhallen, durchsucht werden.

Für diese 20‘000 Objekte haben wir insgesamt 8‘000 Polizisten und

Soldaten. Allerdings fallen 2‘000 Soldaten und Polizisten fort, die an den Straßensperren eingesetzt sind. Letztendlich bleiben insgesamt 6‘000 Einsatzkräfte zum Durchsuchen der Gebäude. Sie sind immer in Viererstreifen unterwegs. Also haben wir ungefähr 1‘500 Gruppen für die Durchsuchung von 20‘000 Objekten im Einsatz. Jede Gruppe schafft täglich vier Gebäude. Sie müssen ja auch manchmal wiederkommen, wenn sie an ein Haus geraten, wo niemand öffnet. Sie können nicht sofort die Türen aufbrechen. So kommen wir auf ungefähr 6‘000 durchsuchte Gebäude pro Tag. In ungefähr vier Tagen werden wir durch sein. Polizeiarbeit geht oft frustrierend langsam vonstatten. Aber, sie sehen nun selbst, es tut sich was. Also dann bis morgen Abend in der Airport Bar. Es tut mir leid, aber ich habe hier so viel um die Ohren. Bis dann!“

Technische Probleme

Die Fahrt wurde immer ungemütlicher. Obwohl sie nur im Schritttempo fuhren, wurde die Ruckelei langsam zur Qual. Dann blieb der Truck zum zweiten Mal stecken. Wieder versuchte der Fahrer durch Zurück- und Vorsetzen in Fahrt zu kommen. Aber stattdessen sank der Wagen auf der linken Seite immer tiefer in den Schlamm. Die Seilwinde kam wieder zum Einsatz. Diesmal blieben alle Geiseln auf der Ladefläche in der Kiste.

Aber als sie spürten, dass die Seilwinde zu ziehen begann, bemerkten sie auch, dass der Truck zwar nach vorne gezogen wurde, aber auch immer mehr zur linken Seite rutschte.

Die Schieflage zur linken Seite hin verstärkte sich zusehends. Plötzlich schrieen Sim und Tep, die ganz hinten saßen, laut auf. Der Zug mit der Winde stoppte abrupt.

Sie sprangen von der Ladefläche herunter, liefen nach vorn und kamen mit Chap und Sok zurück. Die vier riefen den Gefangenen zu, sofort den Wagen zu verlassen. Draußen sahen sie die Bescherung.

Der äußere der Zwillingsreifen der linken Hinterachse schwebte schon frei über dem Abgrund, der fast senkrecht nach unten abfiel.

Sie traten etwas zurück. Darauf forderte Sok sie auf, sich an die rechte Ladebordwand zu hängen, um so wenigstens für kurze Zeit ein weiteres Abrutschen des LKW zu verhindern.

Währenddessen bestieg Chap rechts die Ladefläche, und hangelte sich entlang der rechten Innenseite nach vorne. Er warf die Beutel mit den Lebensmitteln, die Konserven, alle Decken und Gewehre nach hinten aus dem Wagen. Dann rannte er wieder nach hinten und sprang herab.

Es war keine Sekunde zu früh, denn direkt danach gab das Erdreich unter den linken Zwillingsreifen nach und der Wagen kippte unaufhaltbar auf den Abgrund zu. Es gab kein Halten mehr.

Langsam kippte er mehr und mehr nach links, wobei er sich gleichzeitig langsam nach vorne bewegte. Er wurde nur noch mit dem Stahlseil am Baum gehalten.

Dann ging alles rasend schnell. Der Wagen rutschte mit zunehmender Geschwindigkeit den Hang hinunter. Der Baum neigte sich. Mit einem scharfen Knall zerriss das Seil.

Es gab einen weiteren dumpfen Knall aus Richtung des Baumes, der sich wieder aufrichtete, und der Wagen verschwand in der Tiefe.

Wie gebannt lauschten die Männer nach links. Sie hörten ein dumpfes Rumpeln, wenn der schwere Truck sich überschlug, und zwei weitere hellere Knallgeräusche. Dann herrschte Stille.

***

„Schade, “ meinte Sok, zu den Gefangenen gewandt: „Der erste Knall vorne am Baum war eine Mine und, als der Wagen abstürzte und es zweimal so dumpf knallte, das waren auch Minen.“ Den Gefangenen war sehr seltsam zu Mute, aber immerhin: sie hatten überlebt.

Nur Ole lag in sich zusammengesunken rechts am Weg. Gerhard ging zu ihm, und schüttelte an seiner Schulter. Er zeigte keine Reaktion. Ole war ohnmächtig geworden.

Nun erhob sich in der vorher absoluten Stille ein wahnsinniges Gekreisch in den Kronen der Bäume und in der Schlucht links vom Pfad. Ganze Affenherden turnten, aufgestört durch das Gepolter des abstürzenden Trucks und die Minenexplosionen, wild durcheinander. Sie schrieen zeternd und kreischten in wahnsinniger Lautstärke in allen Tonlagen. Sie warfen mit allem Greifbarem. Blätter, Zweige und Früchte prasselten herab.

„Glücklicherweise gibt es hier keine Kokospalmen“, bemerkte Roman, nach oben schauend. „Nicht auszudenken, was passieren würde, wenn Kokosnüsse aus 20 bis 30 Meter Höhe auf uns herunter hagelten!“

Die vier Kambodschaner hielten ihre Gewehre im Anschlag. Sok hatte seine Pistole gezogen. Sie schossen aber nicht, wie Gerhard vermutete hatte, auf die Affen. Sie beobachteten aufmerksam den umgebenden Busch. Der Mopedfahrer, der zurückgekommen war, hatte eine Pistole und eine Machete in den Händen.

„Wir sollten so schnell wie möglich hier verschwinden, “ sagte Sok laut.

„Hier gibt es viele Tiger. Sie werden durch Lärm angelockt, und schauen immer nach, wenn eine Mine hochgeht, ob es da etwas zu fressen gibt.“

„Schöne Aussichten sind das“, sagte Berry zu Gerhard.

Dann öffnete Sok bei Philippe und Roman die Handketten, und forderten sie auf, eine Tragbahre für den Norweger zu bauen.

Der Mopedfahrer hatte inzwischen zwei drei Meter lange dicke Bambusstangen geschlagen und die Zweige entfernt. Mit der Machete stieß er alle dreißig Zentimeter Löcher in zwei längsgefaltete Decken, und forderte den Australier und den Franzosen auf, die Bambusstangen durch diese Löcher zu ziehen. Die provisorische Bahre legten sie neben den Norweger. Mit vereinten Kräften hoben sie den schweren Mann auf die Trage, und wuchteten sie in die Höhe.

„Verdammt, so geht das nicht, der ist zu schwer“, meinte der Franzose.

„An jeder Ecke muss jemand tragen, sonst läuft nichts.“

So löste Sok auch die Handfesseln von Berry und Gerhard. Als Berry zur Trage gehen wollte, stolperte er, weil seine Fuß ketten zu eng verbunden waren. Er stieß, in Soks Richtung, wilde Flüche aus und fuhr ihn an.

„ ihr verschissenen Sklaventreiber, macht euren Dreck alleine." Sok zielte auf Barrys Kopf. „Noch ein Wort von dir, du Sohn einer Hündin, und du bist tot!"

Berry spürte, dass diese Drohung ernst gemeint war und erbleichte, aber er funkelte Sok voller Hass an.

„Du musst unsere Fußketten öffnen", sagte Gerhard zu Sok, „von hier wird keiner von uns fliehen, nicht aus dieser Gegend! Außerdem seid ihr bewaffnet."

***

Sok besprach sich kurz mit seinen Kumpanen und dem Mopedfahrer; dann öffnete er alle Fußketten und verpackte sie zusammen mit den Handketten in einer der Decken. Jeder der vier Geiseln bekam nun eine Decke als Polster auf die Schulter gelegt. Mit einer Hand musste ein Ende der Trage über der Schulter festgehalten werden. Mit der anderen Hand wurde eine Decke getragen, in die Lebensmittel und Ketten eingeschlagen war. Dann machten sie sich eilig auf den Weg.

Am Anfang der seltsamen Karawane marschierten Sok und Chap. Sok schwenkte vor jedem Schritt das Metallspürgerät vor sich hin und her. Chap hinter ihm hielt sein Gewehr in beiden Händen, schussbereit auf den Dschungel gerichtet. Es folgte der Mopedfahrer, der sein Moped nun schob. Hinter ihm ging Sim, ebenfalls das Gewehr im Anschlag. Dann kamen die vier Ausländer mit Ole auf der Bahre. Den Abschluss bildeten Kong und Tep, die immer wieder nach hinten schauten, die Gewehre ebenfalls schussbereit empor gerichtet.

„Warum sucht Sok hier auf dem Weg nach Minen?" fragte Gerhard Sim.

„Bei starken Regenfällen werden manchmal Minen weggespült. Dann liegen sie auch auf den Wegen rum."

***

„Es sind nur noch zwei Stunden“, sagte Kong grinsend zu Berry, der neben Gerhard, die Bahre tragend, herging.

„Warum lassen wir den verdammten Norweger nicht einfach hier liegen, oder geben ihm den Gnadenschuss. Die Kambos ziehen da bestimmt mit. Der wird sowieso bald abkratzen. Merken würde der überhaupt nichts. Er behindert uns nur!“

„Weil das Mord wäre“, sagte Gerhard empört.

„Besondere Situationen erfordern eben besondere Aktionen. Ich bin Soldat; ich war Leutnant in der britischen Armee. Ich war im Falkland Krieg und im Irak. Wenn jemand zu schwer verletzt war, haben wir ihm oft den Fangschuss gegeben“

Angewidert schauteGerhard weg, schüttelte den Kopf.

„Du bist wahnsinnig!“ Bösartig blitzte er Gerhard an.

„Und du Weichei willst im Dschungel überleben. Wahrscheinlich bist du sogar ein Intellektueller und ein Humanist, oder ein Kommunist!“ Er spuckte Gerhard ins Gesicht. Mit dem Handrücken der Hand, mit der der Deutsche das Bündel über der Schulter hielt, wischte er die Spucke ab. Er sagte langsam, fast beiläufig:

„Hast du Glück, dass es jetzt nicht geht, aber ich würde dir gerne in die Fresse schlagen.“

„Du kannst es ja später versuchen. Du wärst der Zweite hier auf meiner Liste, du ‚Kraut’. Heil Hitler!“

Tiger

Es war ein beschwerlicher, langer Weg, bis sie ihr Ziel erreicht hatten. Ständig stolperte einer der Träger über frei liegende Wurzeln oder Lianen, die den Boden überwucherten. Zweimal war Ole von der Bahre gefallen, wenn zwei Träger gleichzeitig gestolpert waren. Das passierte Berry und Gerhard öfter als den Beiden vorne, weil sie hinten den Boden unter der Trage nicht sehen konnten. Viermal zwang Sok durch Heben der Hand und Stop-Schreien alle zum Halten. Chap schoss dann auf Ziele vor, seitlich und über der traurigen Karawane. Einmal hörten sie darauf ein furchtbares Heulen.

„Das war ein Tiger“, meinte Tep lapidar von hinten.

„Normalerweise schneidet man einem erlegtenTiger die Ohren ab, und nagelt sie sich als Trophäe zu Hause an die Wand im Wohnzimmer. Das bringt Glück.

Nur, hier kann man wegen der Minengefahr nicht in den Busch gehen. Und es würde auch mühsam sein, ihn zu finden, weil er nach einem einzigen Schuss selten tot ist“.

Ein anderes Mal fiel von einem Baum über ihnen eine geschossene Riesenschlange herab. Diese Schlange war mindestens neun Meter lang und zwanzig Zentimeter dick. Kong legte sich das tote Tier dreimal um den Hals und grinste.

„Gutes Abendessen.“

Kong und Tep schossen während des Marsches ebenfalls zweimal auf Ziele, die allerdings für die Träger nicht auszumachen waren. Einmal ertönte ein heller Knall weit entfernt, unten links im Tal. Alle erschraken, aber Kong erklärte, manchmal gingen Minen auch von allein hoch, oder ein herabfallender Ast oder ein Tier habe sie zur Explosion gebracht.

Nach vier Stunden Fußmarsch, oder besser Stolpermarsch mit der Bahre, hatten sie offenbar ihr Ziel erreicht.

Vor einer steilen Felswand hielten sie an und setzten die Bahre mit Ole ab. Er hatte die Augen verdreht und war wach geworden. Gerhard hielt seine flache Hand auf Oles nasse Stirn. Sie war heiß, glühte im Fieber. Er murmelte unverständliche Worte.

Die Weißen hatten gedacht, hier ein Haus, ähnlich dem in Sihanoukville, vorzufinden. Aber weit gefehlt!

Die Höhle

Sok Vai wies die Ausländer an, sich hinzusetzen. Erschöpft folgten sie seiner Aufforderung. Der Mopedfahrer ging auf die Felswand zu. Er sprach mit Sok Vai und deutete mehrmals auf den Felsen. Die restlichen vier Kambodschaner standen hinter den Geiseln, mit den Gewehren im Anschlag und zwei davon hielten die Gegend hinter der Gruppe im Blick. Sok Vai tastete mit seinem Detektor aufmerksam und langsam den Boden vor der Felswand ab.

Nach fünfzehn Minuten hatte er ein etwa acht mal fünf Meter großes Areal vor der Felswand überprüft. Dann suchte er zusammen mit dem Mopedfahrer nochmals den Platz ab. Sie schauten aufmerksam und genau auf den Boden und gingen langsam vorwärts.

„Jetzt suchen sie offenbar nach Plastikminen“, sagte Roman zu Philippe.

Als die Suche beendet war, ging der Mopedfahrer auf die überwucherte Felswand zu. Von oben hing ein dichter Efeu- und Lianenvorhang bis auf den Boden. Dort hatten viele Pflanzen Wurzeln geschlagen und kletterten am Felsen nach oben. Mit seiner Machete stach er, einen Meter von der Stelle entfernt, wo die Bahre abgestellt war, in den grünen Vorhang Es gab keinen Widerstand. Die Machete verschwand in der grünen Wand. Er hatte ein Loch im Fels getroffen. Mit beiden Händen zog er das Efeu zur Seite und rief Sok zu sich

Er hatte offenbar den Eingang einer Höhle gefunden. Sok schob das Metallsuchgerät vor sich her in die Öffnung. Der Mopedfahrer hielt eine Taschenlampe in der Hand und leuchtete über Soks Schulter nach vorne. Es entstand ein fremdes, zischendes und krächzendes Geräusch. Hunderte, Tausende Fledermäuse flatterten taumelnd aus dem Inneren der Höhle ins Freie. Sok rief Sim und Kong zu sich. Sie stellten sich rechts und links neben Sok, der sein Metallsuchgerät vor sich hielt, und richteten ihre Gewehre auf den Höhleneingang. Sok ließ sich von dem Mopedfahrer die Taschenlampe geben, und die Vier verschwanden durch den grünen Vorhang in der Höhle.

***

Fast eine Stunde blieben sie verschwunden. Alle Minuten ertönten ein Gewehrschuss oder auch zwei Schüsse hintereinander, die von Minute zu Minute leiser wurden. Als sie wieder erschienen, meinte Sok: „ ihr könnt jetzt mit uns hineingehen. Jetzt ist drinnen alles in Ordnung.“ Tep teilte mit beiden Händen die herunterhängenden Lianen. Im Schein der Taschenlampe gingen die Ausländer, bis auf den Norweger, ungefähr fünf Meter in die Höhle hinein. Verglichen mit der schwülen Hitze draußen, war es hier angenehm kühl. Rechts an der Wand lag etwa zwanzig riesigen, tote Ratten auf einem Haufen.

Olivier schaute interessiert hin, dann stöhnte er: „Mon dieu, mon dieu.“

Kong ging zu den Kadavern und ergriff eines der Tiere am Schwanz. Er hob es hoch und schwenkte es vor Philippes Gesicht.

„Das sind ‚Kardamon Riesenratten‘.“

Riesig war das Tier in der Tat. Es hatte, wie die anderen, eine Körperlänge von vierzig Zentimetern und einen Umfang von 20 cm, und der Schwanz war noch einmal dreissig Zentimeter lang. Mindestens so groß, aber eher grösser als eine ausgewachsene Katze. Aber es waren eindeutig Ratten, obwohl keiner der Fremden je Ratten in einer solchen Größe gesehen hatte.

Philippe fragte Kong: „Woher kommt der Name? Schmecken sie nach Kardamon?“

„Dummer Ausländer! Wir sind hier in den ‚Kardamon Mountains‘. Engländer haben den Bergen hier diesen Namen gegeben. Sie reichen bis nach Thailand hinein. Früher wurde hier in der Gegend Kardamon geerntet. Diese Riesenratten gibt es nur hier in den Bergen.. Sie schmecken köstlich!“

Philippe schaute weg, und musste würgen. Kotzen konnte er nicht, weil er in den letzten Tagen kaum etwas gegessen hatte.

***

Sok wandte sich an den Mopedfahrer: „Ich gebe dir jetzt eine Telefonnummer. Es ist der Anschluss eines Freundes in Thailand. Ruf dort an, und sage ihm, er soll dem anderen Freund sagen, seine Kollegen sind gut am Zielort angekommen. Der Norweger ist etwas krank. Morgen kommt eine neue Nachricht von mir. Es ist jetzt zu spät für mich, mitzukommen, weil ich bei Dunkelheit nicht hierher zurückkommen kann. Es liegen hier zu viele Minen herum. Erwähne keine Namen und vor allem keine Ortsbezeichnungen. Ich schreibe dir hier auf den Zettel die Telefonnummer in Thailand auf. Damit du nichts vergisst, notiere ich auch das, was du ausrichten sollst.

Morgen früh kommst du zurück. Kaufe drei Petromax-Lampen und zehn Liter Petroleum. Bringe fünf Taschenlampen mit. Kaufe auch eines von den neuen, leistungsstarken Handys. Meines ist zu altersschwach, um von hier aus zu telefonieren. Ich bekomme kaum ein Signal. Besorge es noch heute Abend, und hänge es über Nacht an das Ladegerät. Die neuen Akkus halten bis zu zwei Wochen. Ich habe keine Lust, dauernd zum Telefonieren in die Stadt zu fahren. Es gibt zu viele Minen und Tiger! Und noch eines: bringe morgen ein zweites Moped mit. Hier hast Du 1'000 Dollar. Hast du alles verstanden?"

„Ja sicher, also dann bis morgen früh. Ich muss jetzt sofort los, es wird bald dunkel."

Damit ließ er sein Moped an und fuhr los.

Das Festmahl

So, meine Herren, jetzt gibt es wieder die Wegfahrsperre", sagte Sok zu den Geiseln. Er war gut gelaunt und lachte herzhaft.

„Wir werden euch wieder fesseln, obwohl es Wahnsinn wäre, von hier eine Flucht zu versuchen. Jetzt kümmern wir uns um euer Wohlergehen. Lasst euch überraschen"

Sim und Kong fesselten die Geisen wieder an Händen und Füssen, während Tep nach draußen ging. Sok und Chap verschwanden mit der Taschenlampe im hinteren Teil der Höhle. Tep erschien nach fünf Minuten mit zwei Armen voller kleiner und großer Äste zurück und entzündete gekonnt ein Feuer. Der Qualm stieg nach oben, zog aber an der Decke sofort in den hinteren Teil der Höhle weg. Offenbar gab es dort einen Abzug ins Freie. Nach einer weiteren Viertelstunde kamen Sok und Chap zurück. Von weitem schon sah man, dass jeder etwas unter dem rechten Arm schleppte.

„Nach der anstrengenden Fahrt gibt es heute Abend ein Festmahl", sagte Sok. Als sie herbeigekommen waren, sahen die Gefangenen, dass sie zwei mittelgroße Schildkröten unter den Armen trugen.

„Weiter hinten ist eine Grotte mit sauberem Wasser. Dort könnt ihr morgen baden, wenn ihr daran interessiert seid. Wir wollen doch, dass es unseren Gästen hier wohl ergeht. Heute gibt es gegrillte Ratte und geröstete Schildkröte. Die hier sind jung, noch nicht zu zäh. Für jeden etwas. Und alles frisch, keine Konserven!"

Er war immer noch zum Scherzen aufgelegt.

***

Draußen vor der Höhle enthäutete Tep die riesige Schlange und nahm sie aus. Er hängte sie über drei zwei Meter lange Bambusstangen, die er geschlagen und am oberen Ende zusammengebunden hatte. Dann stellte er diesen Dreifuß über der Feuerstelle auf. Offenbar wollte er die Schlange räuchern.

Direkt über der Glut grillte Chap Teile der Schildkröte und die gehäutete Ratte, nachdem er die Innereien entfernt hatte. Roman kommentiert die Essenszubereitung:

„Ich muss zugeben, dass alles köstlich riecht."

Kong lockerte auf Anordnung von Sok die Handfesseln. Nach einer Stunde schnitt Chap große Fleischstücke aus den gegarten Braten und reichte sie den hungrigen Ausländern auf Bananenblättern. Sie vertilgten das gebratene Fleisch bis auf den letzen Rest, obwohl Salz zum Würzen fehlte. Zum Abschluss öffnete Chap zwei Konservendosen mit Pfirsichen. Ole war inzwischen aus seiner Ohnmacht aufgewacht und speiste mit.

Dann wurden die Decken ausgebreitet und die Kambodschaner verschwanden in den hinteren Teil der Höhle. Als sie außer Hörweite waren, sagte Berry leise in verschwörerischem Ton:

„Wir müssen zusammenhalten. Diesen Hundefressern sind wir an Intelligenz und an Kraft. haushoch überlegen. Wenn ihr auf mein Kommando hört, kommt ihr alle heil hier raus. Sobald sich eine Gelegenheit bietet, fallen wir über die Schweine her und legen sie um". Philippe widersprach vehement: „Selbst wenn sich die Gelegenheit dazu böte, aus diesem verminten Dschungel kämen wir nie lebend hinaus, Berry!"

„Dann rufen wir eben die Polizei, die Entführer haben alle Handys. Du hast wohl Angst, Franzose?"

„Wo soll es denn hier Polizei geben? Hier im Busch?".

„Dann führe ich euch halt hier raus – Ich war als Leutnant im Falklandkrieg und im Irak. Ich bin erfahren. ihr müsst nur auf mich hören."

Er wandte sich an Gerhard:

„Und du, du hältst jetzt besser dein Maul! Mich verarscht keiner mehr, du Klugscheißer!" Die Kambodschaner kamen zurück. Sie machten es sich an der Wand gegenüber bequem, bis auf einen, der sich mit dem Gewehr in der Hand am Höhleneingang niederließ.

Als Gerhard mitten in der Nacht zum Pinkeln raus vor die Höhle wollte, nickte ihm einer von ihnen, Sim, am Höhleneingang sitzend, freundlich zu. Offenbar hielten die Kambodschaner dort die ganze Nacht über, am Feuer, abwechselnd Wache.

Halluzinationen

Gerhard. Gerhard. Gerhard.“ Er schreckte hoch. Wer rief da? Er öffnete die Augen, sah sich um. Am Eingang saß der Wächter, mit nach vorn geneigtem Kopf, vor dem kleinen Feuerchen. Anscheinend war er eingenickt. Kein Wunder! Es war ein langer und anstrengender Weg bis hierher gewesen. Sein Herz schlug schneller. Er wischte sich den Schweiß von der Stirne. Habe ich etwa auch Fieber?

Da, wieder diese Stimme : „Gerhard. Willst du mit mir sprechen?“ Er sah nach rechts in die Richtung, aus der die Stimme kam. Nichts!

Doch da: Schräg gegenüber. Schräg gegenüber an der Wand, neben den schlafenden Kambodschanern. Da stand eine Frau. Schemenhaft! Sie stand einfach da. Ein ebenmäßiges Gesicht. Man hätte sagen können: hübsch. Aber der Blick war seltsam. Es war ein seltsam leerer, starrer Blick, ein Blick ohne bestimmte Richtung. Er wanderte überall und nirgendwo hin. Sie trug ein langes schwarzes Kleid, das bis zu den Knöcheln reichte. Lange schwarze Haare rahmten ein auffallend bleiches Gesicht ein. Sie sprach zu ihm mit dunkler Stimme: „Höre mir genau zu. Ich erzähle dir Geschichten. Geschichten über deine Mitgefangenen.“

„Warum?“

Sie ging nicht auf die Frage ein, sondern redete seltsam monoton weiter. „Da ist Berry, der Engländer. Er war im Falkland Krieg. Und in Irak. Das hat er dir erzählt. Aber er ist ein Mensch auf dem falschen Weg.“ Gerhard fragte sie leise: „Ist er schwul? Von mir aus. Dass er dort war, hat er erzählt. Und dort gab es nur Pinguine, Schafe und Argentinier. Und seine Kameraden haben sich mit Schafen vergnügt, weil es sonst nichts gab.“

„Oder Argentinier abgeschossen. Aus Langeweile“.

„Es war Krieg“, warf Gerhard ein, „das hat er auch erzählt.“

„Aber Berry, wie er sich heute nennt, stammt aus einer alten und reichen Familie; aus altem englischem Hochadel. Er hat eine gute Erziehung genossen. Seine Eltern haben ihn zuerst nach Eton geschickt. Dort im College fingen die Verwirrungen an. Dort hat er mit vier Freunden eine Putzfrau vergewaltigt. Es kam heraus, obwohl die fünf jungen Männer ihr Geld für ihr Schweigen geboten hatten. Kurz, sie wurden aus dem College hinausgeworfen."

„Davon hat er nicht erzählt."

„Berry ging zur Armee, auf die Kadettenschule in Sandhurst. Dort im Ort hat er eine Tänzerin in einem Nachtclub nach ihrem Auftritt in ihrer Garderobe vergewaltigt. Man wollte ihn zur Verantwortung ziehen. Aber weil gerade der Falklandkrieg begonnen hatte, schickte man ihn dorthin.

Nach drei Monaten war der Krieg zu Ende. Die Soldaten wurden von dort abgezogen. Es ging zurück nach Hause. In Panama haben sie auf der Rückfahrt mit dem Schiff für drei Tage angelegt. Berry ist mit zwei anderen Offizieren, ebenfalls Leutnants, in einen Puff gegangen. Dort haben sie drei vergnügliche Tage verbracht. Nur gesoffen und gebumst. Dann sollten sie zahlen, jeder einhundert Dollar. Weil ihnen zu viel schien, kam zu einem Wortwechsel. Darauf haben sie zwei hinzukommende Leute erschossen. Er waren in ihren Augen halt nur Schwarze. Sie sind zurück auf das Schiff. Es wurde Anzeige erstattet. Sie wurden im Rang zurück gestuft. Jetzt waren sie Unterleutnants."

„Kaum ein Heimkehrer hat eine schneeweiße Weste."

„Dann kam der Krieg in Irak. Dort hat er mit Freunden Irakerinnen vergewaltigt. Sie machten sich einen Spaß daraus. Die Frauen wollten nicht. Es kamen Männer hinzu, Einheimische. Die wollten die Militärpolizei rufen. Berry und seine Freunde haben das verhindert, indem sie die Männer zu Krüppeln geschlagen haben. Die Sache kam dennoch heraus. Berry und seine Freunde wurden aus der Armee entlassen.

Zu seiner Verteidigung hatte Berry gesagt: 'Hier liegen so viele Tote herum. Da kommt es auf ein paar Tote oder Verletzte mehr auch nicht an.' Als er wieder zurück in England war, wollte seine Familie nichts mehr mit ihm zu tun haben. Er heißt nicht seit seiner Geburt Berry Mc. Guire. Seine Familie hat auf einer Namensänderung für ihn bestanden, für die er von ihr sehr viel Geld bekam. Dann hat seine Familie ihn verstoßen. Seitdem ist er voller Hass. Sei auf der Hut vor ihm! Das solltest du über Berry wissen.“

„Warum erzählst du mir das?“

„Du solltest es wissen, jetzt, hier und heute. Es ist eine Wahrheit. Es gibt viele Wahrheiten. Berry hat seine Wahrheiten. Du hast deine Wahrheiten. Viele Philosophen haben ‚die' Wahrheit gesucht. Das war ihr erster Fehler. Es gibt nicht ‚die absolute Wahrheit'“

„Und woher kennst du meinen Namen?“

„Ich kenne viele Namen. Mit einigen Leuten spreche ich auch. Wie mit dir. Mit Anderen nicht. Ich erzähle nur. Bald werde ich wiederkommen.“

Sie drehte sich ab und ging nach hinten in die Höhle zurück und verschwand lautlos, wie sie gekommen war. Gerhard dachte nach. Seltsam!

Er schaute nach rechts und links. Alle schliefen. Niemand hatte etwas mitbekommen. Auch nicht der Kambodschaner am Eingang. Seltsam. Gerhard drehte sich zur Seite und war bald wieder eingeschlafen. Dann hatte er Träume. Er sah Berry in der Schule, im Krieg, und jetzt neben sich liegend.

Und immer wieder die Frau im schwarzen Kleid. Plötzlich überkam ihn Angst.

Wo bin ich hier? In einer Höhle. Nassgeschwitzt. Dabei ist die Temperatur hier halbwegs angenehm. Habe ich einen Fieberschub erlitten? Eines ist klar. Man hatte mich entführt. Nicht wahr, sondern Einbildung, die schwarzhaarige Frau? Wer war sie? Er hatte sie ganz real empfunden. Oder war es nur ein Traum? Ein Traum im Fieberwahn? Oder ein Albtraum? Er wachte auf. Nein, kein Albtraum! Albträume ängstigen. Ich habe keine Angst gehabt, als die Frau da war. Er versuchte, wieder einzuschlafen. Zu viele Fragen ohne Antwort! Draußen hatte die Morgendämmerung eingesetzt. Also doch ein Traum? Doch so realistisch habe ich noch nie geträumt. Er grübelte noch eine Zeitlang nach. Dann schlief er wieder ein.

Wing Ban's neue Nachrichten

Als Uli zum vereinbarten Treffen mit Wing Ban ins „Airport' ging, winkte dieser ihm schon von weitem zu. Er wirkte müde und traurig. Kein Begrüßungslächeln wie sonst. Uli sah ihn kritisch an.

„Schlechte Nachrichten?" fragte er.

„Ich weiß nicht so recht." Er zog ein Notizbuch aus der Brusttasche seiner Uniform und schaute hinein.

„Wir haben gestern Abend ein Telefongespräch zwischen Duch und einem Mann aus Thailand abgehört. Duch wurde informiert, dass die Geiselnehmer mit ihren Geiseln den vereinbarten Ort erreicht hätten. Es war wahrscheinlich authentisch, denn es war von dem erkrankten Norweger die Rede. Sie seien in einer Gegend, die völlig vermint sei. Es gibt immer noch viele solcher Gegenden in Kambodscha. Also, wir wissen nicht, ob alles stimmt. Es könnte auch eine Finte sein, mit der die Entführer bewirken wollen, dass wir die Durchsuchungen hier in Sihanoukville abbrechen. Vielleicht sind wir ja direkt vor unserem Ziel und sie bekommen kalte Füße. Auf alle Fälle machen wir hier wie in den letzten Tagen weiter."

Uli musste zustimmen. „Sie haben Recht, Herr Wing Ban. Stellen wir uns nur vor, die Verbrecher haben hier ein Haus, in dem sie sich mit ihren Geiseln aufhalten. Dann merken sie auch, wenn die Häuser in der Nähe durchsucht werden. Der Ring aus Soldaten und Polizei wird immer enger. Sie haben sicher auch bemerkt, dass überall Straßensperren sind. Jetzt können sie nicht mehr unbemerkt entkommen. Selbst wenn sie dem sauberen Herrn ‚Duch' mitgeteilt haben, sie seien in Phnom Penh oder Siem Reap, muss das noch lange nicht stimmen.

Vielleicht ist es wirklich eine falsche Spur, auf die sie uns hetzen wollen. Aber, vielleicht ist dieser Anruf ein positives Zeichen. Mein

Onkel sagt oft: Positiv denken, Jungs!“

„Es ist so bedauerlich, dass die Thailänder uns nicht helfen. Denn dann könnten wir in kürzester Zeit rausfinden, wo sie stecken. Na ja, wir machen halt so weiter wie bisher.“

Bedrückt und nachdenklich nahmen die Beiden ihre Mahlzeit zu sich. Es fiel kaum ein Wort. Beide waren mit ihren Gedanken beschäftigt.

Uli‘s neuer Plan

Plötzlich musste Uli grinsen. „Ich glaube, ich hab’s. Das ist es!“ Er rief – nein, er schrie triumphierend nach der Bedienung.

„Eine Flasche Vodka, ganz viel Eis und Cola und zwei große Gläser! Aber hurtig!“

Wing Ban sah ihn neugierig an. Was war jetzt los? Uli strahlte weiter.

Als Vodka, Eis und Cola auf dem Tisch standen, schenkte er die großen Gläser halb voll mit Vodka und gab Eis und Cola zu.

„Passen Sie auf Herr Wing Ban, manchmal funktionieren meine kleinen grauen Zellen doch noch. Aber lassen Sie uns zuerst drauf trinken. Auf ex!“

Er erhob sein Glas und leerte es in einem Zug. Dann rülpste er ausgiebig. Wing Ban sah ihn noch neugieriger an. War der jetzt völlig durchgeknallt? Oder kurz davor, durch zu drehen?

Er hob ebenfalls sein Glas: „Was ist los mit ihnen? So habe ich sie noch nie erlebt! Muss ich mir jetzt ernsthafte Sorgen machen?“

Uli begann wieder leiser, überlegt zu reden.

„Sie erinnern sich sicherlich an die Probleme, die mein Onkel in Thailand hatte. Man hatte ihn ohne Grund des Drogenhandels bezichtigt. Dort habe ich einen guten Kontakt mit dem Staatsekretär im Innenministerium gehabt. Alpini hieß er, oder so ähnlich. Was halten Sie von Folgendem?

Ich werde nach Bangkok fahren, und ihn um Hilfe bitten. Er ist uns, meinem Onkel und mir, noch etwas schuldig. Denn mit unserer Hilfe konnte er seinen Polizeiapparat säubern. Es gab da etliche korrupte Polizisten. Die sitzen jetzt im Gefängnis. Der Chef der Gangster, ebenfalls Polizist, hat sich umgebracht. Dieser Alpini sollte inzwischen Oberstaatssekretär oder stellvertretender Innenminister sein. Von seiner Beförderung war damals jedenfalls die Rede und das mit unserer Hilfe. Der kann und wird mir sicherlich helfen. Was halten Sie davon? Ist das nicht eine tolle Idee?“

Er schenkte Vodka nach. Wing Ban blickte skeptisch, leerte aber sein Glas.

„Wenn das klappen würde, wäre das natürlich wunderbar. Falls die Thailänder den Kontaktmann von ‚Duch' überwachen würden, und vor allem zurückverfolgen könnten, woher er angerufen wird, hätten wir direkt den Aufenthaltsort der Geiseln und der Entführer. Aber er wird Ihnen sicher nicht helfen. Es gibt keine Zusammenarbeit zwischen unseren Ländern. Das habe ich Ihnen doch schon neulich gesagt. Wahrscheinlich ist es den Polizisten dort sogar verboten, mit uns zusammenzuarbeiten. Und seinen Job wird dieser Alpini ihretwegen sicherlich nicht riskieren wollen. Machen sie sich keine Illusionen. Denn wenn, dann werden sie bitter enttäuscht werden.“

Uli hatte inzwischen eine weitere Flasche Vodka bestellt und dachte weiter in die Zukunft. Er hatte noch ein paar Trümpfe im Ärmel. Wenn das keine Asse waren! Aber davon redete er jetzt nicht, er war zu euphorisch; außerdem dachte er an eine Wette: und er wollte diese Wette gewinnen. Wenn er Wing Ban alles offenbarte, was er wusste, würde dieser vielleicht zögern.

„Wetten wir um eine Kiste Champagner, Veuve Clicquot, den mit dem Gelben Etikett, dass es mit der Zusammenarbeit klappt?“

Er hielt Wing Ban die Hand hin. „Trauen Sie sich nicht?“ Wing Ban straffte seine Schultern.

„Was denken sie von mir? Denken sie, ich sei ein Feigling. Abgemacht. Die Wette gilt. Eine Kiste!“ Der Kambodschaner schlug in die angebotene, offene Hand ein. Er war absolut sicher, dass er gewinnen würde.

Uli sagte sich, wenn Wing Ban und seine Leute tatsächlich vorher den Onkel finden sollten, dann war das auch eine Kiste Champagner wert.

***

Uli's Telefon klingelte. Hoffentlich nicht wieder Paul. Allmählich nervte das Froschgerede.

Fehlanzeige. Manche Hoffnung erweist sich als trügerisch. Es war tatsächlich Paul, wieder Paul. „Hallo Uli, wie geht es so? Hier ist alles wie immer. Bis auf eine Ausnahme: Nächste Woche kommen die bestellten Frösche an. Sie waren nicht ganz billig. Ich bin gespannt wie ein Flitzebogen. Hast du inzwischen etwas über thailändische Frösche rausgefunden?"

„Ja, ja, ich bin inzwischen in Kambodscha. Aber ich habe mich in Thailand umgesehen. Da gibt es sogenannte Kanalfrösche. Die wohnen in der Kanalisation. Man hört sie immer wieder quaken. Vor allem, wenn es regnet. Langgezogene, dumpfe Rufe. Die könnte man in Deutschland bei Beerdigungen einsetzen. Ich weiß nicht, ob du das weißt, aber in muslimischen Ländern heuert man, wenn reiche Leute sterben, Klageweiber an. Die klagen für Geld. Wenn man nun diese Kanalfrösche bei Beerdigungen zum Einsatz bringen würde, wäre das nicht die Geschäftsidee? In einem Wassereimer. Denk' mal drüber nach. Oder man setzt einige dieser Frösche in den Sarg zu der Leiche. Dann kann man sich die Musikkapelle sparen, die ja auch viel Geld kostet."

Uli musste selbst grinsen, während er Paul diesen Vorschlag machte.

„Du wirst weltweit der anerkannte Froschspezialist sein. Dir winkt Weltruhm!"

Paul war verstummt. Uli glaubte förmlich hören zu können, wie Paul jetzt grübelte. Jetzt würde Paul bestimmt eine Woche lang über den Einsatz dieser ‚Kanalfrösche' nachzudenken haben. Eine wahrhaft harte Aufgabe, diese Nuss zu knacken. Paul verabschiedete sich nachdenklich.

„Das klingt höchst interessant! Ich werde darüber nachdenken. Mach's mal gut, alter Freund"

***

In der letzten Nacht hatten offenbar alle bis auf Gerhard gut geschlafen. Sogar Ole ging es entscheidend besser. Er klagte zwar über leichte Sehstörungen, aber das war vielleicht nur Einbildung. Wahrscheinlich hatte er auch gelesen, dass Diabetes in schweren Fällen zu Netzhautablösungen führen kann. Aber dass eine Woche ohne Insulin dazu reichen sollte, erschien dem Deutschen mehr als fraglich – obwohl er ja kein Arzt war. Im Übrigen war die Stimmung entspannt. Die Entführer verhielten sich korrekt, der Eine oder Andere war sogar manchmal ausgesprochen freundlich. Das könnte der Beginn eines ‚Stockholm Syndroms' sein, dachte Gerhard.

Zum Frühstück gab es wieder gegrillte Schildkröte, die über dem neu entflammten Feuer erhitzt worden war. Mit den gegrillten Rattenresten dagegen konnte oder wollte sich keiner der Entführten richtig anfreunden. Es war eine psychologische Sperre vorhanden. Die erlegte Riesenschlange hing immer noch über der Feuerstelle. Sie war etwas geschrumpft; sowohl in der Länge wie auch im Durchmesser. Es war ein scheußlicher Anblick.

Als Sim später von der Python einen Viertelmeter abschnitt, und Roman ein Stück zum Kosten gab, knabberte der Australier zunächst vorsichtig daran herum.

„Zum Teufel noch mal, das schmeckt wie geräucherter Aal, allerdings ohne die dicke, fette Haut dieser Fische", kommentierte er zustimmend. Nach und nach kosteten alle Gefangenen von der fremden Speise. Statt von Gräten, wie bei kleineren Schlangen, die mancher der Weißen schon probiert hatte, wurde das äußere Skelett dieses Tieres von flachen, halbrunden Knochen, die von der Wirbelsäule bis zum Unterbauch reichten, gebildet. Es hielt auch jeden Vergleich zu der dünnen Kobra stand, die Gerhard einmal in Thailand serviert bekommen hatte. Die hatte fast nur aus Haut und grätenähnlichen Knochen bestanden.

„Toll, wirklich wie fein geräucherte Flussforelle, wunderbar", lobte der Franzose Philippe „eine wahre Delikatesse, die für die französische ‚Haute Cuisine' eine wahre Bereicherung darstellen würde."

Alle schlossen sich der Meinung an, dies sei eine ganz exzellente Gaumenfreude. Und es hingen noch über acht Meter davon über dem Feuer.

***

Plötzlich waren vor der Höhle Stimmen zu vernehmen. Sok Vai legte einen Finger auf die Lippen und schickte die Gefangenen weiter nach hinten in die Höhle.

Vor dem Höhleneingang standen zwei wild aussehende Gestalten. Beide hatten Gewehre über den Schultern und in jeder Hand eine etwa zwanzig Liter fassende Wasserflasche aus Plastik. Zwei der Wächter stellten sich ihnen in den Weg, ihre Gewehre in Anschlag. Sie verwehrten ihnen den Zugang zur Höhle.

Es gab eine kurze Diskussion; dann erschienen Sok und die beiden übrigen Wächter.

Sie übernahmen die vier Plastikflaschen und verschwanden nach hinten in der Höhle. Nach zehn Minuten kamen beide mit den randvoll gefüllten Flaschen zurück und händigten sie den vor der Höhle Wartenden aus. Diese nickten, hängten jeweils eine Flasche an das vordere und hintere Ende ihrer im Busch geschlagenen Bambusstangen, schulterten diese, grüßten und verschwanden dort, von wo sie gekommen waren. Sog Vai kam zu den Geiseln zurück und erklärte:

„Das waren nur Edelsteinsucher aus der Nähe. Sie brauchen Trinkwasser. Zuerst waren sie verwundert, dass wir die Höhle besetzt haben. Aber wir haben ihnen erklärt, dass wir hier wieder angefangen haben, nach Ededesteinen zu suchen. Deswegen haben sie auch verstanden, dass wir sie nicht in die Höhle gelassen haben. Kein Edelstein- oder

Goldsucher lässt Fremde in seine Höhle. Das ist normal, das ist ein ungeschriebenes Gesetz. Jetzt sind sie weg und kommen in drei Tagen wieder, um neues Trinkwasser zu holen."

***

Als die Gefangenen wieder im Höhleneingang in Ruhe allein zusammensaßen, fing Philippe an zu reden:

„Leute, wir sind in einer schlimmen Situation. Glücklicherweise sind wir alle vernünftige und erwachsene Männer. Besonders wichtig ist, dass wir zusammenhalten. Wir müssen jeden Streit und jede Unstimmigkeit untereinander vermeiden. Wenn jemandem etwas gegen den Strich geht, müssen wir darüber gleich reden. Probleme müssen sofort besprochen und behoben werden. Wir müssen auf jeden Fall verhindern, dass es zu irgend welchen Streitigkeiten unter uns kommt. Wenn wir uns weiterhin gut verstehen, und zusammenhalten, sind wir stark. Wir müssen uns, jeder auf den anderen, verlassen können. Wenn einer von uns mentale Probleme bekommt, ist es wichtig, darüber mit jemandem zu sprechen. Wir sind hier in einer Extremsituation. Wenn wir nicht offen zueinander sind und Ärger in uns hineinfressen, führt das über kurz oder lang zu einer Cliquenbildung; Cliquen, die sich bekämpfen und gegenseitig zerfleischen. Diese Gefahr besteht in Situationen wie unserer immer. Wie ihr wisst, bin ich Psychiater – ich weiß, wovon ich spreche."

Die anderen Geiseln murmelten zustimmende Worte. Jeder sah ein, dass auf diese Weise ein Durchhalten leichter sein würde. Ein paar Tage noch, und alle würden frei sein.

Roman meinte: „Ich werde euch ein paar Witze erzählen. Ich kenne einige sehr gute."

Philippe warf ein: „Ich kann euch später ein paar Lieder vorsingen. Lieder aus meiner Heimat, der Bretagne, die euch bestimmt gefallen werden. Wir brauchen kein Radio oder Fernsehen, um etwas gegen die

Langeweile zu tun. Das wird auch dazu beitragen, dass wir in guter Stimmung bleiben. Das ist sehr wichtig für uns alle."

„Gut, sehr gut!" kommentierte Berry diesen Vorschlag. „Ich werde mir auch etwas für euch ausdenken. Zur Unterhaltung. Ich werde euch ein paar Sketche vorführen. Das haben wir im Irak oft gemacht, das war immer lustig für alle Kameraden. Wir dürfen uns nicht unsere gute Laune von den verfluchten Kambodschanern verderben lassen."

Unter den Gefangenen herrschte plötzlich Eintracht und Harmonie, und alle fühlten sich relativ wohl, trotz der widrigen Umstände.

***

Am späten Vormittag waren im Dschungel Motorengeräusche zu hören. Vier der Bewacher sprangen auf und ergriffen ihre Gewehre. Sok sagte sofort: „Bleibt ruhig. Hier kommt keiner freiwillig her. Für normale Leute ist diese Gegend tabu. Zum einen können überall Minen herumliegen, dann gibt es die gefährlichen Tiere, und dann noch die Geister der vielen Toten. Die Leute hier sind besonders abergläubig."

Es kamen zwei Mopedfahrer. Der erste war der Führer vom Vortag, den Sok Vai mit Thong anredete. Ihm folgte ein hoch gewachsener junger Mann, der sich ängstlich umschaute. Beide waren schwer bepackt. Sie luden zuerst das Gepäck ab. Dann ging der Fahrer vom Vortag auf Sok zu und zog einen Notizzettel aus der Hosentasche.

„Hier habe ich alles notiert. Folgendes soll ich dir ausrichten: Duch ist hoch zufrieden. Du sollst Fotos von allen Leuten machen, mit einer aktuellen Tageszeitung in der Hand. Ich habe die Phnom Penh Post von gestern mitgebracht. Wenn ich die Pailin News von heute geholt hätte, würde die Polizei wissen, dass ihr in Pailin seid, Sok Vai. Die aktuelle Phnom Penh Post kommt immer mit einem Tag Verspätung hier an. Aber das soll unwichtig sein, hat dein Freund in Thailand gesagt."

„Das hast du ganz richtig gemacht, hier sind noch mal fünfhundert Dollar."

Sok machte mit dem neuen Handy Fotos von allen Geiseln, jeweils mit dem Titelblatt der Zeitung in der Hand. Dann wandte er sich an den Mopedfahrer „Du kannst jetzt wieder fahren, Thong, Im Augenblick ist deine Aufgabe erledigt.“ Er schickte die Bilder an die Telefonnummer des Freundes in Thailand; ohne einen Kommentar dazu zu abgeben und drehte sich noch einmal dem Fahrer zu, der sich auf den Weg machte.

„Achte bitte darauf, dass von jetzt an jeden Tag vormittags dein Handy eingeschaltet ist. Nur für den Fall, dass unser Moped streiken sollte, und du wieder herkommen musst. Und jetzt gibt es noch eine Überraschung für euch.“

Er hackte für jeden der beiden Fahrer je einen Meter von der Schlange ab, und übergab ihnen zusätzlich die riesige Schlangenhaut, an der immer noch der Kopf baumelte.

Sofort entströmten den Überresten der Schlange bestialische Verwesungsgerüche, die der Freude der Beschenkten keinen Abbruch taten. Strahlend und winkend fuhren Beide zusammen auf Thongs Moped langsam davon.

„Diese Schlangenhaut ist ein kleines Vermögen wert“, erläuterte Sok Vai, „besonders seit diese Schlangen unter Naturschutz stehen. Vor allem in Phnom Penh wollen die reichen Frauen Handtaschen und Schuhe aus Schlangenleder, und Pythonleder ist besonders begehrt. Der Kopf wird an Chinesen verkauft. Sie legen ihn in eine Riesenflasche mit Schnaps ein halbes Jahr lang ein und denken, dieser Schnaps habe eine Wirkung wie Viagra. Aber die Chinesen glauben auch noch, der Schlangenkopfschnaps mache überhaupt stark. Er wird daher als Medizin gegen fast alle Krankheiten angewandt.

Erkundung der neuen Umgebung

Als die beiden Fahrer fort waren, machte sich Sim an den Petromax-Lampen zu schaffen. Er füllte sie mit Petroleum und betätigte die eingebauten Pumpen. Sim sprach kurz mit Sok Vai. Der nickte, und Sim sagte zu den Gefangenen:

„Wir können jetzt zur Lagune gehen."

Er ging voran zum Höhleneingang und nahm eine der Petromax-Lampen mit. Hinter ihm ging Sok Vai mit seiner Pistole in der Hand. Dann folgten die Weißen. Obwohl Ole noch nicht völlig in Ordnung war, bestand er darauf, die anderen Geiseln zu begleiten. Das Ende wurde von Chap und Kong gebildet. Jeder trug eine Lampe. Nur Tep blieb zurück, um den Eingang der Höhle zu bewachen.

Zunächst war der Gang schmal und niedrig; etwa achtzig Zentimeter breit und höchstens zwei Meter hoch. Aber langsam weitete er sich auf bis zu drei Metern Breite. Obwohl die Lampen blendend weißes Licht spendeten, empfanden die Weißen die Atmosphäre als bedrückend. Der Weg war uneben; manchmal ragten harte, schwarze Gesteinsbrocken bis zu dreissig Zentimetern hoch aus dem Boden heraus.

Schatten tanzten an den Wänden auf und ab, und immer wieder ließen sich von ihren Plätzen an der Decke hunderte Fledermäuse und fliegende Hunde mit einem quiekenden Geräusch herunterfallen und schwirrten aufgeschreckt und scheinbar orientierungslos durch die Gegend.

Manchmal stießen die an kein helles Licht gewöhnten Tiere gegen die Köpfe der hintereinander gehenden und oft stolpernden Männer.

Nach weiteren 100 Metern weitete sich der Gang und gab den Blick auf eine riesige Grotte mit einer Lagune in der Mitte frei. Kaum war sie in Sichtweite, ertönten platschende Geräusche. In Scharen krochen am Ufer lagernde Schildkröten ins Wasser. Die Geiseln gingen sofort zur Lagune und bückten sich. Das Wasser war angenehm kühl. Sok löste allen Gefangenen die Handfesseln. Als erster watete Berry langsam in das kühle Nass. Er hatte Hose und Hemd noch an. Dann zogen sich die restlichen Weißen, einer nach dem anderen die Hemden aus und gingen vorsichtig zum Wasserrand.

Als Berry ungefähr einen Meter tief im Wasser stand, machte er einen kleinen Sprung und tauchte unter. Nach einer halben Minute tauchte er wieder auf und schwamm zurück zu den anderen, die neugierig warteten. Während er aus dem Wasser kam, warf er zwei Gegenstände mitten in die Gruppe der am Ufer Stehenden. Zwischen ihren Füssen kullerten zwei Totenschädel herum. Berry lachte hysterisch.

„Wenn ihr mehr wollt, da unten liegen hunderte davon. Auch jede Menge Knochen liegen da. Und es gibt auch viele dicke Fische, die sich an den Leichen sattgefressen haben, ha, ha."

Doch dann fluchte er, als er an sich herunterblickte. Überall an seinen Beinen sah er schwarze Flecken. Er wollte sie abwischen, doch vergebens. Sok rief ihm zu:

„Es sind Blutegel, die sich da bei dir festgesaugt haben" Gerhard bemerkte grinsend:

„Die sind gesund und ungefährlich; die werden von Ärzten hier in Asien eingesetzt. Sind gut gegen hohen Blutdruck. Fühlst du dich jetzt nicht besser, Berry?" Der Engländer sah den Deutschen sofort hasserfüllt an, und trat ein Paar Schritte auf ihn zu, holte mit der Faust aus und wollte ihm einen Boxhieb in die Rippen verpassen. Doch Gerhard trat einen Schritt zurück, und drehte sich zur Seite. Der Hieb verfehlte sein Ziel.

Ein scharfes „ Stopp" von Sok Vai, der mit der Pistole auf Berry zielte, ließ den Engländer innehalten.

„Ich habe dich gewarnt, Engländer"
Die Drohung in der Stimme des Kambodschaners war unüberhörbar. „Von jetzt an wirst du immer, Tag und Nacht, an Händen und Füßen gefesselt sein, immer! Meine Geduld ist zu Ende!"

Er wandte sich an Kong. „Und du Kong, du gehst zurück zu Tep und holst Handfesseln für unseren Gast. Wir müssen ihn vor sich selbst schützen."

Kong nickte mit dem Kopf, drehte sich um und verschwand. Gerhard versuchte, der Auseinandersetzung die Schärfe zu nehmen.:

„Versuch's doch mal mit einem Feuerzeug. Das soll wirken“ Sok Vai pflichtete ihm bei. „Man kann natürlich auch warten, bis sie sich vollgesaugt haben. Dann lassen sie sich von alleine fallen. Oder die Beine ins Feuer halten. Dann geben sie auch auf, ha, ha.“

Berry war kurz davor, zu explodieren.

„Macht euch nur lustig, bald werdet ihr nicht mehr lachen. Irgendwann…“ Er schwieg, und machte sich mit der Taschenlampe von Sok Vai auf den Rückweg.

Die Dagebliebenen sahen sich die Totenschädel erschüttert an. Einer wies ein deutliches Loch in der Schädeldecke auf. Olivier bemerkte: „In dieses Wasser bringt mich keiner rein!“ Darauf meinte Sok. „Dieser See hat einen natürlichen Zufluss. Und auch einen Abfluss. Ganz am Ende. Also kein Anlass zur Sorge. Das Wasser ist schon lange wieder sauber Man kann es trinken.“ Zum Beweis schöpfte er mit der hohlen Hand Wasser aus der Lagune und trank es vor aller Augen. „Zu Pol Pots Zeiten wurden Verräter hier hineingetrieben, und der Luftabzug hinten verstopft. Dann hat man vorne im Eingang ein großes Feuer entfacht. Nach zehn Stunden waren alle Leute drinnen tot. Die hat man dann ins Wasser geworfen, damit es Platz für Neuzugänge gab.“

„Wer waren denn diese Leute, Verräter?“ fragte Olivier.

„Nun, Leute halt, die im Verdacht standen, keine Kommunisten zu sein, oder für den CIA zu arbeiten. Diese Spione waren meist Intellektuelle. Man erkannte sie an ihren Brillen. Manche trugen keine Brillen, dann phantasierte man sich angebliche andere Merkmale herbei. Daran erkannte man dann auch Intellektuelle, also Feinde.“ Gerhard schaute auf den Boden. Er entdeckte mehrere Stofffetzen. Er scharrte mit dem Fuß darüber; daneben kamen kleine Knochen zum Vorschein. Er machte Olivier darauf aufmerksam. Der fragte:

„Was ist denn das?“

„Ein Fingerknochen oder ein Zehenknochen. Ich war einmal in

solch einem ‚Killing Field', in Choeung Ek bei Phnom Penh. Furchtbar. Du läufst da dauernd über Kleiderreste, und dazwischen ragen immer wieder Knochen aus dem Boden. Von diesen Plätzen gibt es viele überall in diesem Land."

„War das wirklich so schlimm. Es fällt schwer, das zu glauben."

„Das kannst du überall nachlesen. Am Anfang haben sie die ‚Spione' noch erschossen. Aber dann waren ihnen die Patronen zu teuer und sie haben die Leute mit Eisenstangen oder Holzknüppeln erschlagen. Die Kinder der ‚Spione' haben sie gegen Bäume geschlagen, so oft, bis sie tot waren. Oder sie haben die Kinder aus den oberen Stockwerken von Häusern geworfen. Wenn sie mit dem Töten nicht mehr nachkamen, weil zu viele ‚Spione' angeliefert wurden, haben sie die Menschen in Räume gepfercht, und laute Musik abgespielt, damit die Neuzugänge nicht die Todesschreie der anderen, die gerade getötet wurden, hören sollten. Das war entsetzlich schlimm damals, wie in Hitlers KZ's. Und wenn du hier zum Boden schaust, oder da im See tauchst, dann…"

Gerhard versagte die Stimme. Er schaute weg, zur nächsten Wand. Er war zu bewegt und aufgewühlt.

Joe in Bangkok

Am selben Tag machte sich Uli nach Bangkok auf. Der Flug ab Sihanoukville war mit 160 Dollar preiswert, und er wollte keine Zeit verlieren. Außerdem hatte sich sein Bruder Johan per Mail für den kommenden Abend angesagt. Uli hatte ihn schon oft aufgefordert, mal mit nach Thailand zu kommen, aber Joe hatte immer wieder mit Rücksicht auf seine Freundin abgesagt. Doch nun hing der Haussegen wieder einmal bei Joe und seiner Freundin aus nichtigem Anlass schief, und sie hatten fast täglich Krach.

Jetzt wollte sich Johan doch mal eine Auszeit gönnen, und darüber nachdenken, ob er sich von seiner Freundin trennen sollte. Da er Uli in Thailand wähnte, hatte er sich kurzerhand ein Ticket gekauft und sich in den nächsten Flieger nach Bangkok gesetzt.

So wartete Uli am Suvarnabhumi Airport von Bangkok auf seinen Bruder, der zwei Stunden nach ihm ankommen sollte. Im Empfangsbereich sah er schon von weitem dessen grünen Irokesenhaarschnitt.

Joe kam erschöpft – nach vierzehnstündigem Flug – auf Uli zu, und streckte ihm die Hand entgegen.

Zunächst tranken sie eine ansehnliche Menge Bier, und Johan lauschte aufmerksam, was sein Bruder über den gemeinsamen Onkel zu berichten hatte. Dann fuhren sie ins Woraburi Hotel, wo sie leider nur ein gemeinsames Zimmer bekamen. Bis auf dieses eine Zimmer war alles ausgebucht.

„Dann wird halt heute kein Quatsch gemacht“, sagte Uli.

„Deswegen bin ich auch nicht hergekommen; ich muss mir zuerst mal darüber klar werden, ob ich mit meiner Freundin Schluss mache.“

***

Trotzdem machten die beiden Brüder später einen Rundgang durchs ‚Nana' und die ‚Cowboy', und Johan staunte nicht schlecht, daß offenbar hier die ganze Nacht über Trubel herrschte, obwohl die GoGo Bars pünktlich um zwei Uhr schlossen. Nun verlagerte sich das Treiben auf die Straßen. Ohne weibliche Begleitung kamen sie in ihr gemeinsames Hotelzimmer zurück, worauf sich Uli allerdings noch für eine kurze ‚Massage' verabschiedete. Als er nach einer Stunde in ihr gemeinsames Zimmer zurückkehrte, war das Bett unbenutzt und die Toilettentür verriegelt. Johann war offenbar auf dem Klo eingeschlafen. Uli schlug mit der flachen Hand gegen die Tür und rief: „Aufmachen, Toilettenpolizei, aufmachen“

Joe, der tatsächlich auf dem Klo eingeschlafen war, erwachte, erschrak und fiel vom Klo.

„Augenblick“, murmelte er. Er hinkte zur Tür. Gebrochen hatte er sich nichts, aber ein Bein verstaucht.

„Na ja, jetzt brauchst du auch eine Massage. Ich rufe dir die Hausmasseuse, und gehe derweil unten noch kurz einen schnappen. Die Bar ist rund um die Uhr offen. Bis später."

Ergriff zum Hörer des Haustelefons, und verlangte an der Rezeption eine Masseuse für Zimmer 112.

„Ja, ja, mit allem Drumherum." Er grinste, und verließ den Raum.

Als er nach drei Bieren, eine Stunde später, zurückkam, sah ihn Joe mit großen Augen an.

„Das war vielleicht eine Sau, die ist mir ja direkt an den Schwengel gegangen. Aber dann hab' ich ihr's gegeben. Voll durchgezogen, bis sie gequietscht hat. Die vergisst mich so schnell nicht mehr. Und die wollte nur 1'000 Baht. Jetzt bin ich aber richtig müde! Die Dame mit Sicherheit auch!"

„Ja ja, wir sind hier schließlich in Bangkok. That's life", grinste Uli, „Jetzt muss ich aber auch schlafen. Ich will morgen ziemlich früh raus. Viel zu tun."

Hohe Kontakte

Uli wachte gegen acht Uhr auf. Joe schief immer noch tief. So zog sich Uli nach einer ausgiebigen Dusche leise an und ging zum Frühstück nach unten.

Sollte Joe sich erst mal in Ruhe ausschlafen. Er wusste aus eigener Erfahrung, wie diese Langstreckenflüge schlauchen können.

Nach dem Frühstück ging er zur Rezeption. Die freundliche junge Dame dort bat er, ihm eine Verbindung zum Innenministerium herzustellen, er wolle den Staatssekretär Lupini sprechen. Sie sah ihn mit großen Augen zweifelnd an.

„Wie damals in Sihanokville", musste er unwillkürlich denken, als er den stellvertretenden Polizeichef sprechen wollte. Nur, er war sich des Namens nicht ganz sicher. Vielleicht hieß der ja auch Lumpazi? Die Dame gab ihm den Hörer. Er hörte Musik – offenbar war er in einer Warteschlange. Nach einer Viertestundel gab er den Hörer zurück, und bat sie um eine Verbindung zum ‚Gouverment Buildung'. Wieder eine Warteschlange; aber nach zehn Minuten dann eine freundliche weibliche Stimme. Allerdings auf thailändisch.

„Sprechen Sie Englisch?"

„Ja, ja, ein wenig."

Aber nun hörte er nur unverständliches Kauderwelsch – er verstand kein einziges Wort und sagte: „Einen Augenblick, bitte" Er gab den Hörer der Rezeptionistin zurück, die er bat, zu fragen, ob er den Staatssekretär Lampin sprechen könnte. Die Rezeptionistin war inzwischen sichtlich genervt.

„Das ist offenbar ein Verrückter, oder ein hoher ausländischer Politiker. Aber hohe ausländische Politiker wohnten im ‚Oriental', oder im ‚Landmark', aber nicht im ‚Woraburi'. Also doch ein Verrückter," sagte sie sich. Die Rezeptionistin redete eine Zeitlang in den Hörer, dann legte sie auf. „Dort gibt es keinen Herrn Lampin, und außerdem habe ich jetzt überhaupt keine Zeit mehr. Ich muss die Anmeldungen jetzt durchsehen," beschied sie Uli. Der dankte und setzte sich an einen Tisch.

***

Er bestellte sich ein Bier. Von hinten schlug ihm eine kräftige Hand auf die Schulter. Der Bruder war aufgewacht, aber das Frühstücksbüffet inzwischen abgeräumt.

„Zu spät fürs Frühstück", sagte Uli.

Der Bruder nickte: „Aber nicht zu spät für ein Bier. Ein Bier bitte!"

Als das Bier vor ihm stand, sagte Joe: „Was war das denn gestern für eine Sache mit der Masseuse? Die hat sich direkt nackich gemacht?"

„Na ja, wenn einer nachts um zwei eine Massage bestellt, dann denken die, der Kunde hat bestimmt keinen steifen Rücken, sondern einen Steifen. Hättest ihr ja erzählen können, dass du vom Klo gefallen bist."

Joe antwortete :„Ha Ha. Und, hast du mit deinem Staatssekretär geredet?"

„Griff ins Klo“, sagte Uli, „Keine Ahnung, wie und wo ich den auftreiben soll.“

Nachdenklich nahm Joe einen Schluck von seinem Bier: „Als du mir damals von der Sache mit deinem Zirkus hier erzählt hast, hast du doch auch von der Abschiedsparty in der Deutschen Botschaft erzählt. Vielleicht können die dir helfen.“

Uli fiel es wie Schuppen von den Augen. Sicher, das war‘s.

Und da waren ja auch der Botschafter und der Typ, der da in der Botschaft arbeitete, dabei. Kleidermann oder so hieß der. Uli ging wieder zur Rezeption.

„Würden Sie mir noch einmal eine Verbindung machen? Zur deutschen Botschaft?“

Die Dame sah ihn mit einem schiefen Grinsen an. Sie zog aus einer Schublade eine lange Liste. Die überflog sie, und wählte eine Nummer. Sie reichte Uli den Hörer. Wieder eine Stimme auf thailändisch. Jetzt war Uli genervt.

„Ist da die deutsche Botschaft, oder nicht? “ bellte er in den Hörer.

„Ja Sir, hier ist die deutsche Botschaft.“ Endlich astreines deutsch.

„Mein Name ist Frau Kitisak. Was wünschen Sie bitte?“

„Na ja, es geht ja doch, “ sagte Uli, „ich hätte gerne den Herrn Kleidermann gesprochen.“

„Kleidermann, Richard Kleidermann? Den kenne ich, aber der arbeitet nicht hier. Leider. Der ist mein Lieblingsmusiker. Außerdem ist der aus Holland. Aber der war auch hier in Bangkok. Auf seiner Welttournee vor einem Jahr. Finden sie den auch so toll?“

„Verdammt noch mal, den meine ich nicht. Der, den ich meine, hat einen Namen, der so ähnlich ist.“

„Ja, dann meinen sie vielleicht den Herrn Kellermann?“

„Ja, das ist er! Geben sie mir den mal bitte“

„Aber der ist in Deutschland. Der macht Urlaub. Der ist nicht da.“

Uli dachte kurz nach: „Dann geben Sie mir bitte seine Nummer.“

„In Deutschland?“

„Ja, natürlich in Deutschland, nicht in Mexico!“ schnauzte Uli in den Hörer.

Nach einer kurzen Pause antwortete die Botschaftstelefonistin mit spitzer Stimme: „Die Nummer in Deutschland darf ich ihnen nicht geben. Punkt. Aus!“

„Dann geben Sie mir den Botschafter.“

„Den Botschafter?“

„Ja, den Botschafter, aber sofort“

„Der Botschafter ist nicht zu sprechen!“

„Jetzt hören sie mir mal gut zu, junge Frau. Der Botschafter ist ein persönlicher Freund von mir. Und wenn ich den nicht in einer Minute in der Leitung habe, sehe ich für sie schwarz. Dann können sie sich einen anderen Job suchen!“ Im Telefonhörer herrschte Stille.

***

Nach einer Minute meldete sich eine männliche Stimme:

„Hier Kinkel, was wollen Sie von mir?“

„Sind sie der deutsche Botschafter?“

„Ja, natürlich, nicht der englische! Also, was wollen sie?. Machen sie’s kurz“

„Hier Uli Frings. Guten Tag. Wir sind uns vor vier Monaten mal über den Weg gelaufen. Bei einer Feier im Gästehaus der Botschaft mit meinem Onkel, vielen Polizisten, und einem Staatssekretär. Mein Onkel saß hier im Gefängnis, erinnern sie sich?“

„Wir haben hier so viele Empfänge, fast jede Woche einen. Und Landsleute in Gefängnissen auch. Sie glauben nicht, wie viele Leute einem da vorgestellt werden. Da kann man sich unmöglich an jeden einzelnen erinnern. Das müssen sie schon verstehen.“

„Aber wir haben jeder einen Stiefel auf ex gesoffen, und sie waren etwas schneller als ich. Erinnern sie sich jetzt?“

„Kann sein, das war dann die Nacht vor dem Empfang in der französischen Botschaft. Ich hatte Kopfweh trotz Aspirin. Sie waren also der Trunkenbold... wie war noch mal ihr Name?"

„Uli Frings, und mein Onkel heißt Gerhard. Erinnern sie sich jetzt?"

„Ja, jetzt, aber nur schemenhaft."

„Und da war ein Staatssekretär vom Innenministerium, der Oberpolizist, Lampuni oder so. Und dessen Telefonnummer brauche ich jetzt. Haben Sie die zufällig?"

„Sie meinen wohl den Surasak, Surasak Lupini?"

„Genau, das war der Name."

„Na ja, meine Sekretärin kann die raussuchen. Was wollen sie denn von ihm? Er ist übrigens stellvertretender Innenminister geworden, nach dieser Sache damals." Danach umriss Uli kurz die Geschehnisse in Kambodscha, und dass er Herrn Surasak Lupini bewegen wolle, die Telefonüberwachung eines Mannes in Chanthaburi anzuordnen.

„Da kann ich Ihnen gleich sagen, dass sie damit schwerlich durchkommen werden. Auch wenn er befördert ist. Es gibt keine polizeiliche Zusammenarbeit zwischen beiden Ländern. Das gab's noch nie. Der Lupini würde sogar seinen Job riskieren, wenn er Hilfe für die Polizei dort anordnen würde. Außerdem hasst er die Kambodschaner. Er hat vor zwei Monaten bei einem Gefecht um den Preah Vihear Tempel, seinen Sohn verloren. Ich weiß nicht, ob sie davon gehört haben. Damals sind drei thailändische Soldaten umgekommen; einer davon war Lupini's Sohn, ein junger Leutnant. Also vergessen sie es am besten, von Thailändern Unterstützung zu erwarten."

„Herr Botschafter, ich würde es trotzdem gerne versuchen, sagen sie mir doch bitte, wie ich an Herrn Lupini herankomme."

„Na ja, sie sind ja wirklich sehr hartnäckig. Er hat sein Büro im Innenministerium. Meine Sekretärin wird seine Nummer heraussuchen. Wenn sie mit ihm sprechen, können sie ihm einen schönen Gruß von mir ausrichten. Wir spielen ab und zu Golf zusammen. Aber wie gesagt: Machen sie sich keine allzu großen Hoffnungen. Dann auf Wiedersehen, ich stelle sie jetzt ins Sekretariat durch."

Fünf Minuten später erhielt er die private Telefonnummer des stellvertretenden Innenministers und ging zu seinem Bruder an die Theke zurück.

***

Uli bestellte noch ein Bier und sagte zu Joe: „Vielleicht ist es ganz gut, dass du hier bist. Ich habe inzwischen die Telefonnummer von diesem Lupini. Der ist jetzt stellvertretender Innenminister."

„Ganz schön hoch."

„Ja, nur einen Haken hat die Sache. Ich habe eben mit dem deutschen Botschafter gesprochen. Der sagt, die thailändische Polizei darf uns gar nicht helfen, weil sich die Sache mit dem Onkel in Kambodscha abspielt. Und die arbeiten auf Polizeiebene nie zusammen. Und darüber hinaus hat dieser Herr Lupini vor zwei Monaten seinen Sohn verloren. Der ist von Kambodschanern bei einem Grenzzwischenfall erschossen worden. Wir brauchen aber eine Telefonüberwachung von einem Typen hier in Thailand.

Über den laufen die Kontakte zwischen diesem Duch, der freigepresst werden soll, und den Entführern, die unter anderem auch den Onkel haben. Wenn man dessen Telefon überwacht, und rausbekommt, mit wem er in Kambodscha telefoniert, und vor allem, wo die Entführer sind, können die Kambodschaner den Onkel und die anderen Entführten befreien. Man muss halt lokalisieren, wohin der telefoniert. Das geht technisch, nur der Botschafter meint, dass die thailändischen Sicherheitskräfte da nicht mitspielen. Wir gehen beide zu diesem Lupini, und erzählen ihm, du seiest extra hierher geflogen, um unserem Onkel zu helfen. Mach einen ganz traurigen Eindruck, vielleicht hilft der uns dann."

„Soll ich weinen, oder was?", sagte Joe.

„Nicht gerade das, aber er ist unser Lieblingsonkel, so'n Schmu können wir schon ablassen. Und dass wir auch schon unseren Onkel Edmund verloren haben. Den habe ich zwar nie kennen gelernt, aber der ist tatsächlich gefallen, in Vietnam damals, in Dien Bien Phu. Vielleicht können wir ihn gemeinsam überreden. Immerhin bist du ja jetzt hier."

Joe meinte: „Na ja, versuchen können wir es ja. Aber nicht jetzt. Wenn wir eine Fahne haben, macht das bestimmt einen schlechten Eindruck."

„Hier gibt es auch Salmiakpastillen, wie bei uns. Da merkt man nichts mehr vom Biergeruch. Ich rufe ihn jetzt an. In Ordnung?"

„Wenn du meinst, o.k. Ist ja immerhin unser Onkel!" Uli wählte die Telefonnummer. „Ja, hier Lupini"

„Hier Uli Frings. Erinnern sie sich noch an mich. Wir haben uns im Festsaal der deutschen Botschaft kennengelernt, bei der Abschlussfeier vor vier Monaten. Der deutsche Botschafter, Herr Kinkel, war auch dabei. Von dem habe ich ihre Nummer, und soll sie von ihm herzlichst grüßen."

„Das ist nett, danke. Aber was wollen sie von mir?"

„Ich würde sie gerne persönlich sprechen. Privat wäre besser als am Telefon"

„Aber im Moment bin ich in Pattani. Heute Mittag komme ich zurück nach Bangkok. Dann muss ich nach Chiang Mai. Wir können uns im Flughafen Don Muang treffen, ich habe dort drei Stunden Aufenthalt. Kennen Sie den Don Muang?"

„Ja, natürlich."

„Ja, dann um drei Uhr in der First Class Lounge von Thai Airways im Abflugterminal. Also um drei, o.k.?"

„Gut, geht in Ordnung. Bis dann!"

Duch's Ultimatum

In Phnom Penh ging um zwölf Uhr bei Duch ein Telefongespräch von Psat Samudera aus Chanthaburi ein.

„Dein Freund will wissen, wie es weitergehen soll. Die Bilder von heute schicke ich dir im Anschluss an dieses Gespräch"

„Gut, sag ihm, er soll bleiben, wo er ist. Ich rufe später wieder an."

Seit die Fotos der Entführten veröffentlicht worden waren, hatte man eine Kontaktsperre über alle Informationen bezüglich der Entführung verhängt. Keiner der Wärter durfte mit Duch reden. Nun schlug er mit der Faust gegen die Zellentür, um auf sich aufmerksam zu machen. Kurz darauf kam ein Wärter und lugte durch die kleine Klappe in der Zellentür.

„Schicken Sie mir sofort den Gefängnisdirektor her!"

Wortlos verschwand der Wärter. Aber nach zwanzig Minuten erschien tatsächlich der stellvertretende Gefängnisdirektor.

„Hören sie gut zu", sagte Duch zu ihm. „Beschaffen sie mir die Telefonnummer des Innenministers."

„Was denken sie denn? Meinen sie, der hat Zeit, mit ihnen zu quatschen? Der hat Wichtigeres zu tun."

„Wenn sie nicht tun, was ich sage, gebe ich Anweisung, dass die erste Geisel hingerichtet wird. Und man wird sie dafür verantwortlich machen."

Der stellvertretende Direktor dachte nach; dann verschwand er. Minuten später erschien der Wärter mit einem Zettel. Darauf stand eine Telefonnummer, welche Duch umgehend wählte.

„Guten Tag, hier ist Kaing Guek Eav. Sind sie der Innenminister? Herr Rang Praset?"

„Ja"

„Wenn sie wollen, dass die Geiseln freikommen, müssen sie vier Bedingungen erfüllen:

1. Stellen sie 100‘000 Dollar in 50-Dollar Noten bereit.
2. Statten sie mich mit einen Diplomatenpass aus mit gültigen Visa für Thailand, Laos, Myanmar und Malaysia.
3. Entlassen sie mich unverzüglich aus diesem Gefängnis.
4. Verzichten sie auf eine Beschattung meiner Person.

Sie haben einen Tag Zeit, diese Bedingungen zu erfüllen. Wenn ich morgen nicht entlassen werde, wird morgen der kranke Norweger hingerichtet. Und dann folgt ihm jeden Tag eine weitere Geisel. Wenn Sie dagegen auf die Bedingungen eingehen, wird als Gegenleistung für die Erfüllung der einzelnen Forderungen jeweils eine Geisel freigelassen. Das Versteck der letzten Geisel wird Ihnen mitgeteilt, sobald meine Freunde sich im Ausland befinden.

Ich habe nichts mehr zu verlieren. Aber ich muss hier raus. Haben sie das alles verstanden? Sie haben von jetzt an genau 24 Stunden Zeit.“

Zwanzig Minuten später hatte der Innenminister den Ministerpräsidenten in Kenntnis gesetzt. Der rief seinen Stellvertreter an und befahl ihm, das gesamte Kabinett für den nächsten Morgen zu einer Krisensitzung einzuberufen. Er wies ihn an, jedem Minister die Forderungen mitzuteilen. Er erwarte, dass er morgen früh von jedem einzelnen Minister Lösungsvorschläge für die Bewältigung dieser Krise erhalten werde.

Wichtige Treffen

Gegen halb zwei machten sich die beiden Brüder in einem Taxi auf den Weg zum alten Flughafen, zum Don Muang Airport.

Sie erreichten schon eine halbe Stunde später das Abflugterminal. Seit der Sky Train seinen Betrieb aufgenommen hatte, war die früher üblicherweise rund um die Uhr verstopfte Sukhumvit Road wieder besser befahrbar. Außerdem hatte die Errichtung des neuen Flughafens und die damit einhergehende Trennung von nationalen und internationalen Flügen zu einer weitgehenden Entflechtung des Verkehrs beigetragen.

Weitere zehn Minuten später standen beide am Eingang der Lounge. Aber die Rezeptionistin verwehrte ihnen den Zugang, da sie kein gültiges Erster Klasse Ticket vorzuweisen hatten. Uli Frings sagte zu ihr in barschem Ton: „Wir sind hier zu einer Konferenz mit dem stellvertretenden Innenminister Lupini verabredet. Also, wenn sie Probleme vermeiden wollen, lassen sie uns sofort herein!"

Die Rezeptionistin sah mit zweifelndem Blick auf die grünen Haare von Joe und verschwand dennoch kurz hinter einem Vorhang, um zu telefonieren. Als sie wieder erschien, sagte sie freundlich: „Entschuldigen sie bitte die Verzögerung, bitte hier entlang. Darf ich ihnen etwas zu trinken anbieten?".

„Kaffee wäre nicht schlecht, " meinte Joe, und beide setzten sich in bequeme Sessel, um auf ihren Gast zu warten.

Die vorher eingenommenen Salmiakpastillen hatten ihre Wirkung entfaltet, und als nun noch der Kaffeegeruch dazukam, konnten sie garantiert ohne Fahne dem Treffen entgegensehen.

***

Kurz vor drei Uhr betrat Herr Lupini die Lounge. Seit Uli ihn vor vier Monaten gesehen hatte, war er sichtbar gealtert. Stress im neuen Amt oder...? Ja richtig, der Botschafter hatte erzählt, dass sein Sohn vor kurzem erschossen worden war – von Kambodschanern.

Die beiden Brüder standen auf. Uli ging auf den Minister zu und streckte die Hand aus.

„Schön, sie zu sehen, Herr Minister. Oder, wie rede ich sie jetzt korrekt an?"

„Bleiben Sie ruhig einfach bei Lupini!"

Dann stellte Uli seinen Bruder vor. Herr Lupini musterte ihn kritisch. Die grünen Haare…

„Das ist mein Bruder, Joe.“

Zögernd streckte Herr Lupini Joe seine Hand entgegen.

„Willkommen in Thailand. Sind sie zum ersten Mal hier?“

„Ja, bis jetzt gefällt es mir auch gut hier – wenn nur nicht die Sache mit meinem Onkel wäre. Er ist mein Lieblingsonkel. Als ich von seinen Problemen gehört habe, bin ich direkt hierher gekommen. Wir machen uns große Sorgen um ihn.“

„Nun erzählen sie schon, was ist denn mit ihrem Onkel? Hat er Schwierigkeitene? Er ist ein guter Kerl. Ich habe ihn ja auch damals kennengelernt.“

Uli holte weit aus: „Und was für Probleme der hat!“

Er erzählte die ganze Geschichte, soweit er sie kannte.

„Und jetzt dachten wir uns, dass sie uns helfen könnten.

Über den Anschluss in Chanthaburi laufen die Kontakte zwischen Duch und den Entführern. Wir haben auch die Telefonnummer von dort. Wenn sie uns helfen würden, könnten wir herausfinden, wo in Kambodscha sich die Entführer aufhalten.

Und wo sie unseren Onkel gefangen halten.“

„Da muss ich sie leider enttäuschen, aber wir haben noch nie mit der kambodschanischen Polizei zusammengearbeitet. Und außerdem, die haben auch noch meinen Sohn auf dem Gewissen; meinen einzigen Sohn. Er war 22 Jahre alt. Die verfluchten Cambos… !“

Joe warf ein: „Ja, wir haben vom Tod ihres Sohns gehört.

Eine ganz schlimme Sache. Aber wir wollen nicht noch einen

Onkel verlieren. Einer ist schon getötet worden, in Vietnam.“

„Ich verstehe ja ihre Sorgen. Aber selbst wenn ich wollte, könnte ich nicht helfen. Eine Zusammenarbeit mit Kambodschanern ist undenkbar. Ich müsste den Ministerpräsidenten um seine Zustimmung bitten. Und der würde ablehnen, gerade auch nach dem Zwischenfall im Wat Preah Vihear, wo mein Sohn umkam. Das Verhältnis zu Kambodscha ist schon immer gespannt. Und in einem halben Jahr sind Wahlen. Wenn etwas von einer Zusammenarbeit mit Kambodschanern an die

Presse gelänge, könnten wir die nächsten Wahlen nie gewinnen. Das würde kein Wähler der Regierungspartei verzeihen – Zusammenarbeit mit Kambodscha! Einfach undenkbar."

„Wir bitten sie doch nur um eine einmalige Hilfe bei einer Telefonüberwachung und um die Ermittlung der Telefonnummer der Entführer in Kambodscha. Dann können die Kambodschaner rausfinden, wo der Angerufene sitzt. Verstehen sie uns nicht?"

„Ich verstehe sie ganz gut, aber vergessen sie's. Das geht einfach nicht! Tut mir leid! Nicht beim derzeitigen politischen Klima."

Enttäuscht von der Erfolglosigkeit machten beide Brüder lange Gesichter. Bedrückt gab Uli Herrn Lupini die Hand.

„Ich war sicher, dass sie uns helfen würden. Schließlich hat mein Onkel ihnen damals ja auch geholfen, ihren korrupten Mitarbeitern auf die Spur zu kommen; jetzt bräuchte er ihre Hilfe, und sie verweigern sie ihm. Ich bin tief enttäuscht."

„Ich auch", sagte Joe. „Bei uns in Deutschland gibt es einen Spruch, der lautet: Eine Hand wäscht die andere. Wenn man mal jemandem geholfen hat, und man braucht selbst Hilfe, dann hilft der andere selbstverständlich auch. Bei uns in Deutschland läuft das so. Dass das hier anders ist, ist enttäuschend."

Lupini zuckte mit den Schultern. Tut mir leid, ich würde ihnen schon gerne helfen, wie gesagt, aber ich würde nie die Genehmigung in diesem Falle erhalten. Tut mir leid."

Dann nickten sich alle Drei noch einmal zu, und die Brüder verließen deprimiert die Lobby. Sie fuhren in die Stadt zurück.

***

Während der Fahrt redeten die Brüder nicht viel – jeder hing seinen Gedanken nach. Im Hotel angekommen, ließen sie sich an der Theke nieder und bestellten lustlos Bier.

„Dass der so hartherzig ist."

„Na ja, der Botschafter hat ja angedeutet, dass er gefeuert würde, wenn er den Kambodschanern helfen würde."

„Ich rufe noch mal den Botschafter an, ich habe da vielleicht eine Idee."

Er wählte die Nummer der Botschaft und verlangte, den Botschafter zu sprechen. Dieser kam nach wenigen Minuten ans Telefon und meinte: „Ach sie schon wieder, Herr Frings. Wie war's bei Lupini?"

„Leider genau so, wie sie es vorausgesagt haben. Ihm sind die Hände gebunden. Aber Herr Botschafter, was würden sie davon halten, wenn wir es mit Interpol versuchen würden. Wenn von denen ein offizielles Rechtshilfeersuchen an Thailand und Kambodscha gestellt wird? Schließlich ist der Onkel deutscher Staatsbürger. Und die Kontakte mit den Entführern laufen ja schließlich über diese beiden Staaten."

„Ja, so könnte es gehen. Dann wäre das reine Polizeiroutinearbeit. Aber geben sie sich keiner Illusion hin. So etwas dauert ewig. Da muss ein Gerichtsbeschluss erwirkt werden. Und die deutschen Gerichte kennen sie ja wahrscheinlich. Das dauert Wochen – und in diesem Fall ist schnelle Hilfe nötig, wie ich das so sehe."

„Wissen sie noch, wie die beiden BKA-Beamten hießen, die damals hier waren? Die waren nett und hilfsbereit; die würde ich mal gerne dazu befragen; das waren routinierte Praktiker!"

„Nicht aus dem Kopf, aber das kann ich schnell rausfinden. Computer haben wir hier auch. Ich rufe zurück, wenn ich es weiß. O.K.?"

„O.K., ich warte dann auf ihren Rückruf. Bis bald"

„Na, wie sieht es aus?" fragte Joe seinen Bruder, und zündete sich eine Zigarette an.

„Weiß noch nicht, mal sehen, der Botschafter ist hilfsbereit". Joe zog einen tiefen Schluck Bier in sich hinein. Der Kellner kam zu Joe, und zeigte auf die Aufkleber mit durchgestrichener Zigarette, die an den Wänden ringsherum klebten.

„No Smoking, Sir, wenn sie rauchen wollen, gehen sie bitte an einen Tisch im Freien."

Joe nickte, und sagte zu Uli: „Fünf Minuten, dann bin ich zurück."

Er nahm seinen Bierkrug in die Hand und setzte sich nach draußen an einen der freien Tische.

***

Hier, fand Joe, war es auch viel interessanter. Man konnte die Leute beobachten. Plötzlich verspürte er von hinten eine Berührung an seiner rechten Schulter. Er erstarrte: ein grauer, dicker Elefantenrüssel lag auf seiner Schulter. Jetzt bewegte sich der Rüssel weiter nach vorn in Richtung Tisch, wo sein Bierkrug stand. Das langte nun aber. An sein Bier durfte keiner ran! Mit seiner linken Hand kniff er dem Tier genau zwischen beide Nasenlöcher. Er hatte nicht kräftig gekniffen, aber doch energisch genug, dass das Tier drei Schritte rückwärts ging. Da stand ein fast neuer Porsche. Das zurückweichende Tier stieß mit den Hinterbeinen gegen das Vorderteil des Sportwagens. Es stolperte rückwärts und kam mit seinem breiten Hinterteil, da es nicht weiter zurückweichen konnte, auf der Kühlerhaube des Sportwagens zu sitzen. Es saß nur ganz kurz, dann ging es wieder zwei Schritte vorwärts, doch der dicke Hintern hatte die gesamte Kühlerhaube eingedrückt. Die Alarmanlage des Wagens heulte auf, und der Fahrer des Wagens kam aus dem Nachbarhaus gerannt. Er schlug die Hände über dem Kopf zusammen und schrie die beiden Begleiter des Elefanten an:

„Wer soll denn nun für den Schaden am Auto aufkommen?“ Die beiden Thailänder sahen sich gegenseitig an und dann auf die eingedrückte Motorhaube. Sie zuckten mit den Schultern.

„Das werdet ihr bezahlen“, schrie der Sportwagenfahrer die beiden an.

„Warum wir, wir sind nur Angestellte“, antwortete einer der Beiden.

„Wer ist euer Boss?“ schrie nun der Fahrer laut.

„Na ja, der Elefant ist der Boss, wir arbeiten für ihn, wir verkaufen nur die Bananen, damit er genug davon zu essen bekommt.“

„Soll ich vielleicht den Elefanten auf Schadensersatz verklagen?“, schrie der Fahrer.

Die beiden Elefantenführer zuckten wieder mit den Schultern. Sie sahen sich an, gaben dem Elefanten ein Kommando, und alle drei zogen ab.

Der Fahrer lief schreiend hinter ihnen her und verfluchte offenbar die beiden Männer und alle Elefanten dieser Welt.

Joe musstelachen, der Kellner schmunzelte und Joe sagte laut ins Restaurant hinein. „Der wollte wirklich an mein Bier, und fest zugekniffen habe ich auch nicht."

Er schüttelte den Kopf. Seltsames passiert einem hier!

Uli's Telefon klingelte, als Joe wieder zu ihm an die Theke kam, um ein neues Bier zu bestellen. „Der wollte wirklich an mein Bier", versicherte er seinem Bruder, der allerdings gar nicht mehr zuhörte.

Stattdessen hatte er einen Kugelschreiber in der Hand und notierte sich etwas auf den Rand der vor ihm liegenden Zeitung.

„Danke Herr Kinkel, ich werde gleich mal dort anrufen. Vielen Dank und Tschüss."

***

Nun versuchte Uli, eine Verbindung zuerst zu Herrn Schmidtbauer, dann zu Herrn Kaiser vom BKA in Wiesbaden herzustellen. Es war hier in Bangkok nur inzwischen schon viertel nach sechs Uhr; die Dämmerung setzte gerade ein; also dann war es in Deutschland jetzt viertel nach zwölf. Beide Handys waren ausgeschaltet.

„Die sind wohl beide zum Mittagessen", überlegte er.

Er schickte an beide Nummern eine identische SMS mit dem Text. „HALLO, HIER ULI FRINGS, BITTE UM DRINGENDEN RÜCKRUF NACH BANGKOK"

Dann bestellte er ein weiteres Bier.

Zu seinem Bruder gewandt, sagte er: „Das sind zwei gute Kerle. Die haben garantiert die richtigen Geräte. Wenn wir von denen ein solches bekämen, könnten wir den Mittelsmann in Thailand aufspüren und auch den Aufenthaltsort der Entführer. Vielleicht gibt es ja bei denen auch so etwas wie einen kleinen Dienstweg zum Beschleunigen. Wochenlang warten können wir auf keinen Fall. Mal sehen, ob und wann die zurückrufen." Beide griffen fast synchron ihre Krüge.

„Auf den Onkel, und darauf, dass es gut ausgeht!“ meinte Joe. Beide stießen an und tranken die Biere aus. Uli bestellte zwei neue, und stierte bedrückt auf sein vor ihm liegendes Handy. In diesem Augenblick klingelte es. Er sah auf das Display. Verdammt, das war nicht der erwartete Anruf aus Deutschland. Das war eine Handynummer aus Thailand. Enttäuscht hielt er es an sein Ohr und meldete sich. Er hörte aufmerksam zu und stand dabei auf. Seine Augen weiteten sich. Nach zwei Minuten hieb er grinsend seinem Bruder auf die Schulter, der ihn fragend ansah.

Uli beendete das Gespräch.

„Nochmals vielen Dank für ihre Mühe; ja wir sind morgen früh um neun Uhr bereit. Nein, kein Wort, zu niemandem. Ja, ich weiß, sie riskieren Kopf und Kragen. Dann bis bald!“

„Stell dir vor, es klappt doch. Das war Herr Lupini. Er hat es sich doch noch anders überlegt und schickt uns morgen früh um neun Uhr einen SWAT Mann mit solch einem Spürgerät her, der fährt mit uns nach Chanthaburi. Der SWAT ist der thailändische Inlandsgeheimdienst. Der Typ ist voll informiert. Nur, wir dürfen niemandem gegenüber erwähnen, dass es um Hilfe bei Ermittlungen in Kambodscha geht. Wenn das rauskäme, verlöre Lupini seinen Job. Also kein Wort.“

Joe nickte grinsend. „Tolle Sache, ich war schon richtig sauer. Und der kommt hierher um Neun und holt uns ab? Noch zwei Bier, bitte!“

„Ein Bier, du trinkst zu viel, du bist mein jüngerer Bruder.

Und die Mutter hat immer gesagt, ich soll auf dich aufpassen.“

„Zwei Bier bitte!“ Joe grinste die Bedienung an. „Ein Mann muss tun, was ein Mann tun muss!“. Uli schüttelte den Kopf. „Der Bundesminister für richtigen Umgang mit Alkohol empfiehlt: SDH. Sauf die Hälfte.“

„Richtig. Und keine halben Sachen. Wenn die hier Maßkrüge hätten, würde die Hälfte ja auch reichen.“

„Oder Eimer, was?“

Uli schüttelte den Kopf, und bestellte insgesamt vier Bier.

„Eins für dich, und drei für mich.“

Jetzt schüttelte Joe den Kopf und sagte zur Bedienung: „Und das Ganze noch mal, aber umgekehrt."

Die Bedienung sah beide mit schiefem Kopf an und dachte:

„Seltsam, seltsam, diese Farangs."

Aber dann musste sie grinsen, denn Uli sang inzwischen leise sein FCS- Fan Lied: „Ja vom Ludwigspark da kommen wir, und wir saufen jede Menge Bier."

Joe unterbrach ihn, schon etwas lallend, was Uli allerdings beim besten Willen nicht verstehen konnte.

Und Uli fuhr fort: „…greifen Weibern an die Schnecke… bringen Bullen um die Ecke, ja vom Ludwigspark da kommen wir.

Er hatte einen weiten Blick. Joe reagierte nicht mit seinem für einen ehemaligen Punker üblichen Protest auf Hooligan-Lieder, denn sein Kopf senkte sich langsam, aber stetig in Richtung Theke. Eine Stunde später rief tatsächlich Herr Kaiser an. Nachdem Uli ihm alles geschildert hatte, aber auch, dass sich die Sache inzwischen erledigt habe, wurde Herr Kaiser nachdenklich.

„Dass sie Hilfe vor Ort erhalten, ist gut. Wir könnten ihnen auch gar nicht helfen, weil unsere ganze Ausrüstung in Berlin ist. Alles! Da ist zurzeit die Hölle los. Islamistische Terroristen planen einen Anschlag auf die jüdische Synagoge. Wir haben alle Urlaubssperre, und wie gesagt, das ganze moderne Zeug ist nach Berlin geflogen worden. Aber wir wünschen ihnen und ihrem Onkel alles Gute. Grüßen sie ihn bitte von uns beiden, wir drücken die Daumen!"

Das Kabinett in Phnom Penh

Am nächsten Morgen gegen neun Uhr tagte das komplette Kabinett in Phnom Penh.

„Also los dann, ich habe wenig Zeit", sagte der Premierminister zum Innenminister.

Der begann: „Die Situation ist kompliziert. Ich habe gestern Abend noch mit den Botschaftern der Herkunftsländer der gefangenen Ausländer gesprochen. Sie plädieren unisono dafür, Duch zu entlassen. Die Franzosen wollen das geforderte Geld bereitstellen. Die Scheine können wir markieren, so dass sie von jeder Bank identifiziert werden können.

Zur Forderung nach dem Diplomatenpass ist zu sagen: Das ist machbar. Nur dauert es mindestens drei Tage, wegen der Visa. Obwohl ich nicht ganz verstehe, was das soll. Der kann sich doch vorstellen, dass er mit diesem Pass an jeder Grenze verhaftet wird, wenn wir einen internationalen Haftbefehl erlassen. An jedem Grenzübergang werden sein Bild und die Passnummer gespeichert sein.

Zu seiner Entlassung: Da hat der kanadische Botschafter vorgeschlagen, wir sollen ihn verwanzen. In seinen Schuhabsätzen und von mir auch seinen Hosen- oder Jackenknöpfen können wir diese unterbringen. Außerdem sind diese passiven Wanzen heute so klein, kaum grösser als ein Stecknadelkopf. Und sie brauchen nicht laufend neue Batterien. Die reichen für drei bis vier Wochen und werden erst aktiviert, wenn sie von uns angepeilt werden. Auf diesem Weg brauchen wir ihn gar nicht permanent zu überwachen. Wir brauchen ihn nur anpeilen, und wissen immer, wo er sich aufhält. Aber auch hierfür brauchen wir zwei bis drei Tage Zeit. Der kanadische Botschafter hat uns angeboten, sie uns mit der Diplomatenpost herkommen zu lassen. Ich habe das Angebot angenommen. Die komplette Ausrüstung wird morgen hier eintreffen.

Also, wir sollten versuchen, ihn ein paar Tage hinzuhalten. Das können wir gut mit den erforderlichen Visa begründen. Soviel zu unserem Problem. Wenn dann die letzte Geisel frei ist, werden wir zuschlagen. Wir werden die ganze Bande hochnehmen.“

„Das hört sich ja ganz gut an, aber da gibt es viele Unwägbarkeiten, die wir nicht voraussagen können. Und Duch ist ein alter Fuchs, hochintelligent. Oder denken sie, er ist senil geworden?“ fragte der Ministerpräsident in die Runde.

„Na ja, er ist jetzt immerhin seit neun Jahren im Gefängnis, und inzwischen 71 Jahre alt. Da können schon langsam mal die Denkfähigkeit und der Scharfsinn nachlassen."

„Hoffentlich täuschen sie sich da nicht gewaltig. Früher war er der schlaueste Fuchs von uns allen! Also, wir müssen versuchen, mindestens noch drei Tage rauszuschlagen. Dann können unsere Geberländer uns auch hinterher keine Vorwürfe machen und die Hilfszahlungen für unser hochgeliebtes, heiliges Vaterland einstellen. Und das wollen wir ja alle hier im Raum nicht." Zustimmendes Gemurmel erklang.

„Gut, also Rang Prasat", und der Premierminister wandte sich nun direkt an seinen Innenminister, „du wirst die Sache in die Hand nehmen. Geh' persönlich zu ihm ins Gefängnis, und rede mit ihm. Und der Bericht geht direkt an mich. Alles klar, sonst noch was?", fragte der Premierminister. „Ach, was ist eigentlich aus den Durchsuchungen in Sihanoukville geworden?"

„Kein Erfolg bisher", sagte der Innenminister, aber da verließ der Premierminister bereits den Raum.

Kontakt zum SWAT

Am nächsten Morgen um neun Uhr warteten die beiden Brüder mit ihrem Handgepäck schon vor ihrem Hotel. Auf der gegenüberliegenden Straßenseite hielt eine weiße Limousine. Der Fahrer betätigte die Lichthupe. Beide überquerten die Straße und gingen auf das Auto zu. Die Fahrertür öffnete sich und ein mittelgroßer Thailänder stieg aus. Er lächelte Uli zu.

„Wir kennen uns doch, von Koh Chang, Pantani und dann hier von der Feier im Gästehaus der Botschaft. Freut mich, sie wieder zu sehen. Und das ist also ihr Bruder?" Er nickte Joe freundlich zu.

„Mein Name ist Soy, vom SWAT, also dann los, auf nach Chanthaburi."

Die Drei bestiegen die Limousine und Herr Soy fädelte sich langsam in den stockenden Verkehr ein. Ein Verkehrsgewühl wie immer, Stopp an Go. Normal für Bangkok. Aber als sie dann den Superhighway nach Süden erreichten, lockerte sich der Verkehr auf und der Fahrer trat aufs Gaspedal. „Wie geht es denn ihrem Onkel eigentlich? Übrigens, wenn sie einverstanden sind, können wir uns duzen. Ich heiße Rung, und ihr?“

„Uli und Joe.“

Er nickte in den Rückspiegel.

„Übrigens, ich soll ihnen vom Lupini ausrichten, dass es ihm leid tut, dass er euch zuerst hat abblitzen lassen. Aber sein Sohn ist neulich von Kambodschanern erschossen worden. Dabei ist er auch insgeheim für eine Zusammenarbeit der Polizeibehörden. Er missbilligt es gewaltig, dass für die Polizei an den Grenzen Schluss ist. Er erhält ja auch keine Ermittlungsergebnisse, nicht mal Auskünfte über Schwerstkriminelle; auch keinerlei Akteneinsicht aus Kambodia. Dabei täte das Not. Wussten Sie, dass 80% der Auftragsmorde hier in Thailand, und das sind jährlich geschätzte 1‘100, von Kambodschanern begangen werden. Die Verbrecher kommen über die grüne Grenze und verschwinden nach dort wieder. Selbst wenn wir Fingerabdrücke oder Fotos haben, sie können sich jenseits der Grenze sicher fühlen. Und dann die zunehmende Drogenkriminalität, vor allem mit diesem Jababa: die könnten wir viel effektiver gemeinsam bekämpfen. Der Lupini weiß das alles; nur im Moment ist das politisch hier nicht opportun. Na ja, vielleicht verändert sich nach den nächsten Wahlen da etwas.“

Darauf schwieg er einige Zeit.

Uli fragte ihn „Und du bist also Spezialist im Aufspüren und Abhören von Handygesprächen?“

„Naja, wir haben das neueste Equipment dafür aus den USA. Ich versuche mal, euch das Ganze einfach zu erklären. Wenn wir die Handy Nummer von jemandem kennen, schicken wir ihm eine stille SMS. Davon merkt er nichts. Aber wir haben dann seine weltweit nur einmal vergebene IMEI Nummer, das ist eine Seriennummer des Gerätes. Auch wenn er jetzt seine SimKarte wechseln würden: Wir hätten ihn. Oder wir ermitteln mit einem IMSI Cachet, der weltweit ebenfalls nur einmal vergebene IMSI Nummer. Und mit einer dieser Nummern können wir den Standort des Gerätes ermitteln, selbst wenn das Handy ausgeschaltet ist und auch über große Entfernungen. Also, das war jetzt eine Kurzeinführung, und so klappt es immer. Diese Cachets waren bis vor kurzem nur bei wenigen großen Geheimdiensten vorhanden, aber inzwischen sind sie viel billiger und auch kleiner geworden. Und darüber können wir mit einem Frequenzscanner und unserem FPGA Equipment auch über große Entfernungen die GSM Codes innerhalb einer halben Minute knacken. Und wenn wir Glück haben, dann sind die beiden Handys solche der neuesten Generation. Dann sind sie GPS-fähig. Der Nachteil bei GSM-Ortung ist, dass die Genauigkeit von der Entfernung zum übermittelnden Sendemast abhängt. Da in dünn besiedelten Gegenden nicht so viele davon verteilt sind, ist die Ortung in diesem Fall ungenauer. Wenn die Handys aber GPS fähig sind, lässt sich der Standort bis auf wenige Meter genau bestimmen. ihr werdet euch wundern, wenn wir in Chanthaburi loslegen.

In Chanthaburi

In Chanthaburi angekommen, hielt Rung vor einem Mittelklassehotel. Er buchte eine Zwei-Zimmer Suite im obersten Stockwerk. Das Gepäck der Deutschen einschließlich zweier mittelgroßer Alukoffer von Rung wurde von zwei Hotelbediensteten ins Zimmer gebracht. Sobald sie allein waren, öffnete Rung seine beiden Koffer. Ein langes Kabel verband er mit einer Steckdose. Nun verkabelte er noch mehrere kleinere Geräte miteinander und betätigte den Hauptschalter. Ein leises Summen ertönte, und ein Laptopmonitor glomm grünlich auf. Nach fünf Minuten war die Anlage hochgefahren, und er forderte Uli auf, ihm die Telefonnummer des Teilnehmers in Chanthaburi, des Kontaktmannes Pat Samudera, zu geben. Er tippte diese Telefonnummer in eine Tastatur ein, und das Summen erstarb. Nach ungefähr einer Minute ertönte dreimal hintereinander ein leises Piepsen.

Rung nickte. „Geortet! Der Teilnehmer hier hat noch ein altes, kein neues GPS-fähiges Handy. Er ist irgendwo hier in der Stadt unterwegs. Jetzt heißt es warten, bis er angerufen wird, oder selbst anruft.

***

Nun holte Uli sein eigenes Handy heraus. Er wählte die Nummer von Wing Ban. Der meldete sich nach kurzer Zeit. Uli begann: „Wie geht es Ihnen, waren Sie bei der Suche erfolgreich?“

„Es ist wie verhext. Wir haben jetzt über 85% der Häuser hier durchsucht; die gesamten Hafenanlagen ebenfalls. Bisher gab es noch keine Spur – ich verstehe das nicht. Dreimal haben wir bei Erfolg versprechenden Häusern die Türen aufgebrochen. Aber nichts, rein gar nichts. Wir arbeiten uns jetzt zum Victoria Hill vor, obwohl ich mir kaum vorstellen kann, dass die so dreist waren, sich direkt in der Nähe der Airport-Bar einzurichten. Aber wir machen weiter. Und wie sieht es bei Ihnen in Thailand aus? Sie sind doch noch in Thailand?“

„Ja, sicher, und ich habe Verstärkung bekommen. Mein Bruder ist angekommen. Und jetzt muss ich Ihnen etwas Trauriges mitteilen.“

„Was denn?“

„Sie haben ihre Wette verloren. Wir sitzen hier in Chanthaburi mit einem SWAT-Mitarbeiter und warten darauf, dass der Kontaktmann anruft oder angerufen wird. Der SWAT-Experte hat die neueste technische Ausrüstung dabei. Damit werden wir die Entführer orten, sobald angerufen wird.“

„Wahnsinn, wie haben sie das denn geschafft; das ist ja unvorstellbar, unglaublich!“

„Na ja, durch Wiederbelebung alter Kontakte eben.“ Wing Ban antwortete: „Da muss man etwas schütteln, und wenn es nur der Kopf ist. Wunderbar! Klasse! Wenn sie was Neues wissen, rufen sie mich bitte sofort an, zu jeder Tages und Nachtzeit.“

„Selbstverständlich, ich muss jetzt Schluss machen, hier tut sich was. Bye, Bye“.

Aus einem im Koffer eingebauten Lautsprecher war ein leises Brummen ertönt. Dann waren klar und deutlich zwei männliche Stimmen zu hören, die sich nur kurz in einer für die Deutschen unverständlichen Sprache unterhielten. Rung hörte aufmerksam zu und beobachtete den Monitor, auf dem Zahlen und Buchstaben aufleuchteten. Aber dann schüttelte er bedauernd den Kopf.

„Fehlalarm, das war nur ein Teilnehmer hier in Chanthaburi. Sie haben Kambodschanisch gesprochen. Soviel ich verstanden habe, war es der Friseur von diesem Psat Samudera, der einen Termin zum Haareschneiden verschoben hat. Wir müssen Geduld haben."

An diesem Nachmittag gab es noch weitere drei Gespräche, aber es waren enttäuschenderweise ebenfalls nur banale Privatgespräche, zwei Verabredungen und ein Gespräch mit irgendeinem Verwandten. Aber dann, gegen 19.00 Uhr, überschlugen sich die Ereignisse.

Aggressionen

In der Höhle war die Stimmung zwischen den Ausländern inzwischen immer aggressiver geworden. Dem Norweger Ole ging es jetzt wieder schlechter. Er war stark abgemagert und litt unter Fieberschüben. Aber auch der Franzose hatte Fieber. Gerhard Frings vermutete, es könne ebenfalls Dengue Fieber oder Malaria sein. Beide redeten, vor allem nachts, wirres, unverständliches Zeug. Manchmal schrie einer auch in seinen Fieberphantastereien. Das regte wiederum Berry auf, wenn er von dem Gemurmel oder einem Schrei wach wurde. Dann tobte er herum, und bedrohte die Kranken. Letzte Nacht hatte er den Norweger brutal in den Bauch getreten. „Ich habe ja gleich gesagt, wir sollten ihn verrecken lassen."

Zu dem Franzosen gewandt, drohte er mit vor Wut verzerrtem Gesicht: „Noch ein Ton von dir, und ich bringe dich eigenhändig um. Und das ist mein Ernst."

Dann trat er noch einmal auf den wehrlos auf seiner Decke liegen Norweger ein.

Jetzt riss Gerhard Frings der Kragen: „Die beiden sind schwer krank."

Er erhob sich, um Berry von weiteren Fußtritten abzuhalten.

Der Engländer wollte auf Gerhard zu rennen, hatte aber seine Fußketten vergessen. Er stolperte, und stürzte mit seinem Gesicht gegen die Felswand hinter dem Franzosen.

Er hatte eine blutende Platzwunde an der Schläfe und rappelte sich langsam wieder auf. Hasserfüllt schrie er Gerhard an: „und du bist danach der Nächste."

Als nun der Australier sich auch noch erhob, um Gerhard, wenn nötig, zu helfen, bellte Berry ihn an. „Du bist ja auch solch ein Krautschwein, ich habe genau gehört, wie du mit dem da deutsch geredet hast. Dich knöpfe ich mir auch noch vor. Warte nur ab."

Wenn nicht alle gefesselt gewesen wären, wäre die Situation außer Kontrolle geraten. Solche Vorfälle häuften sich in letzter Zeit, aber nicht nur zwischen Berry und den Kranken.

Am Vortag wollte der Franzose auf den Australier losgehen. Der Franzose hatte anscheinend geträumt, der Australier habe ein Verhältnis mit seiner Frau begonnen. In seinem Fieberwahn konnte er Traum und Realität nicht mehr auseinander halten.

Auch zwischen dem Franzosen und Gerhard hatte es Streit gegeben. Beim Essen hatte er Gerhard vorgeworfen, er hätte ihm zustehendes Schildkrötenfleisch gegessen. „Schwachsinn", hatte Gerhard geantwortet, „außerdem ist davon wirklich genügend vorhanden."

„Du sagst, ich sei schwachsinnig? Du Flachkopf! Ich bin promovierter Psychiater. Und du, du Schwein, bist eine verfressene Sau, man sollte dich wirklich umbringen", hatte er geschrieen: „der Engländer hat schon recht."

Die Kambodschaner verhielten sich bei diesen Vorfällen völlig unbeteiligt. Nur als Berry wieder einmal nach einer seiner Hasstiraden nach dem fiebernden Norweger treten wollte, war Sok Vai aufgesprungen, hatte sein Pistole gezogen und in die Höhlendecke geschossen. Der laute Knall, der von der Decke und den Wänden vielfach zurückgeworfen wurde, schmerzte in den Ohren. Augenblicklich war wieder Ruhe eingekehrt. Aber nicht lange…

***

In der folgenden Nacht konnte Gerhard wieder nicht einschlafen. Obwohl es in der Höhle längst nicht so warm war wie draußen, lag er schweißgebadet auf dem Rücken. Die sich verschlechternde Stimmung unter den Gefangenen bedrückte ihn von Tag zu Tag mehr. Doch da war plötzlich wieder diese Stimme. Und die Frau in Schwarz, genau wie beim letzten Mal.

„Hallo Gerhard. Gerhard.“

Er war erleichtert. Jetzt würde er versuchen, sich Klarheit über sie zu verschaffen. Er hatte sich vorgenommen, sie auszufragen.

Er begann: „Wer bist du? Wo kommst du her?“

Sie antwortete mit sanfter Stimme: „Frage nicht so viel. Ich bin da. du bist da. Das reicht. Heute erzähle ich dir von Philippe, dem Franzosen. Er hat vor zwei Jahren seine Frau verlassen. Auch seine beiden Töchter“

„Stimmt, das hat er mir erzählt.“

„Er sagt, er leidet unter der Trennung. Das stimmt nicht. Er trieb es danach mit seiner Schwiegermutter. Sie wurde schwanger von ihm. Er hat ihr gesagt, sie müsse das Kind abtreiben lassen. Sie sagte: „Nein. Ich will es bekommen“. Bei ihrem letzten Treffen hat er sie in den Keller gelockt und dort erschlagen. Sie liegt immer noch dort, versteckt. Er hat sich ein Ticket gekauft und ist fort geflogen.

Jetzt ist er hier. Du weißt, er ist Psychiater. Er denkt, er ist intelligenter als alle Anderen. Er ist intelligent, hochintelligent aus menschlicher Sicht. Aber seine Seele ist schwarz geworden. Er brauchte einen Psychiater. Das weiß er auch. Denn sich selbst kann er nicht helfen. Niemand kann ihm wirklich helfen. Er ist verloren. Verloren, weil er auf einem falschen Weg ist. So wie viele Philosophen auf dem falschen Weg sind. Sie versuchen, das Wesen, das Verhalten der anderen Menschen zu erklären. Die wenigsten haben Recht mit dem, was sie anderen erzählen oder in Büchern schreiben.

Sie haben Erklärungen, und geben vor, es sei die Wahrheit. Die absolute Wahrheit. Aber es gibt keine absolute Wahrheit. So verhält es sich auch mit anderen Erkenntnissen.

Viele ‚Naturwissenschaftler' suchen ‚Die' Erkenntnis. Es gibt viele Erkenntnisse. Für jeden. Heute kann ich dir nicht mehr sagen. Ich muss noch mit jemand anderem reden. Aber ich komme wieder, um mit dir zu sprechen."

Damit ging sie. Und Gerhard wollte so vieles fragen. Aber sie war gegangen. Er würde das nächste Mal fragen. Das hatte er sich fest vorgenommen. So würde sie ihm nicht noch einmal davonkommen. Nicht noch einmal! Er sah nach links, er sah nach rechts. Keiner hatte etwas mitbekommen.

Er drehte sich zur Seite. Er war wach, hellwach. Er konnte einfach nicht einschlafen

Der Norweger murmelte im Schlaf vor sich hin. Alles normal. Wirklich, alles normal?

***

In Phnom Penh fuhr gegen achtzehn Uhr vor dem Zentralgefängnis die gepanzerte Limousine des Innenministers vor… Er ließ sich sofort in die Zelle von Duch führen und kam gleich zur Sache: „Dein Ultimatum ist weitergeleitet worden. Es geschieht alles, wie von dir gefordert. Allerdings brauchen wir etwas mehr Zeit. Dein Diplomatenpass ist fertig." Er zog einen roten Pass aus seiner Jacke, und hielt ihn Duch vor die Nase.

„Wir brauchen noch ein aktuelles Foto von dir. Diejenigen, die wir haben, sind schon neun Jahre alt. Und heute werden Fotos mit biometrischen Daten verlangt. Morgen früh kommt ein Fotograf her, und macht neue Fotos. Und für die Visa brauchen wir zwei Tage mehr, denn heute ist Samstag und morgen Sonntag. Da arbeiten die Botschaften und die Visaabteilungen nicht. Am Montagmittag wird dein Pass, so wie du es gewünscht hast, fertig sein. Dann lassen wir dich gehen, wohin du willst."

Duch's Gesicht lief rot an. Er schrie:

„Dann werden am Montag drei Geiseln tot sein!" Die Antwort kam ganz ruhig und bestimmt.

„Hör mal zu, du Ratte! Wenn du meinst, die Botschaften legen für Herrn Kaing Guek Eav Sonderschichten ein, dann irrst du dich. Und wenn auch nur einer Geisel etwas geschieht, wirst du hier vermodern, und zwar nicht in dieser Komfortzelle mit Sonderbehandlung. Also sei froh, dass du hier überhaupt rauskommst."

Damit drehte er sich auf dem Fuß herum und verließ die Zelle.

Duch setzte sich und dachte nach. Dann ging er in den Hof und telefonierte.

***

Gegen neunzehn Uhr ertönte wieder das leise Brummen aus einem der Koffer. Rung beobachtete aufmerksam das Display. Die Drei hatten bisher das Zimmer nicht verlassen; zu viel stand auf dem Spiel. Rung winkte Uli aufgeregt zu, der sich auf eines der Betten gelegt hatte. Es wurde zweimal kurz hintereinander telefoniert. Rung sagte: „Das könnte es gewesen sein. Ich verstehe diese Sprache nicht gut. Aber in beiden Gesprächen war von einem Gefängnis die Rede, und von einer Exekution. Das erste Gespräch wurde dann wortwörtlich an einen anderen Teilnehmer in Kambodia weitergegeben. Wir haben die Gespräche und die Koordinaten der beiden Teilnehmer exakt aufgezeichnet und gepeichert."

„Diese Gespräche müsste ich an den Herrn Wing Ban weiterleiten. Ich lege mein Handy nachher auf den Lautsprecher, und du schaltest noch mal auf Wiedergabe, o.k.?"

„Gut, machen wir es gleich."

Uli wählte die Nummer von Wing Ban. Der meldete sich sofort, und Uli sagte aufgeregt in den Hörer: „Ich glaube, nun haben wir's. Ich spiele ihnen jetzt die Aufnahme ab."

Im selben Moment ertönte wieder ein Brummen – ein neues Gespräch kam zustande.

Uli sagte: „Da kommt gerade ein neues Gespräch herein. Ich rufe sie gleich noch mal an."

„O.k., ich warte."

Dieses Gespräch wurde, soweit Rung erkennen konnte, ebenfalls wörtlich weitergegeben. Als die beiden Gespräche beendet waren, wählte Uli wieder die Nummer in Kambodscha an.

„Da kam ein Gespräch zurück, auch in doppelter Ausführung; und wohl von den gleichen Standorten, nur umgekehrt." Er sah fragend Rung an – der nickte heftig.

„Nur noch einen Augenblick, wir zeichnen das alles auch gleich auf", sagte Wing Ban, und gleich darauf: „Jetzt, bitte!" Rung drückte die Replay-Taste seines Aufzeichnungsgerätes. Uli hatte sein Handy auf den Lautsprecher gelegt. Als alle vier Gespräche überspielt waren, hielt Uli sein Telefon wieder an sein Ohr.

Wing Ban sagte: „Das erste stammt tatsächlich von Duch in Phnom Penh, kein Zweifel. Darin sagt er, dass sich seine Entlassung bis Montagmittag verzögern würde. Wenn er sich bis Montagnachmittag, fünfzehn Uhr, nicht aus der Freiheit gemeldet habe, sollten seine Freunde mit der Hinrichtung, wie vereinbart, beginnen. Das wurde dann wörtlich weitergeleitet. Das zweite Telefonat war die Antwort eines der Entführer an Duch. Es wurde gesagt, der Franzose sei nun auch sehr krank; sie seien nicht sicher, ob der Norweger und der Franzose noch lange durchhielten; beide hätten hohes Fieber. Sonst sei alles in Ordnung.

Im Übrigen habe der Entführer ein neues Handy, mit dem er auch vom Versteck aus telefonieren könne. Das war's! Haben sie die Koordinaten des Zielpunktes. Ja, dann bleiben sie dran."

Zu Rung sagte Uli: „Wie sind die Koordinaten des Zielpunktes?“

Der zeigte auf das Display.

Uli las ab: 12 Grad, 58 Minuten und 29 Sekunden Nördlicher Breite, und 102 Grad, 31 Minuten, 30 Sekunden Östlicher Länge.

Wing Ban wiederholte diese Angaben. Abschließend meinte er: „Gut, ich melde mich gleich noch einmal.“ Er beendete das Gespräch abrupt.

***

Nach zehn Minuten rief Wing Ban zurück: „Sind sie ganz sicher, was die Koordinaten angeht?“

Uli antwortete: „So steht es auf dem Display!“

„Das ist sehr seltsam! Dann sind sie weit weg von hier, in Pailin. Um genau zu sein ungefähr zwölf Kilometer nordwestlich von der Stadt. Von dort sind nur noch zehn Kilometer bis zur thailändischen Grenze. Ich halte es aber für unwahrscheinlich. Das sind die Ausläufer des Kardamon-Gebirges. Das ist das letzte Rückzugsgebiet der Roten Khmer. Alles ist noch total vermint. Dabei war ich absolut sicher, dass sie noch hier in der Gegend sind.“

„Das sind sie aber offenbar nicht mehr.“

„Aber wir haben alles hier hermetisch abgeriegelt.“

„Und wenn sie einen Hubschrauber genommen haben. Warum das nicht?“

„Im Stadtgebiet von Sihanouville landet kein Hubschrauber unbemerkt, und es wimmelte überall von Militär und Polizei. Das Ganze ist mysteriös, sehr mysteriös. Ich melde mich morgen früh wieder bei ihnen, dann alles Gute.“

Uli sah Rung an: „Der Wing Ban sagt, die seien zehn Kilometer von der Grenze entfernt, im Kardamon Gebirge.“

„Na ja, freiwillig würde ich dort nicht hingehen. Das ist was für Selbstmörder, da unten. Da haben sie erst vor einem Jahr den besten Freund von Pol Pot geschnappt, den ‚Bruder Nr. 2’, obwohl seit neun

Jahre nach ihm gefahndet wurde. Vielleicht haben sie ja ortskundige Führer gehabt, die Pläne von den verlegten Minen haben. Aber ich versuche noch mal, den Standort in Pailin gegenzuchecken."

Im selben Moment klingelte wieder Uli's Telefon. Er hob es an sein Ohr. Wieder war es Wing Ban. Er sagte aufgeregt: „Halten Sie sich fest. Ich habe gerade die Einsatzergebnisse von heute Nachmittag erhalten. Polizeikräfte haben 400 Meter von der Airport-Disco auf dem Victory Hill ein verlassenes Haus entdeckt. Das dürfte das Versteck gewesen sein. Neben dem Haus lagen zwei Pritschenbänke, wie sie in Militärlastern benutzt werden. Und bereits gestern Mittag wurde im Army Camp ein Militär-Lkw als vermisst gemeldet. Damit könnten sie getürmt sein, denn wer kontrolliert schon die Armee. Das ergibt langsam ein Bild. Auf jeden Fall fahre ich jetzt zu dem Haus. Das werden wir heute Nacht auseinander nehmen. Ich wollte sie nur kurz informieren. Und sagen Sie bitte dem thailändischen Kollegen, dass ich mich sehr bedanke für seine Hilfe."

„Wenn das mit Pailin stimmt", hörte Uli ihn noch murmeln, dann war das Gespräch abgebrochen.

„Also das mit Pailin stimmt", erklärte wenig später Rung. „Die Entführer haben ein GPS-fähiges Handy. Ich habe eben noch mal den Standort überprüft. Das stimmt bis auf die Sekunde genau!

Übrigens, das Handy, mit dem aus dem Gefängnis in Phnom Penh angerufen wurde, ist auch eins der neuen Generation. Aber die Koordinaten des Gefängnisses in Phnom Penh sind wohl eher uninteressant. Die haben die Kambodschaner ja sicher, ha, ha."

Erfolge in Chanthaburi

Zufrieden mit den Ergebnissen, waren die Brüder zusammen mit Rung Soy anschließend zum Abendessen gegangen. Danach hatten sie den Erfolg ihrer Bemühungen heftig gefeiert. Man hatte vereinbart, weiterhin in Kontakt zu bleiben. Als sie am späten Abend wieder ihre Suite betraten, fiel ihnen sofort eine blinkende rote Leuchte an der Abhöranlage auf. Es hatte eine weitere Botschaft von Duch an die Entführe gegeben. Darin wurden sie aufgefordert, am folgenden Tag fiebersenkende und schmerzstillende Medikamente für die beiden kranken Europäer zu besorgen. Der aufgezeichnete Standort der Entführer stimmte wieder mit den Koordinaten vom frühen Abend überein. Sie wiesen eindeutig auf einen Ort ganz in der Nähe von Pailin hin.

Wing Ban läuft gegen Wände

Am nächsten Vormittag rief Uli Frings Wing Ban an. Er berichtete ihm von der neuen Nachricht, und dass der Standort bestätigt sei. Wing Ban's Stimme klang müde und erschöpft. Dann berichtete er von seinem Besuch bei dem Polizeipräsidenten am Morgen, um das weitere Vorgehen der Polizei in der Geiselaffäre zu besprechen.

Der Polizeipräsident hatte ihn informiert, dass am selben Tag ein ausländischer Spezialist aus Phnom Penh mit einer modernen Abhörausrüstung für Handy-Gespräche eintreffen würde. Bei der Besprechung hatte Wing Ban den Polizeipräsidenten aufgefordert, starke Polizeikräfte und auch Militäreinheiten, die jetzt in Sihanoukville überflüssig geworden waren, nach Pailin zu schicken. Denn die Auswertung der Ergebnisse der Spurensicherung in dem Hause auf dem Victory Hill hatte ergeben, dass das Haus mit Sicherheit der gesuchte Unterschlupf von Geiseln und Geiselnehmern gewesen war. Es konnte als gesichert gelten, dass Sok Vai der maßgebliche Drahtzieher in Pailin war. Eine nochmalige Überprüfung der Meldedateien hatte zusätzlich ergeben, dass Sok Vai eindeutig der Sohn von Nuon Chea war.

„Das passt ja dann doch alles zusammen“, hatte der Polizeipräsident geantwortet.

„Nur, dass wir jetzt die Einheiten nach Pailin verlegen, können sie vergessen. Sie sind noch jung und ungestüm. Ich kann sie ja verstehen. Aber es gibt vieles, was dagegen spricht. Zum einen ist die Gegend dort total vermint. Eine gründliche Räumung dauert Monate. Weder Polizei noch Militär sind dafür ausreichend ausgerüstet. Minenräumung erfolgte bisher ausschließlich durch ausländische Kräfte mit Spezialausrüstung. In ebenem Gelände kann man Minenräumpanzer einsetzen. Aber dort ist gebirgiger Dschungel. Und die kambodschanische Armee verfügt gerade mal über zwei solche Panzer. Und, wie gesagt, von Hand dauert es Wochen, wenn nicht Monate, eine Fläche von nur zwei mal zehn Kilometern zu räumen. Zum anderen würde ich nie die Genehmigung der Armeeführung dafür bekommen, weil bei der Suche von Hand, nach bisherigen Erfahrungen, mit einer erheblichen Anzahl von Toten und Verletzten gerechnet werden muss.

Darüber hinaus ist eine solche Aktion in der Gegend nicht geheim zu halten. Es gibt dort noch viele Sympathisanten des Pol Pot Regimes. Die haben alle davon profitiert und profitieren auch heute noch. Die Entführer werden sicher gewarnt. Außerdem: der Gouverneur der Provinz ist Ee Chheau. Der war einer von Pol Pot's Leibwächtern. Er würde uns Steine in den Weg legen, wo immer es geht. Wir konnten vor einem Jahr „Brother Number Two", Nuon Chea, nur deshalb dort verhaften, weil wir das in einer Nacht- und Nebelaktion durchgezogen haben. Diese Kommandoaktion hatte wirklich nur deshalb Erfolg, weil wir mit größter Geheimhaltung operiert haben. Keine lokalen Einheiten wussten davon; nicht einmal der Gouverneur. Diese Sache haben wir mit viel Glück innerhalb von zwölf Stunden bei Nacht erledigt. Und Nuon Chea hielt sich in der Stadt auf, nicht irgendwo im Busch. Die einzige Möglichkeit in meinen Augen ist, die Gegend weiträumig abzusperren. Alle Zufahrtstrassen müssten überwacht werden. Die grüne Grenze nach Thailand müsste hermetisch abgesperrt werden. Aber da beißt sich ja die Katze in den Schwanz. Halten sie dann das alles einmal geheim! Wir wollen die Geiseln ja nicht gefährden. Ich sehe im Augenblick keine Möglichkeit, da irgendwie einzugreifen. Wir müssen abwarten."

Uli nahm diese schlechten Nachrichten enttäuscht zur Kenntnis.

„Ich muss in Ruhe nachdenken. Ich gebe ihnen jetzt die Handynummer von diesem Sok Vai. Leider muss unser SWAT- Mann hier wieder nach Bangkok“ hatte er gesagt. „Wir bleiben in Kontakt.“

Damit war das Gespräch beendet.

***

Das eintönige Leben in der Höhle nervte alle Geiseln. Den beiden Fieberkranken ging es etwas besser, seit sie ihre Medikamente gegen Fieber eingenommen hatten. Die Nahrung, die sie bekamen, hatte sich etwas verbessert. Sok Vai hatte am Vortag einen Karton mit frischen Eiern aus der Stadt mitgebracht. Außerdem war es Chap mehrfach gelungen, in der Lagune Fische zu fangen. Die Bewacher teilten ihr Essen mit den Geiseln. Beim Mittages-sen gab es wieder Krach.

Um den beiden Fieberkranken das Leben etwas zu erleichtern, hatte Sok ihnen die Fußfesseln abgenommen. Dass sie in ihrem Zustand nicht alleine fliehen konnten, war den Kambodschanern offenbar klar. Darüber war Berry sehr aufgebracht.

„Diese ungleiche und ‚Vorzugsbehandlung' von Philippe und Ole ist eine Schweinerei, und nicht hinnehmbar,“ tobte er. Er bestehe darauf, brüllte er Sok Vai an, dass seine Fußfesseln auch sofort gelöst würden. Sok Vai reagierte darauf überhaupt nicht. Das machte Berry noch wütender.

Als dann schließlich beim Essen Ole die vor ihm stehende Schüssel, weil er sehr stark zitterte, umwarf, und sich der Inhalt auf dem Höhlenboden vor ihm verteilte, schrie Berry ihn an.

„Pass doch auf, du Dummkopf.“

Er erhob sich, so schnell es seine Fesseln eben erlaubten, machte zwei Schritte auf den am Boden sitzenden Norweger zu und trat ihm wieder mit aller Gewalt in den Bauch.

Ole sackte in sich zusammen, und übergab sich röchelnd. Nun erhob sich Roman ebenfalls. Er schrie: „Du übler, mieser Kotzbrocken, dich sollte man umbringen.“

Er ergriff mit seinen gefesselten Händen eine an der Seite liegende zwei Meter lange Bambusstange und schlug damit auf Berry ein, der von dem Schlag in die Knie ging. Roman, der die Stange wieder zum Zuschlagen erhoben hatte, stoppte mitten im Hieb, als Gerhard entsetzt „Halt“ schrie. „Das hat doch alles keinen Zweck. Wenn wir uns hier umbringen, hat keiner was davon.“ Roman ließ die Stange langsam sinken, und setzte sich wieder auf den Boden. Er zuckte nur mit den Schultern. Berry, der sich wieder aufgerappelt hatte, schüttelte sich in unbändiger Wut und stolperte auf den am Boden sitzenden Roman zu.

„Du abgefuckter Krautaussie, jetzt bist du dran!“ schrie er. Gerhard streckte seine Beine aus, und brachte so den ohnehin torkelnden Engländer zu Fall.

Jetzt reichte es Sok Vai offenbar. Er hatte wieder seine Pistole in der Hand, schoss einmal in die Decke und zielte wortlos auf den am Boden liegenden Engländer. Er gab zwei der anderen Kambodschaner ein kurzes Kommando, woraufhin diese sich erhoben. Mit einer zusätzlichen Kette banden sie die Hand- und Fußketten des Engländers zusammen; so eng, dass der am Boden liegende sich kaum noch bewegen konnte. Sie zogen ihn in dieser Stellung fünf Meter nach hinten in die Höhle. Dort ließen sie ihn liegen, und widmeten sich wieder ihrer Mahlzeit. Nach ungefähr fünf Minuten hörten die Geiseln aus seiner Richtung ein lautes Heulen. Der Bär von einem Mann heulte tatsachlich.

Von da an lösten sie seine Verbindungskette zwischen Fuß- und Handkette nur noch drei Mal täglich zum Essen und einmal morgens und abends, damit er außerhalb der Höhle seine Notdurft verrichten konnte. Damit kehrte in die Gruppe der Geiseln Ruhe ein, aber nicht für lange.

***

In der folgenden Nacht wurde Gerhard von lauten Schreien wach.

„Du warst wieder bei ihr, du Schwein. Das ist dein Ende, Ende, Ende!“

Gerhard erhob seinen Oberkörper und schaute nach rechts. Der schwere Philippe lag auf dem Australier und hatte seine gefesselten Hände fest um die Kehle von Roman geschlungen. Der gab röchelnde Laute von sich. Gerhard wollte sich erheben, aber da war schon einer der Kambodschaner über Philippe.

Er zog ihn an den Haaren mit aller Kraft nach hinten, bis Philippe Roman loslassen musste. Dann trat der Kambodschaner dem Franzosen von der Seite in die Rippen, worauf der einen lauten Schrei ausstieß und zur Seite weg kippte.

Er wimmerte: „Er war doch bei meiner Frau, versteht ihr nicht“ Diesen Satz wiederholte er mit immer leiser werdender Stimme, bis er ohnmächtig verstummte.

Darauf fesselte einer der Kambodschanern dem Franzosen wieder die Füße zusammen, und verband wie bei Berry die Hand- und Fußfesseln mit einer kurzen Kette. Dann schleppte er mit Hilfe eines zweiten Kumpanen den schweren Franzosen nach hinten zu Berry und ließ ihn dort liegen.

Roman hatte sich inzwischen aufgerichtet. Er atmete schwer, erhob sich mit Mühe und stolperte nach hinten in Richtung Philippe.

Sok Vai war jetzt ebenfalls aufgestanden und stellte sich mit gezogener Pistole dem Australier in den Weg. Der sah ihn an, bemerkte die drohend auf ihn gerichtete Pistole und blieb stehen. Er schüttelte sich, und ging drei Schritte zurück. Dann drehte er sich um und schlurfte langsam zurück zu seinem Schlafplatz. Er legte sich auf seine Decke. Wieder kehrte Stille in der Höhle ein.

***

Kam die Frau in Schwarz heute wieder?

Gerhard kämpfte gegen die Müdigkeit an. Wenn sie heute wieder käme, würde er sie gar nicht erst beginnen lassen, zu reden. Er hatte zu viele Fragen. Aber er war auch müde. Da! Die vertraute dunkle Stimme!

„Gerhard.“

„Ich habe viele Fragen, die…“

„Jetzt nicht! Hör zu! Heute erzähle ich dir von Roman, dem Australier.“

„Woher kennst du seinen Namen?“

„Ich kenne ihn. Ich weiß vieles. Vieles, was du nicht weißt. Nun hör zu. Er ist vor vielen Jahren in Australien eingewandert und…“

„Stimmt“ sagte Gerhard.

Sie sah ihn durchdringend an.

„Unterbrich mich nicht. Bevor er nach Australien kam, war er bei der Fremdenlegion. Er stammt aus dem Saarland. Dort haben die Franzosen junge Leute für die Legion angeworben. Bevor er wegging, gab es Streit in seiner Firma. Mit vier anderen Kollegen hat er zwei Mitarbeiter umgebracht. Es waren Marokkaner, die den gleichen Lohn haben wollten wie die deutschen Arbeiter. Roman und seine Freunde fühlten sich provoziert. Es kam zu einem Handgemenge, und danach waren die beiden tot. Roman und seine Kollegen haben die Leichen versteckt. Nachts haben sie die beiden in die Saar geworfen. Sie wurden nie gefunden. Danach ließ sich Roman bei der Fremdenlegion anwerben. Er wurde nach der Grundausbildung auf Korsika nach Kamerun versetzt. Dort hat er 28 Frauen vergewaltigt und danach getötet. Er wurde nie dafür belangt. Aber sein Gewissen quält ihn deswegen heute noch.

Mit dem Entlassungsgeld der Legion ging er nach Australien. Dort hat er eine Australierin geheiratet. So war es leichter, dort zu bleiben. Er wollte der Vergangenheit entfliehen.“

„Warum erzählst du mir das alles?“

„Du sollst es wissen.“

„Noch eine Frage habe ich. Warum sind manche Menschen gut, warum sind andere schlecht?“

„Die Menschen sind nicht gut oder schlecht. Sie sind auf dem Weg. Manche nehmen den guten Weg; manche nehmen den schlechten Weg. Sie können jederzeit umkehren. Wenn Menschen zu lange den schlechten Weg gegangen sind, können sie nicht mehr umkehren. Sie haben vergessen, wo der gute Weg ist."

Damit ging sie ein paar Schritte nach links in die Höhle zurück und war verschwunden.

Gerhard brauchte gar nicht nach den anderen zu schauen, um zu wissen, dass sie alle schliefen. Monotones Atmen und gelegentliches Stöhnen war das einzige, was zu hören war.

***

In Phnom Penh informierte am nächsten Morgen der Innenminister telefonisch den Premierminister. Der hatte wieder einen seiner Wutanfälle, als er erfuhr, dass die Situation nach Meinung seines Innenministers verfahren sei, weil die Geiselnehmer sich mit den Geiseln offensichtlich nach Pailin abgesetzt hätten.

„Ich denke, die sind noch in Sihanoukville! Ausgerechnet Pailin, wo wir so gut nichts tun können. Das ist Khmer Rouge Land. Das ist der Wilde Westen Kambodschas".

Dann beruhigte er sich wieder schnell und meinte:

„Informiere die Botschafter der betroffenen Länder. Schlage ihnen doch vor, sie sollen selbst dorthin fahren und sich ein eigenes Bild machen. Überzeuge Sie, dass unser Einflussbereich nicht so weit reicht. Erzähle ihnen ruhig, wer dort Gouverneur ist."

Dann wurde er wieder wütend. Ein weiterer Wutanfall folgte.

„Wegen Duch haben wir seit Jahren nur Scherereien. Nur Ärger! Mir persönlich ist es völlig egal, ob Duch freigelassen wird oder weiter im Gefängnis bleibt. Mir ist es auch völlig egal, ob die Geiseln freikommen oder erschossen werden. Nur wenn die Hilfsgelder gestrichen werden, dann ist mir das nicht egal. Wichtig ist, dass die Botschafter zu der Überzeugung kommen, dass wir alles Menschenmögliche tun, um die Geiseln zu befreien. Die Hilfszahlungen an unser armes Land müssen weitergehen, das ist wichtig.

Wenn Kaing uns wirklich durch die Lappen gehen sollte, dann machen wir halt unserem alten Freund Nuon Chea den Prozess. Der sitzt doch noch fest?“

„Sicher, der ist in Kompot im Militärgefängnis.“

„Dann stellt sicher, dass der nicht auch noch freikommt. Dann wird der halt vor das Tribunal gestellt und verurteilt. Ich will, dass es unserem Land weiterhin gut geht. Und dazu gehört, dass die Hilfsgelder aus dem Ausland weiterfließen.“ Dass der überwiegende Teil der Hilfsgelder an einige Familienclans ging, unter anderem an seine Verwandten, und den Clan des Innenministers, erwähnte er nicht. Das war ohnehin bekannt, aber darüber redete man nicht, höchstens manchmal in kleiner Gruppe beim Karaoke, in einem Fitnessclub oder beim geselligen Beisammensein, wenn man sich mal wieder über die Dummheit und Naivität der Ausländer lustig machte.

Damit knallte er den Telefonhörer auf die Gabel und beschloss, am heutigen Abend Unterhaltung und Entspannung zu suchen.

Gedanken über Asien

Gegen Mittag hatte Soy nach einer harten Nacht mit Uli und Joe seine Koffer gepackt. Beide hatten sich nochmals herzlichst für Soys Hilfe bedankt. Man hatte vereinbart, in Kontakt zu bleiben.

Nachdem sich Soy verabschiedet hatte, gingen Uli und Joe an die Theke der Hotelbar.

Uli fasste noch einmal alles zusammen, was ihm Wing Ban an schlechten Nachrichten übermittelt hatte. Beide waren geknickt und enttäuscht.

Joe meinte: „Dass es solche Zustände mit hilfloser Polizei und korrupter oder nicht existenter Verwaltung in einigen Ländern Südamerikas gibt, habe ich ja gelesen. Ich dachte wirklich, Asien sei zivilisierter und mit dem Westen eher vergleichbar.“

„In vielen Teilen Asiens ist das ja auch der Fall. Schau dir nur mal Süd-Korea, Japan oder Taiwan an. Hier in Thailand ist es ja auch besser. Aber in Ländern wie Kambodscha und Burma oder auch in Indien, Pakistan oder China klammern sich die alten Cliquen verbissen an die Macht. Das wird sich langsam ändern. Die jungen Leute in diesen Ländern lassen sich nicht mehr so leicht von der Bildung fernhalten. Da wächst überall eine neue, westlichen Ideen aufgeschlossene, Elite heran. Die Alten sterben langsam aus oder müssen abtreten. Schau dir nur mal Wing Ban an, oder seinen Chef. Das sind die neuen Hoffnungsträger. Nur, es dauert noch etliche Jahre oder auch Jahrzehnte, bis die was zu sagen haben. Aber das ist jetzt nicht unser Hauptproblem.

Wir müssen uns überlegen: wie kriegen wir unseren Onkel da raus? Ich bin im Moment ratlos, lass uns mal eine Erfrischung bestellen."

Nach etlichen ‚Erfrischungen' beschlossen die beiden, etwas zu essen und danach einen Mittagsschlaf zu halten. Der gestrige Abend hatte doch lange gedauert und etwas an den Kräften gezehrt. Danach setzten sie sich wieder ins Restaurant, und tranken Kaffee. Vielleicht würde ihnen nun etwas einfallen.

Wing Ban's neuer Plan

Wing Ban hatte ebenfalls den ganzen Tag über nachgedacht. Was ihm da sein Vorgesetzter über das Kommandounternehmen zur Verhaftung von Nuon Chea berichtet hatte, ging ihm nicht aus dem Kopf. Nur, woher sollte er die Leute nehmen. Es müssten entschlossene, verschwiegene, unbestechliche, gut ausgebildete Spezialisten sein. Auf der Polizeiakademie hatte er solche Leute gekannt. Doch bei den meisten wusste er nicht, wo sie geblieben waren.

Entschlossen rief er seinen Chef an.

„Was würdest du davon halten, so etwas wie bei Nuon Chea noch einmal durchzuziehen?"

Die Antwort war eine klare Absage.

„Mein Lieber, Nuon Chea war in der Stadt, nicht im Busch versteckt. Die logistischen Vorbereitungen würden Wochen dauern. Diese

Zeit haben wir hier nicht. Außerdem müsste die Sache von ganz oben angeordnet sein. Die Regierung steht unter enormem Druck durch das westliche Ausland. In diesem, unseren Fall, hat sich der Innenminister ganz klar dagegen ausgesprochen. Meine Meinung ist: Es spricht zu viel gegen einen Erfolg. Wir würden eine grosse Anzahl unserer Kollegen verheizen, und wenn es schiefginge, könnten wir beide unseren Hut nehmen. Wenn wir denn da überhaupt wieder lebend herauskämen. Denke immer an die Minen, und die alten Pol Pot-Seilschaften!

Aber wenn du Urlaub nehmen willst, nur zu! Was du privat machst, ist deine Sache. Aber rechne nicht mit meiner Rückendeckung!"

Nach dieser Ablehnung beantragte Wing Ban zwei Wochen Urlaub. Es war alles zu frustrierend, was hier vor sich ging.

***

Gegen Abend hatten die beiden Brüder beschlossen, noch nicht aufzugeben. Schemenhaft hatten sie versucht, zusammengetragen, was möglich und was nicht machbar wäre. ihr Hauptproblem war, dass sie weder die Gegend von Pailin noch irgend einen Menschen dort kannten.

„Verstehst du etwas von Minen?" fragte Johan seinen älteren Bruder.

„Nein, ich habe bei der Bundeswehr manchmal welche gesehen. Aber das waren Panzerminen; da konnte man sich daraufstellen, und sie gingen nicht hoch. Die Auslöser zündeten erst bei Belastung mit Gewichten ab 200 Kilogramm. Sie hatten einen Durchmesser von, ich schätze mal, 40 cm. Und schwer waren sie auch."

„Das sind mit Sicherheit nicht die, mit denen man es da zu tun hätte. Die Gegend dort soll ja gebirgig sein, da fährt kein Panzer durch. Die Dinger, mit denen man es dort zu tun haben dürfte, sind wohl Anti-Personenminen. Die sind kaum grösser als eine Thunfischdose. Und die ganz gemeinen sind aus Plastik, sodass man sie auch nicht mit Minensuchgeräten finden kann. Aber wenn man auf sie tritt, hat man einen Platten."

„So kommen wir auch nicht weiter. Aber ich habe gelesen, dass die meisten Kambodschaner sehr arm sind. Und seien deswegen alle bestechlich. Wenn wir uns einen mieten würden, einen Ortskundigen, als Pfadfinder? Denkst Du nicht, der könnte uns zu dem Versteck führen? Oder wir warten in der Stadt, bis einer der Entführer da erscheint und wenn der ins Versteck zurückfährt, hängen wir uns dran, und schon sind wir da."

„Wie willst du den denn finden und erkennen? Meinst du, der hat auf der Stirn ein Tattoo mit ‚E' wie Entführer? Oder der trägt einen Sticker mit ‚E'?"

„Quatschkopf!"

„Aber jetzt mal ernst: wir können doch sein Handy orten. Wir warten in der Stadt, und wenn er da ist, bleiben wir dran."

„Und wie sollen wir den orten? Sagst du mir das mal? Der Soy ist mit seinem Peilgerät unterwegs nach Bangkok. Aber der würde nie mit uns nach Kambodscha kommen. Der dürfte auch gar nicht, selbst wenn er wollte, so wie die Dinge zwischen Thailand und Kambodscha offenbar stehen. Das hast du doch mitgekriegt, oder warst du mal wieder mal geistesabwesend ?"

Gereizt bestellte Uli noch einen Kaffee. „ Jetzt reg' dich doch mal wieder ab. Ich denke nur laut."

Nun herrschte wieder Schweigen. Nach einer Viertelstunde erhob sich Uli. Er streckte sich. „So kommen wir nicht weiter. Ich rufe mal den Wing Ban an, vielleicht hat der eine Idee."

Wing Ban ging sofort ans Handy.

„GutenTag Herr Wing Ban, hier Frings. Wie sieht es bei ihnen aus?

„Ausgesprochen schlecht. Ich habe vorhin mit meinem Chef geredet. Ich habe ihm vorgeschlagen, mit einem Kommando in den Busch zu gehen, und zu versuchen die Geiseln zu befreien. Jetzt, wo wir ja wissen, wo sie sind. Aber er hat abgelehnt. Er hat ja Recht. Es ist zu gefährlich, für alle Beteiligten. Und aus Phnom Penh würde er zu solch einem Himmelfahrtskommando keine Genehmigung erhalten. Es ist ja auch einleuchtend, wenn man alle Umstände gegeneinander abwägt. Ich würde schon gerne etwas unternehmen; die Sache stinkt mir gewaltig. Und ich bin nun wirklich kein Hasenfuss. Aber ich weiß auch nicht so genau, wie so was klappen sollte."

„Und wenn wir gemeinsam, einfach so, sie und ich, nur mal angedacht, einfach mal dahin fahren würden? Damit würde sicher keiner rechnen; die fühlen sich da ja wohl absolut sicher, diese Schweine."

„Lassen sie mich mal laut denken. Oder nein, ich rufe sie später wieder an, o.k.?"

„Ja ja, ich grüble hier auch ständig nach!!" Eine Stunde später rief er zurück.

„Jetzt habe ich die Nase voll. Ich will auch was tun. Einfach resignieren, kommt nicht in Frage. Wenn wir noch zwei oder drei gute Leute hätten..."

„Wenn es darauf ankäme, ich wäre dabei. Und meinen Bruder kann ich ja auch mal fragen. Obwohl…" Er hielt inne. Joe war sein jüngerer Bruder.

Wenn ihm etwas zustieße, wäre das eine Katastrophe, besonders für seine Eltern. Sie würden ihn verantwortlich machen. Andererseits: er ist jetzt vierunddreißig Jahre alt. Er kann schon für sich selbst entscheiden. Alt genug!

Er sprach wieder ins Telefon: „Herr Wing Ban, ich werde ihn fragen. Er würde schon, denke ich. Er würde es mir wahrscheinlich sogar nie verzeihen, wenn ich ihn übergehen würde. Wenn sie noch jemanden hätten? Aber wir brauchten unbedingt ein Peilgerät, und ein GPS-Gerät, etwas zum Aufspüren des Ortes, wo diese Gangster und die Geiseln sich aufhalten."

Wing Ban fiel ihm ins Wort. „Die technische Ausrüstung ist kein Problem. Wir haben auch dieses Zeugs.

Ehrlich gesagt, wollte ich Sie schon vorhin anrufen, und fragen, was sie davon halten, mit dorthin zu gehen. Ich habe sie ja damals bei der letzten Aktion in Koh Kong erlebt. Da haben sie sich ziemlich wacker geschlagen. Ich habe auch schon vorhin versucht, einige alte Freunde zu erreichen, die ich von der Polizeiakademie kenne. Inoffiziell, verstehen sie. Und wenn mein Chef irgendwie helfen könnte, inoffiziell, versteht sich, würde er auch helfen. Er hat mir von sich aus empfohlen, Urlaub zu nehmen."

Jetzt sprudelten die Worte nur so aus ihm heraus.

„Ehrlich gesagt, ich bin richtig heiß. Den alten Knackern werden wir es zeigen. Also ich versuche weiter, noch einige Leute aufzutreiben. Privat natürlich. Ich werde mich wieder melden. Und sie reden mit ihrem Bruder?"

„Natürlich, sogar offiziell! Bis bald."

Beide mussten lachen. Uli schaltete das Telefon aus.

Wing Ban erhält Unterstützung

Joe fragte: „Und, was meint er?"

„Hmm, also, er will was unternehmen. Nur die Leute, die- mitziehen, fehlen ihm. Ich habe zugesagt, mitzumachen. Wie steht es mit dir?"

„Wie, bei mir?"

„Na ja, eventuell auch dabei zu sein? Aber bevor du antwortest, denke etwas nach. Du kannst dabei verletzt werden. Oder auch draufgehen. Dann ist Schluss mit allem, mit deiner Freundin, mit gutem Essen, mit allem halt. Sense, für immer. Lass' dir Zeit mit der Antwort. Und denk' zuerst nach!"

„Dafür brauche ich keine Zeit. Wenn wir dem Onkel helfen können, bin ich dabei."

„Denk zum Beispiel an die Minen. Wenn du da drauf trittst, oder auch nur in der Nähe bist, wenn eine hochgeht, bist du vielleicht hopps; oder dir fehlt ein Bein, oder beide, oder der Schwengel oder so. Das ist kein Spiel mehr, und kein Spaziergang; das ist wie im Krieg. Und gegen Ende des Vietnamkrieges haben die Amerikaner Clusterminen dort abgeworfen, weil sie meinten, der Ho Chi Minh gehe durch diese Gegend. Die sind gefüllt mit Giftgas oder Phosphor"

„Komm, hör schon auf, ich bin zwar dein jüngerer Bruder, aber jung bin ich nicht mehr. Und was mir passieren könnte, kann dir genauso passieren; und du machst auch mit. Ich bin ein Frings. Ein Mann muss tun, was ein Mann tun muss.“

„Lass die dummen Sprüche jetzt, das ist ernst, todernst“

„Das war kein dummer Spruch jetzt, das war ernst. Wann geht's los?“

Uli schwieg kurz. Dann sagte er: „Morgen, wahrscheinlich. Wenn Wing Ban noch ein paar Leute auftreibt“

„Und wohin zuerst?“ Er trank sein Bier an.

„Na ja, nach Pailin“.

„Also auf nach Pailin! Und ex!“

***

Uli rief Wing Ban an.

Besetzt. Nochmal. Wieder besetzt. Nach fünf weiteren Versuchen war die Leitung frei.

„Herr Wing Ban, hallo, hier Frings.“ Uli schaltete die Mithörfunktion des Handys ein.

„Hallo. Eben hat einer meiner alten Freunde zurückgerufen, Chen Won, der war mit mir auf der Akademie. Er will mitmachen. Vorher habe ich mit zwei anderen gesprochen, aber die haben abgesagt. Der Eine, Rog, weil seine Frau ein Kind erwartet. Das kann man schon verstehen. Der andere, Molin, weil er Angst um seine weitere Karriere hat. Na ja, der ist seit drei Monaten Polizeichef in Battambang, und frisch verheiratet.“

Mit Zynismus in der Stimme fügte er hinzu. „Ja, ja, die Frauen. Sind sie übrigens verheiratet?“ „Nicht dass ich wüsste, aber das würde mich auch nicht abhalten. Ein Mann muss...“

Mitten im Satz brach er ab. „Spaß beiseite! Mein Bruder ist auch dabei. Ein echter Frings eben. Noch etwas: Was halten sie davon, wenn wir uns duzen. Ich bin der Uli."

„Ich weiß. Einverstanden. Und ich bin Wing."

„Ich weiß. Und wann und wo treffen wir uns?"

„Morgen in Pailin, im Hang Meas Hotel."

„Und wie kommen wir dorthin?"

„Bist du noch in Chanthaburi?"

„Ja, sicher."

„Von Chanthaburi ab nimmst du einen Minibus nach Baan Pakkard. Das sind 60 Kilometer, du brauchst eine Stunde. Da ist der nächste Grenzübergang. Der Ort hinter der Grenze heißt Prum. Oder Psa Prum. Psa steht auf kambodschanisch für Baan.

Von dort aus kommt ihr am besten mit einem Taxi nach Pailin. Das sind nur fünfzehn Kilometer. Das Hotel liegt mitten in der Stadt. Das ist das einzige und beste Hotel da. Gebt euch als Touristen aus, am besten als Sextouristen, das ist am unauffälligsten. Aus anderen Gründen fährt da sonst niemand hin. Ich werde erst am Nachmittag dort sein. Muss noch Ausrüstung besorgen. Chen kommt gegen Mittag. Den erkennt ihr daran, dass er sehr untersetzt ist, einen Meter sechzig kurz. Und er hat buschige Augenbrauen. Aber nehmt keinen direkten Kontakt auf. Kein Aufsehen! Nur telefonieren! Alles klar soweit?"

„Alles klar. Und die Telefonnummer von diesem ää, Chen?" Sok gab ihm die Telefonnummer.

„Dann bis morgen, morgen in Pailin."

„Morgen in Pailin."

Damit war das Gespräch beendet. Joe hatte aufmerksam zugehört.

Er hob sein Glas. „Morgen in Pailin."

ULI hob sein Glas ebenfalls: „Morgen in Pailin."

„Obwohl", meinte Joe, „im Krieg und in der Liebe sind die besten Plätze hinten."

„Willst du jetzt n‘ Rückzieher machen?" fragte Uli.

„Nein, das war ein dummer Spruch jetzt. Aber ein guter! Von Hugo, meinem Freund aus der Schule"

Auf nach Pailin

Am nächsten Morgen machten sich die Beiden auf den Weg, wie von Wing Ban vorgeschlagen. Mit dem Bus fuhren sie bis zur Grenze und dann mit einem Taxi weiter nach Pailin.

Während der Taxifahrt wunderten sich beide über den niedrigen Fahrpreis von fünf Dollar.

„Na ja, was soll's, soll halt ne' arme Gegend sein. Da ist wohl alles preiswert. Frauen, Alkohol, Fressen, Sterben, haha!"

Joe wunderte sich über den Sarkasmus seines Bruders. An sich war der eher ein Zyniker! Na ja, und er sagte, weil ihm nichts Besseres einfiel: „Das ist wie mit dem Rauchen. Rauchste, stirbste, rauchste nicht, stirbste auch. Also rauchste."

Uli schüttelte verzweifelt den Kopf. „Deine Sprüche waren auch schon mal besser."

Nach etwa einer Stunde hatten sie Pailin erreicht. Das Hang Meas Hotel lag im Zentrum der Stadt, wenn man die Haus- und Budenansammlung denn so nennen konnte. Gleichmäßig verteilte windschiefe Bretterbuden zwischen Steinhäusern, die anscheinend zum letzten Mal vor dem Krieg neue Farbe gesehen hatten. Oder noch nie. Auffällig waren immer wieder hochmoderne, krachneue Bankgebäude. An sich war es das letzte Kaff, nur keine Provinzhauptstadt. Jetzt verstanden beide, warum Wing gesagt hatte: ‚Da fährt kein Schwein hin'.

„Stell dir mal vor, hier leben zu müssen." sagte Uli.

„Nönö, dann doch lieber sterben. Davon habe ich immer geträumt. Palin sehen, und dann sterben."

Uli verzog das Gesicht. „Pailin, du Döskopp."

„Von mir aus, dann halt Pailin. Das macht den Braten auch nicht fett."

Sie checkten ein und mussten etwas warten, weil ihr Zimmer noch nicht ganz fertiggemacht war. Uli bestellte sich für diese Wartezeit ein

Überbrückungsbier. Joe machte derweil einen Rundgang durch das offene Restaurant vor der Rezeption.

Über Hilfsorganisationen

Als Joe zurückkam, berichtete er: „Ich habe mir mal die Plakate an den Säulen, die Aufkleber und die vielen Tischständer angeschaut. Hier wird bestimmt vierzig Mal oder noch öfter zu Spenden aufgerufen. Die sammeln Spenden für kleine Kinder und große Kinder, für junge Leute und alte Leute, für Witwen und Witwer, für Kranke mit, ich glaube, zwanzig unterschiedlichen Krankheiten, für Leute mit Brille und ohne Brille, für Musiker und Handwerker, für Leute mit Haaren und für Leute mit Glatze, für Leute mit einem Bein, für Leute mit zwei Beinen – es fehlt noch ein Sammelaufruf für Leute mit drei und vier Beinen. Die rufen auf zum Blutspenden und zum Organspenden, zum Spenden von Beinen und Armen. Einen Aufruf zum Spenden von Köpfen habe ich nicht gefunden, aber dahinten ist noch so eine Wand. Die sammeln für Waisenkinder, die ihre Eltern unter Pol Pot verloren haben, obwohl das schon dreißig Jahre her ist. Diese Waisenkinder sind jetzt zwischen dreißig und vierzig Jahre alt. Sie sammeln für alle möglichen Tiere, von Singvögeln bis zu Kellerasseln; und auch für alle möglichen Pflanzen, von Orchideen bis zu Brennnesseln. So ein Quatsch!

Obwohl, wenn man da zu Ende denkt: Wir sollten mal einen Spendenaufruf aufhängen, mit dem für Ausländer, oder Fringsens gesammelt wird oder für Trunkenbolde wie dich, oder noch besser, für Leute, die Spendenaufrufe aufhängen und für die, die die Spenden dann kassieren. Man hat den Eindruck, das ganze Land hier lebt nur von Spenden."

Uli hob sein Glas, trank es leer und sagte tadelnd:

„Du verstehst überhaupt nichts. Das ist ein armes Land, und es fehlt hier an allem."

„Aber nicht den Reichen!“

„Na ja, aber alles, was gespendet wird, dient einem guten Zweck. Es ist immer ein gutes Werk, etwas zu spenden.“

„Und wenn ich dir Suffkopp jetzt ein Bier spendiere, ist das dann kein gutes Werk?“

Uli machte große Augen, dann verdrehte er sie. „Na ja, also wenn man das so sieht…“

„Und hast du vorhin bei der Fahrt hierher gesehen: auf jedem zweiten Auto auf der Straße steht, es ist eine ‚Donation' von Unicef, Welthungerhilfe, EU, Japanischen-, Australischen-, Koreanischen-, Mongolischen-Hilfswerken. Ich glaube, da sind so ziemlich alle Länder der Welt vertreten, bis auf Grönland und Afrika. Und dann die Autos von Miserior, Brot für die Welt, Ärzte ohne Grenzen, Journalisten ohne Grenzen, Metzger ohne Grenzen, Briefmarkensammler ohne Grenzen. Es ist alles vertreten; aber ohne Grenzen!

Was hältst du von einem großen Aufkleber: Frings ohne Grenzen. Schon seltsam das Ganze, aber sehr interessant. Das regt die Phantasie an. Wenn ich mal arbeitslos werde, gehe ich vielleicht auch nach Kambodscha, hänge Spendenaufrufe auf, zum Beispiel für mich. Wofür eigentlich, ist nebensächlich. Dann kassiere ich. Ich denke, das ist ja dann auch Arbeit, jeden Tag aufstehen und zur Bank zu gehen…“

Die Aggressionen wachsen

In der Höhle wurde die Stimmung von Tag zu Tag, von Stunde zu Stunde, immer gereizter. Am Morgen gab es eine Auseinandersetzung zwischen Ole und Roman, die auch wieder beinahe ausgeufert wäre. Ole war spät erwacht und wollte Wasser trinken. Er sah neben sich einen Wasserbecher stehen. Er ergriff ihn und führte ihn zum Mund. Im gleichen Moment, als er aus ihm trinken wollte, bemerkte das der neben ihm dösende Roman. Er schlug ihm den Becher aus der Hand, und schrie los: „Was willst du mit meinem Becher. Soll ich etwa auch krank werden, vielleicht so krank wie du? Du Schwein! Und überhaupt, wegen dir haben wir hier all die Scherereien! Sogar tragen mussten wir dich. Du faule, dreckige Bergmannssau! Dich sollte man killen, ja, genau dich! Was glotzt du mich so doof an, Willst du damit sagen, ich wäre vielleicht doof, du Schwein! du bist doof! dir werd' ich's zeigen!"

Und er hieb dem schutzlosen Norweger voll seine gefesselten, zu Fäusten geballten Hände, ins Gesicht. „Da, und noch mal. Da!"

Gerhard schrie: „Roman, lass das sein! Spinnst du?"

„Der hat gesagt, ich sei doof! Und was willst du denn überhaupt, du überheblicher Wichser? Du Arschloch. Und jetzt kommst du dran!"

Er erhob sich wieder und stolperte au Gerhard zu.

„Schweine seid ihr alle, alles Schweine."

Er brach auf dem Weg zu Gerhard zusammen und heulte wie ein Schlosshund. Glücklicherweise war keiner der Wärter in der Nähe. Sie hätten ihn wahrscheinlich ebenso wie Berry und Philippe gefesselt, und nach hinten gezerrt.

Gerhard war erschüttert. Roman war ihm bisher als der Vernünftigste von den vier Mitgefangenen erschienen. Ole mußte er ausnehmen, der wieder stärker unter seinem Fieber litt, trotz der Medikamente, die ihm die Kambodschaner pünktlich verabreichten.

***

Gerhard selbst hatte lange überlegt, ob er auch um fiebersenkende Medikamente bitten sollte. Aber er wollte damit noch warten. Tagsüber ging es ihm schließlich auch nicht so schlecht, wenn man vom Ärger über die immer wiederkehrenden Aggressionen der Mitgefangenen absah. Aber das waren Probleme, gegen die diese Medikamente nicht helfen könnten. Er hätte sich gewünscht, er könnte schnell wirkende Schlafmittel bekommen. Aber die Schlafmittel, die einer der Kambodschaner mitgebracht hatte, sprachen bei ihm nicht an. Jeden Abend gab es bei ihm die gleichen Probleme. Er lag lange wach, wie jetzt wieder, und schwitzte vor sich hin.

Die einzige für ihn interessante Abwechslung brachten die Besuche der ‚Erscheinung', oder wie immer man das nennen wollte. Ihnen fieberte er allmählich entgegen, obwohl er nicht wusste, was er überhaupt davon halten sollte. Kurz darauf war es auch wieder soweit. Sie kam, und begann sofort zu reden, bevor er ihr weitere Fragen stellen konnte.

„Gerhard, heute bin ich gekommen, um dir von Ole zu erzählen. Ja, Ole, dem Norweger. Ole hatte eine große Familie. Er war glücklich verheiratet, mit vier Kindern. Er arbeitete als Elektriker. Die Familie wohnte in Oslo. Dann beschloss er, nach Nord-Norwegen zu ziehen. Dort gab es mehr zu verdienen. Er ging nach Hammerfest, nördlich des Polarkreises. Dort wurde er für die Arbeit in einem Bergwerk sehr gut entlohnt. Er schickte monatlich Geld nach Hause. Dann begann er mit dem Saufen. Dort oben ist es während einer Hälfte des Jahres dunkel. Im Winterhalbjahr war das egal. Aber als der Sommer kam, verbrachte er auch noch die Hälfte des Tages ohne Tageslicht im Bergwerk unter Tage. Seine Sauferei uferte aus. Er dachte, er hätte wenigstens besoffen einige lichte Minuten. Dann verursachte er einen Kurzschluss im Bergwerk. Er war wieder betrunken gewesen. Es gab eine Katastrophe deswegen. Siebenunddreißig Bergleute verloren ihr Leben. Er wurde nicht zur Rechenschaft gezogen. Man sprach von höherer Gewalt. Ole ging zurück nach Oslo, fand aber keine Ruhe mehr. Jetzt ist er hier. Er will vergessen. Er lebt nun in seiner Realität. Es ist eine eingebildete Realität. Viele Menschen leben in ihren eigenen Realitäten. Es liegt in ihren Wahrnehmungen. Sie nehmen nur noch das wahr, was sie sehen wollen. Das halten sie dann für die Realität. Aber es gibt keine absolute Realität. Es ist ihre eigene, subjektive Realität. Es sind ihre eigenen, eingebildeten Realitäten. Viele Menschen sind bereit, für ihre Realitäten zu töten. Oder auch zu sterben. Dies alles sind falsche Wege, aber viele Menschen lassen sich nicht vom falschen Weg abbringen. Aber nun ist wieder die Zeit gekommen, dass ich gehe. Ich komme wieder."

„Halt, noch einen Moment: Bist du eine eingebildete Realität. Bist du ein Traum. Was bist du? Wer bist du?“

Sie antwortete mit sanfter Stimme: „Denke darüber nach! Nur du selbst kannst eine Antwort für dich finden.“

Damit entschwand sie wieder im Dunkel.

Duch wird freigelassen

In Phnom Penh fieberte ebenfalls jemand. Es war Duch. Er fieberte seiner Freilassung entgegen. Nach neun Jahren Gefängnis war das Fass übervoll. Sicher, in seinem Lager waren viele Leute umgekommen. Aber er selbst hatte niemanden von den Gefangenen getötet. Die Leute waren ihm überstellt worden. Viel zu viele für das kleine Lager. Und dauernd kamen neue Leute. Die, die gestanden hatten, spioniert zu haben, konnte man schließlich nicht einfach freilassen. Das wurde auch in keinem anderen Land so gemacht. Und meistens waren sie ja auch schnell gestorben. Und draußen war es damals auch nicht viel besser gewesen. Alle hatten sich beklagt. Es waren ja auch schlimme Zeiten gewesen, damals. Also was soll‘s. Er hatte immerhin nahezu zehn Jahre hier zugebracht. Wenn man ihn bestrafen wollte, dann waren die fast zehn Jahre hier im Gefängnis genug gewesen. Jetzt hieß es, nach vorne zu schauen. Er würde zuerst einen Behälter mit Goldschmuck bergen. Er überlegte. Dazu brauchte er einen zuverlässigen jungen Mann. Aber zuerst würde er sich eine Pistole beschaffen. Und ein anderes Handy, das nicht abgehört werden könnte. Und neue Ausweispapiere. Das mit dem Diplomatenpass war nur eine von den Finten, die er sich ausgedacht hatte, um später die Verfolger auf eine falsche Spur zu lenken. Leider hatte ihn das drei Tage gekostet. Aber es war schon gut, wenn man denken würde, er sei senil geworden. Sollten sie ruhig die Grenzen überwachen. Was er vorhatte, konnten die nicht ahnen. Na ja, morgen war es soweit.

***

Am nästen Tag wartete Duch auf seine Freilassung. Gegen zwei Uhr rief er den Wärter, und sagte ihm, er solle den Gefängnisdirektor informieren, dass Duch ihn sprechen wollte. Nichts passierte. Als Duch den Wärter eine halbe Stunde später noch einmal rief, grinste dieser ihm frech ins Gesicht.

„Der Direktor hat jetzt keine Zeit."

Duch verzog keine Miene, obwohl er innerlich kochte. Das würden sie ihm büßen! Diese Schweine! „Aber hinterher werde ich über euch lachen", sagte er sich. „Rache ist süß." Um vier Uhr schließlich war es soweit. Der Wärter öffnete die Gittertür. Jetzt grinste Duch. „Alles Ratten hier. Wenn er hier was zu sagen hätte, na dann!" Ohne dass der Innenminister oder wenigstens der unfähige Gefängnisdirektor ihn verabschiedeten, öffnete sich das Haupttor für ihn. Man hatte ihm seine alte Kleidung, den neuen Pass und die verlangten 100‘000 Dollar gegeben, und noch 2‘400 Riels, die er bei seiner Verhaftung bei sich gehabt hatte. Wertloses Geld, wie er wusste, denn inzwischen war neues Geld gedruckt worden. Aber selbst wenn es noch gültig wäre: durch die Inflation der letzten Jahre hätte er sich damit gerade mal an der Straße ein Getränk und vielleicht noch eine Schüssel Reis kaufen können. Mit einem kleinen Karton unter dem Arm, der seine Wertsachen enthielt, und einem kleinen Koffer mit den Banknoten, hatte man ihn entlassen. Die Wertsachen, die er damals bei seiner Verhaftung bei sich getragen hatte, freuten ihn. Er machte sich auf den Weg in Richtung Innenstadt. Bei einem chinesischen Juwelier versetzte er seine Armbanduhr, die ihm immerhin 84‘000 Riels einbrachte. Um die Uhr war es schade, denn sie war ein persönliches Geschenk von Pol Pot gewesen. Aber sei's drum. Das war wenigstens sauberes Geld. Und was wusste dieser dumme Chinese schon von seiner großen Vergangenheit.

Im Moment war er nur ein alter Mann, der uralte Klamotten trug. Dann nahm er ein Zimmer in einem verwanzten, billigen Hotel.

Es kostete ihn 20‘000 Riels, natürlich Vorkasse. Das waren heute fünf Dollar. Er bezahlte mit einem der Fünfzig-Dollar Scheine aus dem kleinen Koffer. Der Portier machte große Augen, als Duch mit dem großen Geldschein bezahlte. Na ja, so wie er aussah! Er konnte es dem Mann am Empfang nicht einmal verübeln, dass er ihn vor dem Bezahlen wie einen Penner behandelt hatte. Der Portier hatte ungefähr seine Größe. Er ging nach oben auf sein Zimmer. Es hatte kein Fenster. So ging er auf den Flur hinaus und schaute nach vorne auf die Straße hinunter. Da unten herrschte ein ganz normales, geschäftiges Treiben. Von Beschattern keine Spur. Aber irgendwo würden die schon stecken. Dann ging er auf dem Flur in die entgegengesetzte Richtung, und sah dort zum Fenster hinaus. Ein verrotteter Hinterhof. Gegenüber waren mehrere Hinterfronten von Restaurants zu sehen.

Durch die drei gegenüberliegenden offen stehenden Küchentüren klang leise Musik. Ideal. Dann ging er hinunter zum Empfang. Der Mann, der dort arbeitete, war da, aber eingeschlafen. „Auch gut!" dachte er. Er verließ das Hotel durch die Eingangstür und betrat ein danebenliegendes Restaurant. Hier speiste er, trank etwas Tee und bezahlte wieder mit einem der Fünfzig-Ddollar Scheine. Noch mehr sauberes Geld, freute er sich. Dann ging er zurück zur Rezeption.

Duch taucht unter

Der Mann dort schlief immer noch. Duch sah zum Fernseher. Irgendeine Musikshow von früher! Und das Bild war furchtbar. Er klopfte unsanft auf die Theke. „Verkaufen sie mir ihren Anzug und die Schuhe?" sagte er zu dem aufgeschreckten Rezeptionisten.

„Waaas wollen sie?"

„ ihren Anzug und die Schuhe, für fünfzig Dollar!" Der Mann sah ihn mit großen Augen an. fünfzig Dollar waren viel Geld, aber der Fremde war offenbar in einer Notlage. Er schüttelte den Kopf.

„Hundert Dollar?" „Und was soll ich dann anziehen?"

„Ich gebe ihnen meine Sachen."

In der Toilette neben der Rezeption wechselten die beiden die Kleidung samt Schuhen. Die Hose war für Duch etwas eng. Er ließ den oberen Knopf offen. Dann ging er wieder auf sein Zimmer. Er betrachtete sich in den trüben, dreckigen Spiegel im Badezimmer und nickte zufrieden. Nun legte er sich auf das Bett. Er wartete eine Stunde und ging dann wieder nach unten. Der Mann am Empfang schlief wieder. Duch ging zur Hintertür, diesmal ganz leise. Sie war von innen verschlossen. Er drehte vorsichtig den Schlüssel; sie sprang auf. Er drückte diese Tür, nachdem er das Gebäude verlassen hatte, wieder zu und stand im Hinterhof. Durch den Hintereingang eines der Restaurants gelangte er in einen Flur. Rechts lag die Küche, links eine Toilette. Diese betrat er und wartete, bis sich sein Herzschlag wieder normalisiert hatte. Er betrachtete sich wieder im Spiegel. Ganz gut. In der Hand trug er den kleinen Koffer. Den musste er zuerst loswerden. Durch das Restaurant ging er langsam auf die Strasse. Er schaute nach links und nach rechts. Auch hier war kein Verfolger zu sehen.

***

Er bestieg ein Mopedtaxi und ließ sich zum Phsar Thmei, dem Zentralmarkt fahren. Falls er Verfolger gehabt hätte, hier würde er sie endgültig abschütteln. Er schlenderte über den Markt, wo ein unglaubliches Gewühl herrschte; es war eine unüberschaubare, chaotische Ansammlung verschiedenster Stände. Er ging zu einem der Stände, wo neue und gebrauchte Bekleidung verkauft wurde. Zwischen den in Augenhöhe aufgehängten Anzügen ging er langsam nach links und war von außen nicht mehr zu sehen. Er zog die an einer langen Stange aufgehängten Bekleidungsstücke auseinander, machte zwei schnelle Schritte vorwärts, und ging an der Rückseite entlang. Nun beschleunigte er seine Schritte, hob die Plane, die diesen Marktstand von dem nächsten trennte, an, und schlüpfte darunter hindurch. Er befand sich nun in der folgenden Reihe. Hier schlenderte er wieder nach rechts. Dieses Manöver wiederholte er an anderen Kleider-Ständen fünfmal, bis er sicher war, nicht verfolgt zu werden.

Dann verließ er den Markt durch den nächsten der vielen Eingänge. Er stieg in eines der wartenden Taxis und setzte sich auf die Rückbank. Dem Fahrer gab er Order, ihn zum alten Markt zu fahren, Dann nahm er eines der beiden Handys zur Hand und wählte die Nummer seines Freundes Psat Samudera in Thailand. Er brauchte nicht leise sprechen, denn der Fahrer hatte im Radio einen Sender mit westlicher Popmusik eingestellt und fast auf volle Lautstärke aufgedreht. Es war sicher, dass dieser nichts von seinem Gespräch mitbekam. Er sprach ins Telefon: „Sag den Freunden, dass sie die erste Hinrichtung ausführen sollen. Um drei Uhr war das gestellte Ultimatum abgelaufen. Man hat mich erst um vier Uhr entlassen. Ich melde mich später wieder."

Dann legte er das eine Handy auf den Fahrzeugboden, halb von der Fußmatte verdeckt. Hier würde es der nächste Fahrgast sehen und erfreut an sich nehmen. Das zweite klemmte er zwischen Sitzbank und Rückenlehne. Hier würde es liegen bleiben, bis die Batterie leer war, oder bis die Polizei es entdecken würde. Den kleineren, alten Markt erreichte er trotz des Verkehrsgewühls schon nach einer halben Stunde. Er kaufte einen kleinen, alten Rucksack. Auf einer Toilette packte er sämtliche Geldscheine aus dem Koffer in seinen Rucksack und ließ den Koffer stehen. Dann verließ er den Markt und setzte sich auf den Rücksitz eines der wartenden Mopedtaxis. Dem Fahrer gab er Anweisung, ihn in das drei Kilometer entfernte Riverside-Viertel zu fahren. Das war auch nicht die beste Gegend, doch war sie für ihre zwielichtigen Juweliere und Wechselstuben bekannt. In fünf dieser Wechselstuben wechselte er sein verbliebenes Geld zu einem sehr schlechten Kurs in Euro um. Immerhin hatte er nun saubere 55‘000 Euro. Darauf ging er in Richtung Mekong und checkte in einem besseren Mittelklassehotel ein. Er speiste im Restaurant ausgiebig und genehmigte sich dazu, zur Feier des Tages, eine Flasche Bier. Jetzt war das Leben schon bedeutend erträglicher. Am nächsten Morgen würde er sich ein neues Handy kaufen, sich neu einkleiden und… und… Aber langsam; zunächst genoss er den Blick auf den gemütlich dahin treibenden Fluss. Es war gut, wieder frei zu sein.

***

Im Polizeihauptquartier gab es Alarm. Der Beamte, der für die Telefonüberwachung zuständig war, hatte das Gespräch von Duch abgehört und aufgezeichnet. Er erstatte sofort dem Einsatzleiter, des mit der Koordination der Überwachungsmaßnahmen beauftragten stellvertretenden Polizeiprädsidenten, Bericht.

Aufgefallen war ihm, als er den Ausdruck des Telefongespräches mit den Koordinaten in der Hand hielt und noch einmal überflog, dass das nicht mehr die Koordinaten des Hotels waren, wo Duch vor zwei Stunden geortet worden war. Er wies seinen Vorgesetzten darauf hin, dass der Observierte offenbar den Standort gewechselt hatte, obwohl von den Überwachern vor Ort noch keine diesbezügliche Meldung eingegangen war. Über Funk nahm er Kontakt zu einem der Überwachungsteams auf. Duch sei immer noch eindeutig in seinem Hotel, wurde ihm beschieden.

„Irgendetwas stimmt da nicht", sagte sich der Einsatzleiter. Eine Überprüfung der Koordinaten der Handys ergab eindeutig, dass er unterwegs in der Innenstadt war. Aber die Signale der Sender in seiner Bekleidung und den Schuhen wies darauf hin, dass er sich immer noch im Hotel befand.

„Unmöglich", schrie der Einsatzleiter. Er wies die beiden Überwachungsteams an, unauffällig das Hotel durchzuchecken. Als zwei Mitglieder eines der Teams die Rezeption betraten, um zu fragen, ob noch Zimmer frei seien, staunten sie nicht schlecht. Der Rezeptionist trug eindeutig die alten Kleider, in denen sie vorher Duch gesehen hatten, als er das Gefängnis verlassen hatte. Sie erstatteten Bericht, worauf der Einsatzleiter schrie:

„Sofort verhaften und herbringen!"

Der verdatterte Portier wiederholte bei den folgenden Verhören, die sich über sieben Stunden hinzogen, immer wieder seine Version. Er habe auf Wunsch des Gastes ihm seine Kleidung für einhundert Dollar verkauft. Ein Abgleich der Seriennummern der beiden Fünfzig-Dollar Banknoten ergab schließlich, dass diese beiden Scheine tatsächlich von den an Duch übergebenen 100‘000 Dollar stammten. Der Einsatzleiter war erschüttert in sich zusammengesunken. Seine beiden technisch hoch gerüsteten, besten Teams hatten trotz modernster Überwachungstechnik schmählich versagt. Da erreichte ihn eine neue Hiobsbotschaft. Die Handysignale hätten sich aufgeteilt. Eines werde aus der Gegend am Fluss empfangen, das andere aus einem westlichen Vorort.

„Das ist vielleicht das Ende meiner Karriere bei der Polizei“, sagte er sich. Oder, er würde den Rest seiner Tage irgendwo auf dem Lande als Dorfpolizist verbringen und Hühnerdiebe jagen. Er gab Anordnung, die Stellen, von denen die Handysignale kamen, genauestens zu observieren. Als er erfuhr, dass das eine Signal aus einem leeren, abgestellten Taxi kam, und das zweite aus dem Holiday Inn Hotel, gab er Anweisung, die Person, die das Handy nun bei sich führe, umgehend zu verhaften. Es war ein Geschäftsmann aus Battambang, der angab, das Handy am späten Abend in einem Taxi ‚gefunden’ zu haben.

„Morgen früh wird die Hölle los sein. Zuerst der Inhalt des Telefongespräches nach Thailand bezüglich der Hinrichtung und dann der Verlust der Zielperson! Das ist nun das Ende, wirklich das Ende meiner Karriere.“

Er verließ das Hauptquartier und ging in eine Kneipe im Nachbargebäude, die rund um die Uhr geöffnet hatte. Hier wurde er am folgenden Morgen sinnlos besoffen und fast ohnmächtig aufgefunden. Er war nicht ansprechbar, und wurde ins zentrale Polizeikrankenhaus gebracht.

Fahndung nach Duch

Am nächsten Morgen erstattete der Polizeipräsident dem Innenminister Bericht. Der Innenminister tobte. Dann wies ihn der Polizeipräsident darauf hin, dass ja die Telefonüberwachung von Sok Vai noch existierte. Es sei damit zu rechnen, dass Duch mit ihm sicherlich bald wieder Kontakt aufnehmen würde. Nun beruhigte sich der Innenminister wieder etwas. Dann hätte man auch Duch bald wieder unter Kontrolle.

Er sage; „Der Ministerpräsident hat neulich gesagt, mit Duch hat man nur Scherereien. Ich denke, er hat Recht. Es wird wirklich Zeit, dass Duch verschwindet, und zwar endgültig! Und was die erschossene erste Geisel angeht, dafür können wir nun wirklich nichts. Und die restlichen Vier leben ja auch noch!“

Falsche Fährte

Am selben Morgen ging Sok Vai zu Fuß ungefähr fünfzig Meter mit aller Vorsicht in den Busch. In der linken Hand trug er einen leeren Wassereimer, in der anderen hielt er ein Gewehr im Anschlag. Er schaute nach oben in die Baumkronen . Er stand still. Schon nach fünf Minuten hatte er gefunden, was er suchte. Er legte an, schoss, und mit Getöse und laut schreiend plumpste ein schwerer, dunkel behaarter Affe aus dem Baumwipfel. Es war ein mittelgroßer, schwarzer Gibbon. Ein wütendes Geschrei und Gekreisch erhob sich um ihn herum. Sok kümmerte sich nicht um die übrigen zeternden Affen. Der Gibbon, der sich noch bewegte, erhielt einen zweiten Schuss, diesmal in den Kopf. Jetzt war er erledigt.

Nun griff Sok Vai nach einer Machete, und hieb mit einem entschlossenen Schlag dem Affen den Kopf ab. Es schoss viel Blut aus dem Affenkadaver. Es gelang Sok, eine grosse Menge davon im Eimer aufzufangen.

Als er halb voll war, drehte sich Sok zufrieden um und ging zur Höhle zurück. Dort wandte er sich an Ole, der an diesem Morgen nach einer weiteren durchfieberten Nacht in einem schlechten Zustand war. „Deine Hinrichtung ist angeordnet worden. Wir lassen dich aber am Leben. Wir müssen aber ein Foto machen, dass dich wie tot zeigt. Dazu bringen wir dich jetzt nach draußen und kippen Affenblut über dich. Du musst aussehen, als ob du tot wärst."

Als Ole widersprechen wollte, sagte Sok drohend: „Oder sollen wir dich wirklich erschießen?"

Von hinten aus der Höhle war die übergeschnappte Stimme von Berry zu vernehmen:

„Ich würde das Schwein wirklich erschießen, dann habt ihr keine Mühe mehr mit ihm!"

Wortlos ging Tep nach hinten in die Höhle auf Berry zu, funkelte ihn mit bösen Augen an und trat dem Engländer mit aller Wucht in den Bauch.

„Der erste, der tatsächlich hier erschossen werden wird, wirst du sein", fauchte er den Engländer an. Diese Drohung zeigte Wirkung.

Mit Unterstützung von Chap wurde Ole vor die Höhle geführt. Dort legten sie ihn halb sitzend an den nächsten Felsen. Dann kippte Sok fast das ganze Blut über seinen Oberkörper. Den Rest goss er ihm ins Gesicht.

Dann postierten sich Chap und Sim mit auf Ole gerichteten Gewehren rechts und links von Ole. ihre Köpfe hatten sie weggedreht, so dass ihre Gesichter nicht zu erkennen waren. Dann machte Sok mit seinem Handy drei Fotos von dem auf dem Boden sitzenden Norweger. Die Fotos schickte er an die Telefonnummer in Thailand mit der Bitte, sie an den Freund weiterzuleiten, und ihm zu sagen: „Das ist Nummer eins." Sonst nichts.

***

Direkt neben dem Hotel, das Duch gestern Nacht bezogen hatte, war ein Telefonladen. Hier erstand er ein neues, teures Handy. Im Laufe des Vormittags meldete sich Duch direkt bei Sok.

„Ich bin jetzt raus aus dem scheiß Gefängnis. Ich habe mir ein neues Handy gekauft. Jetzt können wir direkt telefonieren. Hast du das Bild gemacht?“ „Ja, ich habe es schon nach Thailand geschickt.“

„Nein, schicke es noch mal weg, an die Nummer, die dein Handy jetzt anzeigt. Das ist jetzt meine neue Nummer. Ich melde mich wieder.“ Als Duch das Foto auf seinem Handy begutachtete, musste er grinsen. Der Norweger saß da, über und über mit Blut besudelt, und offenbar tot. Alle Details auf dem Bild waren ziemlich deutlich zu erkennen. Das würde den Verfolgern einen schönen Schrecken einjagen. Gut, es hatte keine hohe Qualität, aber die war jetzt auch nicht erforderlich. Dieses Foto leitete er umgehend an die Phnom Penh Post und Phnom Penh Daily weiter. Er fügte den Text an:

„Die erste Geisel ist erschossen. Die nächste Hinrichtung erfolgt bald.“ Nichts weiter…

Zufrieden ging Duch zu einem späten Frühstück in den Frühstücksraum.

***

Danach checkte er aus. Die wenige Dinge, die er bei sich hatte und sein Geld, verstaute er in dem Rucksack. Dann betrat er drei Häuser weiter einen luxuriösen Frisiersalon. Er ließ sich eine neue, modische Frisur verpassen und die ergrauten Haare schwarz färben. Dann folgte eine gründliche Rasur; seine Finger ließ er auch maniküren; zum ersten Mal in seinem Leben.

Er musste Grinsen. In einem der nächsten Optikergeschäfte erstand er eine modische Brille mit Gläsern aus normalem Fensterglas und eine teure Sonnenbrille. Dann kaufte er in einem großen Luxuseinkaufszentrum zwei Anzüge, drei Paar Schuhe, mehrere Hemden und zwei modische, schicke Seidenkrawatten. Einen der neuen Anzüge zog er gleich an, ebenso die Schuhe. Die Bekleidung des Portiers, inklusive der Schuhe, ließ er in eine Tüte packen, und schenkte sie einem der vielen Bettler draußen. Darauf erstand er zwei neue, kleinere Aluminiumkoffer und eine Umhängetasche aus Leder. Zusätzlich kaufte er noch einige notwendige Toilettenartikel wie Rasierzeug, Duftwasser und ähnliches, sowie eine neue Armbanduhr.

In einem großen Spiegel betrachtete er sich kritisch. Er hatte nun keinerlei Ähnlichkeit mehr mit dem alten Mann, der gestern aus dem Gefängnis entlassen worden war. Nun glich er einem Geschäftsmann, dessen Alter schwer einzuschätzen war.

Schließlich ließ er sich wieder per Taxi zum Kleang Romsev Markt fahren. In dem verrufenen Viertel dahinter, zwischen den Straßen 316 und 326 sah er sich um. Hier hatte sich kaum etwas verändert. Er besuchte mehrere Kaschemmen, bis er die erhofften Kontakte gefunden hatte. Morgen würde er hier neue persönliche Dokumente und eine kleine Pistole erhalten. Der Preis von siebenhundert Dollar für alles zusammen erschien ihm sehr hoch, aber lang handeln wollte er auch nicht. Wichtig war, dass die Qualität stimmte. Er leistete eine Anzahlung in Höhe der Hälfte des verlangten Kaufpreises. Morgen Vormittag würden die bestellten Dinge bereit liegen. Mit dem neuen Handy bestellte er eine Hostess zu sich ins Hotel und machte mit ihr einen ausgiebigen Spaziergang am Fluss entlang. Er gab sich als Geschäftsmann aus Battambang aus und ließ sich von ihr als Führerin die Gegend um den Königspalast zeigen. Es wurde ein gemütlicher Nachmittag, der von einer Bootsfahrt auf dem Mekong gekrönt wurde. Die Stadt hatte sich in den letzten Jahren sehr verändert. Mehrere der alten Stadtviertel existierten nicht mehr. Sie hatten neuen Wolkenkratzern mit dazwischen eingebetteten kleinen Parks weichen müssen. Das war nicht mehr sein Phnom Penh, dachte er mehrmals. Es gab zuviel Hektik für einen alten Mann. Aber bald würde er sowieso diese inzwischen fremdgewordene Stadt verlassen. Er sehnte sich nach einem ruhigen Häuschen auf dem Land, wo er geruhsam seine alten Tage verbringen konnte.

Aber zuvor war noch einiges zu tun....

***

Am nächsten Tag erhielt er gegen Mittag Pistole und Papiere. Im Keller dieses Hauses, in dem Schmuggelware gestapelt war, testete er ausgiebig die Funktions- und Zielgenauigkeit der Waffe. Mit fünf gefüllten Reservemagazinen in der Jackentasche ging er in die „Werkstatt" des Passfälschers. Pass, ID-Card, und Führerschein waren von hervorragender Qualität und an den Rändern absichtlich etwas vergilbt. So würde er jede Personenkontrolle durch die Polizei leicht überstehen.

Nun fuhr er in sein Hotel, checkte aus und bezog unter seiner neuen Identität eine Suite im renommierten Riverside Hotel, direkt hinter dem Riverfront Park mit seinen vielen Bars.

Als er von seinem Fenster auf diesen Park schaute, überkamen ihn viele Erinnerungen. Hier hatten vor ihrer Machtergreifung immer wieder Pol Pot, Nuon Chea, er selbst und Pol Pots Freunde unter falschem Namen verkehrt. Nächtelang hatten sie mit dem chinesischen Botschafter und zwei Polizeigenerälen ideologische Fragen diskutiert. Und immer wieder ging es darum, wie man die geplante Machtergreifung am besten durchführen könnte. Als es dann losging, hatte ihnen dieses Hotel als vorläufiges Hauptquartier gedient. Dies war nun alles schon Geschichte, nur ihm als einzigen ging es wieder gut. Und bald würde alles noch viel besser werden, wenn das letzte Problem gelöst wäre. Jetzt musste er die Eimer mit dem versteckten Goldschmuck sicher in seine Hand bekommen. Das bereitete ihm immer noch Kopfzerbrechen. Wem konnte er wirklich vertrauen. Die Kontakte, die er vor seiner Inhaftierung hatte, waren weggebrochen. Entweder waren die Freunde gestorben, oder verschwunden. Viele hatten sich auch von ihm abgewandt – wer wollte noch mit einem alten Mann im Gefängnis in Verbindung gebracht werden. Die Enkel seiner Mitstreiter waren ihm unbekannt, außerdem war es wenig verlockend, einen Eimer, gefüllt mit Gold, zu bergen und ihn dann einem fremdem, alten Mann zu überlassen.

Warum den alten Mann nicht gleich nach dem Ausbuddeln des Goldes erschießen. In diesem Land war ein Menschenleben noch nie viel wert gewesen. Er wusste ja selbst nicht einmal genau, wie er sich in solch einem Fall verhalten würde. Aber allein bewerkstelligen konnte er es auch nicht. Dazu war er einfach zu alt. Und professionelle Gangster anheuern? Nein, Gangster blieb Gangster.

So grübelte er weiter über diese Frage vor sich hin…

***

Im Hang Meas Hotel in Pailin bekamen die Brüder ein sauberes Doppelzimmer im ersten Stockwerk und gingen unter die Dusche. Hier war es erheblich heißer als in Chanthaburi, dessen Nähe zum Meer, zum Golf von Thailand, doch etwas niedrigere Temperaturen mit sich brachten. Sie umrundeten zu Fuß anschließend das Hotel, und zogen dann einen größeren Kreis. Der Blick aus dem Taxi hatte nicht getäuscht; hier war die Armut unübersehbar. Viele windschiefe, baufällig erscheinende, eingeschossige Holzhäuschen reihten sich aneinander. Überall an den staubigen Straßenrändern stapelten sich Müll und Unrat, in dem magere Hühner und kranke, räudige Hunde nach Nahrung suchten.

Dazwischen fielen aber auch große, protzige Neubauten auf, deren Neonschilder sie als Banken auswiesen. Und in größeren Abständen standen vereinzelte, gepflegte Steinhäuser, die von hohen Mauern umgeben waren. Einer Beschreibung aus dem Internet zufolge gehörten sie den Bonzen, die durch Schmuggel über die nahe Grenze, durch Prostitution und Einnahmen aus mehreren Spielcasinos viel Geld verdienten. Da in Thailand Glücksspiel verboten war, kamen immer mehr Thailänder über die Grenze, um hier in den Casinos regelmäßig viel Geld zu verlieren.

Die Provinz

Pailin hatte den Status einer Sonderprovinz erhalten, um die hier nicht greifbaren letzten Funktionäre des Pol Pot Regimes und ihre Kämpfer zu bewegen, ihre Waffen niederzulegen. Im Gegenzug hatte ihnen der Gouverneur, der tatsächlich ein Leibwächter von Pol Pot gewesen war, die Ausbeutung der reichlich vorhandenen Edelstein- und Goldvorkommen der Gegend zugebilligt, und eben auch die Gründung der Casinos. Diese Leute verdienten sich zusätzlich eine goldene Nase, indem sie den traditionellen Schmuggel mit harter Hand kontrollierten. Allerdings sickerte von diesen üppigen Einnahmen kaum etwas an die armen, unteren Bevölkerungsschichten durch, so dass hier der Gegensatz zwischen Armut und schamlos zur Schau gestelltem Reichtum besonders krass in Erscheinung trat.

Gegen Mittag gingen die beiden Brüder in ihr Hotel zurück. Uli studierte die Speisekarte.

„Wirklich spottbillig hier, verglichen mit Thailand.“ Sie speisten, und nahmen ein Bier dazu. „Mal sehen, wann die anderen eintreffen“, meinte Uli.

Nach dem Essen legten sie sich an den Pool und hielten eine kleine Siesta. Joe war eingenickt, als Uli ihn leise an der Schulter schüttelte. „Ich glaube, das ist er. Solch buschige Augenbrauen hat hier niemand“ Zwei Tische weiter im Schatten saß ein bulliger Mann im Anzug und las Zeitung. Uli nahm sein Telefon und wählte die Telefonnummer, die Wing ihm gegeben hatte. Der Fremde hob sein Handy ans Ohr und sah gleich zu ihnen hin.

„Chen Won. Sie sind wohl die Brüder Frings.“

Uli nickte ihm unauffällig zu, der Fremde nickte zurück.

„Wing wird am frühen Abend hier sein. Dann treffen wir uns, am besten im Spielcasino. Das größte hier heißt Caesar International Palace. Das ist am unverfänglichsten o.k.?“

„O.K, bis dann!“

„Ja, das ist er. Sok Vai kommt nachher auch“, sagte er zu seinem Bruder. Dann streckte er sich wieder auf seiner Liege aus und schloss die Augen. Er war gespannt, wie es weitergehen würde. Bald schlief auch er ein – die letzten Tage waren doch etwas turbulent gewesen.

Verstärkung

Gegen siebzehn Uhr wachte er auf. An der Pool-Bar bestellte er einen Kaffee. Zehn Minuten später nahm Joe neben ihm Platz. „Auch einen Kaffee, bitte“, sagte er zur Bedienung. Er nippte an der Tasse. „Zu heiß, einen Cognac bitte!“ Den kippte er in die Tasse, und gab Zucker hinzu. „Jetzt ist es schon besser.“ Uli schüttelte missbilligend den Kopf. Du kriegst den Hals wohl nie voll?“ „Ich will mir doch nicht die Zunge verbrennen.“ Als Joe sich noch mal dasselbe bestellte, schloss sich ihm Uli an, indem er der Bedienung zunickte.

„Hmm, ganz gut“, murmelte er. Als Joe dann noch mal bestellte, nickte er auch noch einmal. „Einer ist keiner!“ Dann gingen sie in ihr Zimmer und duschten sich. Nach dem Ankleiden gingen sie nach unten und setzten sich vor das Hotel auf eine Bank im Schatten. Allmählich kam die Dämmerung, aber von Abkühlung war noch nichts zu spüren.

„Und heute Abend geht’s ins Spielcasino. Ein konspirativer Treffpunkt. Du verstehst“, grinste er. „Ich war noch nie in solch einem Laden,“ sagte Joe. „Na ja, einmal ist immer das erste Mal. Da kann man Geld gewinnen, aber noch mehr verlieren. Ich nehme nicht mehr als 50 Dollar mit, mehr ist nicht drin. Nur für alle Fälle.“

Jetzt fuhr vor dem Hotel ein grüner Land-Rover vor.

„Ich glaube, das ist er“, sagte Uli. Aus dem Hotel kamen zwei livrierte Pagen. Der Fahrer stieg aus und gab einem der beiden den Autoschlüssel. Er schaute zu den beiden Brüdern, nickte kurz und verschwand im Hotel. Mit den vier Koffern aus dem Kofferraum folgten die Träger kurz darauf ins Hotel. Nach zwei Minuten läutete Ulis Telefon. „Guten Tag, gute Fahrt gehabt? Chen hat schon mit euch gesprochen? Wir treffen uns um acht im Casino an an der langen Theke hinter dem großen Roulettetisch. Geht ruhig etwas früher hin; man kann dort vorzüglich speisen. Wenn man für dreißig Dollar Chips kauft, sogar umsonst. Das Caesar International liegt zehn Minuten außerhalb. Das Taxi sollte drei Dollar kosten. Alles klar?“

„Alles klar, also bis dann!“

Im Casino

Das Casino lag an einem kleinen Fluss in einem eingezäunten, bewachten Areal. Bewaffnete Wächter überall, aber die Brüder kamen unbehelligt hinein. Es war ein protziger Bau mit Stilelementen aus der Römerzeit und Motiven aus antiker Khmer Baukultur.

„Also, in diese arme Gegend passte es wirklich wie die Faust aufs Auge.“

Vergoldete Geländer überall, und Rokoko Sessel im weitläufigen Foyer ergänzten das Wirrwarr der verschiedenen Stilrichtungen.

„Na ja, soll halt protzig, groß und teuer wirken. Seltsame Geschmacksverirrung“, dachte Joe.

Aber das Essen war tatsächlich vorzüglich und kostenlos bei Abnahme der entsprechenden Chips. Trotz der frühen Abendstunde war schon erstaunlich viel los. Um die verschiedenen Spieltische drängten sich überwiegend Thailänder, um möglichst bald und schnell ihr Geld zu verlieren. Dass die Spielabläufe hier bei weitem nicht den strikten Überwachungsregeln westlicher Casinos entsprachen, war allgemein bekannt. Aber das schreckte die vielen leidenschaftlichen Spieler aus Thailand keineswegs ab. Nach dem Essen gingen die Brüder in den größten Raum des Hauses, an die beschriebene Theke und bestellten zwei Bier. Wenig später erschienen getrennt die beiden Kambodschaner. Sie schlenderten langsam an dem besetzten großen Roulettetisch vorbei und steuerten ebenfalls zögernd die überlange Theke an. Wie zufällig setzten sie sich auf die leer stehenden Barhocker rechts und links neben die Brüder, und Wing Ban nickte zur Begrüßung mit dem Kopf.

„Na, wollen sie auch ihr Glück versuchen?“

Und zum herbeieilenden Barmann: „Ein Bier bitte. Ist das immer so voll hier?“

Der Keeper zuckte nur mit den Schultern. Er stellte Bier und Glas vor Wing. Jetzt mischte sich Chen Won ein.

„Vor zwei Monaten war ich zuletzt hier, da war es noch viel voller. Aber es war auch samstags. In der Woche kommen nicht so viele über die Grenze.“

Und er sagte zum wartenden Barmann „ Mir auch ein Bier bitte!“ Nun wandte er sich direkt an die Brüder. „Sie kommen wohl aus England, oder?“

„Aus Deutschland.“

Nun sagte Wing: „Ich habe einen Bekannten, der ist aus Belin“

„Berlin heißt die Stadt“

„Interessant“. Und dann so laut, dass der Barmann es hören musste: „Können wir uns nicht da hinten in die Ecke setzen, da ist es ruhiger. Da kann man sich besser unterhalten. Da ist die Musik auch nicht so laut.“

Die Drei nickten, und die Gruppe steuerte einen leeren Ecktisch an.

***

Wing Ban begann sofort: „Zuerst will ich euch darauf hinweisen, dass wir bei der Aktion, die wir vorhaben, ganz auf uns alleine gestellt sein werden. Wir können nicht auf irgendwelche Unterstützung durch die Polizei oder Verwaltung hoffen. Ziemlich sicher würden die Entführer gewarnt.

Und nun zu den aktuellen Ereignissen.“ Er nahm ein kleines Notizbuch zur Hand. „Duch ist gestern Nachmittag aus dem Gefängnis entlassen worden. Gestern Abend hat er die Ermordung einer Geisel angeordnet. Heute Morgen haben die Entführer ein Bild des erschossenen Norwegers verschickt. Duch ist offenbar untergetaucht, obwohl er mit allen zur Verfügung stehenden Mitteln überwacht wurde. Jetzt kann er überall sein. Er hat sein Handy gewechselt und direkt mit den Entführern Kontakt aufgenommen. Unser Vorteil ist, dass er offenbar nicht weiß, dass wir auch sein neues Handy orten und abhören können. Als er heute mit den Entführern gesprochen hat, haben wir von dem Handy in Pailin aus den Kontakt zu ihm zurückverfolgt. Leider war das Gespräch zu kurz, um ihn zu orten. Aber sobald er noch mal mit denen dort oder die mit ihm Kontakt aufnehmen, wissen wir, wo er ist, wenn das Gespräch nur etwas länger dauert."

Uli warf ein: „Aber er hat doch sein Ziel erreicht, er ist in Freiheit. Warum verschwindet er nicht einfach?"

„Das habe ich mich auch schon gefragt. Er muss noch irgendetwas vorhaben."

„Vielleicht noch ein paar Gesinnungsgenossen freipressen?"

„Nein, er ist der Letzte bis auf Nuon Chea, der seit einem Jahr im Gefängnis ist. Und Nuon Chea hat ihm nie geholfen herauszukommen; warum also sollte Duch jetzt ausgerechnet ihm helfen."

„Vielleicht sind unter den Entführern Freunde von ihm, und er will , dass die zuerst ins Ausland gehen können?"

„Das sind alles Spekulationen und führt im Moment zu nichts! Konzentrieren wir uns lieber hier auf unseren Job, das wird uns genügend fordern."

„Und wie wollen wir vorgehen?" fragte Uli. Chen antwortete:

„Pailin ist eine kleine Stadt von knapp 30‘ 000 Einwohnern. Im Zentrum leben nur 12‘000 Menschen. Die meisten kennen sich untereinander. Fremde fallen auf. Deswegen müssen wir besonders vorsichtig sein. Also, ich habe mich heute Nachmittag etwas umgehört. Habe nach zwei alten Freunden gefragt. Es gibt sieben Supermärkte, drei Mopedgeschäfte und vier Apotheken. Es war doch die Rede davon, dass den Gekidnappten fiebersenkende Mittel und Schlaftabletten gegeben wurden. Ich war in den Apotheken und habe herausbekommen, dass vor vier Tagen in einer Apotheke solche Medikamente in ungewöhnlich großer Menge gekauft worden sind; von einem Fremden. Dann wurde ein Moped gemietet und für eine Woche im Voraus bezahlt. Wieder von einem Fremden. In zwei Supermärkten wurden relativ viele Lebensmittel auf einmal gekauft, auch von einem Fremden. Jetzt tauchen also hier schon ab und zu Unbekannte auf. Vereinzelt sind es immer noch Gold- und Edelsteinsucher, die sich mit dem Nötigsten eindecken. Das sind aber raue Burschen. Die haben immer alte, zerschlissene Klamotten an und schwielige Hände. Unser Fremder war normal gekleidet und hatte auch keine ungepflegten Haare. Die Höhlenarbeiter zahlen mit Goldnuggets oder Edelsteinen. Aber hier floss Geld. Die Schatzsucher gehen auch anschließend in die Gasthäuser, wo sie für Alkohol trinken und dann zu Mädchen gehen. Aber dieser Fremde hat nach seinen Einkäufen offensichtlich die Stadt wieder umgehend verlassen. Manchmal kommt einer dieser Unbekannten jeden Tag, manchmal alle zwei Tage. Und sie tauchen immer vormittags auf und bleiben, wie gesagt, nie lang. Und zurück fahren sie immer in östliche Richtung, nie nach Westen in Richtung Thailand.“ Wing Ban sagte anerkennend zu Chen:

„Chen, du warst immer einer der Besten. Du hast dich nicht verändert!“

Die beiden Brüder nickten zustimmend. Wing ergriff nun das Wort.

„Als ich noch in Phnom Penh stationiert war, war ich oft im Dokumentations- und Aufarbeitungszentrum für die Pol Pot Verbrechen. Ich habe dort mein eigenes Schicksal zu Protokoll gegeben und nach eventuell noch lebenden Verwandten gesucht. Wie ihr vielleicht wisst, ist damals fast meine gesamte Familie umgebracht worden. Überlebende und Familienangehörige haben damals in diesem Zentrum ihre Leidensgeschichte zu dokumentieren versucht. Mit einer Mitarbeiterin dieses Zentrums habe ich mich angefreundet. Die habe ich gestern angerufen und gebeten, Fälle raus zu suchen, die irgendwie mit Pailin im Zusammenhang stehen könnten. Sie hat einen Fall gefunden, der für uns vielleicht von Interesse sein könnte. Es handelt sich um eine Lehrerin. Als Kind war sie mit ihren Eltern in Phnom Penh. In einer der Horrornächte wurden ihre Großeltern und ihre Eltern, ein Lehrerehepaar, erschlagen. Durch Zufall war sie in Obhut einer Tante, da die Eltern am Abend zu einer Schulversammlung gehen wollten. Am nächsten Morgen erfuhr die Tante von dem Massaker. Die Tante, selbst Lehrerin, schnappte ihre Nichte und schlug sich mit dem Kind nach Thailand durch. Dort wuchs die Kleine auf, wo sie auch eine Schule besuchte. Danach ging sie nach Bangkok. Dort studierte sie Sprachen und ist heute hier Lehrerin in der Grundschule in Paillin. Ich denke, sie dürfte keine Unterstützerin der Pol Pot Verbrecher sein. Mit ihr habe ich morgen Vormittag einen Termin. Mal sehen, ob uns das was bringt."

Zu Chen gewandt, sagte er:

„Du hast immer selbstständig gearbeitet. Wahrscheinlich ist es am besten, du treibst dich morgen weiter in der Stadt herum. Was zu tun ist, weißt du am besten. Wir treffen uns morgen Abend wieder hier; um die gleiche Zeit."

Und zu den beiden Neffen gewandt, sagte er:

„Vielleicht spielt ihr hier noch ein bisschen, wenn ihr schon mal da seid. Und geht nachher in eine der Bars nicht weit vom Hotel. Holt euch ruhig später ein paar Frauen. Der Nachtportier würde sich sonst wohl wundern, was zwei Weiße hier solo machen. Nur kein Aufsehen erregen, denn wahrscheinlich weiß hier inzwischen jeder, dass in den Bergen Weiße gefangen gehalten werden.

Tagsüber könnt ihr das berühmte Watt Gohng-Kahng besichtigen. Das fällt auch nicht auf. Dann bis morgen Abend, wieder hier?"

Alle stimmten zu, erhoben sich und gingen in verschiedene Richtungen auseinander.

***

„Und was nun?“ fragte Joe seinen Bruder. Der sagte ernsthaft:

„Na ja, der Wing hat angeordnet, zuerst zu spielen und dann zu den Weibern!“

Joe nickte lachend: „Und Befehl ist Befehl! Yes, Sir“

Der große Roulettetisch war umlagert wie vorher; eher noch stärker. In Dreierreihen warteten die Leute hinter denjenigen, die einen Stuhl am Tisch ergattert hatten. Da war kein Durchkommen, wenn man nicht stundenlange Wartezeiten in Kauf nehmen wollte. An mehreren offenen Räumen, wo ‚Black Jack’ gespielt wurde, gingen die Beiden vorbei zur Hauptkasse. Dort wechselten sie ihre Chips nun in Vierteldollarmünzen. Sie erhielten jeder ein kleines Plastikschüsselchen, das die zukünftigen Gewinne aufnehmen sollte. Damit gingen sie in das Erdgeschoss. Hier hingen Spielautomaten in Hülle und Fülle an den Wänden. Zwei nebeneinander hängende freie ‚Einarmige Banditen’ gefielen ihnen. Sie fütterten die Geräte eifrig, und nach einer halben Stunde hatte Joe etwa 80 Dollar in der Schüssel, während Uli all sein Geld verspielt hatte. Enttäuscht sagte Uli:

„Ich habe keine Lust mehr, ich gehe raus und warte am Eingang auf dich.“

Joe antwortete:

„Augenblick, nur noch einen Augenblick. Ein Spiel noch; bei mir blinkt alles.“

Er warf eine Münze in den Schlitz, zog kräftig am Arm, und tatsächlich spuckte das Gerät noch einmal fünfzig Dollar aus. Uli machte große Augen und Joe sagte:

„So macht man das im Wilden Westen. Aber nicht traurig sein. In der Volkshochschule in Saarbrücken läuft ein Kurs ‚Spielen am Einarmigen Banditen leicht gemacht. Kurs 1: Einführung für Anfänger’. Ich werde dir den Kurs bezahlen.“

„Du warst auch schon mal witziger!“

„Na ja, dann bezahle ich nachher eine Runde Puff.“

Jetzt hellte sich Ulis Miene wieder auf. Er legte die rechte Hand ans Ohr.

„Hörst du nichts?“ Joe lauschte, dann sah er seinen Bruder verständnislos an.

„Nix wie los, die Weiber rufen!“

Am Hotel angekommen, sahen sie gegenüber ein bunt blinkendes Schild: LOVE KISS BAR.

„Nix wie hin“, grölte Joe.

Sie eilten auf die andere Straßenseite betraten das Etablissement und gingen zur Theke, wo sie direkt von vier Frauen umschwärmt wurden. Uli sah sich kritisch um und meinte zu Joe:

„Nix wie raus hier, die sind ja zwischen 50 und 80. Und die eine da hat überhaupt keine Zähne mehr.“

„Na ja, dann kann sie dir auch nicht den Riemen abbeißen.

Aber ich stimme zu. Vamos!“

„Ja, lass uns im Hotel noch einen Absacker nehmen.“

Damit verließen sie die Stätte der Sünde und gingen unter missbilligenden Blicken der Frauen zurück zum Hotel. Der Nachtportier begrüßte beide freundlich.

„Keinen Anschluss gefunden?“

Uli antwortete: „Wir waren den ganzen Abend im Kasino. Und drüben in der Bar waren nur Schabracken, zwischen 50 und scheintot. Es ist wohl schon zu spät. Haben Sie noch ein Bier für uns?“

Der Portier nickte und griff zum Telefon. „Ich werde Ihnen zwei Masseusen rufen. Und hier, die zwei Bier.“

Die beiden sahen sich zweifelnd an. Joe sagte: „Der Oberpolizist hat gesagt: ‘Nur nicht auffallen’ Und der Bundesminister für Verkehr empfiehlt: Nicht zu oft, aber dann richtig“ Er grinste und nahm einen tiefen Zug. „Am besten, wir warten hier. Wenn das wieder solche Furien sind, schicke ich die postwendend nach Hause. Sollen sie sich selbst massieren.“ Keine drei Minuten später öffnete sich die Tür und herein kamen zwei strahlende Schönheiten – höchstens 35 Jahre alt.

„Und wie sollen wir das jetzt machen, mit dem Doppelzimmer?“

„Joe antwortete: „Geh du mit deiner schon mal nach oben. Ich trinke mit der Blume hier noch ein Bier. Die Taxifahrt hat durstig gemacht.

Wenn du ‚massiert' bist, kommst du runter, dann bin ich an der Reihe. Du bist älter, du hast Vorfahrt." So nahm der Abend, wie Wing Ban gefordert hatte, einen unauffälligen, unterhaltsamen Ausklang.

Neuer Einsatz für Sok Vai

Den ganzen Nachmittag hatte Duch gegrübelt. Viele Namen waren ihm eingefallen. Er hatte auch mehrfach versucht, einige derer, von denen er nicht gehört hatte, dass sie inzwischen gestorben seien, anzurufen. Aber alle Versuche waren erfolglos geblieben. Insgesamt vier Witwen hatte er erreicht. Drei davon waren um die fünfzig Jahre, eine nur 44 Jahre alt. Aber konnte man denen vertrauen? Und waren Frauen nicht oft geiziger und geldgieriger als Männer? So verwarf er auch diesen Gedanken. Aber wie sollte er vorgehen? Eine Lösung war nicht in Sicht. Aber er konnte auch nicht ewig hier herumhängen. Also was tun. Der Tag war fast um. Genug der Grübelei! Er nahm sein Handy und wählte kurz entschlossen die Nummer von Sok Vai.

***

Am frühen Morgen gegen acht Uhr, als Uli und Joe noch tief schnarchten, klingelte das Handy. Uli musste es mal wieder suchen, aber dann fand er es unter seiner Hose. „Hier Wing Ban. Wir haben eine interessante neue Entwicklung. Ich habe dir doch gesagt, dass ich die komplette Ausrüstung mitbringe. Und bevor ich gestern Abend das Hotel verließ, hatte ich das neue Handy- Aufzeichnungsgerät auf ‚Automatische Aufzeichnung und Ortung' gestellt, und die Nummer von Sok Vai eingestellt. Gegen sieben Uhr wurde er angerufen von einer Nummer aus Phnom Penh. Es war Duch, der mit ihm sprach. Also kurz: Duch hatte ihn aufgefordert, heute Morgen nach Phnom Penh zu kommen. Er wolle mit ihm die Eimer ausgraben; was immer das bedeuten mag! Wenn er nach Pailin komme, solle er einen seiner Freunde mitbringen.

Dieser Freund solle in Pailin vier neue starke Handys für sich und die anderen Drei besorgen, damit man sie im Versteck erreichen könne. Er sei im RIVERSIDE HOTEL in Phnom Penh. Die Kollegen in Phnom Penh seien schon informiert, und haben Duch unter strenger Observation."

„Das ist ja klasse", murmelte Uli, der auf einen Schlag hellwach war.

„Chen beobachtet das einzige große Handygeschäft hier in der Stadt. Er wird sich melden, wenn sich was tut. Ich wollte euch nur informieren. Wir bleiben in Kontakt. Ich werde jetzt zu Kim Kuhn fahren, der Lehrerin, die damals überlebte. Mal gespannt, ob sie was weiß und uns helfen kann."

***

Seit sieben Uhr morgens hatte sich Chen Won in der Nähe des Telefonladens herumgedrückt. Er trug nun anstelle seines Anzuges abgerissene Kleidung, wie die meisten Leute hier. Er hatte sich auch seine Augenbrauen gestutzt, die zu auffällig waren. Zuerst hatte er in Sichtweite des Ladens an einer kleinen Garküche in aller Ruhe eine Nudelsuppe verspeist.

Als dann gegen acht Uhr schräg gegenüber des Geschäftes eine Teestube öffnete, ging er hinein und setzte sich auf einen der vordersten Plätze. Den Besitzer hatte er gefragt, wo das nächste Mopedgeschäft sei; er wolle sich eines für ein paar Tage mieten. Fünf Geschäfte weiter wurde er fündig, und mietete sich ein Honda Moped für 11'000 Riels pro Tag. Zurück in der Teestube, fragte er den Besitzer, wann an der kleinen Bushaltestelle nebenan der Bus aus Battambang ankomme. Als der Besitzer antwortete:

„So gegen elf Uhr, und dann wieder gegen vierzehn Uhr." hatte er gestöhnt und gemeint, seine Frau käme mit dem Bus. „Immer muss man auf die Weiber warten. Sie kommt jedes Jahr her, um im Wat Gohng-Kahng zu beten und milde Gaben zu bringen. Einer der Mönche hatte sie früher einmal von einer schweren Krankheit geheilt, und seither kommt sie jedes Jahr einmal her. Ich selbst bin vorausgefahren, weil ich einen alten Freund besuchen wollte. Aber der ist weggezogen. Der hat in den Bergen Gold gesucht, obwohl er wusste, dass das gefährlich ist wegen der Minen.“

„Ja, ja“, hatte der Inhaber gesagt, „nur wenige Leute kennen die Wege dort, die nicht vermint sind. Deswegen gehen auch nur wenige in den Bergen. Früher ist das hier mal eine reiche Stadt gewesen, aber jetzt: Sie sehen es ja selbst.“ So konnte Chen hier bequem warten, ohne Misstrauen zu erregen.

***

Kurz vor elf Uhr kam der Bus. Chen stand auf und musterte die Passagiere. Als alle ausgestiegen waren, sagte er zu dem neben ihm sitzenden Inhaber: „Wahrscheinlich hat sie wieder den Bus verpasst. Sie ist immer unpünktlich“. Er bezahlte, setzte sich aber wieder, da sein Tee nur zur Hälfte getrunken war. Kurz danach näherte sich auf der Hauptstraße aus westlicher Richtung ein Moped. Hinter dem Fahrer, der einen Helm trug, saß ein Mann mit einer kleinen Reisetasche.

„Das dürfte Sok Vai sein“, sagte er sich. Er sah dem Mann sehr ähnlich, dessen Foto Wing ihm gezeigt hatte. Gut, er war älter, aber als er am Tisch neben ihm Platz nahm, sah er ihn deutlicher. Er war zwar älter als auf dem Foto, aber er war es eindeutig. Sok Vai fragte den Inhaber, wann der nächste Bus nach Battambang führe. Gegen zwölf, war die Antwort. Der Fahrer hatte inzwischen seinen Helm abgenommen, und das Telefongeschäft betreten. Zehn Minuten später kam er heraus und trug unter seinem Arm vier kleinere, identische Kartons. Er winkte kurz in Richtung Sok Vais, und überquerte die Straße und setzte sich neben ihn und sagte: „Alle Akkus sind geladen, ich fahre wieder zurück. Wann wirst du zurück sein?“

„In zwei bis drei Tagen. Dann müssen unsere Kunden halt noch etwas warten. Behandelt sie gut, sie sind immer noch wichtig.“

Der Fahrer nickte, setzte seinen Helm auf, verstaute die Kartons in seiner Satteltasche und bestieg sein Moped.

***

Inzwischen war auch Chen aufgestanden und hatte zu dem Inhaber gesagt: „Ich komme dann nachher wieder." Dann ging er zu seinem vor dem Nachbarhaus stehenden Moped. Er hatte die Kartons anhand der Aufschrift ‚NOKIA-Connecting People' eindeutig als Handykartons identifiziert. In aller Ruhe ließ er sein Moped an und setzte sich langsam in Bewegung. Da der Verkehr spärlich floss, gab er dem vorbeifahrenden Moped des Entführers hundert Meter Vorsprung. Der blieb auf dieser Straße, bis er nach vier Kilometern in einen Nebenweg abbog, der direkt auf die bewaldeten Berge zu führte. Jetzt wurde Chen immer langsamer. Dann stoppte er und schob sein Moped hinter einen baufälligen Schuppen. Er ging nun zu Fuß weiter. Als der Fahrer den Waldrand erreichte, blieb Chen stehen und prägte sich genau die beiden Bäume ein, zwischen denen das Moped verschwunden war. Dann wartete er eine halbe Stunde und ging zu Fuß auf die Bäume zu. Dort herrschte sofort ein grün-schummeriges Zwielicht. Er sah auf den Boden. Die Radspuren waren kaum noch zu erkennen. Je tiefer er in den Dschungel eindrang, desto undeutlicher wurden die Reifenabdrücke. Nach fünfhundert Metern hielt er inne. Die Spuren waren stellenweise gar nicht mehr zu erkennen. Das anfängliche Gras wuchs nur noch sporadisch und die Wurzeln und Flechten verbargen jeden Abdruck. So weiterzugehen war nun zu gefährlich geworden. Er kehrte um und ging eilig zu seinem Moped zurück. Was er hatte wissen wollen, wusste er nun. Er fuhr wieder in die Stadt.

Wing Ban findet neue Verbündete

Wing Ban hatte lange gebraucht bis er das alte Häuschen der Lehrerin gefunden hatte. Er klopfte an die Tür. Nichts.

Er klopfte noch einmal. Nun hörte er schlurfende Schritte, die langsam näher kamen. Die Tür öffnete sich eine Handbreit. Er sah Teile eines zerfurchten Gesichtes, graue Haare und ein waches Auge, das ihn aufmerksam, aber misstrauisch musterte.

„Frau Kim Khun?"

„Wer sind sie, warum wollen sie das wissen?"

Wing Ban trat einen Schritt zurück. „Guten Tag, mein Name ist Wing Ban. Ich komme aus Phnom Penh. Wir haben eine gemeinsame Bekannte dort. Frau Sarang. Darf ich kurz hineinkommen?"

Misstraute musterte ihn das alte Gesicht eine Zeit lang. Dann öffnete sie die Tür ganz und murmelte: „Kommen Sie bitte herein. Ich bin immer misstrauisch, wenn Fremde kommen. Man kann nie wissen."

Er trat ein; sie bot ihm einen Stuhl am Tisch ihrer kleinen Küche an. Er begann: „Unsere gemeinsame Bekannte ist Frau Sarang. Sie arbeitet im Dokumentationszentrum in Phnom Penh, das die Verbrechen der Pol Pot Zeit dokumentiert."

„Das habe ich alles vergessen, davon will ich auch nichts mehr wissen", sagte sie. „Das geschah alles in der Vergangenheit! Damit sollen sich Geschichtsforscher, oder wer auch immer befassen."

„Ja, das ist Vergangenheit, aber eine Unselige. Sie müssen wissen: wir beide haben ein ähnliches Schicksal. Meine Großeltern und meine Mutter – sie war auch Lehrerin wie sie – sind damals umgekommen. Mein Vater, ebenfalls Lehrer, wurde mit mir zusammen heimlich in der deutschen Botschaft versteckt.

Wir lebten fast ein Jahr dort im Keller, bis die Vietnamesen kamen. Dann konnten wir heraus, aber mein Vater ist kurz darauf gestorben. Jetzt bin ich Polizist, und die Vergangenheit hat mich eingeholt."

Er zog seinen Polizeiausweis heraus. Sie sah ihn lange an, und gab ihn wieder zurück.

„Sagt Ihnen der Name ‚Kaing Guek Eav' alias ‚Duch' etwas." Jetzt blickte sie ihm aufmerksam in die Augen. „Sicherlich, in seinem Lager sind meine Großeltern umgekommen, und auch mein Bruder. Sie waren verdächtig, Spione zu sein. Aber das war alles gelogen."

„Und dieser Duch war bis jetzt im Gefängnis in Phnom Penh. Freunde von ihm haben fünf Ausländer gekidnappt und ihn freigepresst. Er ist jetzt auf der Flucht. Seine Freunde sind nicht weit von hier, irgendwo im Dschungel in den Bergen. Die suchen wir nun, denn über sie werden wir wahrscheinlich auch Duch finden können. Unser Problem ist: wir wissen zwar, dass sie hier in der Nähe sind. Aber wir kommen nicht an sie heran, weil hier im Dschungel fast alles vermint ist. Es gibt Leute, die Wege kennen, die minenfrei sind, aber das sind fast alles Pol Pot-Sympathisanten. Wenn wir die fragen würden, würden die Entführer und Duch gewarnt. Wir wissen nun nicht weiter, und deshalb bin ich zu Ihnen gekommen. Vielleicht würden sie uns helfen?"

„Ich kenne mich dort nicht aus." Sie blickte ihn nachdenklich an; „Aber warten sie mal."

Sie dachte lange nach.

***

Nach einer Weile begann sie: „Ich habe einen Neffen; Khieu heißt er.

Als ich aus Thailand zurückkam und hier als Lehrerin begann, habe ich mich um ihn gekümmert. Seine Eltern, also mein Bruder und dessen Frau, wurden ebenfalls ermordet. Er hatte keine Verwandten, und schlug sich in Phnom Penh durch. Als er herkam, schloss er sich den Gold- und Edelsteinsuchern an. Er hat vier Jahre dort zugebracht. Aber als herauskam, dass seine Eltern von Pol Pot's Schergen umgebracht worden waren, haben ihn die anderen Männer in den Bergen davongejagt. Sie drohten ihm, sie würden ihn töten, wenn er zurückkäme.

Sie wissen wahrscheinlich, dass 70% der Männer in der Provinz Pailin früher Kämpfer von Pol Pot waren. Sie haben ihre Ideen an ihre Kinder weitergegeben. Deswegen sind die Lehren Pol Pots hier auch noch allgegenwärtig. Dann ist mein Neffe mit meiner Hilfe Apotheker geworden. Er arbeitet in der Apotheke an der Hauptstraße. Wenn sie ihm erzählen, worum es geht, wird er ihnen sicher helfen. Denn er hasst die Männer in den Bergen, und er hasst Kaing Guek Eav so wie ich. Und er kennt all die freien Wege im Dschungel. Ich werde ihn anrufen, und ihm sagen, worum es sich handelt." Sie telefonierte ein paar Minuten, dann strahlte sie. „Er hat gesagt, er würde sich freuen, ihnen helfen zu können. Wann wollen sie ihn treffen?"

„Wann geht es denn bei ihm?"

„Jederzeit, er hat noch zwei Kollegen dort, er kann jederzeit die Apotheke verlassen. Außerdem ist diese Angelegenheit offenbar sehr wichtig."

„Dann fahre ich gleich dort vorbei. Sagen sie ihm bitte, in zehn Minuten stehe ich mit einem grünen Landrover vor der Apotheke. Frau Khun, ich danke ihnen ganz herzlich für ihre Hilfe und ihr Verständnis. Ich weiß, wie schwer es ist, an diese Zeit erinnert zu werden. Auf Wiedersehen."

Sie nickte, und hatte plötzlich Tränen in den Augen. „Seien sie vorsichtig, junger Mann."

Sie gab ihm die Hand, und wollte noch etwas sagen, aber ihre Stimme versagte. Wing Ban ging langsam zur Tür, und als er draußen war, schloss er sie ganz vorsichtig.

***

Wing fuhr langsam, in Gedanken versunken, zur Hauptstraße zu-rück. In ihm waren Erinnerungen an seine eigene Familie hochgestiegen. Er konnte sich noch gut an seine Mutter erinnern, obwohl er damals erst fünf Jahre alt gewesen war. Was wäre nur gewesen, wenn...? Er verscheuchte diese Gedanken und fand in die Gegenwart zurück. Es galt jetzt eine schwierige Aufgabe zu bewältigen. Er beschleunigte den Wagen.

Die Apotheke konnte er schon von weitem erkennen. Er fuhr direkt an ihr vorbei und wendete nach hundert Metern. Dann fuhr er auf der anderen Straßenseite langsam wieder zurück. Ein etwa vierzigjähriger Mann, mit angegrauten Haaren, kam heraus und sah nach rechts und links. Er sah dem grünen Auto entgegen und Wing nickte mit dem Kopf. Der Mann nickte zurück. Wing fuhr noch etwa fünf Meter weiter und hielt am Bordstein an. Von hinten kam der Mann auf das Auto zu. Und er stieg schnell ein. Wing nickte noch einmal und fuhr wieder an.

„Khieu?“ fragte er. Der Andere nickte. Wing streckte ihm die Hand entgegen und sagte. „Wing Ban, von der Polizei aus Sihanoukville. Für dich Wing, o.k.?“

„O.K.“

Dann fuhr der Wagen in Richtung Ortsausgang und hielt wenig später auf einem kleinen Feldweg, hinter Büschen versteckt, an.

Verzweiflung in der Höhle

Die Situation in der Höhle wurde für die Weißen immer unerträglicher. Nachdem auch noch Sok Vai verschwunden war, und einer der Aufseher mürrisch erklärt hatte, dass sich die Freilassung um ein paar weitere Tage verzögern würde, erreichten Verzweiflung und Zorn einen neuen Höhepunkt. Untereinander waren die Weißen hoffnungslos zerstritten. Immer häufiger kam es zu Hassausbrüchen. Nur die Fesseln verhinderten, dass es daraus zu Mord und Totschlag kam. Wüsteste Beschimpfungen waren inzwischen die einzige Form der Kommunikation. Nachdem Berry, dem Engländer, am Mittag, um ihm das Essen zu erleichtern, die Handfesseln seiner rechten Hand gelöst worden waren, ärgerte er sich so sehr über den ihm am nächsten sitzenden Norweger, der beim Essen seiner Reissuppe schmatzende Geräusche von sich gab, dass er ihm den Inhalt seines eigenen Suppentopfes über den Kopf kippte. Er schrie ihn an, er solle aufhören, sich wie ein Tier zu benehmen. Ole Olafson, der in der vorausgehenden Nacht dank der Schlaftabletten besser geschlafen hatte, robbte darauf in Richtung Berry und schlug ihm seien Blechnapf mit voller Kraft ins Gesicht. Darauf kam es zu einem wüsten Handgemenge, das durch zwei herbeieilende Aufseher beendet wurde. Die Wächter traktierten die beiden wütenden Männer mit brutalen Fußtritten in den Bauch und an den Kopf. Dann zogen sie die Beiden auf dem Boden liegenden auseinander, und ließen sie fünf Meter voneinander entfernt auf dem Boden liegen. Die anderen Drei waren am Tag vorher ebenfalls im Abstand von mindestens fünf Metern platziert worden. Um ein Zusammenrücken unmöglich zu machen, wurde jeder von der Entführten durch eine tief in den harten Boden getriebene und mit den Ketten verbundene Bambusstange an seinem Platz fixiert. Jeder wurde nur noch zweimal am Tage vor die Höhle geführt, um seine Notdurft zu verrichten. Das tägliche, erfrischende Bad in der Lagune, hinten in der Höhle, entfiel, zur Strafe von nun an, für jeden von ihnen. Die Temperatur nahm von Tag zu Tag zu, und auch im vorderen Teil der Höhle, wo sie angekettet lagen, wurde es immer wärmer. Die täglichen zwei bis drei heftigen, kurzen Regenfälle brachten mittlerweile ebenfalls keine Abkühlung mehr. Nur die Luftfeuchtigkeit nahm nach jedem starken Regenfall spürbar zu. Die Bekleidungsreste, so noch vorhanden, fingen an, noch unerträglicher zu stinken und zu schimmeln. Mit wirrem Blick lagen die meisten auf dem Rücken oder auf der Seite. Dann waren Flüche und Verwünschungen zu hören. Ab und zu gab jemand den anderen schreiend die Schuld für die schlimme Situation. Oft endeten die Verwünschungen, besonders bei Philippe und Berry, in hemmungslosem Schluchzen. Vor allem Philippe heulte immer wieder los wie ein Schlosshund und schrie danach mit erstickender Stimme nach seiner Frau.

Gerhard war erschüttert von dem Wandel der Situation unter den fünf zivilisierten Menschen. Offenbar hatte Philippe, der Franzose, mit seiner Warnung vor Zwietracht, Recht behalten. Es gab ständig Hassausbrüche statt Zusammenhalt oder gar Trost. Wo waren die angekündigten Witze, Lieder und Sketche geblieben?

Im Lateinischen heißt es: Lupo homo hominis – Der Mensch ist des Menschen Wolf. Soweit waren sie also gekommen. Es war schlimm, schlimm, schlimm!

***

Am Abend dieses Tages machten sich Uli und Joe wieder auf zum Casino. Uli hatte am Vormittag vorgeschlagen, die Shooting Range von Pailin zu besuchen. Joe hatte noch nie eine Waffe abgefeuert. Uli meinte, es sei für alle Fälle besser, wenn Joe etwas Übung habe. Joe hatte zugestimmt – sie konnten nicht wissen, was sich noch ereignen würde, und außerdem wollte er der Langeweile tagsüber im Hotel entfliehen. Joe hatte nach etlichen Versuchen mit verschiedenen Faustfeuerwaffen häufiger in's Schwarze getroffen, obwohl er zu Beginn dieses ‚Crashkurses' erstaunt war über Rückstoß und Lautstärke beim Schießen. Aber unter Anleitung eines freundlichen Lehrers war er bald halbwegs vertraut mit dem Umgang mit Pistolen und Revolvern. Als sich die Beiden im Casino an der langen Theke im großen Spielsaal einfanden, saßen Wing und Chen bereits an dem kleinen Tisch in der Ecke und unterhielten sich angeregt. Der Barkeeper, der sie wiedererkannte, brachte ungefragt zwei Biere. Beide tranken ihr Bier an, sahen zunächst unentschlossen zu dem wieder voll besetzten großen Roulettetisch hinüber und schlenderten dann gemächlich zu den beiden Kambodschanern. Sie begrüßten die Polizisten freundlich, und setzten sich zu ihnen an den Tisch. Wing fing sofort an zu berichten: „Also, es hat sich einiges bei uns getan! Sok Vai ist inzwischen in Phnom Penh.

Über ihn haben wir den Aufenthaltsort von Duch herausgefunden. Er befindet sich im Riverside Hotel. Sok Vai ist jetzt bei ihm. Warum Duch noch in Phnom Penh ist, wissen wir nicht. Aber wir bleiben an beiden dran. Diese Leute wissen tatsächlich nicht, dass wir ihre Handys geortet haben. Chen hat heute Morgen einen der übrigen Entführer, soweit er konnte, auf dem Rückweg in den Dschungel verfolgt. Wir wissen nun, wo der Weg zu ihrem Versteck beginnt. Dann war ich heute Vormittag bei der Lehrerin Kim Khun, von der ich euch gestern Abend erzählt habe. Sie hat mir ihren Neffen Khieu empfohlen, der sich in den Bergen auskennt. Er steht auf unserer Seite und wird uns helfen. In den Bergen kennt er sich sehr gut aus, er war ein paar Jahre bei den Edelsteinsuchern. Mit etwas Glück dürften wir mit seiner Hilfe die Entführten finden. Jetzt haben wir es nur noch mit vier Gegnern zu tun. Ich würde vorschlagen, dass wir uns morgen früh um fünf auf den Weg machen. Wir werden mit unseren beiden Fahrzeugen fahren. Wenn wir mit den Wagen nicht mehr weiterkommen, müssen wir zu Fuß weitergehen. Nach Befreiung der Geiseln, müssen wir uns mit ihnen direkt und schnellstmöglich aus dem Staub machen. Hier wimmelt es von Pol Pot Anhängern. Sobald die Befreiungsaktion bekannt ist, wird hier die Hölle los sein. Dann müssen wir weit weg sein, am besten in Phnom Penh oder in Sihanoukville. Wir müssen uns darüber im Klaren sein, dass wir unser Leben riskieren. Jetzt frage ich noch einmal: Ist dir das klar, Uli?“ Uli nickte. „Und dir, Joe?“ Dieser antwortet ernst: „Ich bin nicht zum Spaß hier! Treffen wir uns auf dem Hotelparkplatz?“ „Nein, Chen und ich, wir parken unsere Autos heute Abend auf dem Parkplatz vor dem Department Store rechts vom Hotel. Das sind nur hundert Meter bis zum Hotel. Keiner von uns sollte das Hotel durch die Rezeption verlassen. Wenn jemand kurz vor fünf Uhr morgens auscheckt, erregt das mit Sicherheit Argwohn. ihr wohnt wie wir im ersten Stockwerk. Verlasst euer Zimmer durch das Fenster. An der Regenrinne könnt ihr bequem herabklettern. Nehmt kein Gepäck mit. Darum kümmern wir uns später. Achtet darauf, dass euch keiner der beiden Wächter sieht. Obwohl die um diese Zeit normalerweise im Empfang auf den Sofas schlafen. Schleicht leise am Eingang vorbei und kommt zu uns auf den Parkplatz. Wir werden auf euch warten. Wir beide verlassen das Hotel auf demselben Weg. Wir werden noch

Khieu abholen, und dann geht's los. Ich würde vorschlagen, dass ihr in einer Stunde von hier aufbrecht. Chen und ich werden in einer halben Stunde fahren. Wenn ihr mit dem Taxi zurückfahrt, steigt zweihundert Meter vor dem Hotel aus und geht den Rest zu Fuß. Schaut euch den Parkplatz vor dem Department Store an; dort werdet ihr unsere Autos stehen sehen. Damit ihr nicht morgen früh lange suchen müsst. Alle einverstanden?" Er sah in die Runde. Jeder nickte. „Gut, dann bis morgen früh um fünf Uhr. Verschlaft bitte nicht. Habt ihr einen Wecker?" Joe nickte.

„ ihr dürft euch nicht vom Portier wecken lassen, aber das ist euch ja wohl sowieso klar."

Er bestellte vier Biere. Als er seines geleert hatte, stand er auf, grüßte zum Abschied und ging. Kurz darauf ging auch Chen. Uli bestellte nochmals zwei Bier und wandte sich an Joe: „Jetzt ist es soweit. Bin mal gespannt, wie das morgen ausgeht. Hoffentlich klappt's."

„Irgendwie geht's immer", murmelte Joe. „Und keine Weiber heute! Mal sehen, wo wir morgen Abend sind. Freundschaft!" Er hob sein Glas und trank auf ex. „Noch zwei Biere bitte", rief er in Richtung Theke.

Kurz danach verließen die Brüder das Kasino und machten sich auf den Heimweg. Wie empfohlen, verließen sie kurz vor dem Hotel das Taxi und gingen den Rest des Weges zu Fuß. Der Parkplatz des Kaufhauses war leer bis auf fünf Autos. In zweien davon erkannten sie die Wagen von Wing und Chen. Daraufhin begaben sie sich ins Hotel.

Der Portier blickte sie verwundert an: „Sie kommen aber früh nach Hause, heute Abend." Uli antwortete: „Wir wollen morgen nach Battambang weiterfahren. Da wollen wir einen Deutschen besuchen: einen alten Kollegen und Freund. Gute Nacht."

„Gute Nacht!"

Taktik

Am Nachmittag desselben Tages hatte Wing einen Disput mit Chen gehabt. Als Chen erfahren hatte, dass Wing morgen in den Busch gehen würde, und versuchen wollte, die Gefangenen zu befreien, hatte er starke Bedenken angemeldet:

„Mir ist nicht wohl bei dem Gedanken, dass wir die beiden Deutschen mitnehmen sollen. Die beiden sind keine Polizisten, sie haben keine Ausbildung. Gut, dass wir Khieu mitnehmen müssen, ist mir schon klar. Er kennt sich dort aus. Aber warum die beiden Deutschen. Auf die müssen wir dann auch noch aufpassen. Das kann Probleme geben.

Du weißt nicht, ob sie ausdauernd genug sind. Es ist vielleicht ein langer Weg in die Berge. Was ist, wenn sie unterwegs schlapp machen? Und wie werden sie sich verhalten, wenn es brenzlig wird? Es sind Europäer. Sie kommen aus einer Wohlstandsgesellschaft." Wing hatte geantwortet: „Uli habe ich in Koh Kong erlebt. Er hat gute Nerven. Und er kann auch kämpfen. Und körperlich fit ist er allemal. Und er war Offizier bei der Armee in Deutschland. Was seinen Bruder angeht, dazu kann ich nichts sagen. Aber Uli ist, wie ich denke, alt und erfahren genug, um einschätzen zu können, ob sein Bruder überfordert sein wird oder nicht. Gut, sie sind nicht bewaffnet. Aber der Hauptgrund dafür, dass ich sie dabei haben will, ist folgender: Wir wissen nicht, in welchem Zustand sich die Geiseln befinden. Was ist, wenn sie schwach sind, oder krank, oder verletzt? Was ist, wenn wir einen oder mehrere beim Rückweg stützen müssen. Oder was ist, wenn wir sie tragen müssen. Und das muss dann schnell gehen. Wie sollen wir das bewerkstelligen, wenn wir nur drei Mann sind? Du, ich und Khieu. Wenn die Deutschen dabei sind, wird das gut sein für die deutsche Geisel. Vielleicht ist sie ja auch krank. Gerhard ist der Älteste mit sechzig Jahren. Und die Beiden sind immerhin seine Neffen. Und sie sind hoch motiviert. Also für den Rückweg wird das auf jeden Fall besser sein. Siehst du das nicht auch so?" Chen runzelte die Stirn. „Vielleicht hast du ja Recht. Deine Argumente sind schon überzeugend. Aber irgendwie habe ich ein schlechtes Gefühl dabei. Es kann ein harter Kampfeinsatz werden, und wenn man dann unerfahrene Zivilisten dabei hat – hoffentlich geht das gut!"

„Wenn es zu Schießereien kommt, werden wir auf jeden Fall darauf achten, dass sie zurückbleiben. Das gilt auch für Khieu. Der ist Apotheker, auch weder Polizist noch Soldat."

„Aber der war vier Jahre in den Bergen. Die Leute dort sind hart im Nehmen und im Austeilen; das kannst du mir glauben. Aber vielleicht bin ich auch zu pessimistisch. Na ja, wir werden morgen sehen, wie es läuft."

***

Am späten Nachmittag dieses Tages war Sok Vai in Phnom Penh eingetroffen. Er ließ sich zum RIVERSIDE HOTEL fahren und checkte dort ein. Zwei Stunden später traf er Duch im Restaurant. Er hatte ihn kaum wiedererkannt. Der moderne Anzug, wie ihn Geschäftsleute trugen, und die neue Frisur machten ihn viel jünger. Er las in einer Zeitung. So ging er zuerst an dessen Tisch vorbei. Dabei sah er ihn von der Seite an. Die schwarzen Haare und eine moderne Brille trugen zusätzlich zur Verfremdung bei. Aber doch, das Profil war das vom alten Duch.

„Na, wie geht es dir? Wie fühlst du dich in der Freiheit? Wie schmeckt die Luft, wenn sie nicht mehr durch Gitter gesiebt wird? Ich habe dich kaum erkannt. Du hast dich total verändert."

„Das war auch so beabsichtigt. Alle Verfolger sind abgeschüttelt.

Und mein Handy können sie auch nicht mehr überwachen. Die Polizisten sind ja so dumm. Und sie denken, ich wäre genauso dumm. Wahrscheinlich denken sie, ich wäre jetzt an der Grenze zu Malaysia, Thailand, Laos, oder Burma und will das Land verlassen. Das werde ich auch, aber jetzt noch nicht. Zuerst musst du mir noch helfen, alle meine Schätze auszugraben. Es sind vier Eimer hier in der Nähe, und einer davon ist für dich. Dann kannst du dich absetzen, wohin du willst. Und das restliche Geld des Jadeschmucks sollte reichen, deine Freunde auszuzahlen. Freust du dich nicht?" Ihm war jetzt erst aufgefallen, dass Sok nachdenklich und betrübt dreinschaute.

„Doch, doch, das ist alles gut."

„Aber warum machst du dann so ein trauriges Gesicht? Du siehst nicht zufrieden aus. In zwei Tagen wirst du reich sein, reicher als du je warst. Und du kannst machen, was du willst. Ist es wieder der Kummer wegen deiner verlorenen Frau? Wenn du das Geld hast, kannst du wieder heiraten, und viele Kinder haben. Du wirst nie mehr arbeiten müssen."

„Nein, nein, das ist es nicht. Es ist mein alter Vater. Du hast ihn ja auch gekannt. Er wurde verhaftet, und sitzt in Kompot seit einem Jahr im Gefängnis. Er ist nun 82 Jahre alt. Jetzt soll er nach Phnom Penh gebracht werden. Da man will ihm den Prozess machen, wie sie es mit dir vorhatten. Obwohl es ein Abkommen gibt, wonach du der letzte sein solltest.

Diese Vereinbarung ist offenbar nicht das Papier wert, auf dem es geschrieben steht. Und mein Vater ist alt, älter noch als du. Wenn er weiter in Haft bleibt, wird er im Gefängnis sterben. Aber er war halt der Stellvertreter von Pol Pot, der Bruder Nummer zwei, und das machen sie ihm zum Vorwurf. Deswegen bin ich so verärgert und traurig. Es ist unglaublich."

„Oh, " sagte Duch, „Das wusste ich nicht. Das macht mich genauso betroffen wie dich. Ich finde es auch furchtbar, denn diese Geschehnisse sind jetzt fünunddreißig Jahre her. Will man denn die Vergangenheit nie ruhen lassen? Aber warum machst du es eigentlich nicht so wie ich in meiner ‚Angelegenheit'. Wenn du genug Geld hast – und das wirst du haben – warum nimmst du nicht dann auch einige Ausländer als Geiseln und presst deinen Vater frei. Du warst ja ein guter Schüler bei mir! Das kannst du auch schaffen! Denk mal nach, du brauchst es nur nachzumachen.“ Sok Vai überschlug kurz den Wert eines Eimers mit Goldschmuck. „Wie groß ist der Eimer mit Gold, den ich bekommen soll?“

„Na, es ist ein normaler Eimer, mit etwa zehn Litern Inhalt. Und er ist fast voll!“

„Dann sind es bestimmt zehn Kilogramm Gold. Jetzt kostet ein Kilogramm Gold 30‘000 Dollar, das wären insgesamt ungefähr 300‘000 Dollar. Wenn man alles auf einmal verkaufen würde, besteht die Gefahr, dass der Goldhändler zwanzig Prozent abzieht, weil er annehmen wird, dass der Schmuck gestohlen ist. Wahrscheinlich hat auch nur ein kleiner Teil 24 Karat. Der größere Teil vermutlich nur 18 Karat. Andererseits gab es damals noch keine industrielle Fertigung von Goldschmuck. Es war sicher alles Handarbeit; viele alte Stücke wären darunter. Das würde den Wert wieder erhöhen. Insgesamt wären wahrscheinlich nur 75% des aktuellen Goldpreises zu erzielen. Wenn man die Stücke einzeln verkaufte, ließe sich wahrscheinlich bedeutend mehr erzielen. Aber das würde Wochen dauern, und ich habe keine Lust, in der Gegend herum zu sausen, und bei Juwelieren wegen jedes einzelnen Stückes zu handeln. Aber geschätzte 75% würden sich bestimmt erzielen lassen. Und eines ist sicher: das würde reichen, um meinen Vater aus dem Gefängnis herauszuholen. Und für das Leben in einem anderen Land bliebe auch noch genug.“

„Und wenn es bei euch eng würde mit dem Geld, dann macht euch nur keine Sorgen. Schließlich war dein Vater ein guter Freund, und Freunde vergesse ich nie. Glaub’ mir das.“

Soks Miene hatte sich zunehmend aufgehellt. „Das gibt mir neue Kraft. Sag’ mir, wann wir anfangen.“

„Ich denke, morgen früh. Besorge einen Wagen, einen Spaten, eine Hacke, einen oder zwei Säcke, eine Machete, und für alle Fälle ein Metallsuchgerät. Eine Pistole hat du?“

„Ja, sicher.“

„Na, dann ist alles gut, was hältst du von Morgen früh um neun Uhr? Wir treffen uns dann hier beim Frühstück.“

„Gut, ich werde dann alles zusammen haben, und wir können loslegen. Wohin geht es denn überhaupt?“

„Wir fahren ungefähr acht Kilometer in Richtung Norden, da ist das erste Versteck. Und zwei Kilometer weiter ist der zweite Eimer vergraben. Wenn wir die beiden haben, fahren wir zurück. Und übermorgen machen wir dieselbe Tour, aber in Richtung Osten. Dann haben wir es geschafft und trennen uns. Und du fährst nach Pailin und lässt die Geiseln frei. Dann tauchst du unter. Jetzt verstehst du auch, dass es wichtig ist, dass die Geiseln lebend freikommen. Auch und gerade wegen deines Falles. Denn wenn die Geiseln tot sind, würde im Falle, dass du alles nachahmen wolltest, wahrscheinlich keiner auf dein Verlangen eingehen, weil die Regierung denken würde, warum sollen sie sich erpressen lassen, wenn die Geiseln sowieso umkommen. Verstehst du?“

„Ja, ja, du warst schon immer ein schlauer Kopf. Ich bewundere deine Klugheit, Duch. Dann bis morgen früh. Ich will noch heute Abend ein paar Besorgungen machen, damit wir morgen alles haben und planmäßig losfahren können! Bis morgen früh dann. Und mir geht es jetzt viel besser. Es war halt die Sorge um meinen Vater, aber jetzt denke ich, alles wird gut.“

Damit stand er lächelnd auf, und ging.

Die letzten Verstecke

Als Sok Vai gegangen war, überlegte Duch: „Vielleicht machen sie ja jetzt Nuon Chea den Prozess, weil sie mich nicht mehr belangen können. Und irgendwie wollen sie die ausländischen Regierungen zufrieden stellen. Sie hatten mich als Bauernopfer erkoren. Jetzt bin ich nicht mehr greifbar, da müssen sie einen anderen nehmen. Also Nuon anstatt meiner. Aber mir soll’s auch egal sein, der ist sowieso so alt, der wird doch bald sterben. Freundschaft hin, Freundschaft her. Wenn es um einen Vorteil für ihn gegangen wäre, hätte er mich, bedingungslos und direkt, ebenfalls über die Klinge springen lassen. Wenn ich hier weg bin, ist mir sowieso alles egal." Aber das waren seine Gedanken, und Sok Vai durfte das nie hören.

Als Sok Vai unterwegs war, dachte er: „Weil der alte Sack jetzt in Freiheit ist, wird meinem armen Vater der Prozess gemacht. Wie ich Duch hasse. Sobald ich meinen Anteil habe, mache ich mich aus dem Staub. Vielleicht kann ich auch seine Eimer an mich bringen. Und wenn dann genügend Gras über die Sache gewachsen ist, werde ich meinen Vater befreien. Gut, das mit den Geiseln leuchtet mir ein. Wenn sie tot sind, wird es schwer, meinen Vater auf die gleiche Art und Weise frei zu bekommen. Da ist schon besser, sie freizulassen. Oder später Tipps zu geben, wo sie zu finden sind."

***

Am selben Tag hatte ebenfalls eine Besprechung zwischen dem Premierminister und seinem Innenminister stattgefunden.

Der Innenminister Chep Khun hatte Bericht erstattet: „Herr Premierminister, ich habe eine gute Nachricht. Wir haben Kaing Guek Eav wieder aufgespürt. Er ist hier in Phnom Penh. Und Nuon Cheas Sohn, der sich jetzt Sok Vai nennt, ist bei ihm. Was sie vorhaben, wissen wir noch nicht. Wir haben ihr Telefongespräch abgehört. Es war die Rede von einem Eimer. Was sie damit meinten, wissen wir noch nicht. Aber wir werden es herausfinden."

Aus einem mitgebrachten Ordner zog er zwei große Schwarz-Weiß Fotos heraus. „Sehen Sie nur, so sah Kaing im Gefängnis aus. Und so sieht er jetzt aus. Gut gemacht, oder?"

„Mein lieber, guter Chep", antwortete der Premier, „das interessiert mich wirklich kaum. Wichtig für unser Land ist, dass die ausländischen Botschafter zufrieden sind. Jetzt wird halt der Prozess gegen Noun Chea kommen. Die Ausländer können damit einverstanden sein, schließlich war Nuon die Nummer Zwei von Pol Pot. Er ist bedeutend interessanter für die Ausländer als Kaing, verstehst du. Was mit Kaing passiert, ist jetzt nebensächlich. Mir persönlich ist es auch egal, ob ihr ihn lebend festnehmt oder ob er dabei umkommt. Ich will Ruhe für mein Land. Und das Abkommen mit den ehemaligen Pol Pot Anhängern ist für mich immer noch in Kraft. Die Freipressung von Kaing geht bestimmt auf deren Konto. Wer könnte denn sonst ein Interesse an seiner Freilassung gehabt haben. Nein, bleiben wir doch mal realistisch. Kaing ist weg; jetzt brauchen wir halt einen anderen. Und den haben wir in Nuon Chea.

Also alles in bester Ordnung. Und wenn du mich nach meiner persönlichen Meinung fragst: Dass Pol Pot so viele Vietnamesen auf dem Gewissen hat, kann man noch durchgehen lassen. Aber zwei Millionen der eigenen Landsleute? Da ging er entschieden zu weit. Chinesen hin, Chinesen her; Ideologie hin, Ideologie her. Das macht man einfach nicht. Und wir haben jetzt die Probleme damit. Kambodscha könnte heute ein prosperierendes Land sein, ähnlich wir Thailand. Aber der Hund hat uns um dreißig Jahre zurückgeworfen. Der war verrückt und größenwahnsinnig. Aber das sage ich nur dir; das bleibt unter uns. Ist das klar?“ Der Innenminister nickte diensteifrig. „Natürlich. Und was soll ich jetzt dem Polizeipräsidenten sagen? Was soll er tun?“ „Was du ihm sagst, ist mir wirklich egal. Hier muss endlich wieder Ruhe einkehren, damit wir uns den wichtigen Dingen zuwenden können. Wir müssen unser Land vorwärts bringen, das ist unser Job. Aber nicht, uns mit Leuten wie Kaing oder Nuon rumärgern. Das ist überflüssig. Das bindet nur Kräfte. Denk mal, was wir mit den Einsatzkräften, die in Sihanoukville die ganze Stadt durchsucht haben gemacht haben, stattdessen hätten machen können. Wir hätten die Kriminalität hier in Phnom Penh eindämmen können. Oder den Schmuggel bekämpfen. Du weißt doch, welcher Schaden unserem Land durch Schmuggel entsteht. Also, wir brauchen vor allem wieder Ruhe. Kümmere dich darum, und nerve mich nicht dauernd mit Meldungen wie: Kaing ist im Gefängnis: Kaing ist frei; er ist verschwunden, wir haben ihn wieder. Ich will davon nichts mehr hören.“

Der Premier war wieder kurz vor einem seiner berüchtigten Wutanfälle. So zog es der Innenminister vor, den Kopf einzuziehen, und zu sagen: „Ich werde mich um alles kümmern, wir haben alles im Griff!“

Drohend antwortete der Premier: „Das hoffe ich für dich und den Polizeipräsidenten. Und jetzt raus hier, ich muss telefonieren.“

Vorbereitung zur Befreiung

Um Punkt vier Uhr läutete der Wecker. Aber nötig wäre es nicht gewesen. Die beiden Brüder waren schon vorher wach.

Als hätten sie auf ein Zeichen gewartet, sprangen sie aus dem großen Bett.

„Bist du o.k.?“ fragten sie gleichzeitig und fast synchron. Dann brachen sie deshalb in Gelächter aus. Aber gleich darauf wurden ihre Gesichter ernst. Sie erinnerten sich schlagartig an das, was vor ihnen lag. „Ich freue mich auf jeden Fall, unseren Onkel wieder zu sehen“, sagte Joe.

„Meinst du, ich nicht?“ antwortete Uli. „Aber das ist noch ein weiter Weg, und wer weiß, wie er aussieht, wie es ihm geht?“

„Der ist ein zäher Knochen, ein Frings halt! Aber Schluss jetzt mit diesen Sentimentalitäten. Machen wir uns fertig. Sie duschten, und zogen sich an. Joe steckte sein im Lederhalfter steckendes Leatherman-Messer an seinen Gürtel. „Was soll denn der Quatsch“, fragte Uli vorwurfsvoll. „Man kann nie wissen.“ Dann steckte er noch sein ZIPPO Feuerzeug in die Hosentasche seiner Liederjeans.

Uli, der vor dem Badezimmerspiegel stand, und sich rasierte, schüttelte den Kopf. Aber das hatte nichts zu bedeuten: morgens war er fast immer unwirsch.

„Bist du fertig?“ fragte Joe.

Uli sah ihn mit schiefem Kopf an. „Willst du so gehen?“ Joe hatte ein grünes T-Shirt an, keine Jacke. „Soll ich vielleicht einen Wintermantel anziehen. Draußen ist es warm. Jetzt mach keinen Aufstand, mach dich fertig.“

Uli hatte sich fertig rasiert, und bestrich sein Kinn dick mit Aftershave.

„Wir gehen nicht auf Brautschau, sondern in den Urwald. Willst wohl Affen knutschen?“ Uli sagte nichts mehr. Er zog seine Jeans an, und nur seine Jeans Jacke.

„Schon besser, jetzt siehst aus wie Rambo.“

„Mach du nur deine Witze“, murmelte Uli, „los jetzt“

***

Uli öffnete das Fenster und sah nach unten. Die Fenster unter ihnen waren die des Restaurants und weit und breit war kein Wächter in Sicht. Währenddessen hatte Joe sein Messer aus dem Lederhalfter an seinem Gürtel gezogen. Er zerrte ein Laken aus dem Doppelbett und brachte an einer Seite sieben Schnitte an. Dann zerriss er das Leintuch in acht gleich breite Streifen. An den Enden knotete er sie fest zusammen.

Danach legte er den nun sieben Meter langen Stoffstreifen um den unteren Teil des Fensterkreuzes. Er zog die beiden Teile stramm, und hängte sich mit all seinem Gewicht an die beiden nun ungefähr dreieinhalb Meter langen Streifen. Stabil genug, und die Knoten zogen sich noch fester zusammen.

„Einer Regenrinne traue ich nicht. Das hier ist bedeutend stabiler. So haut man auch aus dem Knast ab.“ Dann öffnete er leise die Zimmertür. Er hängte den rote Anhänger mit der Aufschrift

„Pls. Don’t Disturb“ außen an die Türklinke und schloss die Tür wieder. Dann verriegelte er sie von innen.

„Gar nicht so doof“, sagte Uli anerkennend.

***

Nun ließen sich die Beiden vorsichtig und leise hintereinander an den zusammengeknoteten Textilstreifen ab. Unten im Garten angekommen, zog Joe an einem der Streifenenden und hatte kurz darauf den kompletten Streifen in der Hand. Aus einer Hosentasche zog er eine

Plastiktüte, stopfte die Stoffstreifen hinein und verknotete die Tüte. Dann warf er die volle Tüte in den nächsten Müllkorb. Uli sah ihm anerkennend zu.

„Wie'n Profi!"

Dann gingen sie, jedes Geräusch vermeidend, eng an der Hauswand entlang. Als sie neben dem Seitenfenster der Rezeption angekommen waren, schob Uli seinen Kopf vorsichtig von unten vor das Fenster, bis er in den Raum blicken konnte. Wie Wing Ban vorausgesagt hatte, schliefen die beiden Wachleute auf je einem Sofa. Vom Portier war überhaupt nichts zu sehen. Er schlief wohl hinter seiner Theke.

Uli gab Joe ein Handzeichen. Beide gingen zügig und gebückt am Fenster vorbei und durch das eiserne, geöffnete Eingangstor. Dann bogen sie nach rechts, zum Parkplatz des Kaufhauses, ab. Beide Autos standen an der Stelle wie gestern Abend, und in beiden waren aufglühende Zigaretten zu erkennen. Sie stiegen in Wings Auto und schlossen fast geräuschlos die Autotür. Die Wagen setzten sich langsam in Bewegung, und fuhren ohne Licht auf der Hauptstraße in östliche Richtung. Nach ungefähr dreihundert Metern verlangsamte Wing seine Fahrt. Aus einem dunklen Hofeingang rechts löste sich eine Gestalt mit einem Rucksack in der Hand und bestieg das Auto von Chen, der kurz angehalten hatte. Das setzte sich sofort wieder in Bewegung und schloss zu Wings Auto auf. Dann beschleunigten beide Fahrzeuge langsam; die Abblendlichter gingen an.

***

Sie fuhren in Richtung Ortsausgang. Allmählich wurde der Himmel über ihnen grau; die Dämmerung setzte ein. Nun veränderte sich die Landschaft zunehmend. Mehr und mehr Büsche und Palmen säumten die Straße, es standen immer weniger Holzhütten an beiden Straßenseiten. Dann folgten rechts und links Reisfelder, und vor ihnen waren schon die Silhouetten der nahen Berge zu erkennen, die sich schwarz gegen den grauen Himmel abzeichneten. Nun fuhr Wing rechts auf dem

Standstreifen langsamer und winkte Chen zu, an ihm vorbeizufahren.

„Die kennen den Weg besser“, sagte er zu den Brüdern.

Beide nickten. Jetzt wurde die Straße hügelig und rumplig. Dann bogen sie auf einen Seitenweg ab und fuhren direkt auf den dichten Busch zu. Die Reisfelder rechts und links wichen einem dichten Wald. Zwischen den ersten beiden Bäumen hielten sie an. Aus dem vorderen Wagen stiegen Chen und Khieu aus und gingen in die Hocke. Sie musterten eingehend den Boden und sahen in Richtung Busch. Khieu nickte, und beide bestiegen wieder den Wagen. Sehr langsam, fast im Schritttempo, fuhr Chen weiter. Inzwischen war es fast gänzlich hell, und vor ihnen konnte man schon die aufgehende Sonne erahnen. So fuhren sie fast eine Stunde weiter. Dann machte Chen abrupt halt. Khieu ging nun zu Fuß weiter, bestieg aber nach fünfzig Metern wieder den Wagen. Er machte nach hinten ein Zeichen, ihm zu folgen. Beide Wagen setzten ihre Schleichfahrt fort.

***

Plötzlich ertönte vorn ein Knall, und Chens Wagen blieb abrupt stehen. Beide Insassen stiegen aus, bückten sich, und sahen unter den Fahrzeuge. Khieu zog einen großen runden Gegenstand unter dem Wagen hervor und betrachtete ihn sorgsam. Dann grinste er und sagte etwas zu Chen. Dieser ging die fünf Meter zum zweiten Wagen zurück. Wing öffnete das Fenster und sah Chen fragend an. Chen erklärte: „Wir sind eben nur über eine Mine gefahren.

Die werden manchmal bei starkem Regen mit dem Schlamm auf den Weg gespült. Der Knall war nur die Sprengkapsel. Die hat gezündet. Aber der Rest nicht. Wahrscheinlich ist das TNT nass geworden und hat sich zersetzt. Glück gehabt! Also weiter. Leider haben wir keine Chinesen hier. Zwanzig oder dreißig wären bestimmt ganz gut.“

Die beiden anderen Kambodschaner lachten über diesen Witz. Uli und Joe sahen sich befremdet an. „Wo ist denn da der Witz?“ fragte Joe Wing.

Der antwortete: „Na, zum Minenräumen.“

Joe fragte ihn: „Und was ist so lustig dran, wenn Chinesen Minen räumen?“

„Das ist eine alte Sache. Als Chiang Kai Check gegen die Roten unter Mao Tse Dong kämpfte, damals im chinesischen Bürgerkrieg, wurden auch schon Minenfelder angelegt. Aber es wurden nie Pläne der Felder angefertigt. Beide Seiten haben dann Soldaten, zur Beseitigung der Minen, eingesetzt. Sie bekamen Bambusstöcke mit dünnen Metallspitzen, und gingen in enger Formation voran. Dabei stocherten sie im Boden vor ihnen. Zwischen zehn und zwanzig Prozent kamen bei jeder Tour um. Die Überlebenden bekamen zur Belohnung doppelte Essensrationen. Als allmählich zu viele Soldaten dabei draufgingen, wurden Strafgefangene aus den Gefängnissen eingesetzt. Die Chinesen hatten ja immer genügend Menschen zur Verfügung. Den Gefangenen wurde versprochen, dass sie nach zehn Einsätzen freikämen. Aber das war eine Lüge. Freigekommen ist nie einer, höchstens umgekommen “ sagte Wing.

„Übrigens, im und nach dem kurzen Krieg gegen Vietnam, haben die Chinesen das auch noch so gemacht. Menschenmaterial hatten die ja immer mehr als genug!“

Man fuhr weiter. Nach einer weiteren halben Stunde hielt Chen wieder an, und beide Insassen stiegen aus. Sie betrachteten den Boden und sahen dann aufmerksam in den Abgrund, der sich links vom Weg auftat. Chen winkte Wing zu sich, und beide sahen noch einmal auf den Boden und dann in den Abgrund.

Wing ging zum Auto zurück, und sagte zu den beiden Neffen:

„Kommt mal raus.“ Er selbst ging zum Heck seines Land-Rovers, öffnete die Tür und entnahm einer Kiste ein Fernglas. Dann gingen die Drei nach vorne zu Chen und Khieu. Khieu zeigte nach unten, und Wing schaute mit dem Fernglas ebenfalls in in die Tiefe. Dann nickte er, und gab das Fernglas an Khieu weiter, der es kurz darauf an Chen weiterreichte. Der nickte ebenfalls wortlos, und gab das Fernglas dem neben ihm stehenden Joe. Chen zeigte nach unten in den grünen Busch, bis Joe nickte und das Fernglas an Uli weiterreichte. „Da unten liegt ein grüner Truck, da vor dem großen Baum."

Uli hielt das Fernglas ebenfalls vor seine Augen. Er brauchte etwas Zeit zum Fokussieren und zum Suchen, aber da, ganz deutlich: Ein grüner Truck, der auf der Ladefläche lag. Die beiden Vorderräder und ein Paar der hinteren Zwillingsreifen waren deutlich zu erkennen. Wing zeigte auf den Boden, wo sie standen: „Hier war er wohl stecken geblieben, und dann ist er irgendwie abgestürzt. Sehr lange kann das noch nicht her sein, sonst wäre der Boden hier wieder zugewachsen. Die Spuren sind noch deutlich zu sehen. Es war ein schweres Fahrzeug." Khieu pflichtete bei: „Ein bis zwei Wochen höchstens."

Und nun fügte Wing hinzu: „Dann ist das wahrscheinlich der Army-Truck, der aus Sihanoukville verschwunden war. Nach meiner Theorie sind sie alle zusammen mit diesem Truck aus der Stadt abgehauen. Und deshalb sind sie auch entkommen, denn wer kontrolliert schon solch ein Militärfahrzeug. Dann sind sie von hier aus zu Fuß weitergegangen." Und zu Chen gewandt, sagte er: „Am sinnvollsten ist es, wenn wir jetzt voranfahren. Khieu soll sich bei mir auf den Beifahrersitz setzen, Und die beiden Deutschen werden dich im Auge behalten. Du hast keinen Allradantrieb. Wenn es bei dir nicht mehr weitergeht, steigst du zu uns ins Auto. Sobald ein breiteres Wegstück kommt, wo wir an dir vorbeifahren können, halte an. Aber fahre dann nicht gleich nach rechts ran, lass mich zuerst checken, ob da Minen liegen."

***

Nach zweihundert Metern kamen sie an eine solche Stelle. Wing stieg aus, und kam von hinten mit einem Suchgerät zurück, das wie eine Poliermaschine mit einem ungefähr fünfzig Zentimeter breitem Pulverfass aussah. Stolz verkündete er: „Das ist das neueste auf dem Markt. Es soll sogar Plastikminen aufspüren können." Damit überstrich er langsam den Boden, während er neben Chens Limousine hin- und herging. „Nichts feststellbar," sagte er zu Chen. Du kannst rechts ranfahren. Und dann folge uns. Wir behalten dich im Auge."

Die Schleichfahrt ging weiter. Nach einer weiteren halben Stunde, als der Weg immer schwerer zu befahren war, meinte Wing nach einem Blick auf sein GPS Gerät: „Ich denke, wir sollten jetzt zu Fuß weitergehen. Der Platz, von wo telefoniert wurde, liegt noch zwei Kilometer entfernt. Wir wollen die Geiselnehmer auf keinen Fall warnen."

Khieu pflichtete ihm bei. „Ungefähr eine halbe Stunde zu Fuß von hier ist eine Höhle. Ich war oft dort, weil im hinteren Teil ein kleiner Teich ist. Da haben wir in der Trockenzeit unser Trinkwasser geholt. Früher wurde dort auch nach Edelsteinen und Gold gesucht, aber es war zu unergiebig."

Wing stieg aus, und ging zu Chen, der hinter ihm ebenfalls angehalten hatte: „Wir gehen jetzt besser zu Fuß weiter. Die Höhle, die wir suchen, ist wohl nur noch eine halbe Stunde entfernt. Zu Fuß. Jetzt müssen wir leise sein."

„Sollen wir die Wagen hier einfach stehen lassen?"

„Ja, Sok Vai ist in Phnom Penh. Und wenn uns jemand hinterher kommt, werden wir ihn festsetzen. Das wäre sogar gut, denn dann hätten wir es nur noch mit drei Geiselnehmern zu tun."

Chen stieg aus und schloss sein Auto ab. Dann gingen die Fünf zu Fuß weiter. Die Spitze bildete Khieu, der nun das Spürgerät vor sich hin und her schwenkte. Er achtete auf das grüne Licht und trug zusätzlich einen Kopfhörer. Dann folgten Wing, Chen und die beiden Brüder. Inzwischen stand die Sonne fast senkrecht, und gab relativ viel Licht durch die dichten Baumkronen bis hinab auf den grün-braunen zugewachsenen Boden. Immer wieder hielt Khieu an, um sich zu orientieren. Jedes Mal, wenn die nachfolgenden Männer auf Zweige traten und diese knackten, legte Khieu die Finger auf die Lippen. Er wurde allmählich immer langsamer und schaute laufend in alle Richtungen. Nach zehn Minuten nahm er seinen Rucksack vom Rücken, öffnete den Reißverschluss und entnahm ihm ein seltsames Gerät. Es hatte Ähnlichkeit mit einem Gewehr. Nur, der Schaft fehlte fast ganz, und vom Lauf war auch nur noch ein Stummel von wenigen Zentimetern übrig. Dann entnahm er dem Rucksack noch eine Pistole und eine

Machete. Als er den fragenden Blick von Wing sah, meinte er: „Das ist ein altes chinesisches Gewehr, Modell T 53 M1. Einer meiner damaligen Freunde hier in den Bergen, hat den Schaft an seinem Gewehr fast ganz abgesägt, und den Lauf auf zehn Zentimeter verkürzt. Er hat mal im Fernsehen eine sogenannte amerikanische PUMP-GUN gesehen. Mit normaler Munition trifft man kaum noch, aber mit Schrotpatronen kann man damit bis auf zehn Metern viel erreichen. Ich weiß, dass es lächerlich aussieht, aber es wirkt.

Nach kurzer Zeit sind die meisten von uns so rumgelaufen. Ein Gewehr ist halt viel unhandlicher, aber wann und wo zielt man schon im Busch weiter als zehn Meter. Und es ist ein Fünf-Schussgewehr. Und das hier – er hielt die Pistole hoch – ist eine alte chinesische TT 33. Unverwüstlich. Du kannst sie in den Schlamm werfen, und sie schießt immer noch. Wahrscheinlich funktioniert sie sogar unter Wasser. Sie ist bestimmt über fünfzig Jahre alt, aber immer gut geölt worden. Die gehörte auch – hier in den Bergen – immer zur Standardausrüstung. Auch heute noch, ist hier bestimmt jeder bewaffnet."

Die Pistole steckte er sich in den Hosenbund; den Lederriemen des verstümmelten Gewehrs hatte er über seine Schulter gelegt und trug so die Waffe nach vorne gerichtet, die Hand über das Schloss gelegt. Er grinste: „Man kann nie wissen."

***

Um neun Uhr trafen sich Sok Vai und Duch, wie verabredet, im Frühstücksraum des Hotels. Sok trank noch schnell eine Tasse Tee. Dann sagte er: „Ich habe alles dabei, und das Auto steht vor der Tür. Wenn du bereit bist?"

„Ich bin's."

„Gut, dann los! Wir fahren zuerst die A6 bis nach Koh Dach. Zur Mekonginsel. Dann sage ich dir, wie es weiter geht." In Höhe der Insel verließ Sok die Schnellstraße. Duch machte große Augen. Dann fluchte er: „Verdammt. Bei allen wilden Drachen. Schau dir das an!" Und er zeigte mit der rechten Hand nach links. Sok sah ebenfalls in diese Richtung. „Und, was ärgert dich da so?“

„Die haben die ganze Insel zugebaut mit neuen Häusern. Früher war hier nur Buschland. Sonst gar nichts. Und jetzt ist hier alles bebaut. In der Mitte der Insel hatten wir damals den Eimer vergraben. So eine Sauerei!“ Jetzt blickte auch Sok betroffen. Er verstand. „Und was machen wir jetzt?“

„Na ja, weiterfahren. Oder sollen wir vielleicht eines der Häuser abreißen. Außerdem würde ich den Platz jetzt gar nicht mehr wieder finden. Na Ja, hoffentlich haben wir beim nächsten Platz mehr Glück. Das war im Park hinter einem Wat. Da haben sie bestimmt nichts verändert. Hoffentlich! Fahre mal zwei Kilometer weiter auf der A6, bis rechts eine große Tempelanlage kommt. Nach zwei Kilometern sahen sie rechts ein Wat. Sie bogen auf eine Nebenstraße ab und fuhren direkt darauf zu.

Sok hielt an, und Duch ging voran in das Wat. Es war offenbar vor kurzem renoviert worden. Sie gingen hinein, zündeten einige Räuchstäbchen an, und knieten nieder. Beide murmelten ein kurzes Gebet, wie es den Sitten entsprach, und standen wieder auf. Dann verließen sie den heiligen Ort durch die offen stehende Pforte an der Rückseite des Gebäudes. Sok ging voran und schaute sich suchend um. „Dummkopf. Mach langsam. Wenn uns Mönche beobachten, muss es aussehen wie ein kontemplativer Spaziergang. Lass uns die Blumen betrachten, die Bäume und so. Wir freuen uns jetzt über die Natur. Schau dir dort die Bougainvillea an. Und da den Oleander.“

Er faltete die Hände auf seinen Rücken und wurde noch langsamer. Nun lag ein kleiner, künstlich angelegter Teich mit Zierfischen vor ihnen. An dessen Rand blieb er stehen und betrachtete die Goldfische. Als Sok neben ihm stand, sagte er leise: „Ich glaube, diesmal haben wir Glück. Die Stelle liegt hinter dem Zaun dort. Nicht auszudenken, was wäre, wenn der Eimer innerhalb des Geländes läge. Damals war halt kein Zaun und kein Mönch hier, Religion galt zu der Zeit als konterrevolutionär. Ja ja, die Zeiten haben sich geändert. Lass uns langsam wieder zum Wagen zurückkehren.“

Sie traten den Rückweg an. Am Ausgang legte Duch einen Fünfdollarschein in die aufgestellte Sammelbox. „Vielleicht hilft’s ja“, grinste er.

Mehr Geld

Dann fuhren sie zurück auf die Nebenstraße, bis links ein kleiner Weg abzweigte. Dieser führte in einer langen weiten Kurve am Wat vorbei. Nach etwa einem halben Kilometer bat Duch seinen Begleiter, anzuhalten. Sok stoppte, stieg aus und öffnete den Kofferraumdeckel. Duch sagte zu ihm, er solle den Kofferraum wieder schließen. „Zuerst muss ich mich orientieren, um den Platz wieder zu finden. Es sind jetzt immerhin mehr als dreißig Jahre vergangen.“ Er schaute nachdenklich um sich. Unsicher ging er fünfzig Meter vorwärts und blieb wieder stehen. Dann ging er etwas nach links und schaute nach oben. Darauf nickte er. „Es waren zwei Mangobäume da, so wie die da.“ Er zeigte nach oben. Damals waren sie viel kleiner, und zwei Palmbäume standen hier auch. Die sind jetzt wohl weg, aber die werden auch nicht so alt. Aber hier, genau zwischen den Mangobäumen, da könnte es gewesen sein. Dass es so kompliziert sein würde, hätte ich nicht gedacht. Dann ging er mit gleichmäßig großen Schritten zwischen den Bäumen hin und her und zählte jedes Mal die Schrittzahl. Siebzehn bis achtzehn. Also acht bis neun Schritte entfernt. Er stellte sich auf diese Stelle und steckte einen Stock an den vermuteten Platz.

„Jetzt kannst du das Werkzeug holen und loslegen. Ich denke, hier war’s.“

Er blieb stehen, und Sok ging zum Auto. Mit Spaten, Hacke, Sack und Metallsuchgerät kam er zurück. Duch sagte: „Dass hier Minen liegen, glaube ich nun wirklich nicht. Aber wenn’s dich beruhigt.“ Sok suchte im Umkreis von drei Metern das Gelände ab. „Manchmal sind sie im Erdreich versteckt. Und ich will nicht mit der Hacke auf eine drauf hauen. Nur für alle Fälle. du weißt ja nicht, was sich während der vergangenen dreißig Jahre hier abgespielt hat."

Dann fing er an zu graben. Er begann direkt an dem, zur Markierung eingesteckten Zweig.

„Wie tief war denn das Loch?"

„Vielleicht sechzig bis siebzig Zentimeter tief. So ein Eimer ist ja schon etwa fünfunddreißig Zentimeter hoch. Also bei dreißig bis vierzig Zentimetern solltest du ihn finden"

Sok grub weiter. Plötzlich stocherte er mit dem Spaten an einer Stelle, etwa dreißig Zentimeter tief, in dem ausgehobenen Loch mit einem halben Meter Durchmesser. „Das könnte es sein; war der Eimer grün oder rot?"

„Das weiß ich jetzt wirklich nicht mehr. Aber eher rot, und ein Deckel war gewiss drauf."

Plötzlich bückte sich Duch neben ihm und schaute geradewegs in das Loch. Er flüsterte: „Sage jetzt nichts mehr. Hör genau zu: Da kommen zwei Mönche. Ich erzähle ihnen irgendetwas, irgendeinen religiösen Quatsch, den sie mir glauben. Sie müssen hier verschwinden. Irgendetwas halt. Und hör auf zu graben. Wühle nur noch etwas herum."

Er fing an, mit Sok zusammen im Loch zu wühlen. „Hier muss es sein", sagte Duch nun lauter. Shiva ist gnädig. Gelobt sei Shiva!"
Inzwischen waren die beiden Mönche bei ihnen. Sie sahen interessiert in das Loch, und dann zu den beiden am Boden Knienden. Duch sah hoch. Er legte den Zeigefinger der rechten Hand an seine Lippen und flüsterte ihnen zu:

„Brüder!" Dann winkte er sie näher zu sich heran. „Brüder, auch ihr seid Jünger des großen Shiva. Bitte schweigt. Sagt jetzt nichts, gar nichts. Wir sind hier auf Befehl Shivas. Er ist uns heute Nacht im Traum erschienen. Uns beiden. Hier finden wir eine rote Quelle, mit rotem Wasser. Dies hier ist mein Sohn. Er ist sehr krank. Ihm hat es vor dreißig Jahren die Sprache verschlagen. Von heute auf morgen, einfach so. Es waren böse Geister. Böse Geister des Zorns. Seitdem ist er stumm. Seit Wochen erscheint mir Shiva im Schlaf. Und gestern hatte er sein drittes Auge geöffnet. Aus diesem Auge strahlt gleißendes Licht. Er kommt immer um Mitternacht. Er wollte mir auch immer etwas sagen, ich konnte ihn aber nicht hören. Gestern Nacht dann hat er das Rätsel gelöst. Gestern war Vollmond. Shiva kann zu Menschen nur bei Vollmond sprechen."

Er winkte sie noch näher zu sich heran und flüsterte nun noch leiser. „Ja, an dieser heiligen Stelle ist eine rote Quelle im Erdreich. Rotes Wasser. In einer großen Tiefe. Wir graben nach diesem Wasser. Wenn ihr wollt, könnt ihr uns helfen. Es macht sehr viel Arbeit. Aber man darf bei der Suche nicht reden. Kein Wort. Und nichts trinken. ihr könnt uns helfen, es ist viel schwere Arbeit. Aber Shiva hat zu mir gesagt, wenn mein Sohn von dem roten Wasser trinkt, wird er wieder gesund. Er wird wieder sprechen können."

Sok hob beide Hände in die Höhe und formte mit dem Mund lautlose Worte. Er drückte aus den weit geöffneten Augen seine Augäpfel heraus, soweit es ging. Es wirkte furchtbar.

Die Mönche sahen sich gegenseitig an. Einer der Beiden flüsterte nun ebenfalls: „Leider haben wir keine Zeit, wir müssen zum Gebet."

Duch winkte sie nochmals zu sich zurück: „ ihr dürft heute mit niemandem darüber reden, auch nicht mit eurem Abt, dem Heiligen Vater. Wenn wir die Quelle freigelegt haben, wird mein Sohn vom Wasser trinken und gesund sein. Wir lassen das Loch dann offen. Ab morgen könnt ihr dann das rote Heilwasser selbst verwenden oder zur Heilung Kranker benutzen, gegen eine kleine Spende für euer Kloster, versteht sich. Aber bis morgen kein Wort zu niemandem, sonst versiegt die Quelle. Versteht ihr?"

Beide Mönche nickten verständnisvoll, sahen sich nochmals an, drehten sich um, und gingen davon.

„Uuu, das war knapp". Sok sagte anerkennend zu Duch: „Ich glaube, die haben dir alles geglaubt. Oder sie halten uns für Spinner. Jetzt aber schnell weitergemacht, ich glaube, ich habe es. Und Sok stocherte an der gleichen Stelle immer tiefer. „Da ist er", rief er aufgeregt. Er kniete sich hin, und buddelte mit den bloßen Händen weiter und entfernte das gelockerte Erdreich. Dann griff er mit beiden Händen in das Loch.

„Ich hab ihn“, sagte er leise triumphierend und hob einen roten Eimer heraus. Teile der Aufschrift waren noch zu erkennen: yklon .., oder so ähnlich. Duch nickte. „Das war Zyklon B. Wenn jemand ganz hartnäckig war, und nicht gestehen wollte, haben wir ihm einen Lappen, der damit getränkt war, vor die Nase gehalten. Den Leuten wurde sofort furchtbar schlecht; sie haben gekotzt, und umgehend gestanden. Jeder, sofort. Das haben wir von den Deutschen gelernt. Das Zeug wurde in Deutschland hergestellt. Und billig war es auch, und hochwirksam. Damit hat man jeden zum Reden gebracht. Nun zeig mal, was da drin ist“

Sok zog den intakten Deckel ab, und wollte seinen Augen nicht trauen. Der Eimer war wirklich randvoll mit Goldschmuck. Er drehte sich zu Duch um, der schweigsam hinter ihm stand. Duch hatte seine Pistole in der Hand. Sok machte große Augen. „Was soll die Pistole?“

„Reine Vorsichtsmaßnahme. Wenn jetzt jemand hier vorbeikäme und das Gold sehen würde, müsste ich ihn erschießen, verstehst du?“ Sok nickte verdattert und dachte:

„Dieser Duch ist schon ein Typ! Der denkt wirklich an alles.“

„Jetzt kipp’ das ganze Zeug in den Sack, und lass uns verschwinden!“ Sok tat wie geheißen, und beide gingen zum Auto zurück. Den Sack hatte er über seine rechte Schulter gelegt, in der linken Hand trug er Spaten und Hacke. Duch trug das Metallsuchgerät.

„Von wegen zehn Kilo, das sind mindestens fünfzehn, wenn nicht mehr.“

Wenn wirklich so viel auch in seinem Eimer sein würde, wäre er tatsächlich ein gemachter Mann. Und sein Vater käme aus dem Knast. Er war hoch zufrieden. Nun sagte Duch: „Lass uns ins Hotel fahren; morgen früh fahren wir nach Osten. Hoffentlich haben wir da noch mehr Glück.“

„Alles klar, aber das wollte ich dir noch sagen: Dein Gedächtnis ist sensationell. Kaum zu glauben!“ Und insgeheim dachte er:

„Was will der alte Knacker nur mit so viel Gold. Der kriegt wohl den Hals nicht voll. Das alles kann er ja überhaupt nicht ausgeben. Na ja, mir ist es egal, wenn ich nur meinen Eimer bekomme!“

Am Abend nach dem gemeinsamen Essen wartete Sok allerdings vergebens darauf, dass Duch ihm auf den Erfolg hin etwas spendierte, oder ihn zum Karaoke einladen würde. Na ja, später würde für alle Vergnügungen der Welt genug Zeit bleiben. So verabschiedete er sich nach dem Essen von Duch, und war leicht eingeschnappt, weil Duch sich nicht einmal bequemte, seine Rechnung zu übernehmen. Nein, er bestand auf getrennten Rechnungen. „Alter Knickersack“, dachte Sok.

„Soll er später ruhig all sein Geld fressen und dann kotzen; oder noch besser: daran ersticken!“

***

Inzwischen waren Khieu, die beiden Polizisten, und die beiden Deutschen immer langsamer geworden. Jeden Lärm vermeidend, das Minensuchgerät vor sich hin und her schwenkend, bildete Khieu die Spitze der Gruppe. Ihm folgte Wing, den Blick auf das GPS-Gerät in der linken Hand gerichtet. Nach dem Gerät waren es noch vierzig bis fünfzig Meter zur Höhle. Er hob die Hand, und bat die vier anderen, einen Halbkreis um ihn zu bilden.

„Wir müssen gleich da sein, vielleicht sind‘s noch fünfzig Meter“, flüsterte er und ging in die Knie. Er behielt weiter die Führung der Gruppe und robbte auf allen Vieren voran. Die anderen taten ihm das nach.

Khieu hielt in der Rechten nun ebenfalls seine Pistole. Auch Chen trug seine Pistole in der Hand. Uli hatte sich von Khieu dessen Machete geben lassen, und Joe hielt sein Leatherman-Messer einsatzbereit umfasst. Sein Handy hatte Uli inzwischen ausgeschaltet. Er würde es auch ausgeschaltet lassen, bis…, hoffentlich, bis zu einem glücklichen Ausgang der Angelegenheit. Das Letzte, was er jetzt brauchen konnte, waren ‚Froschgespräche’ mit Paul. Alles zu seiner Zeit! Langsam näherten sie sich der Felswand. Khieu hob die Hand. Alle erstarrten. Es roch leicht nach Rauch, aber stärker noch nach Fäkalien und Urin. Khieu nahm seinen Zeigefinger an die Nase und rümpfte sie. Die Anderen nickten zustimmend. Er winkte Chen zu sich. Irgendwo da vorn muss es sein. Chen stimmte zu. Khieu hielt sein Fernglas an die Augen, nickte und gab es an Chen. „Ich sehe jetzt auch den Eingang, hinter den herabhängenden Wurzeln und dem Efeu, da, halb rechts. Chen robbte fünf Meter zurück zu den anderen und zeigte ihnen den verborgenen Eingang.

Dann robbte er wieder nach vorn und flüsterte zu Wing:

„Was denkst du? Wir sollten warten, bis es dunkel wird. Wenn sie am Abend wieder ein Feuer machen, kommen wir gut 'ran."

„Ja, oder falls alle vier Entführer raus kommen. Dann könnten wir auch zuschlagen."

„Gut, dann legen wir uns hinter die nächsten fünf Bäume und warten ab."

Beide krochen zurück. Bei den anderen angekommen, informierten sie sie über ihre Pläne. Khieu untersuchte mit dem Minensuchgerät den Boden hinter den nächsten Bäumen. Keine Anzeige. Dann legten sie sich hinter jeweils einen anderen Baum auf den Boden, und warteten. Es dauerte über eine Stunde bis etwas geschah.

***

Dann bewegte sich der Vorhang aus Lianen und Wurzeln ein wenig. Wing sah genau hin. Nein, das war kein Windzug. Er entsicherte vorsichtig seine Waffe. Nun teilte sich der grüne Vorhang, und ein Mann, mit einem Gewehr bewaffnet, trat aus dem Felsloch. Er schaute aufmerksam in die Runde. Dann rief er etwas über seine Schulter, und ein zweiter Bewaffneter stieß unsanft einen Weißen vor sich her ins Freie. Der schlurfte mit geketteten Füssen langsam zu dem Baum ganz links, hinter dem Uli lag. „Mensch, verdammt, das ist ja der Onkel", durchfuhr es den Neffen. „Und er sieht verdammt schlecht aus. Total mager, alt und dreckig."

Die beiden Bewaffneten blieben am Höhleneingang stehen und unterhielten sich. Einer von ihnen machte anscheinend einen Witz auf kambodschanisch. Jedenfalls lachte der Zweite danach lauthals. Gerhard öffnete den Reißverschluss seiner Hose und pinkelte gegen den Baum. Er schwankte etwas. Das ständige Sitzen und Liegen hatte offensichtlich seinen Blutdruck gesenkt, so dass ihm jetzt, als er stand, etwas schwindelig war. Gerhard hörte etwas am Boden. Vielleicht eine Schlange. Er sah genau hin.

Nein, da bewegte sich etwas am Boden: eine Hand, und jemand flüsterte ihm zu: „Tach Onkel, ich bin's, Uli. Wie geht es? Spätestens heute Abend holen wir euch da raus. Halte durch, bis nachher!"

Teufel noch mal! Tatsächlich, das war Uli's Stimme gewesen. Keine schwarze Frau oder sonst eine Erscheinung. Er schluckte und blickte über die Schulter zum Höhleneingang. Da standen die beiden Wächter und schauten nach oben in die Baumkronen, wo die Affen herumturnten und kreischten. Gerhard und Uli redeten miteinander. Gerhard flüsterte: "Wenn der Baum nicht hier wäre, hätte ich dir glatt in's Genick gepinkelt." „Bist du halbwegs gesund?" Er gab ein ganz leises zustimmendes Brummen von sich.

„Und die Anderen?" Die Frage war kaum zu verstehen. Er gab ein zögerndes, verneinendes Brummen von sich. Er flüsterte, kaum noch verständlich: „Und die würden sich am liebsten killen, alle, wenn sie nicht angekettet wären. Wie viele seid ihr?" Mit seiner Hand zeigte er fünf gespreizte Finger. „Gut, aber geht besser weiter nach hinten. Hier an den Bäumen wird immer gepinkelt und auch geschissen. Und nachmittags kommen oft Wasserholer, da von links. Wenn die euch sehen..." „Wie viel Bewacher sind da?"

„Vier."

„Na ja, also spätestens heute Abend." Sein Herz schlug ihm bis zum Halse; er wäre fast in die Knie gegangen. Jetzt stolperte er zurück zum Höhleneingang. Die beiden Wächter sahen ihm entgegen. Einer sagte: „Das hat ja ganz schön lange gedauert. Du hast wohl ein Prostataproblem? Schwimmer kaputt, was?“ Der andere lachte kurz auf und trat zur Seite. Er beugte sich nach vorn, und sagte: “Ich habe Schmerzen im Bauch.“

Beide zuckten mit den Schultern. Einer sagte:“ Nur noch ein paar Tage.“

Er schrie sie an: “Das sagt ihr immer!“ Dadurch lenkte er ihre Aufmerksamkeit auf sich, denn sie sahen ihn erstaunt an. Er hatte noch nie rumgeschrien. Der kleinere von Beiden sagte zum Anderen: “Jetzt fängt der auch noch an, durchzudrehen. Na ja, viel vertragen können die alle nicht!“ Damit verschwanden sie hinter ihm im Höhleneingang.

***

Sobald wieder Ruhe herrschte, hob Uli seine rechte Hand. Er zeigte nach hinten und robbte vorsichtig zurück. Nach zwanzig Metern kroch er auf den Knien weiter rückwärts. Er winkte die Anderen zu sich. Nach fünfzig Metern verschwanden alle hinter einem dichten Gebüsch, nachdem Khieu den Platz nach Minen abgesucht hatte. Sie bildeten einen Halbkreis und sahen Uli erwartungsvoll an. Er begann: „Das war mein Onkel.“ Wing und Joe nickten. „Also, er hat gesagt: Es sind vier Bewacher und fünf Geiseln. Offenbar war das eine Fehlmeldung oder ein Täuschungsmanöver, dass einer tot sei. Dem Onkel geht es anscheinend gut, den anderen nicht so. Und sie sind zerstritten. Er meint, wir sollten unbedingt von den ersten Bäumen weg bleiben. Da pinkeln und scheißen die immer hin. Und nachmittags kommen oft Leute zum Wasser holen her. Sie kommen von der Seite. Also am besten, wir halten mehr Abstand.“

Alle nickten, und Khieu suchte nun ungefähr fünfzig Meter vom Höhleneingang entfernt den Boden hinter den nächsten großen Hu Kwang Bäumen nach Minen ab. Er wählte absichtlich diese Bäume aus, weil sie hier im Busch die dicksten Stämme hatten. Denn es würde noch einige Zeit bis zur Dämmerung vergehen, und hinter diesen Stämmen war am meisten Platz und sie boten den besten Sichtschutz.

Alle hielten den Eingang im Auge. Ab und zu kam ein Weißer mit einem oder zwei Bewachern heraus und verrichtete seine Notdurft. Leider verließen nie alle vier Bewacher gleichzeitig die Höhle. Das wäre, wie vorher verabredet, das Zeichen zum direkten Sturmangriff gewesen. So hieß es weiter Warten, Warten und Warten. Kurzzeitig nickte der eine oder andere der Fünf ein. Aber sobald das von einem der Anderen bemerkt wurde, weckte man den Eingenickten gleich mit Würfen kleiner Steine oder Aststückchen wieder auf. Die Zeit verging quälend langsam, und jeder hing seinen Gedanken nach.

***

Gegen fünf Uhr hörten sie von links aus dem Busch Geräusche. Etliche Affen fingen an, mehr als gewöhnlich, zu kreischen, Von links durch den Busch, knapp neben der Felswand, kamen zwei abenteuerlich aussehende Burschen. Auf dem Rücken trugen sie gekürzte Gewehre, ähnlich dem von Khieu. In beiden Händen hatten sie große, weiße Plastikflaschen. Das mussten die Wasserholer sein, von denen der Onkel gesprochen hatte. Nicht auszudenken, was passiert wäre, wenn sie jetzt noch hinter den vordersten Bäumen liegen würden! Na ja, man darf ja auch mal Glück haben!

Sie stellten die vier Flaschen in den Höhleneingang und führten mit jemandem am Eingang ein kurzes Gespräch.

Diese Person verschwand mit den vier überdimensionalen Flaschen. Die Wasserholer betraten die Höhle nicht und unterhielten sich nun untereinander. Kurze Zeit später wurden ihnen die gefüllten Plastikflaschen vor die Füße gestellt. Sie hängten je zwei an die Enden von Bambusstangen, schulterten die Stangen etwa in der Mitte und verschwanden auf dem gleichen Weg, den sie gekommen waren, im Busch links vom Eingang. Es kehrte wieder Ruhe ein. Uli zischte zu seinem hinter dem Nachbarbaum liegenden Bruder: „Das ist die Ruhe – die Ruhe vor dem Sturm, Du Wurm. Dann geht's los. Jeder hat 'nen Stoß." Er grinste: „Bück dich, oder reim dich. Gut, oder?" Joe dachte:

„Was ist denn jetzt mit dem los? Na ja, jeder hat mal 'ne lichte Minute. Hier in Asien würden sie sagen: eine Erleuchtung. Aber er ist jetzt gut gelaunt, besser als schlecht!“ Er hob die linke Hand mit erhobenem Stinkefinger, dann hob er zusätzlich den Zeigefinger daneben. so dass das Victory Zeichen entstand und grinste zurück.

***

Nur wenige Minuten später teilte sich wieder kurz der grüne Vorhang und einer der Kambodschaner trat aus der Höhle. Über dem Rücken hing sein Gewehr. In einer Hand trug er ein langes Stück Kordel. Mit der anderen hielt er ein über die Schulter gelegtes Metallsuchgerät. Es war kleiner und handlicher als das von Wing. Zunächst sah er sich aufmerksam und prüfend um, dann verschwand er links im Busch, wo auch die Wasserholer verschwunden waren. Plötzlich saß Khieu neben Uli. Er griff zu seiner Machete, die er vorher Uli gegeben hatte. Dafür legte er sein Stummelgewehr neben Uli ins Gras. Uli machte große Augen, und zog das Gewehr zu sich heran. Dann robbte Khieu zu dem nächste Baum, hinter dem Joe lag. Dieser hatte den Vorgang interessiert verfolgt. Als Khieu neben Joe lag, griff er dessen vor ihm liegendes Leatherman Messer und legte dafür seine Pistole vor Joes Gesicht. Dann nickte er, und ging gebückt, jede seitliche Deckung nutzend, zu der Stelle links von der Höhle, wo die Wasserträger und der einzelne Kambodschaner in den Busch gegangen waren. Dort verschwand er nun ebenfalls lautlos. Joe griff nun nach der Pistole, die Khieu ihm überlassen hatte. Er betrachtete sie von allen Seiten. Von rechts hörte er leise die Stimme von Wing: „Sei vorsichtig mit der Waffe. Die hat keine Sicherung.“

Joe sah fragend zu Wing und zuckte mit den Schultern. Wing sagte etwas lauter: „Sei vorsichtig, diese alten chinesischen Knarren haben keine Sicherung. Wenn die geladen ist, und du ziehst den Abzug, geht sie los. Und geladen ist die sicher!“ Jetzthatte Joe verstanden.

Er fragte zurück in Richtung Wing. „Und wo ist Khieu jetzt hin?“

„Er ist hinter dem Typen her, der eben losgegangen ist."

„Hmmm", meinte Joe. Er ahnte, was jetzt zur gleichen Zeit wohl passierte.

Er nickte mit dem Kopf, und dachte. „Na ja, manchmal ist das Leben hart. Und manchmal noch härter." Uli untersuchte inzwischen interessiert das Stummelgewehr. „Im Prinzip ähnlich wie eine alte Winchester. Wenn er das seinen Freunden in Saarbrücken erzählen würde!"

Er nahm sich fest vor, sich später mit diesem ‚Schießprügel' im Anschlag fotografieren zu lassen. Für später halt!

Komplikationen

Plötzlich raschelte etwas neben Uli. Ist Khieu zurück? Nein, weit und breit war nichts von ihm zu sehen. Jetzt bewegte sich etwas einen halben Meter rechts neben ihm. Schemenhaft sah er etwas Grünbraunes neben sich schlängelnd auf sich zu- kommen: Teufel, eine Schlange. Und wahrscheinlich tödlich! Er hieb mit der Machete dahin, wo eben noch die Schlange war, und rollte sich nach links. Jetzt sah er genau: das war tatsächlich eine Schlange gewesen, die sich nun blitzschnell davon schlängelte. Sie war etwa einen Meter lang gewesen. Glück gehabt! Was Wing vorhin gesagt hatte, war absolut richtig gewesen. „Wenn man reglos auf dem Boden liegt, können Schlangen kommen. Am einfachsten ist, man schlägt ab und zu mit der flachen Hand auf den Boden. Dann verschwinden sie wegen der Erschütterung wieder. Uli war höllisch aufgeregt und hellwach. Er blickte zu Joe, der seinerseits fragend zu ihm sah. Er hatte mitbekommen, dass bei Uli irgendetwas vor sich gegangen war. Uli rief seinem Bruder flüsternd zu: „Da war eben eine grüne Mumba, mindestens zwei Meter lang. Ich hätte sie beinahe getroffen, aber das Bist ist abgehauen. Sei Vorsichtig. Klopf' auf den Boden, damit sie es nicht auf dich absieht."

„Mamba, heißt die, und ich glaube, die gibt es nur in Süd-Amerika. Vielleicht ‚ne Blindschleiche?"

„Wenn die zu dir gekommen wäre, hättest du wahrscheinlich in die Hose gemacht, du Dummschwätzer!"

Uli war offensichtlich eingeschnappt. Trotzdem klopfte Joe vorsichtshaber um sich herum den Boden ab. Uli flüsterte jetzt grinsend in Joes Richtung: „Joe rammelt wieder. Wenn ich das zu Hause erzähle!" Dann flüsterte Joe in Wings Richtung:

„Hier war eben eine große Giftschlange, sei vorsichtig!" Wing antwortete: „Wenn du die eben vertrieben hast, ist die weg. Und wenn irgendeine Andere in der Nähe war, dann hat die auch die Fliege gemacht."

Joe flüsterte in Ulis Richtung: „Geene Banik, Baul." Uli schwieg, offenbar wieder beleidigt und flüsterte: „Lauter Doofe um mich rum, oder was?"

Belagerung

Nach ungefähr zwanzig Minuten raschelte es wieder im Gras, aber diesmal neben Joe. Der schrak zusammen, und wollte schon auf den Boden schlagen, da erkannte er Khieu. Der bewegte sich langsam auf Joe zu. Mit unbeweglicher Mine legte er Joes Messer und eine Pistole neben ihn und ergriff wieder seine eigene Pistole. Joe sah ihn fragend an. Khieu spürte die unausgesprochene Frage und sagte leise: „Er wollte Holz sammeln."

Khieu blickte zum Höhleneingang. „Bald kommt der nächste raus." Damit entfernte er sich wieder und robbte zu seinem Baum. Als Wing und Chen in seine Richtung blickten, nickte er nur kurz mit dem Kopf, hob zwei Finger und zeigte auf den Höhleneingang. Joe besah sich sein Messer. Es war nicht sehr sorgfältig, wahrscheinlich an Blättern oder Gras, abgewischt worden. Aber es waren noch etliche dunkelrote Längsstreifen zu erkennen. Das war offenbar Blut. Er dachte kurz nach. Also das war dann die Taufe für sein Messer gewesen. Na ja, wie hatte sich Uli im Hotel in Chanthaburi ausgedrückt: „Das ist wie im

Krieg." Offenbar waren sie jetzt mitten drin, im Krieg. Im Krieg im Busch. Er musste an seinen Großonkel Edmund denken. Der war als Achtzehnjähriger mit der Fremdenlegion nach Vietnam gegangen und dort gefallen. Mehr war von den französischen Behörden nie mitgeteilt worden. Nur, dass es bei Dien Bien Phu gewesen und sehr tapfer gewesen sei. Ob er wohl auch so gekämpft hatte wie gerade Khieu?

Eine Viertelstunde später tat sich wieder etwas am Höhleneingang. Ein Kambodschaner führte einen Weißen, dessen Füße und Hände gefesselt waren, zum nächsten Baum, Seine viel zu weite Hose wurde mit einem, über den Hüften, zusammengebundenen Strick gehalten. Er pinkelte an den Baum und schwankte dabei bedenklich. Der Kambodschaner gab ihm in barschem Ton einen Befehl, und der Weiße schwankte zurück zum Höhleneingang. Er verschwand, aber der Kambodschaner blieb draußen stehen. In der Hand hatte er eine Pistole. Er blickte suchend mehrmals nach rechts und links. Dann schüttelte er den Kopf. Er ging in die Höhle zurück, kam aber gleich wieder nach draußen. Nun rief er laut: „Sim! Sihim! Sihim!" Dann blickte er nach links, und lauschte. Keine Antwort. Er rief wieder, aber eine Antwort blieb auch jetzt aus. Dann ging er nach links, wo das Gelände vor der Felswand etwas anstieg, und rief wieder, als er den höchsten Punkt dort erreicht hatte: „Sihim, Sihim." Diesmal rief er, so laut er offenbar rufen konnte. Aber wie vorher bekam er auch diesmal keine Antwort. Darauf verschwand er in der Höhle. Kurz darauf kam er wieder heraus und trug in der linken Hand ein Gewehr. In der Rechten hatte er nun einen langläufigen Revolver.

„Magnum 44", flüsterte Uli in die Richtung von Joe. Der nickte.

***

Der Kambodschaner rief nun wieder: „Siiim, Siiiim." Er bekam wie vorher keine Antwort. Nur ging er wieder nach links, die Anhöhe hinauf und verschwand. Kaum war er außer Sicht, kamen Wing und Chen gebückt gleichzeitig zu Joe. Sie wollten offenbar beide sein Messer.

Es entspann sich eine Auseinandersetzung im Flüsterton auf kambodschanisch, die Wing offenbar gewann. Jedenfalls griff er das Messer von Joe und nickte ihm grinsend zu. Dann verschwand er ebenfalls neben dem Felsen im Busch. Schon nach zehn Minuten kam er zurück und legte vor Joe dessen Messer zusammengeklappt und daneben den Monstercolt hin.

„Jetzt sind es noch zwei", sagte er zu Joe. „Das ging aber schnell", dachte Joe, und klappte sein Messer wieder auf. Obwohl er gehört hatte, dass das Eisen, das im Blut enthalten war, zu Roststellen führen kann, reinigte er die Klinge nicht. Er würde es trocknen lassen – als Trophäe, sozusagen, obwohl er sich bei diesem Gedanken ziemlich doof vorkam. Immerhin die zweite Taufe – also sozusagen eine Doppeltaufe. Und gleich tödlich. Er roch am Blut. Wenn frisches Blut Eigengeruch hatte, dann war er sehr schwach; vielleicht schwach süßlich. Und dabei hatte er gar nicht gekämpft; aber von seinen Freunden und Kollegen in Saarbrücken wusste das ja schließlich niemand. Und Uli würde mit Sicherheit seine eigenen Storys erzählen, die Joe nicht dementieren würde, wenn Uli auch dicht hielt. Aber noch waren sie ja nicht am Ziel. Die Geiseln waren immer noch in der Höhle, und zwei sicher bewaffnete Entführer bewachten sie.

***

Als er zu Chen blickte, sah er, dass er ein Gewehr auf den Höhleneingang richtete. Er nutzte ein dickes Aststück als Auflage. Chen hatte dazu eine in den Boden gebohrte Astgabel gewählt, und Khieu saß in der Hocke, sein Stummelgewehr ebenfalls auf den Eingang gerichtet. Alle drei waren offenbar bereit, sofort zu schießen, falls sich die beiden übrigen Entführer zeigen sollten. Uli robbte zu Joe hinüber.

„Die sind ganz schön hart drauf. Hier in Asien wurden im Krieg noch nie Gefangenen gemacht: gleich drauf halten und Wumm!! Ich habe neulich mal mit jemandem geredet, der schon lange in Thailand lebt. Der hat mir erklärt, warum es dort kaum Banküberfälle gibt. Wenn jemand eine Bank überfällt, und die Polizei alarmiert wird, kommen die und schießen sofort. Auch wenn der Gangster jemanden als Geisel hat. Direkt drauf! Wumm. Und mehrmals, bis der Typ die Löffel abgegeben hat. Vorletzte Woche war in der Bangkok Post ein Bild von einem Rauschgiftsüchtigen, der Yababa genommen hatte. Das ist das neue Rauschgift hier, viel gefährlicher und schneller als Crack. Die Leute rasten dabei manchmal direkt aus. Na ja, der Typ stand da, schrie unverständliches Zeug, und hatte ein Küchenmesser in der Hand. Um ihn herum ein Ring von Schaulustigen, im Abstand von vielleicht acht Metern. Er hat niemanden direkt bedroht, vor allem war es ein Küchenmesser, und er war im Kopf gestört. Jemand hat die Polizei gerufen. Die kam, und sofort hat einer von den Polizisten den Typen umgelegt. Wie im Wilden Westen. Das geschieht auch in Thailand so. Es gehört sich schließlich nicht, eine Bank zu überfallen oder Leute mit 'nem Küchenmesser zu bedrohen."

***

Am Abend nach dem Essen mit Duch erhielt Sok Vai in Phnom Penh einen Anruf. Es war Chap aus der Höhle. Er berichtete:

„Vor drei Stunden ist Sim weggegangen, um Feuerholz zu sammeln. Als er nach einer Stunde nicht zurückgekommen war, ist Kong losgegangen, um ihn zu suchen. Aber der ist auch nicht zurückgekommen. Jetzt sind beide verschwunden. Und jetzt ist es dunkel, und keiner ist zurück."

„Waren sie bewaffnet?"

„Ja sicher, aber es war kein einziger Schuss zu hören."

„Und Minenexplosionen?"

„Nein, nichts."

„Hmmm, weißt du, wo sie das Holz suchen wollten?"

„Nicht genau, aber sie gingen immer links an dem Felsen die Anhöhe hinauf und waren immer nach fünf Minuten zurück. Da liegt alles voller trockner Zweige. Was sollen wir denn jetzt machen?" „Nichts,

Ganz ruhig bleiben. Vielleicht sind sie von anderen Leuten in den Bergen eingeladen. Vielleicht feiert einer Geburtstag oder so. Hatten sie ihre Handys dabei?“

„Sicher, aber keiner geht ran.“

„Also, wenn sie morgen früh noch nicht zurück sind, dann geht zu zweit los. Nehmt Gewehre und Pistolen mit. Sucht sie, aber nicht zu weit entfernt. Und bevor ihr geht, kettet alle fünf Gefangenen so zusammen, dass sie sich nicht rühren können. Heute Abend macht weiter wie bisher. Und für alle Fälle, übermorgen oder in drei Tagen werde ich zurück sein. Also bleibt ruhig. Und für ein kleines Feuer habt ihr ja wohl noch ein paar Reste Holz von früher. Geht jetzt nicht mehr raus, das ist zu gefährlich. Verbrennt ruhig alles, was brennt. Die Handykartons, und so weiter. Macht das Feuer nicht zu groß, es muss lange brennen, um Tiger, Schlangen und anderes Getier fernzuhalten. Wenn es zum Kochen nicht reicht, dann esst halt kalte Sachen, oder zur Abwechslung mal nichts. Ab und zu fasten ist sogar gesund, habe ich mal gelesen. Und wenn das Feuer wirklich ausgeht, dann stellt eine von den Petromax-Lampen in den Eingang. Das schreckt auch ab. Aber was erzähle ich euch – das wisst ihr ja alles selbst. Ich melde mich auf jeden Fall morgen früh wieder bei euch. Wahrscheinlich sind dann auch die beiden wieder da. Also haltet durch, macht‘s gut bis morgen!“ Sok hatte sich bemüht, zuversichtlich zu klingen. Aber insgeheim machte er sich schon Gedanken. Irgendetwas war vorgefallen – wenn er nur wüsste was. Duch würde er aber auf keinen Fall informieren; auf jeden Fall jetzt noch nicht!

***

Im Wald vor der Höhle lagen die Fünf immer noch hinter ihren Bäumen. Vor einer Stunde hatten die Entführer ein kleines Feuer im Höhleneingang entfacht. Dabei wäre es beinahe zum glücklichen Finale gekommen. Wing hatte für ganze fünf Minuten den Kopf eines der Entführer im Visier seines erbeuteten Gewehrs. Leider konnte sich

Chen mit dem anderen Gewehr nicht zu einem Schuss entschließen, da vereinbart war, dass der erste Schuss wirklich sitzen müsste – bei beiden Entführern. Khieu hatte sein Stummelgewehr auf den Höhleneingang gerichtet, aber er wusste, dass ein exakter Schuss mit seiner Schrotmunition nicht möglich war. Joe hielt mit der Magnum 44 ebenfalls auf den Höhleneingang und auch Uli hatte mit der Pistole von Wing in Richtung Höhle gezielt. Uli hatte, als er Joe mit der Magnum im Anschlag sah, ihn ausdrücklich vor dem Rückschlag und der Lautstärke des Knalls gewarnt. Diese Pistole würde alles in den Schatten stellen, was Joe jemals an Waffen in der Hand gehabt hätte. Das hatte Joe, der nichts von Waffen verstand, und auf der Shooting Range zum ersten- mal in seinem Leben überhaupt geschossen hatte, wahnsinnig stolz gemacht. „Ein echter Rambo hat kein Problem mit'nem Kambo", dichtete er halblaut. „Aber Hunger hab' ich wie ein Jambo".

„Was ist denn ein Jambo?" wollte Uli wissen.

„Keine Ahnung, aber es reimt sich doch gut, oder?" Uli schüttelte den Kopf.

Kurze Zeit später flackerte etwas im Höhleneingang. Es war ein kleines Feuer. Leider hatte man immer nur sehr kurz die Männer gesehen, die das Feuer entfacht hatten. Zu kurz, um für gezielte Schüsse Maß zu nehmen. Es hieß weiterhin warten.

***

Gegen acht Uhr rief Wing seine Mitstreiter nach hinten, weiter entfernt von der Höhle, aber den Eingang permanent im Auge haltend. „Soweit hat es geklappt. Wir haben jetzt zwei Möglichkeiten. Wir können jetzt die Höhle stürmen. Es sind noch zwei Entführer da. Einen würden wir sicher erwischen, aber was ist mit dem Zweiten? Wenn er nicht tot ist, sondern nur angeschossen, kann er für die Geiseln gefährlich werden. Wie wir von Uli's Onkel wissen, sind sie alle angekettet. Dann können sie sich auch nicht wehren oder in Deckung gehen.

Und auch ein Angeschossener kann noch ein Blutbad anrichten, von

Querschlägern unserer Schüsse mal ganz abgesehen. Ich denke, das Beste ist, wir warten bis drei oder vier Uhr morgens, wenn wohl alle schlafen. Es sind ja jetzt nur noch zwei Gegner. Dann ist es unwahrscheinlich, dass sie permanent Wache halten. Und vor allem wissen sie ja nichts von uns. Jedenfalls denke ich, wir sollten solange warten und dann reingehen. Aber vielleicht haben wir vorher ja Glück, und beide kommen irgendwann aus dem Loch raus. Oder hat jemand von euch einen besseren Vorschlag?“

Die anderen Vier sahen sich an. Keiner sagte etwas, aber alle schüttelten den Kopf. Die Zustimmung war allgemein.

Chen sagte: „Wenn wir Tränengas oder Blendgranaten hätten, könnten wir auch jetzt stürmen, aber ohne? Ich denke, das ist wirklich das Beste und Sinnvollste.“ Und zu den beiden Deutschen gewandt, sagte er: „Und denkt daran, jetzt immer mal wieder auf den Boden zu schlagen. Viele Schlangen gehen erst bei Dunkelheit auf Jagd; und achtet auch auf andere Tiere, wie Skorpione, grüne Tausendfüßler und braune Kröten. Am besten legt ihr euch jetzt nicht mehr, sondern setzt euch, oder noch besser, ihr stellt euch hinter euren Baum. Und tretet ab und zu mit den Füssen auf den Boden, als Vorsichtsmaßnahme!“

Nun nahmen alle wieder die Plätze hinter ihren Bäumen ein.

***

Gegen sechs Uhr abends rief Duch Sok Vai an. „Was hältst du von einem Abendspaziergang? Ein bisschen draußen rumschlendern?“

„In Ordnung, in fünf Minuten in der Rezeption, bis gleich.“

Einige Zeit später spazierten sie die 182. Straße entlang. Hier herrschte geschäftiges Treiben, alle Geschäfte hatten geöffnet. Als sie vor einem großen Juweliergeschäft standen, sagte Duch:

„Mal hier schauen.“

Er öffnete die Eingangstür, ging auf die lange Theke zu und verlangte den Inhaber zu sprechen, der direkt aus einem der hinteren Räume kam. Der grüßte den vermeintlichen Geschäftsmann und fragte, womit er dienen könne. Duch bat, mit ihm in einen der hinteren Räume zu gehen. Er und sein Freund hätten ein spezielles Anliegen. Der Geschäftsinhaber bot den beiden in seinem Büro zwei Stühle an. Man setzte sich.

„Ich habe da ein paar schöne Stücke; reine Handarbeit, sehr alt. Was halten Sie davon?“

Duch zog aus seiner Tasche eine kleine Tüte hervor und leerte den Inhalt auf den Schreibtisch. Es waren zwei Armbänder, zwei Halsketten und ein paar Ohrringe, alles aus Gold. Der Juwelier schloss die Bürotür und kehrte mit einer großen Lupe zurück. Er setzte sich und betrachtete aufmerksam den Schmuck, Stück für Stück. „Tatsächlich, alles Handarbeit, sehr schöne Stücke. Wollen sie die verkaufen?“

„Vielleicht, es kommt darauf an. Haben Sie an solchem Schmuck Interesse? Die haben einen erheblichen Wert, viel mehr als den reinen Goldpreis.“

„Das stimmt schon, aber es dauert auch länger, solche Stücke zu verkaufen. Man muss die richtigen Käufer finden.“

„Sicher, aber das ist ihr Job. Ich könnte noch mehr davon beschaffen, viel mehr.“

„Wie viel mehr?“

„Na, sagen wir: Ungefähr achtzehn Kilogramm!“

„Achtzehn Kilogramm!“ Der Juwelier bekam große Augen.

„Vielleicht auch mehr, gewogen habe ich es nicht. Nennen Sie mir bitte mal einen ungefähren Kilopreis.“

Der Juwelier nahm einen Rechner zur Hand und tippte Zahlen ein. „Ich könnte ihnen 28‘000 Dollar pro Kilo bieten.“

„Das ist wohl ein Witz. Wenn man es einschmilzt, bekommt man schon mehr. Und das ist echte Handarbeit!“

Der Juwelier rechnete wieder. Was halten sie von 32?“

Duch schüttelte den Kopf und machte Anstalten, aufzubrechen.

„35‘000Dollar, das ist die absolute Obergrenze. So viel würde ich in einem Jahr nicht verkaufen können; die Leute sind nicht kauffreudig.“

„Dann verkaufen Sie doch einen Teil an ihre Kollegen!“

„Dann verliere ich aber zwanzig Prozent."

Als Duch die Stücke wieder einpacken wollte, fragte der Juwelier: „Wo haben sie den ganzen Schmuck denn her?"

„Das kann ich Ihnen leider nicht sagen, nur so viel: ich habe viele Freunde in China und ich könnte ihnen noch mehr bringen." Der Juwelier rechnete wieder. Dann sagte er „36, das ist mein letztes Wort. Mehr geht wirklich nicht."

„Gut, ich werde es mir durch den Kopf gehen lassen" Der Juwelier nickte, und überreichte Duch seine Visitenkarte.

„Wo kann ich sie erreichen?"

„Auch das kann ich ihnen nicht sagen. Ich bin immer auf Reisen und melde mich wieder bei ihnen. Wie lange haben sie abends ihr Geschäft geöffnet?"

„Wir schließen gegen neun Uhr. Aber wenn sie mich vorher informieren, bleibe ich auch länger."

„Wieviel Bargeld haben sie in ihrem Tresor?"

„Das kann ich ihnen unmöglich sagen. Aber genug! Den Banken traue ich nicht."

„Dollar"

„Natürlich Dollar"

„Gut dann, vielleicht bis nachher! Auf Wiedersehen"

„Auf Wiedersehen!"

Noch mehr Geld

Wieder auf der Straße, stellte Duch Sok eine Frage: „Was hältst du davon?"

„Ich würde schon verkaufen, zu diesem Preis! Natürlich würde man viel mehr erzielen, wenn man die Stücke einzeln verkauft. Aber das würde ewig dauern."

Duch sagte: „Ich denke genauso. Also, auf ins Hotel."

Dann nahm er sein Telefon, wählte die Nummer des Juweliers und sagte lediglich: „In einer Stunde sind wir mit dem Schmuck wieder bei ihnen. Hoffentlich haben Sie eine große Waage. Bis dann.“ Er beendete das Gespräch.

Im Hotel luden sie den Sack in Sok‘s Rucksack, und nahmen nun ein Taxi. In dem dichten Verkehr kamen sie nicht schneller vorwärts, als wenn sie zu Fuß gegangen wären, aber ein Taxi war sicherer. Fünfzig Minuten später standen sie wieder vor dem Juweliergeschäft. Die Angestellten waren gegangen. So öffnete der Juwelier die Tür für seine späten Gäste persönlich. Sobald sie im Geschäft waren, verschloss er sie wieder.

Er ging voraus in einen anderen Raum. An einem runden Tisch nahmen sie Platz. In der Mitte des Tisches stand eine große Waage mit einem Messbereich bis zu einem Kilogramm. Sok hob den Sack aus seinem Rucksack. Unter den misstrauischen Blicken seiner beiden Kunden begann der Juwelier mit dem Wiegen. Einundzwanzig Mal füllte er die Waagschale, bis sie knapp ein Kilogramm anzeigte. Er notierte akribisch genau die jeweiligen Grammzahlen. Dann addierte er mit einem Rechner die Zahlen. Er kam auf 18‘772 Gramm. Dann machten Duch und Sok eine Gegenprobe. Sie kamen auf 19‘389 Gramm. Das waren also 600 Gramm mehr. Nun wiederholte der Juwelier den Wiegevorgang noch einmal und kam auf 19‘398 Gramm. Man verständigte sich auf ein Gewicht von 19‘390 Gramm. Das bedeutete 756‘210 Dollar. Der Juwelier stand auf und öffnete einen großen, schweren Tresor. Er entnahm einen schwarzen Lederkoffer und kam zum Tisch zurück. Sok hatte die ganze Zeit über seine Hand in der rechten Jackentasche stecken. Als der Juwelier in den Koffer griff, sah Sok, dass der im Begriff war, seine Hand mit einer Pistole aus dem Koffer zu nehmen.

Er hatte sie noch nicht ganz aus dem Koffer herausgezogen, da hatte Sok seine Pistole schon in der Jackentasche auf ihn gerichtet. Die Sicherung klickte unüberhörbar. Er sagte in ruhigem Ton.

„Wir wollen doch keine Dummheiten machen. Jetzt nehmen wir die Hand ganz langsam aus dem Koffer – ohne Waffe, und betrachten das

Ganze als dummen Scherz!“

Der Juwelier grinste schief: „Ich wollte nur sichergehen, dass“

„Ich weiß, wir auch“, fiel ihm Sok nun mit schneidendem Tonfall in‘s Wort, „Ich weiß. Und nun raus mit dem Geld. Wir wollen doch korrekt bleiben.

Nun zählte der Juwelier exakt 756‘210 Dollar in großen Noten, bis auf den letzten Dollar genau, auf den Tisch. Duch packte alles in den Rucksack und stand auf. Er ging zur Tür, gefolgt von Sok, der sich allerdings rückwärts bewegte, die Waffe immer noch auf den Juwelier gerichtet. „Bleiben Sie hier im Raum“, herrschte Sok den Juwelier an. Als sie den Raum verlassen hatten, drehte Sok den außen steckenden Schlüssel zweimal um und zog ihn ab. Er steckte ihn in seine Hosentasche. Die Außentür schloss Duch mit dem innen steckenden Schlüssel auf, und beide verschwanden sofort im Strom der vorübergehenden Passanten. Der Juwelier wunderte sich, dass die Beiden ihm den Schmuck dagelassen hatten. Richtige Gangster waren das nicht. Er griff nach seinem Telefon und zitierte seine Frau aus seiner über den Verkaufsräumen liegenden Wohnung herunter. Seltsame Leute, murmelte er immer wieder. Aber sie hatten Stil und Anstand bewiesen. Und das war in seinem Gewerbe selten zu finden.

***

In der Höhle machte sich Verwunderung breit. Jetzt waren nur noch zwei Wächter bei ihnen. Es war kaum noch Feuerholz da, und zu essen hatte es auch noch nichts gegeben, außer dem kalten Reis von gestern. Gerhard war der Einzige, der wusste, was draußen vor sich ging, aber er hütete sich, seine Mitgefangenen davon zu erzählen. Die waren zu unberechenbar. Sollten sie halt noch ein paar Stunden warten. Sie würden es früh genug merken, wenn die Befreiungsaktion losging. Ab und zu schrieen Berry, der Franzose und der Norweger, dass sie Hunger hätten. Roman, der Australier döste und phantasierte ab und zu vor sich hin. In der letzten Zeit war es immer weniger zu Streitereien gekommen; das lag allerdings wohl an den zusätzlichen Fesseln. Die Auseinandersetzungen waren einer tiefen Resignation gewichen. Er gab auch keine Gespräche mehr unter den Gefangenen. Alle hatten stark abgenommen; die vorher besonders Dicken hatten am meisten an Gewicht verloren. Bei Philippe und Ole schätzte Gerd den Gewichtsverlust auf vierzig oder mehr Kilogramm, bei den anderen auf ungefähr fünfzehn bis zwanzig Kilo.

„Kann ganz heilsam sein, so eine Geiselnahme", dachte Gerd voller Zynismus. „Besser als jede teure Diät"; also hatten sie alle Geld gespart. Und außerdem hatten sie ja Vollpension, und das kostenlos. Wo in der Welt gibt es schon kostenlose Vollpension. Na ja, im Knast und im Krieg, fiel Gerhard ein. Schade, dass er mit niemandem mehr reden konnte; da hätte man sicher gute, treffliche Witze machen können.

Befreiung

Gegen drei Uhr morgens gab Wing ein Zeichen. Alle hatten wohl darauf gewartet, alle wollten nun endlich loslegen.

Wing begann:

„Am besten, Chen und ich schleichen uns vorsichtig hinein. Wenn geschossen wird, und irgendwas schief gehen sollte, folgen Khieu und ihr beiden."

Er sah in deren Richtung. „Aber schiesst nicht wahllos, zielt genau. Wir wollen keinen der Ausländer anschiessen, denkt immer daran. Und du Joe, leihst du mir noch einmal dein Messer? Chen wird Khieus Machete nehmen. Zusätzlich werden wir unsere Pistolen mitnehmen. Kommt also alle mit an den Eingang, aber haltet euch in Deckung. Wenn wir euch brauchen, rufen wir euch. Alles klar?"

Alle nickten. „Dann los."

Er ging mit Chen voran, die anderen drei folgten lautlos. Jeder vermied peinlich genau, auf möglich Zweige zu treten oder irgendein Geräusch zu verursachen. Im Busch war es nun absolut still, sogar die

Affen machten keinen Lärm – sie schliefen wohl auch. Als die Gruppe ungefähr fünf Meter vor dem Höhleneingang stand, schrie plötzlich ein Gecko seinen typischen Ruf. Langsam, nach und nach, fingen jetzt Affen in den Bäumen an zu kreischen. Der Gecko schrie immer wieder, immer wieder. Uli zählte mit. Beim dreizehnten Mal verstummte das Tier. Uli dachte daran, dass das ein gutes Zeichen sein könnte. Auf der Insel Ko Tao im Süden Thailands hatten ihm einheimische Fischer einmal gesagt, wenn man einen Gecko dreizehnmal hintereinander schreien höre, müsse man sich etwas wünschen. Dieser Wunsch gehe dann auch in Erfüllung. Allerdings, wenn das Tier einen vierzehnten Ruf schaffe, geschehe ein großes Unglück. Aber Uli hatte genau mitgezählt. Es waren exakt dreizehn Rufe gewesen. Von den Rufen des Geckos waren immer mehr Affen wach geworden und begannen mit ihrem üblichen Palaver. Es knackte rechts neben der Höhle – offenbar war ein Affe von seinem Schlafbaum gestiegen, um den Gecko zu fangen und zu verspeisen. Alle fünf erstarrten.

***

Plötzlich erschien eine Gestalt im Höhleneingang, ein im Mondschein matt schimmerndes Gewehr in der Hand. Er hob sich deutlich vorn dem inzwischen nur noch glimmenden Feuer ab. Einer der Kidnapper! Er blickte nach vorne, sah die Fremden und hob sein Gewehr. Bevor er einen Schuss abgeben konnte, hatte Thieu ihn erreicht und mit dem Messer zugestoßen. Mit einem röchelnden Laut brach er zusammen. Gleichzeitig ertönte von hinten aus dem Dunkel der Höhle ein Schuss, und Uli schrie auf. Er fiel stöhnend rückwärts. Im gleichen Moment, als dieser Schuss gefallen war, hatte Chen, der auf der anderen Seite des Eingangs stand, genau in das Mündungsfeuer des abgefeuerten Gewehrs gezielt und gleichzeitig seinen Abzugshebel durchgezogen. Zwei Schüsse kamen aus der Dunkelheit zurück, aber Chen war ebenso wie Wing hinter den Felsen seitlich vom Eingang in Deckung gegangen.

Aus der Höhle drangen Rufe: „Nicht schießen“, und Flüche in verschiedenen Sprachen. Khieu und Joe hatten sich sofort fallen lassen, und robbten langsam rückwärts in Richtung von Uli. Den hatte es erwischt – er blutete stark am Hals. Khieu und Joe bewegten sich auf dem Bauch, bis sie hinter dem am Boden liegenden Uli waren und zogen ihn langsam aus dem Gefahrenbereich. Als sie ihn hinter dem nächsten Baum in Sicherheit wussten, schaute Joe die Halswunde an. Aber es war nicht die Halsschlagader, die verletzt war, sondern nur ein übler Streifschuss, der sich seitlich an seinem Hals hinzog. Keineswegs lebensbedrohlich, erkannte sogar Joe als Nicht-Mediziner. „Üble Sache, sagte er zu seinem Bruder, aber bleib cool: Tote leben länger oder so!“

Dann zog Joe ein relativ sauberes, buntes Taschentuch aus seiner Hosentasche und band es vorsichtig seinem Bruder über die Wunde, die inzwischen kaum noch blutete. „Jetzt siehst du aus wie John Wayne mit verschobenem Halstuch“, sagte er zu Uli. „Und wenn du draufgehst, denke dran, die Besten sterben früh. Aber Quatsch beiseite. Es ist alles halb so schlimm.“

Uli protestierte lautstark: „Aber das brennt wie Feuer.“ Er tastete seinen Hals ab. „Wer kann schon sagen dass er in Kambodscha von ’nem Assis-Combo angeschossen wurde? Und das, während er seinen Onkel befreit hat. Kannst ja noch erzählen, dass du vorher noch drei davon umgelegt hast. Nuggo wird dir das alles glauben, und ich werde es bestätigen. Damit kannst in die Saarbrücker Zeitung kommen.“

„Arschloch, das brennt wie Feuer. Du hast gut lachen! Obwohl:“ jetzt klang er etwas besänftigt. „das wäre vielleicht sogar gut für unser Bistumsblatt in Münster. Etwa so was wie:

‚Christ von schiesswütigen kommunistischen Pol-Pot Leuten lebensgefährlich angeschossen’. Morgen werde ich jedenfalls meinen Verlagsleiter anrufen. Was ist denn jetzt eigentlich da vorne los? Haben sie die Beiden erwischt?“

„Keine Ahnung, ich schau mal nach.“

Joe schlich zu Wing Ban und setzte sich auf einen kleinen Felsen, links von ihm.

„Und?“, fragte er. „Weiß noch nicht. Und dein Bruder?“ „Hat fast nichts. Einen Kratzer am Hals. Kein Beinbruch, keinen Platten.

Ein Pflaster drauf, und dann ist es zu. Auf jeden Fall kann er darüber schöne Storys loslassen, und das wird er bestimmt, so wie ich ihn kenne. Unsere Familie ist halt hart im nehmen.“ Aus der Höhle ertönten laufend Rufe wie: „Holt uns hier raus! Aber auch unverständliches war zu vernehmen. Dazwischen eine schrille Stimme: Susanne!“ Joe schrie auf Deutsch zurück: Wir holen euch bald, habt Geduld!“ Das würde der Kambodschaner auf keinen Fall verstehen.

Wing fuhr fort: „Das ist gut, dass dein Bruder Glück gehabt hat. Aber die Situation hier macht mir etwas Sorgen. Der, den ich vor mir hatte, ist mit Sicherheit tot. Aber der, den Chen im Visier hatte, ist nur angeschossen. Der ist jetzt noch gefährlicher. Ich weiß nicht, ob wir jetzt da rein sollten. Der sitzt irgendwo da hinten im Dunkeln, vielleicht auch noch hinter den Geiseln. Wenn wir stürmen, würde er das nicht überleben. Aber er könnte Geiseln erschießen. Wir übrigens auch. Da hinten ist es stockduster. Ich will das mal mit Chen besprechen; mal sehen, was er meint.“

Er rief mit verhaltener Stimme: „Chen, komm mal rüber, oder noch besser, nach hinten, zu dem dicken Baum, wo Uli liegt.“

„O.K.“, kam es zurück.

***

Uli lag inzwischen nicht mehr, nein er stand, und grinste den beiden entgegen. Von links stieß Chen zu der Gruppe. Er blickte da- bei ständig über seine Schulter. Wing bemerkte:

„Der bleibt sicher in seinem Loch. Wahrscheinlich kniet oder liegt jetzt hinter den Geiseln. Das ist das Sicherste für ihn. Ich würde auch dort bleiben, wenn ich an seiner Stelle wäre. Chen, aber jetzt zum Hauptproblem. Was sollen wir tun. Wie sollen wir vorgehen?“ Chen sagte: „Der ist sicherlich verletzt. Ich habe direkt in das Mündungsfeuer geschossen. Und ich schieße genau."

„Aber tot ist er noch nicht. Sollen wir rein stürmen? Chancen hätte der keine."

„Aber drin ist es stockduster. Und er würde uns kommen sehen. Einer oder zwei von uns könnten draufgehen. Und er könnte noch eine oder zwei Geiseln mitnehmen. Nein, ich würde etwas warten. Ich habe ihn ganz sicher getroffen. Es kann gut sein, dass er langsam verblutet. Gib ihm noch etwas Zeit. Wahrscheinlich ist er in ein paar Stunden tot. Für alle Fälle sollte einer von uns den Eingang im Auge behalten. Und wenn es morgen früh etwas heller wird, schauen wir mal! Ruht euch etwas aus. Ich bleibe wach!"

***

Gegen vier Uhr morgens klingelte Sok Vais Telefon. Wer konnte das sein. Wahrscheinlich hatte jemand eine falsche Nummer gewählt. Er drehte sich um und wollte weiterschlafen. Eine Minute später wieder das Telefon. Missmutig hielt er es an sein Ohr. „Was ist los?" bellte er in den Hörer. Eine schwache Stimme drang aus dem Hörer.

„Hier ist Tep. Wir hatten einen Überfall. Wer es war, weiß ich nicht. Chip ist tot, die anderen sind nicht zurückgekommen. Ich bin hier jetzt der Einzige. Ich bin verletzt. Ein Schuss durch meine Schulter. Was soll ich machen?"

Sok war durcheinander. Was war passiert? Er konnte sich keinen Reim darauf machen. „Verschanze dich hinter den Geiseln. Was hast du noch an Waffen?" „Das Gewehr von Chip, mein Gewehr, und zwei Pistolen."

„Und Munition?" „Noch einiges"

„Wie schwer bist du verletzt? Blutest du stark?

„Nicht mehr so sehr, aber es sind höllische Schmerzen."

„Dann versuche durchzuhalten. Ich werde mit Duch reden, und wir werden dir helfen. Haben die Angreifer draußen Licht oder ein Feuer gemacht?"

„Nein, es ist stockduster draußen."

„Dann schieße ab und zu aus der Höhle hinaus, auch in die Dunkelheit. Dann werden sie dich zuerst mal in Ruhe lassen. Geh' nach jedem Schuss direkt wieder hinter den Geiseln in Deckung. Ich melde mich wieder, halte durch!"

Nach diesem alarmierenden Gespräch rief Sok direkt Duch an. Verdammt, der ging nicht ans Telefon! Er versuchte es wieder und wieder. Dann zog er seine Hose an und stürmte zu Duch's Zimmer. Er donnerte an die Tür. Mehrmals. Dann hörte er schlurfende Geräusche. Die Tür ging vorsichtig auf.

„Warum gehst du nicht ans Telefon?" schnauzte er Duch an.

„Was ist denn los?" sagte der mit mürrischer, verschlafener Stimme.

„Das Telefon ist abgeschaltet."

„Lass mich rein, sofort!"

Duch zog die Sicherheitskette aus ihrem Verschluss und öffnete die Tür. In der rechten Hand hatte er eine Pistole. Die legte er auf das Bett. Sok sah sie, und fragte: „Was soll das?"

„Na ja, du weißt, wieviel Geld ich hier im Zimmer habe. Also, was ist los?" Sok setzte sich und berichtete. Zuerst die beiden Verschwundenen am Nachmittag und dann der nächtliche Überfall.

„Und wer war das?"

„Tep weiß es nicht. Er ist auch angeschossen. Wir müssen was tun."

„Ruhig, Sok, mir ist es an sich ganz egal, was da unten läuft. Wir sollten schauen, dass wir den restlichen Schmuck bergen, ihn verkaufen und dann die Fliege machen. Nach Burma oder Laos."

„Und was wird dann aus meinem Vater? Wenn die Geiseln lebendig übergeben werden, kann ich das ganze genauso nachmachen. Das waren deine Worte."

„Augenblick. Lass mich nachdenken."

Duch dachte nach: Sok Vai war ihm an sich völlig egal. Aber sein Vater, Neon Chef, war sein Freund gewesen und ein langjähriger Kampfgenosse. Aber was war zu tun? „Gib mir eine Viertelstunde Zeit. Ich werde mir etwas einfallen lassen. Gehe wieder auf dein Zimmer und lege dich wieder hin. Ich werde dich nachher anrufen. Stopp, wie heißt dein Freund da unten, der euch zur Höhle geführt hat. Und wie ist seine Telefonnummer?“

Als er diese Informationen hatte, schob er Sok aus dem Zimmer hinaus. Er legte sich auf sein Bett und nahm sein Telefon zur Hand. Er wählte eine Nummer in Pailin. Die des Gouverneurs der Provinz Pailin

***

Obwohl es halb fünf Uhr morgens war, meldete sich nach kurzem eine verschlafene Stimme. „Ee Chheau hier, was ist los?“

„Ee, ich muss dich dringend sprechen. Es ist wirklich wichtig, sonst würde ich dich nicht mitten in der Nacht anrufen.“

„Wer ist denn da?“ Die Stimme klang äußerst unwirsch.

„Hier ist Kaing Guek Eav.“

„Ich habe von dir in den letzten Tagen oft gehört. Ich denke, du bist in Thailand. Oder sonst wo.“

„Nein ich bin noch in Phnom Penh. Untergetaucht. Aber ich rufe nicht wegen mir an. Es geht um Nuon Chea. Du erinnerst dich an ihn?“

„Ja sicher, ich habe als Bodyguard auch ab und zu für ihn gearbeitet, wenn Pol mich nicht brauchte. Er war Pol’s bester Freund und Stellvertreter. Ich habe gelesen, dass er jetzt im Gefängnis sitzt und auf seinen Prozess wartet. Sie brauchen einen Prozess für die Ausländer, und weil du ausgebüchst – äh, nicht verfügbar bist, haben sie sich entschlossen, ihm den Prozess zu machen.“

„Zum großen Teil richtig. Sok Vai – das ist sein Sohn, der will ihn aus dem Knast rausholen. Wir haben bei dir ganz in der Nähe von Pailin in den Bergen fünf Ausländer. Damit hat er mich schon freigepresst. Jetzt kann er mit den gleichen Ausländern auch seinen Vater freipressen. Unser Problem ist folgendes. Sie sitzen in einer Höhle in den Kardamon Bergen fest. Alle schön verpackt“.

„Clever, da kommt niemand an die ran.“

„Das haben wir auch gedacht, aber, du glaubst es nicht: Gestern sind zwei ihrer Bewacher spurlos verschwunden, und heute Nacht gab es einen Feuerüberfall auf die Höhle. Dabei wurde ein dritter der vier Bewacher getötet, und der letzte wurde angeschossen. Wer dafür verantwortlich ist, wissen wir nicht. Wir brauchen unbedingt Leute, die sich dort auskennen. Leute, die zur Höhle gehen, die Geiseln übernehmen, und sie woandershin bringen. Am besten auch wieder in ein Versteck dort in den Bergen."

Der Gouverneur unterbrach ihn: „Duch, tut mir leid, aber da kann ich nichts machen. Ich habe ein öffentliches Amt. Das weißt du. Ich bin der Gouverneur dieser verfluchten Provinz hier. Ich bin froh, dass ich hier in Ruhe gelassen werde. Obwohl alle wissen, dass ich für Pol Pot gearbeitet habe. Wenn ich jetzt mein Amt missbrauchen würde, um einem von Pol Pot's Leuten zu helfen, und es käme raus, wäre ich erledigt. Wir haben inzwischen leider eine weitgehend freie Presse, und es sind so viele neugierige Ausländer im Land. Wie gesagt, ein Zeitungsbericht würde ausreichen, und ich wäre ruiniert. Und außerdem: Mir stinkt das alles mit Pol Pot ganz gewaltig. Und dass er viel zu weit gegangen ist, ist dir inzwischen vielleicht auch klar geworden. Schließlich hast du dich ja selbst öffentlich bei den Opfern entschuldigt. Nein, da kann ich dir nicht helfen, tut mir leid."

„Aber er war doch unser aller Freund, und unter Freunden sollte man sich helfen."

„Du bist ganz schön hartnäckig."

„Er war unser Freund und Kampfgenosse, hast du das vergessen?"

„Natürlich nicht. Aber mir sind auch die Hände gebunden. Obwohl, wenn ich so nachdenke, ich kenne da jemand, der vielleicht helfen könnte. Das wird allerdings etwas kosten. Und ich bleibe aus dem Spiel, ist das klar?"

„Natürlich."

„Hast du was zum Schreiben zur Hand?"

„Ja, schieß los."

„Lass die Witze, ich habe schon seit dreißig Jahren kein Schießeisen mehr in der Hand gehabt. Ich bin tatsächlich seriös geworden. Also schreib' mal mit." Und Duch notierte zwei Telefonnummern und einen

Namen. „Eee, ich danke dir im Namen von Nuon."

„Sei ruhig, ich will diesen Namen und auch deinen nicht mehr hören – mit euch habe ich ab jetzt nichts mehr zu tun. Ist das klar?"

„Ja, also vielen Dank, und auf Wiedersehen."

„Ich will euch auch nicht mehr wieder sehen!" Damit beendete er das Gespräch.

***

Duch musste grinsen. Ihm persönlich waren Neon Chea und Sok Vai im Prinzip völlig egal. Und doch, der Gouverneur hatte offenbar ihm das ganze Geschwafel von Freundschaft und Zusammenhalt anscheinend doch noch geglaubt. Dabei war es ihm lediglich darum gegangen, Zeit zu gewinnen. Wenn heute oder morgen die Geiseln befreit würden, würde sicherlich sofort eine Großfahndung nach ihm selbst eingeleitet. Und dann bliebe ihm keine Zeit, in Ruhe sich um das verbliebene, vergrabene Vermögen zu kümmern. Er würde Hals über Kopf flüchten müssen; und eine überstürzte Flucht war ihm zuwider. Er machte lieber vorher in aller Ruhe und Gelassenheit seine Pläne…

Inzwischen war es schon fünf Uhr morgens geworden. Er beschloss, sich noch eine Stunde aufs Ohr zu legen. Dann würde er in Pailin anrufen, und dort sein Glück versuchen. Jetzt war es noch zu früh dafür. Aber zuerst rief er noch schnell Sok Vai an, der sicher fieberhaft auf seinen Anruf wartete. Den wollte er auf keinen Fall verärgern. Ihn brauchte er noch einen oder zwei Tage zur Schmucksuche.

Er erzählte ihm, es sei alles in Ordnung; entsprechende Schritte seien in die Wege geleitet. Er brauche sich keine Sorgen mehr zu machen. Gegen acht Uhr würde er ihn beim Frühstück treffen, und ihm alles berichten.

***

Vor der Höhle wurde es langsam hell. Nach dem missglückten Angriff hatte zuerst Wing gewacht, dann, nach einer Stunde, hatte Chen übernommen. Er hatte sich vorgenommen, die Anderen, soweit sie noch schliefen, gegen sieben Uhr zu wecken. Allerdings brauchte er nicht so lange zu warten – bereits um halb sieben waren alle hellwach. Die Ursache waren Rufe und Flüche gewesen, die jetzt wieder aus der Höhle verstärkt nach außen drangen.

Alle fünf zogen sich an ihren ‚Beratungsplatz' weiter vom Höhleneingang zurück. Chen begann: „Also jetzt sollten wir aktiv werden. Wing und ich gehen seitlich heran und versuchen, hineinzuschauen. Wir stellen zuerst mal fest, ob der Bursche noch lebt und kampffähig ist. Dann kommen wir zurück. Wenn das so ist, sollten wir in einem Überraschungsangriff hinein, auch wenn das eine Gefährdung der Geiseln bedeutet. Mit etwas Glück erwischen wir ihn, bevor er irgendetwas tun kann. Es ist halt schade, dass ich kein Scharfschützengewehr dabei habe."

„Und keine Nebelkerzen und Tränengas und solches Zeug. Na ja, schauen wir uns mal um", sagte Wing. Sie näherten sich vorsichtig von beiden Seiten dem Höhleneingang. Wing hatte einen Ast mit vielen Blättern an einem der Bäume abgebrochen. Als sie am Höhleneingang angekommen waren, arbeiteten sich beide, auf dem Bauch liegend, vorsichtig zur Mitte vor. Jeder hatte eine Pistole schussbereit in die Höhle gerichtet. Außer den fünf Weißen, die gefesselt im rechten Teil der Höhle am Boden lagen, war sonst niemand zu entdecken. Sie hoben ihre Köpfe etwas an. Da sahen sie hinter den Geiseln einen Kopf und ein Gewehr, das auf den Eingang gerichtet war. Sofort zogen sie die Köpfe wieder ein, gerade rechtzeitig, bevor ein Schuss durch die Höhle knallte. Beide robbten, so schnell es ging, zurück, aus dem Schussfeld ihres Gegners. Gebückt kamen sie zu den anderen zurück.

„Der Typ ist sehr clever; und wohl auch nicht schwer verletzt. Er liegt genau hinter den Geiseln."

Wing und Chen berieten hin und her.

„Wenn wir rein wollen, müssen wir zuerst an den Geiseln vorbei.

Und die erste davon liegt sechs Meter vom Eingang entfernt. Das heißt, wir müssten zuerst elf Meter ungeschützt eindringen, bis wir ihn von der Seite kriegen können. Das bedeutet, es würden bestimmt der eine oder andere von uns oder sogar mehrere bei einem Sturm etwas abbekommen oder sogar draufgehen. Er benutzt die letzte Geisel als Gewehrauflage."

Sie diskutierten weiter hin und her.

***

Währenddessen hielt Joe den Höhleneingang im Auge. Das kleine Feuer im Eingang war heruntergebrannt, nur noch etwas Rauch stieg langsam empor. Er sah immer wieder hin. Uli trat hinter ihn.

„Ein ganz schöner Mist ist das, aber irgendwas muss gemacht werden." Joe nickte kurz und sah gedankenverloren wieder zum Eingang hin.

„Schau mal zum Eingang der Höhle. Fällt dir nichts auf?"

„Was soll mir auffallen? Mir fällt nur auf, dass ich Hunger habe, und Durst. Jetzt ein kühles Bierchen, das wär's."

„Jetzt mal ohne Quatsch!"

„Das ist kein Quatsch, ein Bier hier wär' besser als eine Bluna in Poona."

„Quatschkopp, schau dir doch mal das Feuer an. Fällt dir nichts auf?"

„Doch, es ist ganz runter gebrannt. Der Holzsammler hatte nun mal Probleme bekommen. Auch Holzsammeln kann in die Hose gehen."

„Das meine ich nicht. Der Rauch, sieh dir mal den Qualm an."

„Na ja, es ist halt Qualm. Qualm eben!"

„Du Döskopp. Und wo zieht der hin?"

„Nach oben, immer nach obern, wie jeder Qualm. Das hat Qualm eben so an sich."

„Oh je, aber dieser Qualm zieht nicht nach außen, sondern verschwindet nach hinten in die Höhle. Da muss noch ein Abzug sein!"

„Tatsächlich, du hast Recht. Vielleicht gibt es dann auch einen zweiten Eingang.“

„Das ist es ja! Darauf will ich hinaus! Wenn man den findet, kann man den Burschen in die Zange nehmen. Komm, wir gehen mal zu Wing, und erzählen ihm das. Mal sehen, was der meint!“

So gingen beide hinüber zu Wing, der immer noch mit Chen diskutierte. Sie machten ihn auf die Zugrichtung des Qualms aufmerksam.

„Das ist wirklich interessant“, meinte der. Er machte Chen und Khieu darauf aufmerksam. Sie unterhielten sich und legten dann ihre neue, finale Taktik fest.

Verstärkung der Gangster

Im Frühstücksraum informierte Duch Sok Vai über seine vorherigen Gespräche. „Der Typ, der uns helfen wird, heißt Srae Chok. Er ist ein ganz normaler Gangster aus Pailin. Aber er kennt sich in den Wäldern und im Gebirge bestens aus. Er wird mit ein paar Leuten aus den Wäldern zur Höhle gehen und die Geiseln übernehmen. Wenn du wieder unten bist, wird er sie dir übergeben. Dann kannst du mit ihnen deinen Vater freipressen. Wenn die Behörden nicht mitspielen wollen, kannst du ja als Zeichen guten Willens eine Geisel freilassen, am besten den, der am kränksten ist. Wenn sie dann noch nicht wollen, kannst du ja wirklich einen erschießen. Oder schneide einem ein Ohr ab. Das hat es alles schon gegeben. Das wirkt todsicher. Der Gangster will übrigens 20‘000 Dollar haben, direkt. Auf unserem Konto haben wir doch noch genug, oder?“

„Ja, mehr als genug.“

„Dann gehen wir gleich getrennt los. Du gehst zur Canadia Bank und machst den Geldtransfer mit Western Union. Danach rufst du diesen Srae Chok an, und gibst ihm den Code, den du von Western Union erhältst. Das dauert zehn Minuten. Dann sammelt er seine Leute, und geht zur Höhle. Ruf auch deinen Freund Tep an. Er muss bis Mittag durchhalten. Dann kommt die Entlastung. Gegen zehn Uhr treffen wir uns wieder hier."

Erfreut rief Sok sofort Tep an und informierte ihn über die neue Situation. Er müsse bis Mittag aushalten. Sok stellte ihm eine extra Prämie in Aussicht, wenn alles gut ausgegangen sei.

***

Darauf machte Sok sich auf den Weg zur Canadia Bank, über-wies die geforderten 20'000 Dollar, rief diesen Gangster in Pailin an und teilte ihm den Code des Geldtransfers mit. Dann ging er wieder zum Hotel zurück Duch hatte sich inzwischen mit dem Geld, das er gestern vom Juwelier erhalten hatte, ebenfalls auf den Weg zur Bank gemacht. Er hatte sich sicherheitshalber zur Singapore Banking Corporation begeben. Das war die einzige Bank, die auch in anderen Ländern vertreten war. Wenn er erst mal das Land verlassen hätte, wollte er nicht mehr nach Kambodscha zurück müssen, nur um Geld abzuheben zu können. Er zahlte das Geld, das er gestern Abend kassiert hatte, auf ein Nummernkonto ein, sodass weder Polizei noch irgendeine andere Behörde jemals Zugriff auf sein Geld nehmen konnten. Dann kehrte er ins Hotel zurück, wo Sok Vai schon auf ihn wartete, um die nächste Runde der Schmucksuche mit ihm durchzuziehen.

***

In Phnom Penh war für den heutigen Vormittag der Polizeipräsident beim Innenminister angemeldet, um unter vier Augen die Situation und die Sicherheitslage zu besprechen. Der Polizeipräsident begann mit der aktuellen Lage: „Ich komme sofort zur Sa-che. Wie du weißt, haben wir Duch und Sok Vai unter Kontrolle. Beide sind noch in Phnom Penh. Wir überwachen ihre Telefone und wissen so genau, wo sie sich gerade aufhalten. Dann haben wir in dem Wagen, den Sok gerade fährt, einen Peilsender angebracht. Sie waren beide heute Morgen bei

Banken; Sok war bei der Canadia Bank, und Duch bei der Singapore Bank. Das könnte darauf hindeuten, dass er bald ins Ausland will. Wir haben Auskunft darüber beantragt, was sie dort gemacht haben. Morgen wissen wir es. Dann wurden gestern und heute einige interessante Gespräche geführt. Ich will sie nicht einzeln wiedergeben, das würde zu lange dauern. Bei den Geiseln in Pailin hat sich heute Nacht was getan. Es gab offenbar einen missglückten Befreiungsversuch. Im Moment haben sie nur noch einen Bewacher, und der ist wohl auch angeschossen. Aber heute Mittag soll Ersatz kommen. Jetzt sind ganz üble Burschen involviert, gewöhnliche Kriminelle aus Pailin. Und jetzt wird es heiß. Sie planen auch noch die Freipressung von Nuon Chea."

„Was, von dem. Da müssen wir was unternehmen. Der sollte schließlich für den neuen Prozess herhalten. Das will der Premier so, um die ausländischen Regierungen bei der Stange zu halten. Ich würde ihn gerne unterrichten, aber der will mit dieser ganzen Angelegenheit nicht mehr belästigt werden. Bei seinem letzten Tobsuchtsanfall warst du ja dabei.

Wir müssen die Angelegenheit schon selbst regeln. Was können wir also machen?"

„Also ich würde ihn nach Banlung verlegen. Da ist ein ganz neues Gefängnis, mit einem Hochsicherheitstrakt. Das war geplant für die ganz harten Verbrecher und für Terroristen.

Dort würde ich ihn hinbringen lassen und absolute Kontaktsperre anordnen. Keine privaten Besuche, keine Verteidiger, und vor allem kein Wort an die Presse. Er verschwindet einfach. Seine Anwälte werden toben, aber bis die einen Beschluss des obersten Gerichtshofes erwirkt haben, dürfte es lange dauern. So lange jedenfalls, bis die Angelegenheit in Pailin erledigt sein wird. Was denkst du?"

„Eine vernünftige Idee. Wir müssen für absolute Geheimhaltung sorgen. Nimm dir ein paar Beamte, die dir absolut ergeben sind. Hol' ihn in Kampot ab, und sage denen, du würdest ihn nach Sihanoukville bringen. Die notwendigen Papiere unterschreibe ich dir. Und bring ihn dann nach Banlung. Es gibt für ihn keinen Hofgang mehr, und solchen Firlefanz. Wenn ihr ihn in Banlung abliefert, stülpt ihr einen Sack über seinen Kopf. Die Nachbarzellen müssen vorher geräumt werden.

Deine Vertrauensleute werden ihn dort bewachen, nicht das normale Gefängnispersonal. Den Gefängnisdirektor werde ich nachher anrufen und einweihen. Den kenne ich von früher. Keiner soll etwas wissen, nicht mal sein Stellvertreter. So könnte es gehen. Und wenn er krank werden sollte, schicken wir den Privatarzt des Ministerpräsidenten hin. Der ist Verschwiegenheit gewohnt… Ja, ja, so werden wir das machen. Gut dass wir das jetzt besprochen haben. Heute Mittag lasse ich dir die notwendigen Unterlagen zukommen, und Morgen früh geht es dann los. Bis zum Abend dürfte die Sache erledigt sein. Verbleiben wir dann so?“

„ Gut, in Ordnung.“

Damit war die Besprechung beendet.

***

Zunächst waren sich Chen und Wing einig, dass Khieu nach dem Abzug suchen sollte. Er kannte sich im Busch am besten aus. Als Uli das mitbekam, bestand er darauf, Khieu zu begleiten. Er hatte hier lange genug rumgelungert, und das ging ihm gewaltig auf den Keks. Chen war zunächst skeptisch, weil Uli Khieu begleiten wollte, aber Wing erinnerte ihn wieder daran, dass Uli mehrere jahrelang bei der Armee gewesen war. Außerdem bestehe er darauf. So stimmte schließlich Chen zu. Uli nahm das Minensuchgerät über seine Schulter. Dann ging er zu Joe, und ließ sich die 44er Magnum und dessen Messer mitgeben.

„Und dein Hals?’ fragte Joe.

Uli grinste: „Ein Indianer kennt keinen Schmerz; wir sind aus Daarle, vergiss das nie!“

Er ging hinüber zu Khieu. Der hängte sich gerade sein Stummelgewehr über die Schulter. So gerüstet, machten sich die beiden nach einem kurzen Gruß auf den Weg. Zunächst gingen beide vorsichtig links vom Höhleneingang die Anhöhe hinauf, wo gestern die beiden Kambodschaner verschwunden waren. Dann zeigte Khieu nach vorne, und übernahm die Führung. Uli reichte ihm das Minensuchgerät und beide hefteten ihre Blicke auf den unebenen Boden. Nach fünf Minuten blieb Khieu stehen. Er erklärte Uli seine Überlegungen:

„Der Wind ist zwar schwach und kaum wahrnehmbar, aber er kommt von rechts. So sollten wir uns mehr links halten, vielleicht riechen wir ja den Rauch. Hoffentlich hast du eine gute Nase."

Also schlugen sie einen scharfen Winkel nach links, und nahmen dann ihre alte Wegrichtung wieder auf. „Die Höhle ist am Anfang nur ungefähr fünf Meter breit. Später wird sie enger und dann erweitert sie sich auf zehn bis fünfzehn Meter, das heißt, wir müssen uns gleich weiter links halten. Wir gehen dann zunächst zweihundert Meter geradeaus. Wenn wir dann nichts gefunden haben, gehen wir parallel fünf Meter neben unserem ersten Weg wieder zurück. Das werden wir wiederholen, bis wir etwas gefunden haben. Oder auch nicht. Aber es ist gut und sinnvoll, es zu versuchen. Drück mal die Daumen."

„Sicher, ich bin auch optimistisch. Und außerdem hat gestern Nacht ein Gecko dreizehnmal gerufen. Die Thailänder meinen, das bringe Glück."

„Also da bin ich eher skeptisch, denn wenn der Gecko gestern nicht die Affen geweckt hätte, wären wir wahrscheinlich unbemerkt in die Höhle gekommen."

Uli musste zustimmen.

„Aber vielleicht haben wir ja heute mehr Glück. Wir werden es schon schaffen, also weiter.

***

Sie nahmen ihre Suche wieder auf. Langsam bewegten sie sich vorwärts, hielten dabei immer wieder an und ihre Nasen nach rechts. Als sie nach drei Durchgängen wieder in der Mitte ihrer Strecke waren, blieb Khieu plötzlich stehen.

„Riechst du was?“ fragte Uli.

„Nein, aber das Suchgerät zeigt Metall an. Bleib stehen!“ Und Khieu schwenkte mehrmals über der gleichen Stelle das Suchgerät hin und her.

„Tatsächlich, da ist etwas.“ Khieu knickte mehrere Zweige von einem Baum ab, und steckte sie vorsichtig über der Stelle in den Boden. Sie standen da wie das Gestänge eines winzigen Indianerzeltes.

Dann setzten sie wieder ihren Weg fort. Beim vierten Parallelgang blieb Khieu plötzlich wieder stehen.

„Noch eine Mine?“

„Nein. Aber jetzt rieche ich etwas. Riechst du nichts?“

Uli hielt die Nase dem Wind entgegen. Tatsächlich, etwas roch nach Rauch. Kaum wahrnehmbar, aber doch eindeutig. Ganz leicht verbrannt. Aber wo kam der her. Khieu hatte sich ebenfalls zum Wind hin gedreht. Er ging ihm entgegen.

Dann etwas nach links, dann etwas nach rechts. Nein, in der Mitte war er am stärksten. Mit dem Suchgerät tastete er gleichzeitig den Boden ab. Ein großer Busch stand im Weg. Khieu ging um ihn herum. Hier roch er nichts mehr. Er ging auf den Busch zu und kniete nieder und suchte den Boden ab. In der Mitte des Busches war eine Lücke. Es waren tatsächlich zwei Büsche. Aber sie waren so zusammengewachsen, dass man sie für einen einzigen Busch halten musste. Er tastete die Lücke ab. Mit den Fingernägeln und danach mit einem festen Stöckchen stocherte er etwas im Boden herum. Dann wurde es ihm klar. Zwischen den Büschen war eine runde Eisenplatte. Sie lag auf zwei kreuzweise angeordneten Eisenstäben. Die Platte hatte einen Durchmesser von ungefähr vierzig Zentimetern. Die Ränder waren mit Wurzeln und Gras überwuchert. Er griff mit den Fingern und dann mit beiden Händen unter die Platte. Es war mühsam, aber langsam gelang es ihm sie etwas anzuheben. Uli kniete sich neben ihn, und zu zweit schafften sie es, die Platte senkrecht zu stellen. Uli schob sie zur Seite. Vor ihnen tat sich ein schwarzes Loch auf. Khieu legte sich nun auf den Bauch, und sein Kopf verschwand in dem Loch auf. Er drehte den Kopf nach links, dann nach rechts. Dann zog er ihn wieder heraus. Nun stand er auf und ließ Uli hineinschauen. Nachdem sich dessen Augen an die Dunkelheit gewöhnt hatten, sah er es: ganz links, weit entfernt, wurde es etwas heller. Das musste der Eingang der Höhle sein, oder ein zweiter Ein- oder Ausgang. Das war, was sie gesucht hatten.

***

Uli schaute nach unten. Schwarze Leere. Wie tief nach unten ging es unter dem Loch, vor dem beide knieten? Die Schwärze unten war undurchdringlich. Wenn man ein Feuerzeug oder eine Taschenlampe hätte. Er fragte Khieu. Der zuckte nur mit den Schultern. Er stand vorsichtig auf, ließ wieder Khieu an das Loch. Wahrscheinlich hatte er bessere Augen. „Wie tief ist es, das muss man wissen“, sagte Uli. Dann hob er einen Stein auf, und gab ihn Khieu.

„Lass den mal reinfallen, vielleicht hört man was.“

Khieu ließ den Stein fallen, lauschte ins Loch und schüttelte den Kopf. „Das kann sehr tief sein, oder Sandboden. Aber leider haben wir kein Seil dabei.“

Uli schaute nach hinten. Da wuchs vereinzelt Bambus. Er ging zur nächsten Bambusstaude und zog Joes Messer aus der Hosentasche. Die Rückseite der Klinge hatte Sägezähne. Er bückte sich, und begann, eine ungefähr fünf Meter langes Bambusrohr abzusägen. Der Bambus war hier etwa sechs Zentimeter dick. Es war erstaunlich leicht, das Rohr abzusägen. Der Bambus war frisch, grün und weich. Kein Vergleich mit dem getrockneten, harten Bambus, den er oft in Asien beim Gerüstbau gesehen hatte. Er brauchte kaum zwei Minuten, dann war er durch. Ein wirklich gutes Messer, jetzt verstand er, warum Joe so stolz darauf war. Allerdings waren durch das Sägen des nassen Holzes sämtliche Blutspuren auf der Klinge verschwunden. Na ja, wenn Joe eingetrocknetes Blut auf seinem Messer zu Hause vorzeigen wollte, sollte er einen Hahn killen oder so was ähnliches. Uli klappte die Seitenteile des Messers zusammen und hob das lange Bambusrohr an. Er brach alle Zweige ab und brachte es zu Khieu, der immer noch vor dem Loch kauerte, aber ihm interessiert zugeschaut hatte. Uli begann, langsam das Bambusrohr im Loch zu versenken. Schon nach schätzungsweise zwei Metern Tiefe stand das Rohr. Uli hob es an, und ließ es zwanzig Zentimeter daneben wieder auf den Boden ab. Dasselbe. Diesen Vorgang wiederholte er mehrmals, wobei er das Rohr immer schräger hielt. Der Boden war, soweit er feststellen konnte, ziemlich eben. Nun hob er das Rohr und stieß es so schnell er konnte, auf den Boden hinunter. Der Boden hatte nicht nachgegeben, lediglich die Stange hatte sich gebogen. Also, fest war den Boden auch. Dann nahm er noch mal genau Maß, indem er eine Kerbe in das Rohr, genau in Höhe der Erdoberfläche, schnitt. Er zog es heraus, und stellte es direkt vor sich. Die Kerbe befand sich nun exakt in Höhe seines Haaransatzes. Das bedeutete, der Boden der Höhle war nur einsfünfundachtzig unter ihnen. Das war locker zu schaffen. Obwohl Khieu nur ungefähr eins siebzig war, würde es für ihn auch kein Problem darstellen, sich hinab zu lassen. Er sah Khieu aufmunternd an: „Gehen wir?“ Khieu nickte.

„Ich gehe zuerst“, sagte Uli.

Khieu meinte: „Nimm’ einen Stock mit, und schlage damit auf dem Boden um Dich herum. Man weiß nicht, was da rumläuft. Schlangen, Skorpione, Spinnen, Kröten, Ratten, grüne Tausendfüßler oder solches Zeug.“

Uli nickte, und sägte von dem langen Bambusrohr unten zwei Teile von vielleicht anderthalb Metern ab. Dann verstaute er sorgfältig das zusammengeklappte Messer in der Gesäßtasche, die er zuknöpfte. Schließlich schob er die langläufige Magnum tief unter seinen Hosengürtel und ging vor dem Loch in die Hocke.

***

Zuerst setzte er sich an den Rand und ließ seine Beine hinab. Dann rutschte er langsam in die schwarze Tiefe. Khieu hatte sich auf die andere Seite des Loches gesetzt und hielt mit beiden Händen Ulis Rechte fest.
„Ein eiserner Griff," wunderte sich Uli, „für einen Apotheker! Aber richtig, wenn er früher nach Gold oder Edelsteinen gegraben hatte, musste er auch Muskeln haben."
Langsam rutsche Uli am Rand entlang in die Tiefe. Er hatte, als seine Augen etwas unterhalb der Erdoberfläche waren, sofort festen Boden unter seinen Füssen gefunden. Es roch modrig. Zuerst stampfte er mit seinem rechten Fuß auf, um eventuell vorhandenes Getier zu verscheuchen. Dann reichte ihm Khieu von oben die beiden Stöcke. Nun ließ sich Khieu herab. Als dessen Beine in Augenhöhe waren, umschlang sie Uli mit beiden Armen und half Khieu Stück für Stück langsam zu sich hinunter. Sie standen nebeneinander und sahen sich um. Von oben fiel schwaches, grünes Licht herab. Es herrschte um sie herum absolute Schwärze, bis auf den hellen Schimmer links in vielleicht einhundert Metern Entfernung. Khieu nahm von Uli einen der Stöcke, und schlug um beide herum mit der Längsseite auf den Boden. Dann sagte er leise: „Gehen wir langsam nach vorne zum Licht. Er nahm sein Gewehr von der Schulter und entsicherte es. Uli griff die Magnum und tat es ihm nach. Mit der linken Hand hielt Khieu wie ein Blinder seinen Stock vor sich und schwenkte ihn laufend von oben nach unten, von rechts nach links. Dazwischen tastete er immer wieder den Boden vor sich ab. Ständig musste Uli sich Spinnweben aus dem Gesicht wischen Aber den Großteil bekam wohl Khieu ab. Uli kam mit dem Abwischen kaum nach. Spinnen waren für Uli äußerst eklig, obwohl er wusste, dass sie selten tödlich sind. Schwarze Witwen sollte es nur in Südeuropa und Nordafrika geben; und Vogelspinnen waren immer in der Nähe von Bananen, wie er mal gelesen hatte. Sie wurden auch ab und zu nach Europa eingeschleppt, aber immer nur versteckt in Bananenstauden. Und Bananen gab es nun wirklich nicht in diesem Loch. Mehr Sorgen machten ihm Skorpione und vor allem

Schlangen. Mit einer hatte er ja gestern zu tun gehabt. Aber er sagte sich, vielleicht ist es ihnen zu kalt hier unten, oder sie finden nichts zu knabbern. Oder der Lärm ihrer Schritte verscheuchte sie tatsächlich.

***

Ganz langsam kamen sie vorwärts, und versuchten, sich möglichst in der Mitte des drei Meter breiten Ganges zu halten. Immer wieder hielt Khieu inne, und bedeutete Uli durch seine nach hinten gestreckte Hand, ebenfalls anzuhalten. Weit entfernt war ab und zu ein leises Stöhnen zu hören. Dazwischen herrschte immer wieder Totenstille. Manchmal machte Khieu durch weiteres Verlangsamen seiner Schritte Uli auf Unebenheiten im Boden aufmerksam. So kamen sie langsam, aber trotzdem stetig voran. Plötzlich hörte Uli ein flatterndes Geräusch, und mehrere Vögel stießen gegen seine Kopf. Er hob seine Hand zum Schutz vor die Augen, dann war der Spuk vorüber. Khieu war stehengeblieben.

Dann flüsterte er: „Aufgeschreckte Fledermäuse, wahrscheinlich nicht die letzten."

Sie setzten langsam ihren Weg fort. Jetzt flüsterte Uli nach vorne: „Khieu" Der blieb stehen. „Riechst du nichts?" Zusätzlich zu dem muffigen leichten Brandgeruch nahm er nun den Gestank von Urin und Fäkalien wahr, nicht sehr stark, aber doch allgegenwärtig. Khieu flüsterte:

„Menschen. Weiter, wir kommen näher ran."

Allmählich war die tiefe Dunkelheit einem tiefdunklen Grau gewichen. Außerdem hatten sich die Augen der beiden an die Dunkelheit gewöhnt. Nun waren der Boden, der inzwischen größere Unebenheiten aufwies, und Teile der Wände zu erkennen, obwohl sich dort immer noch, hinter Wandvorsprüngen, große dunkle Stellen zeigten. Je näher sie nach vorn kamen, desto mehr konnten sie erkennen. Nun konnten sie auch etwas zügiger gehen. Das gelegentliche Stöhnen wurde lauter, und ab und zu waren auch Flüche zu hören.

***

Jetzt achteten die Beiden noch mehr darauf, jedes Geräusch zu vermeiden. Nach weiteren fünf Minuten blieb Khieu wieder stehen. Er ging in die Knie und bedeutete Uli durch Handzeichen, es ihm nachzutun. Der Gang machte eine leichte Biegung nach rechts. Khieu streckte vorsichtig den Kopf nach vorne und blickte nach rechts. Er winkte Uli neben sich, der sich ebenfalls auf die Knie herabließ und sich dann auf den Bauch legte. Er blickte wie Khieu dort hin, und da lag der Höhleneingang vor ihnen. Geblendet kniff Uli die Augen zusammen. Jetzt musste er sich zuerst einmal an die ungewohnte Helligkeit gewöhnen. Nach vielleicht einer Minute konnte er die Augen ganz öffnen. Ungefähr acht Meter vor ihnen lagen, quer im Gang, mehrere Körper nebeneinander. Dahinter lag in Längsrichtung, ebenfalls auf dem Boden, mit dem Gesicht zum Höhleneingang, regungslos eine weitere Person. Das war mit Sicherheit der letzte Kambodschaner.

Ein Gewehr und eine Pistole lagen rechts griffbereit neben ihm. Sein Kinn hatte er auf seinem linken Arm liegen, so dass er über die vor ihm liegenden Körper ins Freie blicken konnte. Uli zog seinen Kopf wieder zutück und erhob sich. Neben ihm stand Khieu und hielt sein Stummelgewehr in beiden Händen. Uli blickte ihn an, schüttelte den Kopf und umfasste mit seiner linken Hand die Mündung des Gewehrs. Er bedeutete Khieu durch Handzeichen, etwas zurück zu gehen. Als sie wieder im Halbdunkel standen, flüsterte Uli ihm zu: „Mit der Schrotflinte hat das keinen Zweck. Die Streuung wäre zu groß, die Gefangenen würden auch verletzt werden."

Khieu legte den Kopf zur Seite, dann nickte er. „Dann gib mir das Messer."

Er streckte Uli die Hand entgegen. Der antwortete: „Nein, ich mache das." Er zog die Magnum aus dem Hosenbund.

***

Als Khieu das sah, machte er große Augen und schüttelte nun seinerseits den Kopf. „Keine Angst, ich werde nicht schießen. Das Geschoss würde auf diese Entfernung drei Körper durchschlagen und im vierten stecken bleiben. Nein, ich mache es so: Er sicherte die Waffe, und nahm den langen Lauf in die rechte Hand. Dann machte er eine Schlagewegung von oben nach unten.

„So muckst der sich auch nicht mehr. Das reicht für einen Bullen!" Khieu sah ihn mit wildem Blick an. Aber er sagte nichts. Uli dachte sich: „Sein Blick sagt alles. Der hasst diese Leute anscheinend abgrundtief. Der will den Typen da töten. Nein, nein, das muss ja nicht unbedingt sein. Ich kenne seine Biographie nicht, aber trotzdem. Er nickte Khieu noch einmal freundlich zu, dann ging er in die Hocke. So bewegte er sich um die Ecke, die Magnum schlagbereit in seiner rechten Hand. Er machte in dieser Haltung fünf große Schritte vorwärts. Da erhob sich aus der Reihe der nebeneinander aufgereihten Körper ein Kopf und blickte ihm entgegen. Er schrie: „Gib's ihm" Im gleichen Moment merkte der Kambodschaner, dass hinter seinem Rücken etwas vor sich ging. Er drehte den Kopf und blickte zurück. Seine rechte Hand zuckte in Richtung der neben ihm liegenden Waffen, aber es war zu spät für ihn. Ein großer Satz, und Uli stand hinter ihm. Mit aller Wucht schlug Uli die Waffe in sein Gesicht. Der am Boden liegende Kambodschaner wollte noch ausweichen, aber da traf ihn schon ein zweiter kraftvoller Schlag auf die Stirn. Es knackte hörbar, und er sackte wieder ganz auf den Boden. Uli nahm vorsichtshalber Gewehr und Pistole an sich und sagte laut:

„Tag, Onkel, Tag alle zusammen."

Nach hinten rief er: „Khieu, du kannst kommen."

Der kam, mit seiner Waffe im Anschlag, aus dem Dunkel, ließ seine Waffe aber sofort sinken. Dann schrie Uli triumphierend nach draußen: „Die Luft ist rein, alles unter Kontrolle."

***

Uli beugte sich zu Gerhard hinunter: „Hat ein bisschen länger gedauert, aber dafür war die Vorfreude grösser, oder nicht?“

„Ich sagte nur: „Du Assi, aber gut, dich zu sehen.“ Jetzt betraten die Übrigen von draußen die Höhle. Alle hatten ihre Waffen in der Hand. Joe kam direkt zu Gerhard. „Na Onkel, alles im Griff. Geht’s dir gut?“ Der machte große Augen. „Was machst denn du hier, hier in Asien?“

„Na ja, ich habe gehört, dass du ein Problemchen hast, und da bin ich halt mal kurz vorbeigekommen, um mal nach dem Rechten zu schauen.“ Gerhard standen Tränen in den Augen, vor Freude und Rührung. Er versuchte dagegen anzukämpfen.

„Problemchen ist gut. Na ja, sobald wir wieder unter Menschen sind, werde ich einen ausgeben, einen ganz dicken“, sagte er mit immer noch zitternder Stimme. Jetzt kam Wing Ban auf ihn zu. Er schüttelte seine immer noch gefesselte Hand. Er spürte seine Erschütterung und klopfte ihm sacht auf die Schulter. „Jetzt ist ja alles wieder gut. Dass wir uns so bald wiedersehen würden, hätte ich mir aber nicht gedacht. Das hier sind die Kollegen Chen und Khieu, gute Freunde. Weißt du, wo die Schlüssel für die Kettenschlösser sind?“

Obwohl die Gefangenen wie die Stinktiere stanken, ließ sich keiner der Befreier etwas anmerken. „Die Schlüssel? Keine Ahnung. Schaut euch mal dahinten an der Wand um, oder bei dem Typ da, unserem letzten Bewacher.“

Sie gingen zu dem Kambodschaner und durchsuchten seine Kleidung. „Der kann uns auch nichts mehr verraten, dem hat’s die Sprache verschlagen; für immer.“ Jetzt ging Uli auch zu ihm und kniete neben ihm nieder. Die Augen waren offen. Blut war aus der Stirnwunde und der Nase gelaufen. Er fühlte an seinen blutigen Hals. Es war kein Puls zu spüren. „Das wollte ich nicht, wirklich nicht“, murmelte Uli. Er war tief betroffen. Khieu legte ihm den Arm um die Schulter. Wir sind hier in Asien. Er oder du, das war die Frage. Du hast gewonnen.

„Nein, Nein“, stammelte Uli, und ging nach draußen. „Mir ist schlecht“, sagte er zu Wing, der sich ihm in den Weg gestellt hatte, und etwas zu ihm sagen wollte. Kaum war er aus der Höhle, hörte man von außen heftige Kotzgeräusche.

Flucht

Joe verließ auch die Höhle. Er sagte nichts, sondern legte seinem Bruder einfach die Hand auf die Schulter. So verharrten die beiden einige Minuten. Dann hatte Uli sich wieder gefangen. Inzwischen suchten Wing, Chen und Khieu fieberhaft nach den Schlüsseln. Sie hatten auch die Kleidung des Kambodschaners durchsucht, den Wing bei dem Sturmversuch am frühen Morgen erstochen hatte. Sie waren einfach nicht zu finden.

Wing sagte in ernstem Ton. „Verdammt. Wir müssen uns beeilen. Wer weiß, vielleicht hat der Typ mit Sok in Phnom Penh telefoniert und der ist längst mit neuen Leuten unterwegs. Außerdem ist die Schießerei heute Nacht mit Sicherheit nicht unbemerkt geblieben. Hier können jederzeit Leute aus der Umgebung auftauchen, und das bedeutet auch großen Ärger. Wir müssen schnellstens weg.“

„Dann schießen wir die Schlösser eben auf. Genug Waffen haben wir ja.“

„Gut, dann los.“

Die Befreier schossen nacheinander alle Schlösser auf. Sobald Gerhard befreit war, versuchte er aufzustehen. Uli und Joe stützten ihn. Sie gingen ein paar Schritte aus der Höhle. Gerhard drehte sich um und rief Wing zu, zu ihnen zu kommen. Neugierig kam er herbei:

„Was gibt es denn?“

Gerhard sagte leise zu den dreien: „Ich denke, das ist sehr wichtig. Haltet unbedingt alle Waffen von den Geiseln fern. Die wollten sich schon verschiedentlich gegenseitig umbringen. Besonders gefährlich ist der Engländer. Aber auch der Franzose und der Australier. Wenn die etwas fitter sind, und eine Waffe in die Hand bekommen, kann es sein, dass sie sich sofort gegenseitig umbringen. Die sind nicht weit vom Wahnsinn entfernt – jeder hasst jeden. Und einige sind krank; aber das seht ihr ja selbst."

„Gut, dass du uns das gesagt hast." Wing ging zu Chen und Khieu, und erklärte ihnen auf Kambodschanisch, was Gerhard eben Wing auf Englisch erklärt hatte. Sie sahen sich an und nickten. Nun ging Uli zu Wing: „Hast du hier eine Schaufel gesehen, oder irgendetwas in der Art?"

„Was willst du denn mit einer Schaufel?"

„Na ja, den Typen von vorhin beerdigen."

„Ich kann dich ja verstehen, aber er war ein Gangster, und außerdem haben wir keine Zeit." „Aber wir können den doch nicht einfach so liegen lassen, und den von heute Nacht auch nicht."

„Ihr Westler seid schon seltsam. Da töten die Amerikaner Millionen in Vietnam mit ihren Bomben, und kümmern sich nicht mal um die Krüppel oder missgebildeten Kinder. Und dann willst du einen einzelnen Gangster beerdigen." Er schüttelte den Kopf. Für ihn war die Sache damit erledigt. Uli stand unentschlossen da; er wusste nicht weiter. Auch er schüttelte den Kopf. Anderes Land, andere Sitten! Bedrückt ging er zurück zu Joe.

***

Inzwischen begannen die von den Ketten befreiten Geiseln, sich zu erheben. Fast alle mussten gestützt werden, und der Norweger schaffte es aus eigener Kraft überhaupt nicht, sich aufzurichten. Die Befreier hatten inzwischen alle Waffen eingesammelt und auch die verstreut liegenden Munitionsschachteln zusammenge- tragen. Die fünf Befreier trugen jeweils ein Gewehr und eine Pistole. Die Neffen sahen abenteuerlich und verwegen aus. Keiner war rasiert, und alle waren verdreckt.

Dann ging der Krach los. An der Höhlenwand gelehnt forderte Berry, der Engländer, lautstark, etwas zum Essen zu bekommen.

Wing antwortete in sanftem Tonfall: „Tut uns leid, aber wir haben nichts, und wir müssen sofort hier weg.“

Jetzt schrie Berry ihn an: „ Ihr Schweine habt ja schon gegessen, wenn ich nicht gleich was zu Essen und zu Trinken bekomme, ist hier die Hölle los.“

Wing sagte leise, aber in scharfem Tonfall: „Wenn sie Ärger machen wollen, lassen wir sie hier. In vier oder fünf Stunden gibt es so viel, wie sie wollen.“

Nun schrie Berry wieder hysterisch los: „Du Schwein, ich habe aber jetzt Hunger und Durst, ich falle vor Schwäche fast um, du Sau.“

Und er ging mit erhobenen Händen auf Wing los. Der trat zwei Schritte zurück, und hatte seine Pistole in der Hand. Seelenruhig hob er die Waffe, und hielt sie dem Engländer in‘s Gesicht. „Noch ein Schritt, oder ein Ton, und ich leg’ dich um.“ Mit blutunterlaufenen Augen stierte Berry hasserfüllt den Kambodschaner an. Er drehte sich um und murmelte: „Wir sprechen uns noch, du Ratte!“ Er ging zu den anderen zurück.

„Los, auf jetzt, und jetzt weg von hier“, gab Wing sein Kommando. Den Anfang machte Khieu, dann folgten Roman, Olivier, und Berry, dann Ole, der von Gerhards Neffen gestützt wurde, und dann Gerhard. Den Abschluss bildeten Chen und Wing, die sich leise unterhielten. Khieu am Anfang trug das Minensuchgerät über seiner Schulter; zu ihm hatten alle, auf Grund seiner Erfahrung hier im Busch, Vertrauen, dass er nicht vom Weg abkam. Nach der ersten halben Stunde gab Wing die Anordnung, zu halten und eine Pause von fünf Minuten zu machen. Offenbar wollte er die geschwächten Männer nicht überfordern.

***

Bis auf Khieu und Chen setzten sich alle auf den Boden.

Ole schnaufte schwer, und die Neffen ließen ihn langsam zu Boden gleiten. Er blickte sie dankbar an und murmelte etwas Unverständliches. Uli legte ihm die Hand auf die Schulter, blickte ihm in die Augen und sagte leise: „Bald sind wir am Ziel. Hältst du durch?“ Ole nickte heftig. Uli sagte aufmunternd: „Gut so!“

Bisher hatte die Gruppe gerade mal die Hälfte des Weges geschafft. Er konnte verstehen, dass es so langsam vorwärts ging.

Alle Entführungsopfer hatten offene, entzündete Stellen sowohl über den Fußgelenken als auch an den Handgelenken. Diese Wunden rührten von den durch die schweren Ketten aufgescheuerten Stellen her, die sich immer mehr entzündet hatten. Bei Philippe, dem Franzosen, war der ganze Unterschenkel des linken Beines wund und entzündet. Zwar waren von Khieu die schlimmsten Wunden mit Stofffetzen, die er aus den Kleidern der beiden toten Kambodschaner gerissen hatte, notdürftig bedeckt worden, um die Fliegen fernzuhalten. Aber die offenen Wunden nässten, und immer wieder bückten sich die Bemitleidenswerten, um die kleinen und großen Schmeißfliegen, die sich dort trotzdem fortwährend niederlassen wollten, von Knöcheln und Beinen zu verscheuchen.

Uli dachte zurück. Für den Weg von den Autos zur Höhle hatten sie gut eine halbe Stunde gebraucht. Jetzt waren sie nur halb so schnell. Na ja, noch mal eine halbe Stunde, und sie würden die Autos erreicht haben. Danach wäre alles kein Problem mehr. Zurück nach Pailin, und dann nichts wie weg aus dieser verfluchten Provinz.

Räuberischer Juwelier I

Gegen elf Uhr hatten Duch und Sok Vai ihr Ziel, östlich von Phnom Penh, kurz vor Prey Veng, erreicht. Diese Gegend hatte sich wie viele andere stark verändert. In dem vormals rein ländlichen Gebiet waren Trabantenvorstädte der Hauptstadt entstanden. Glücklicherweise waren einige Gebiete nahezu unverändert geblieben. So sahen die großen Mangoplantagen, an deren Rand Duch damals einen weiteren Eimer hatte vergraben lassen, nahezu wie damals aus. Gut, die Mangobäume wurden, wenn sie ihr Ertragsmaximum einige Jahre überschritten hatten, regelmäßig durch neue und junge Bäume ersetzt, aber insgesamt wurde dieses fruchtbare Schwemmland des Mekong zum Glück weiterhin intensiv landwirtschaftlich genutzt. Allerdings waren auch hier die Vorboten der Neuzeit nicht zu übersehen. Am westlichen Horizont zeichneten sich schon Silhouetten einiger Hochhaussiedlungen ab. Und direkt neben der gesuchten Mangoplantage hatte man einen weitläufigen Kindergarten errichtet. Allerdings verlief zwischen der Einzäunung des Kindergartens und der Mangoplantage noch der alte Weg, an dessen rechter Seite der Eimer vergraben war. Dieser Weg war zwar nicht asphaltiert, aber dreimal so breit wie damals, um den nun eingesetzten breiten landwirtschaftlichen Fahrzeugen die Durchfahrt zu ermöglichen. Duch war froh, dass auf der Ladefläche des Pick-ups das Metallsuchgerät lag. Mit dem konnte man nicht nur Minen, sondern jede Art von Metall aufspüren, also auch Gold. Beide gingen nun langsam auf diesem Weg entlang, bis sie ungefähr in der Mitte der Mangoplantage waren. Das Gerät piepste über einer Stelle mitten auf dem Weg. Duch markierte die Stelle, und wartete auf Sok, der den zurückgelassenen Wagen holte.

***

Da kam von links eine energische Dame mittleren Alters an der Umzäunung des Kindergartens entlang geeilt. Sie ging auf Duch zu, stellte sich als Leiterin des Kindergartens vor und wollte wissen, was hier vor sich ging. Geistesgegenwärtig stellte sich Duch als Mitarbeiter der Wasserwerke von Phnom Penh vor. Er erklärte der Dame, dass in der Hauptwasserleitung, die unter diesem Weg verlaufe, ein Leck sein müsse. Im nahen Prey Veng sei ein starker Druckabfall festgestellt worden. Nun suche man die defekte Stelle. Vielleicht hätten ja die Wurzeln der Bäume den Schaden verursacht.

„Und ich fürchtete schon, sie suchten hier nach Minen“, sagte die Dame. „Nein, da kann ich sie beruhigen. Aber wir vermuten, dass sich das Leck hier in der Nähe befindet. Unsere Suchgeräte sind ziemlich genau. Wir machen jetzt hier eine Testgrabung. Wenn wir fündig werden, kommt heute Mittag ein Bautrupp. Er wird alles aufgraben, und das defekte Teilstück ersetzen. Wenn ich Ihnen einen guten Rat geben darf, dann füllen sie jeden Behälter, den sie entbehren können, möglichst bald mit Wasser. Denn wenn wir mit der Hauptarbeit beginnen, wird die Hauptwasserleitung abgesperrt. Wie lange wir brauchen werden, kann man nicht voraussagen, aber ein Kindergarten ohne Wasser…" Er wiegte den Kopf bedenklich hin und her.

„Ich werde mich sofort darum kümmern. Wir werden sogar unsere beiden Badewannen füllen. Wir sind nämlich ein moderner Kindergarten, müsse sie wissen. Auf jeden Fall vielen Dank für diesen Hinweis!" Und sie eilte davon.

„Und jetzt los mit der Suche", sagte Duch zu Sok, der inzwischen den Wagen hinter ihnen geparkt hatte, und der Unterhaltung aufmerksam gelauscht hatte.

„Das mit der Wasserleitung ist ziemlich clever", meinte er grinsend und machte sich umgehend ans Werk.

***

Nach einer weiteren halben Stunde Fußmarsch hatte die Gruppe endlich die Autos erreicht. Alle ehemaligen Geiseln waren sichtlich geschwächt. Wing und Chen öffneten ihre Wagen, und die erschöpften Kranken verteilten sich auf die Rücksitze. Philippe und Roman schliefen sofort ein; der strapaziöse Fußmarsch hatte allen den Rest gegeben. Bis auf Chen bestiegen auch die Befreier die Wagen. Khieu suchte auf der Bergseite nach einem Platz zum Wenden. Fünfzig Meter weiter vorn war er fündig geworden. Dort war eine seitliche Einbuchtung auf der linken Seite des Weges. Hier hatte wohl früher mal eine Hütte oder ein Stall gestanden, aber nun war nur noch eine halbwegs ebene Fläche geblieben. Nachdem Khieu die Stelle gründlich nach Minen abgesucht hatte, legte er das Suchgerät in den Kofferraum von Chens

Wagen und stieg selbst in den Landrover ein. Da es hier vor Kurzem geregnet hatte, und der Weg entsprechend glitschig war, wendete der Landrover zuerst und fuhr vor. Der verfügte über einen Allradantrieb und konnte, falls Chens Limousine, die nur einen normalen Hinterradantrieb besass, steckenblieb, ihn leicht abschleppen. Denn beide Wagen waren mit je fünf Insassen schwer beladen. So fuhren sie auf dem abschüssigen, aufgeweichten Weg langsam in Richtung Pailin. Alle Fenster waren wegen des Gestankes der ehemaligen Geiseln offen. Trotzdem wurde es Uli schon nach wenigen Minuten schlecht. Er hängte seinen Kopf aus dem Fenster und kotzte, was der leere Magen hergab.

„Wohl zu viel gesoffen gestern, was? Oder war eines von den zwanzig Bieren gestern schlecht?“ Joe hatte nach der Anspannung der letzten Stunden seinen Humor wiedergefunden. Er grinste Uli an, der den Kopf wieder ins Auto zurückgezogen hatte. Schlecht war diesem immer noch, aber er murmelte gefasst:

„Ruck Zuck sitzt der Kiefer tiefer; noch so'n Geck, Kiefer weg!“ Alle zehn Insassen waren erleichtert. Noch zehn Minuten, und sie würden den Hauptweg erreicht haben, der sie zu der Ausfallstraße von Pailin führen würde.

***

Eine Stunde später waren Duch und Sok schon wieder unterwegs. An der Mangoplantage hatte die Schatzsuche wunderbar geklappt. Schon nach zehn Minuten war Sok in vierzig Zentimetern Tiefe auf einen weiteren roten Eimer gestoßen. Ein kurzer Blick hinein hatte die Augen beider leuchten lassen. Es war ein Gemisch aus altem Goldschmuck und Türkis-Aquamarin- und Jade-Halsketten. Dazwischen blitzten einige Diamantringe. Dies musste Schmuck aus den Anfangstagen des Lagers gewesen sein, als die reichen Leute aus Phnom Penh noch völlig ahnungslos gewesen waren und ihren kostbarsten Schmuck mitgenommen hatten, in Erwartung ihrer baldigen Rückkehr oder der umgehenden Ausreise nach Thailand... Den nächsten Eimer würden sie unmittelbar hinter dem Wat von Ba Phnom finden. Duch hatte mit Vorliebe Plätze hinter Wats ausgesucht. Denn jegliche Religionsausübung war damals verboten worden. Viele der Mönche hatte man umgebracht; die verbliebenen waren in die Berge oder nach Thailand geflohen. Wer hätte damals je geglaubt, dass die Religionen jemals wieder aufblühen würden und die Wats und Tempel nochmal als Heimstatt von Mönchen dienen würden. Als sie in die Zufahrtsstrasse zum Wat einbogen, lächelte Duch.

„Hier hat sich nichts verändert, sogar die alte Umfriedungsmauer steht noch. Lass' uns vor dem Wat links abbiegen und dann wieder rechts. Da führte damals ein Weg zum nächsten Bauernhof. Die Leute hatte ich gekannt. Es waren Vietnamesen. Die sind damals wohl auch umgekommen, wie alle Vietnamesen. Sie haben alle für ihr Land spioniert. Na ja, das war damals, lassen wir das."

Sok fuhr wie ihm von Duch geheißen. Der Weg war völlig zugewachsen und kaum noch zu erkennen. Duch zeigte ihm die Richtung mit seinem ausgestreckten Zeigefinger. Als die seitliche Umfriedungsmauer hinter dem Wat rechtwinklig nach links führte, sagte Duch: „Halte dich links, und kurz vor der Mitte der Mauer fahre nahe an die Mauer heran, sodass man den Wagen nicht sehen kann.

Goldzähne

Dann stiegen beide aus, und Sok nahm wieder das Metallsuchgerät zur Hand. „Es war genau in der Mitte der Mauer und ungefähr dreissig Zentimeter von deren Rand entfernt." Sok wunderte sich wieder einmal über das einmalige Gedächtnis von Duch und sagte es ihm auch.

„Schau Sok, ich habe mein ganzes Leben lang keinen Tropfen Alkohol getrunken. Nur Wasser und Milch. So bleiben die Gehirnzellen intakt. Aber genug davon, fang jetzt an!"

Sok brauchte nur zwei Minuten zu suchen, da piepste das Suchgerät. Er ging zum Wagen, holte den Spaten, und fing sofort an zu graben. Zuerst musste er sich durch eine Schicht Menschenknochen arbeiten. „An dieser Wand wurden wohl damals Spione exekutiert. Mach weiter!“ Kurz darauf stieß Sok auf den gesuchten Eimer, wieder in roter Farbe. Er hob ihn aus dem Loch und zog den Deckel ab. Beide schauten hinein. Sok griff hinein holte eine kleine Handvoll des Inhaltes heraus. Es waren Zähne, alles Zähne; zum Teil Zähne mit Goldfüllungen, aber auch viele Zähne aus purem Gold.

„Damals haben sich viele Angeber völlig intakte Zähne ziehen und durch Zähne aus Gold ersetzen lassen, nur um zu zeigen, wie reich sie sind. Obwohl sie wussten, dass reines Gold zu weich ist. Deswegen sind auch die meisten dieser Zähne deformiert, aber das war den Leuten egal – Hauptsache, sie konnten goldene Zähne sehen lasse.

Mal sehen, was das an Geld bringt. Und nun lass uns nach Phnom Penh zurückfahren. Du hast doch deine Pistole dabei?“ Sie kippten den Inhalt des Eimers in einen weiteren Sack und verstauten diesen neben dem ersten hinter den Rücksitzen. „Unser Juwelier wird sich freuen“, sagte Duch beim Einsteigen. „Was, du willst wieder zum selben Juwelier?“

„Sicherlich. Zum einen rechnet er nicht mit uns. Andererseits weiß jeder Juwelier, wenn wir mit dem Schmuck und dem Zahngold aufkreuzen, dass mit unserem Material etwas nicht stimmt. Wir werden deshalb keinen Juwelier finden, der uns nicht Schwierigkeiten machen würde. Und dieser Juwelier weiß seit gestern, dass man mit uns gute Geschäfte machen kann. Und dass wir seriös sind – schließlich hätten wir ja gestern auch den Schmuck zusätzlich zum Geld wieder mitnehmen können.“ Sok schüttelte den Kopf, sagte aber nichts, ließ den Wagen an und gab Gas.

***

Die beiden Autos näherten sich langsam dem Ende des Dschungelpfades. Noch zehn Minuten, und das offene Gelände mit der asphaltierten Straße würde erreicht sein. Aber noch glich der Weg einem Trampelpfad zwischen dem Abgrund rechts und steilen Wänden zur linken Seite. Da stutzte Wing Ban. Mitten auf dem Weg in zwanzig Metern Entfernung stand ein uralter Toyota. Wing hupte, und verlangsamte seine Fahrt noch mehr. Er hupte wieder. Fünf Meter vor dem Wagen blieb er stehen und stieg aus. Es war unmöglich, an dem Wagen vorbei zu fahren. Durch das geöffnete Fenster der Fahrertür drückte er wieder auf die Hupe. Plötzlich fiel ein Schuss. Wing ging in die Knie. In schneller Folge ertönten nun weitere Schüsse. Chen, der ebenfalls angehalten hatte, kniete nun ebenfalls neben seinem Wagen und hielt seine Pistole in der Hand. Khieu kniete links neben dem Wagen, und nahm sein Stummelgewehr in die Hand. Uli und Joe hatten ihre Plätze im Wagen ebenfalls verlassen und zwischen beiden Wagen Stellung bezogen. Uli hielt die Magnum schussbereit, Joe eines der erbeuteten Gewehre im Anschlag.

Plötzlich hörte die Schießerei auf. Hinter dem Toyota ertönte eine Stimme. Auf kambodschanisch rief sie: „Gebt uns die Geiseln, dann könnt ihr unbehelligt abziehen."

Wing übersetzte es für die beiden Neffen ins Englische. Wing rief zurück: „Wer seid ihr?"

„Das tut nichts zur Sache!" Als weitere Antwort fielen stattdessen noch einmal drei Schüsse. „ ihr habt fünf Minuten Zeit, dann zielen wir." Wing ging zurück zu den Brüdern und übersetzte wieder. „Kommt nicht in Frage, die spinnen wohl."

***

Die befreiten Geiseln forderte Wing auf, sich so klein wie möglich zu machen. Chen ging hinter sein Auto und öffnete den Kofferraum. Aus einer grünen Metallkiste nahm er zwei Maschinenpistolen und sechs

Magazine. Er kam zurück und reichte Wing eine der Maschinenpistolen und drei Magazine. Das Magazin führte er In seine Waffe ein; Wing tat dasselbe. Da ertönten von vorne zwei Mopedmotoren, und als sie verstummt waren, konnte man Stimmen hören. Mehrere Männer huschten hinter die nächstgelegenen Bäume. Wing besprach sich kurz mit seinen Begleitern. „Passt auf, zuerst nehmen wir die Leute mit Maschinenpistolen unter Dauerbeschuss. Ich denke, dann werden sie abhauen. Dann müssen wir versuchen, den Toyota aus dem Weg zu räumen. Uli, setz du dich ans Steuer. Wenn Chen und ich das Feuer eröffnen, rammst du den Toyota und versuchst ihn von dem Weg zu drücken. Dann geben wir Gas und verduften. Alles klar?“ „Ist der Allradantrieb zugeschaltet?“ „Sicher, und er hat 272 PS. Das sollte reichen“, sagte Wing.

Uli nahm hinter dem Lenkrad Platz und machte sich im Sitzen möglichst klein. Hoffentlich würden die Gangster nicht zurückschießen, dachte er, denn er bot hinter dem Lenkrad ein gutes Ziel. Dann eröffneten Wing und Chen das Feuer; in rascher Folge schoss jeder ein Magazin leer, und Khieu und Joe feuerten mit ihren Waffen ebenfalls, was das Zeug hielt.

Tatsächlich rannten vier Leute, die hinter dem Toyota in Deckung gewesen waren, so schnell sie konnten, davon. Drei der Männer, die hinter Bäumen Schutz gefunden hatten, folgten ihnen. Währenddessen hatte Uli mit Vollgas auf die linke Front des Toyotas zugehalten und ihn gerammt.

Jetzt stand der Wagen quer zum Weg. Uli setzte in Eile zurück, und fuhr nun in einem Halbkreis, der ihn links ins Gelände und dann wieder zurück zum Weg führte. Minen hin oder her, der Toyota musste weg. Tatsächlich kam der Landrover auch unbeschädigt wieder auf den Weg zurück und Uli stiess mit aller Kraft den Toyota in die Frontseite. Gleich darauf trat Uli heftig auf die Bremse er wollte auf keinen Fall dem Abgrund zu nahe kommen. Der Toyota machte einen Satz in Richtung Abgrund, blieb aber noch immer auf dem Weg stehen, obwohl das gesamte Heck und auch die Hinterräder schon über der Tiefe hingen. Nun fuhr Uli wieder etwas zurück und dann ganz langsam dem Toyota in die Seite. Als er Kontakt verspürte, verstärkt er etwas den Druck aufs Gaspedal. Ganz langsam und mit viel Gefühl fuhr er seinen Wagen vorwärts, und drückte den japanischen Wagen einen weiteren Meter auf den Abgrund zu. Das Vorderteil des Autos hob sich wie von Geisterhand, und dann kippte es zunächst langsam und dann schneller über den Wegrand in den Abgrund. Es lieb etwa fünf Meter tiefer an zwei Bäumen hängen; der Weg war frei. Gleichzeitig gab es wieder diesen dumpfen Knall einer Mine, den inzwischen die Weißen zur Genüge kannten.

Das Ende der Flucht

Uli rutschte hinüber auf den Beifahrersitz, um Wing Ban Platz zu machen. Die anderen Vier nahmen ebenfalls ihre vorherigen Plätze wieder ein.

„Maßarbeit“ sagte Wing lobend zu Uli, aber dann ertönten in rascher Folge vier Schüsse. Es war nicht das für abgeschossen Schrotladungen typische Geräusch, sondern der Knall von normalen Patronen. Im selben Moment hatten die Insassen beider Wagen das Gefühl, dass die Fahrzeuge absackten.

„Verdammt“, schrie Joe, „jetzt haben sie uns die Vorderreifen zerschossen.

Wing schrie zurück: „Was brauchen wir Vorderreifen?“

Er gab Gas, und der Landrover rumpelte über den holprigen Weg in Richtung Felder. Chen folgte ihnen ebenso rumpelnd. Im Schritttempo ging die Fahrt weiter, und Khieu und Joe, die beide hinten am Fenster saßen, feuerten auf die Bäume, hinter denen sie die Schützen wussten. Die trauten sich nicht aus ihrer Deckung heraus, und beide Autos entfernten sich immer weiter von den Heckenschützen. Plötzlich verlangsamte Wing die Fahrt und hielt schließlich an.

Ungefähr einhundert Meter vor ihnen stand ein weiteres Auto, diesmal quer auf dem Weg. Es war eine lange, schwere, Ford- Limousine. Rechts und links war kein Vorbeikommen, weil die Reisfelder etwa fünfzig Zentimeter tiefer als der Weg lagen und offenbar zusätzlich, wegen der vergangenen Regenfälle, unter Wasser standen. Der Reis selbst hatte schon eine Höhe von fast einem Meter.

Hinter dem Auto standen dicht gedrängt etwa acht oder neun Männer, die alle ihre Gewehre auf den Landrover gerichtet hatten.

Zusätzlich lagen je zwei Mann rechts und links an den Rändern des Weges im Reisfeld, die ihre Gewehre, den höher liegenden Wegesrand als Auflage nutzend, auf sie richteten.

***

Da war kein Durchkommen. Gleichzeitig näherten sich aus Richtung Hauptstrasse mit hoher Geschwindigkeit nochmals zwei Mopeds mit jeweils drei Leuten, die ebenfalls Gewehre trugen, und sich zu den Männern hinter dem Ford gesellten. Insgesamt waren es nun zwanzig oder einundzwanzig Gegner. Wing gab Chen ein Zeichen. Dieser setzte etwa zehn Meter zurück in den Schatten des Waldes, und Wing tat es ihm nach. Wing stieg aus seinem Wagen aus und ging zurück zu Chen, der ihn fragend anblickte.

„Jetzt weiss ich auch nicht mehr weiter,“ meinte Chen. Er stieg ebenfalls aus. Sie unterhielten sich kurz, und gingen dann, ihre Maschinenpistolen in der Hand, links im Schatten der Bäume vorwärts zum Waldrand. Sie hoben ihre Polizeiausweise mit der linken Hand hoch, obwohl die Entfernung zu dem Ford zu gross war, als daß die Leute hinter dem Auto sie genau erkennen konnten. Sie stellten sich neben dem letzten Baum vor dem Reisfeld nebeneinander, und Chen rief, so laut er konnte: „Wir sind Polizisten. Räumen sie sofort den Weg. Wir müssen zum Polizeihauptquartier von Pailin. Sie behindern uns bei unserer Polizeiarbeit. Wenn der Weg nicht sofort geräumt wird, werden wir Polizeiverstärkung aus Pailin anfordern!“ Die Antwort kam umgehend. Eine Gewehrsalve aus Waffen verschiedensten

Kalibers. Beide Polizisten blieben unbeweglich stehen. Darauf erhob sich ein Mann hinter dem Wagen, stellte sich hinter die Kühlerhaube, und rief laut:

„Wir wollen nichts von euch, wir wollen nur die Ausländer.

Schickt sie zu uns, oder wir werden sie uns holen! Wir kommen in fünf Minuten, und holen sie uns, wenn sie bis dann nicht bei uns sind."

Als Antwort gab Chen eine Salve aus seiner Maschinenpistole auf den Ford ab. Der Mann hinter der Kühlerhaube verschwand. Kurz darauf ertönte als Antwort ein wildes Gewehrgeballer aus den Reisfeldern und von den Leuten, die hinter dem Ford in Deckung standen. Sogar unter dem Auto hervor wurden sie beschossen. Wing und Chen gingen in die Hocke; sie waren unverletzt geblieben. Offenbar hatten die Gangster nicht gezielt geschossen. Noch nicht!

Noch eine Falle

Wing und Chen gingen hinter ihre Fahrzeuge und berieten sich mit Joe, Khieu und Uli.

„Wir stecken in einer bösen Falle", begann Chen. „Von der Polizei in Pailin können wir keinerlei Unterstützung erwarten. Das wissen diese Leute da vorne offenbar auch. Wir könnten versuchen, uns durchzukämpfen, aber fünf gegen zwanzig? Wenn die Ausländer ausgebildete Soldaten und nicht so geschwächt wären, könnten wir wahrscheinlich durchbrechen. Dann hätten wir eine echte Chance. Aber zum einen haben wir nicht mehr allzu viel Munition. Und zum zweiten: Mit den Autos kommen wir nicht allzu weit. Und zum dritten können wir, wie gesagt, von der lokalen Polizei keine Hilfe erwarten. Wenn der Gouverneur von unserer Aktivität hier erfährt, und dass wir auf eigene Faust gehandelt haben, wird er sehr wütend werden. Von ihm ist ebenfalls keinerlei Hilfe zu erwarten. Pailin ist schließlich eine autonome Provinz, die einzige in unserem Land mit diesem Sonderstatus. Das wurde vereinbart, damit die letzten Roten Khmer ihre Waffen überhaupt niederlegten. Und der Gouverneur herrscht hier wie ein Feudalherr."

Als ob die Gangster draußen zugehört hätten, erhob sich aus ihrer Richtung wieder ein wildes Schießen. Noch beschossen sie allerdings nicht die Autos. Offenbar wollten sie die Ausländer nicht verletzen. Die fünf gingen hinter dem hinteren Auto in Deckung. Wing schlug vor: „Was haltet ihr davon, wenn wir uns direkt am Waldrand in Deckung legen und versuchen, die Leute nacheinander durch gezielte Schüsse auszuschalten."

Alle nickten: besser, als wie ein Kaninchen auf die Schlange zu starren. „Aber geht sparsam mit der Munition um. Schießt nur, wenn ihr den Gegner genau im Visier habt. Jeder Schuss muss sitzen: jeder Fehlschuss kostet eine Patrone, die uns später fehlten könnte."

***

Die Befreier hatten insgesamt fünf alte Gewehre und zwei Maschinenpistolen. Die Faustfeuerwaffen waren bis auf die Magnum 44 mit ihrem langgezogenen Lauf für diese großen Entfernungen, ebenso wie Khieus Stummelgewehr, wenig nützlich. Insgesamt hatten sie nach einer Zählung von Chen und Wing noch 32 Gewehrpatronen und vier Magazine mit je zwanzig Patronen für die beiden Maschinenpistolen. Die Fünf verteilten sich am Waldrand und suchten sich ihre Ziele.

Vorher hatten Wing und Chen den Ausländern gesagt, dass sie sich noch zwei Stunden gedulden müssten. Dann würde eine große Polizeieinheit kommen und ‚aufräumen'. So lagen sie am Waldrand und warteten darauf, dass die Gegner sich eine Blöße gaben. Die Männer, die in den Reisfeldern lagen, waren unerreichbar. Und die sechs Männer, die mit den beiden Mopeds gekommen waren, waren ebenfalls in den Reisfeldern in Deckung gegangen. Sie lagen dort sicher wie in einem Schützengraben. Die Leute hinter dem Ford bewegten sich ebenfalls nicht. Nach einer Stunde war für Wing Ban klar, dass sie so nicht weiterkämen.

Er legte sich neben Chen und sagte zu ihm: „Es ist jetzt fünfzehn Uhr. In dreieinhalb Stunden wird es dunkel. Dann werden sie wohl stürmen. Wenn sie mit zwanzig Leuten kommen, wird es ein furchtbares Gemetzel geben, aber wir haben die schlechteren Karten. Vier zu eins, da können wir wenig ausrichten."

Chen ergänzte: „Wenn sie nicht noch zusätzliche Verstärkung aus den Bergen oder sonst woher bekommen. Was also schlägst du vor?"

„Ich werde mal versuchen, meinen Chef in Sihanoukville zu erreichen. Vielleicht hat der eine Idee."

Munitionsmangel

Wing trat hinter die Autos und nahm sein Telefon zur Hand. Nach drei Versuchen war er erfolgreich. Er schilderte ihm kurz den Sachverhalt. Aber sein Chef, der offenbar geahnt hatte, dass Wing Ban etwas auf eigene Faust unternehmen würde, konnte ihm nicht helfen. „Der Weg von hier nach Pailin ist viel zu weit. Wenn wir jetzt direkt losfahren würden, wären wir frühestens eine Stunde nach Mitternacht in Pailin. Du kennst die Straßenverhältnisse im Westen. Und das wäre wahrscheinlich viel zu spät. Von den Problemen mit dem Gouverneur dort mal ganz abgesehen. Er würde das wohl als weiteren Eingriff in seine Hoheitsrechte ansehen und uns vielleicht sogar aufhalten."

„Das ist klar, aber was ist mit Hubschraubern?"

„Der Chef lachte bitter: „Scherzkeks! Theoretisch haben wir ja zwei alte Bell-Hubschrauber. Die waren schon im Vietnamkrieg im Einsatz. Ein ‚Geschenk' von den Vietnamesen. Die sind im Moment zerlegt, und ein paar Amerikaner versuchen gerade, einen halbwegs funktionierenden daraus zusammen zu basteln. Es fehlen Ersatzteile, und die werden auch nicht mehr hergestellt. Jetzt versuchen sie sich in dem Spiel: Aus zwei mach eins. Deine Situation ist lausig. In deiner Haut möchte ich nicht stecken.

Lass mich nachdenken… Die einzige Möglichkeit, die ich sehe, wären die Anti-Terroreinheiten. Es gibt zwei: eine in Phnom Penh, und die zweite in Battambang. Vielleicht versuchst du diesen Weg. Ich kann mich da nicht einschalten, so gerne ich wollte. Der Einsatz muss beim Innenminister Prea Log beantragt werden. Aber du bist ohne dienstlichen Auftrag in Pailin. Wenn der das hört, und auch noch von mir, wird er direkt absagen. Sein Vater und mein Vater waren schon verfeindet. Sein Vater war auf Pol Pot‘s Seite; mein Vater war bei der regulären Armee. Sie haben sich immer gehasst, und der Innenminister hat alles getan, um meine Beförderung zum Polizeipräsidenten zu verhindern. Er wollte den Job für seinen Sohn. Ich würde dir gerne helfen, aber ich kann es beim besten Willen nicht. Vielleicht rufst du den Innenminister mal an, aber große Chancen sehe ich nicht. Ich weiß nicht, was ich sagen soll, ohne zynisch zu klingen. Trotzdem: Viel Glück!“

***

Nach diesen entmutigenden Äußerungen war Wing ratlos. Da ging wieder eine Schießerei los. Zwei der Gangster hinter dem Ford stürmten schießend auf den Waldrand zu. Es fielen fünf Schüsse der Verteidiger, die aber ihr Ziel verfehlten. Dann liefen die Angreifer in einem Bogen zurück und verschwanden im ersten Reisfeld. Als sich dieser Vorgang dreimal wiederholt hatte, schrie Wing: „Lasst die Schießerei, ihr vergeudet nur Munition. Das wollen die erreichen. Schießt wirklich nur, wenn ihr sicher seid, auch zu treffen!“

Dann nahm er wieder sein Telefon zur Hand und ließ sich mit dem Innenministerium in Phnom Penh verbinden. Nach fünf Minuten in der Warteschlange gab man ihm den stellvertretenden Innenminister. Der Innenminister sei nicht zu erreichen, er sei dienstlich unterwegs. Im Klartext hieß das: er ist beim Golfspielen und will nicht gestört werden. Als Wing dem Stellvertreter einen kurzen Lagebericht gegeben hatte, und sein Anliegen schilderte, lachte dieser:

„Eine Antiterroreinheit mit Hubschrauber also wollen sie. Mehr nicht“, höhnte er. „Das kann nur der Innenminister veranlassen. Und

Sie sind der Stellvertreter von Ang Doung aus Sihanoukville? Dem speziellen Freund vom Innenminister? Was stellen Sie sich denn vor? Der läuft rot an, wenn er nur den Namen hört. Vergessen Sie's. Und darüber hinaus: Diese Spezialkräfte sind im Ausland ausgebildet worden. Die sind der ganze Stolz des Königs. Die in Minenfelder zu schicken – sie sind ja wahnsinnig. Wissen sie, was die Ausbildung gekostet hat. Und die teure Spezialausrüstung. Und wissen Sie, was ein Hubschrauber kostet? Und den in Minenfeldern landen lassen? Und außerdem haben sie doch auch gar keinen dienstlichen Auftrag, irgendetwas in Pailin zu unternehmen! Das wird sowieso ein Nachspiel geben, für euch beide. Wenn ihr mich informiert hättet, wäre ich runter gekommen und hätte mich um die Angelegenheit gekümmert."

„Aber es war euch doch bekannt, dass die Geiseln in Pailin sind, und keiner von euch Sesselfurzern hat was unternommen. ihr seid doch viel zu feige, hier runter zu kommen." Wing stutzte, das Telefon gab das Besetztzeichen von sich. Aufgelegt! Auch gut, dachte er grimmig.

***

Nach diesem deprimierenden Gespräch rief er seine vier Mitstreiter zu sich. „Leute, es sieht schlecht aus. Wir bekommen keine Hilfe, im Gegenteil. Wir müssen uns auf eine harte Nacht gefasst machen. Ich denke, sie warten, bis es dunkel ist, und dann geht es Mann gegen Mann. Wenn wir Nachtsichtgeräte hätten, hätten wir gewisse Chancen. Aber so. Und dann die kranken Leute in den Autos."

„Im Wilden Westen damals in Amerika hätte man eine Wagenburg gebaut", meinte Joe.

Uli fiel ihm ins Wort. „Wir sind aber nicht im wilden Westen damals in Amerika, sondern im wilden Westen jetzt in Kambodscha." Und zu Wing und Chen gewandt, sagte er:

„Aber wir werden uns so teuer wie möglich verkaufen, das könnt ihr mir glauben. Und so viele wie möglich von diesen Schweinen mitnehmen, wenn wir gehen müssen; das steht mal fest. Gerhard war inzwischen ausgestiegen und hatte sich zu den Fünfen gesellt. „Und wenn wir Hilfe aus Thailand anfordern würden. Das wäre für die nur ein Katzensprung.“

„Nein, unmöglich, abgesehen davon, dass von dort keiner käme. Außerdem gäbe das diplomatische Verwicklungen. Das wäre eine Invasion in unser Land“, lehnte Wing strikt ab. Gerhard sagte zu ihm: „Dir ist doch wohl klar, dass wir die kommende Nacht nicht überleben werden. Wenn die alle kommen“, und er zeigte in Richtung Reisfelder, „dann haben wir Null Chancen. Willst du Chen, Khieu, dich und sieben Ausländer opfern, nur für deinen Nationalstolz?“

„Aber das ist undenkbar. Wenn wir, Chen und ich, damit einverstanden wären, würden wir wahrscheinlich vor Gericht gestellt und verurteilt wegen Landesverrats oder sonst was. Irgendwas wird den Staatsanwälten schon einfallen.“

„Du vergisst, dass dadurch sieben Ausländern das Leben gerettet werden kann. Früher redetest du immer von Einflussnahme ausländischer Regierungen. Wenn ihre Staatsbürger gerettet würden, würden Sie zu euren Gunsten als deren Retter Einfluss nehmen, das kannst du mir glauben. Ich kenne die deutschen Botschafter in Phnom Penh, Herrn Naumann, und den in Bangkok, Herrn Kinkel persönlich; die würden sich für euch einsetzen; und die würden auch die anderen Botschafter der Herkunftsländer der Geiseln dazu bringen, in eurem Sinne zu intervenieren. Es geht um zehn Menschenleben, vergiss das nicht; auch um deines. Willst du von diesen Gangstern da draußen erschossen werden? Du bist noch jung, zu jung, um die Löffel abzugeben!“

„Aber die Thailänder würden auch nicht mitspielen. Meinst du, die schicken ein Expeditionscorps hierher. Quatsch, die sollen nur einen Hubschrauber schicken, mit ein paar Polizisten drin.

Ich kenne den stellvertretenden Innenminister dort, von früher; und Uli hat er neulich auch geholfen. Bei dem würde ich es versuchen. Ich weiß zwar nicht, ob der mitspielt. Aber versuchen würde ich es gerne, schließlich steht uns das Wasser bis zum Hals.“

Jetzt mischte sich Uli ein: „Sicher, er hat euch ja neulich auch geholfen. Du erinnerst dich, damals bei der Telefonüberwachung." Und er wandte sich direkt an Wing Ban: „Aaahh, da fällt mir ein: von damals schuldest du mit noch eine Schachtel Champagner. Und den würde ich gerne mit dir trinken; auf jeden Fall lieber, als hier verrecken!"

„Na ja, dass ihr sehr hartnäckig seid, habe ich ja gewusst. Aber da werdet ihr euch die Zähne ausbeißen. Versucht es halt mal, und viel Glück dabei!"

***

Uli verzog sich mit Gerhard hinter die beiden Autos. Er wählte sofort die Nummer des stellvertretenden Innenministers Thailands. Der ging direkt ans Telefon, sobald Uli dessen Sekretärin seinen Namen genannt hatte. „Hallo Herr Lupini, wie geht es?"

„Gut, viel Arbeit, und Ihnen?"

„Na ja, es ist uns gelungen, unseren Onkel zu befreien, und vier andere Ausländer auch."

„Meinen herzlichen Glückwunsch. Und wo sind sie jetzt?"

„Das ist es ja. Wir sind in großer Gefahr. Es sind zwei Polizisten bei uns. Die Munition ist knapp und unsere Reifen sind zerschossen. Wir können nicht zu Fuß zurück. Die Geiseln sind zu schwach. Die müssen in ein Krankenhaus. Vor uns sind 21 bewaffnete Gangster, die die Geiseln wieder haben wollen. Wir werden die kommende Nacht nicht lebend überstehen. Wir müssen hier herausgeholt werden. Ich gebe Ihnen mal meinen Onkel, den kennen sie ja auch."

Uli gab Gerhard den Hörer in die Hand. Er begann: „Guten Tag Herr Lupini, wie mein Neffe gesagt hat: Es sieht schlecht aus bei uns, sehr schlecht. Die lokalen Polizeikräfte helfen uns nicht. Und Phnom Penh schickt uns keinen Hubschrauber, der nötig wäre, um uns hier herauszuholen. Sie haben sich schon vorher geweigert, Leute zu schicken, weil Pailin eine autonome Provinz ist, wo immer noch Pol Pot Leute das Sagen haben. Wir sind zwei Kilometer hinter Pailin City, direkt an der Grenze zu Thailand."

„Ich weiß, wo Pailin liegt, ich war dort schon mal in einigen Spielbanken. Die werden von Pol Pot Leuten betrieben. Es liegt keine achtzig Kilometer östlich von Chanthaburi."

„Deswegen rufe wir sie ja an. Wir brauchen unbedingt ihre Hilfe. Können sie uns einen Hubschrauber mit einigen Soldaten, oder noch besser mit SWAT-Leuten schicken. Es müsste nur verdammt schnell gehen, sonst gehen wir hier alle drauf!"

„Und wie stellen sie sich das vor. Das wäre eine Invasion."

„Ich weiß, aber sie könnten es geheim machen. Man kann die Hoheitszeichen überkleben, und ohne Positionslichter das kambodschanische Radar unterfliegen. Es wäre keine halbe Stunde Flug hierher. Sie holen uns alle an Bord, und zurück geht's. Zusammen höchstens eine Stunde."

„Und wenn das raus kommt?"

„Es wird nichts raus kommen. Denn dann würde auch raus kommen, dass die kambodschanische Regierung uns sieben Ausländern die notwendige Hilfe verweigert hat. Diese Blöße werden sie sich nicht geben. Denn wenn das heraus käme, würden die ausländischen Regierungen ihre Hilfszahlungen einstellen. Das sind vierzig Prozent des Staatshaushalts, der ohnehin defizitär ist. Wenn etwas durchsickern würde, würden die Kambodschaner es mit Sicherheit so darstellen, dass sie Thailand um Amtshilfe gebeten haben, weil sie näher dran sind und die Situation schnellstes Handeln erfordert. Wie sie wissen, kenne ich den deutschen Botschafter in Phnom Penh. Der und die EU-Vertretung würde für den nötigen Druck sorgen. Das können sie mir glauben. Und sie würden sicherlich für ihr beherztes und unbürokratisches Eingreifen belobigt. Auch dafür würden die ausländischen Botschafter sorgen. Es ist einfach keine Zeit mehr. In der Dunkelheit werden sie uns angreifen. Zwanzig gegen sechs. Verstehen sie, dass es ohne ihre Hilfe nicht geht. Sie erinnern sich an Entebbe in Mogadischo. Das war genau solch eine Aktion. Die somalischen Behörden haben nie etwas gesagt, weil dann die deutsche Entwicklungshilfe gestrichen worden wäre. Die Chinesen sagen: ‚Money rules' So ist es auch hier. Das kommt jetzt überraschend, aber wir alle sind in höchster Lebensgefahr. Helfen sie uns!“ Nach diesem dramatischen Appell schwieg Lupini nachdenklich und sagte dann: „Ich rufe zurück.“

„Aber bald, es besteht akute Lebensgefahr, sobald die Nacht hereinbricht.“ Gerhards letzte Worte hatte er gar nicht mehr mitbekommen. Er hatte schon aufgelegt.

***

Die anderen bis auf Khieu, der am Waldrand seinen Posten nicht verlassen hatte, kamen zu ihnen. „Na, wie sieht’s aus?“ fragte Chen. „Er will bald zurückrufen.“ Chen sah auf seine Uhr. Es ist jetzt viertel nach fünf. In einer Stunde beginnt die Dämmerung. Dann wird es eng werden. Und wie ist deine persönliche Einschätzung?“ „Fifty, fifty“, sagte Gerhard.

Nach zehn Minuten kam der erlösende Anruf.

„Hier Lupini. ihre Argumente haben mich überzeugt. Obwohl ich schon wieder auf dünnem Eis stehe. Aber was solls: In Chanthaburi wird gerade eine unserer Sikorskis präpariert. Die waren schon im Vietnamkrieg eingesetzt, sind aber bestens gewartet. Die nannte man damals fliegende Bananen. Die haben zwei Rotoren und sind auch gepanzert. Acht SWAT-Leute stehen bereit. Sie wissen nicht, wohin es geht. Aber die sind an geheime Aufträge gewöhnt. Alle haben schon ihre Kampferfahrungen gesammelt, vor allem im Süden.“

„Sie glauben nicht, wie dankbar wir sind. Also, die meisten der Gangster liegen vor uns in den Reisfeldern. Andere haben sich auf der Straße, die zum Wald führt, hinter einem quergestellten großen Ford versteckt. Wir sind am Waldrand versteckt. Weil der Wald vermint ist, trauen sie sich dort nicht hinein. Aber wenn sie sich nur alle fünf Meter voneinander aufstellen, können sie uns von vorne und von den Seiten her unter Beschuss nehmen. Und geben Sie uns bitte die Handynummer des Piloten, damit wir ihn genau einweisen können. Unsere Koordinaten sind 12°58′ 29″ nördlicher Breite und 102°29′

35″ östlicher Länge laut GPS-Ortung“

„Augenblick, das muss ich aufschreiben, wiederholen sie!“

„12° 58′ 29″ nördlicher Breite und 102°29′ 35″ östlicher Länge. Und denken sie dran, dass ihre Leute Handgranaten dabei haben.“

„Guter Herr Frings, diese Leute sind bestens mit allem Notwendigen für solche Einsätze ausgerüstet; dies ist nicht ihr erster Einsatz, das können sie mir glauben. Sie werden so losfliegen, dass sie bei Dämmerung die Grenze überfliegen. Sie werden Pailin City umfliegen und bei ihnen sein, bevor es richtig dunkel wird. Sehen sie nur zu, dass sie sofort abmarschbereit sind. Die Leute müssen direkt wieder zurück.“ Dann gab er Gerhard die Telefonnummer des Piloten.

„ ihre Telefonnummer werde ich sicherheitshalber auch dem Piloten geben. Und nun wünsche ich ihnen, dass sie bis dahin durchhalten können.“

„Alles wird gut, vielen Dank noch mal“

***

Die anderen standen neben Gerhard. Sie hatten zwar nur mitbekommen, was er gesprochen hatte, aber das hatte gereicht, um sie zum Strahlen zu bringen. Er schilderte ihnen die Einzelheiten.

„Dann kommen wir ja doch bald hier heraus, ohne weiter Krieg zu spielen.“

Bis auf Wing gingen alle hinter den Bäumen der ersten Baumreihe in Deckung und hielten die Waffen im Anschlag. Wing ging zu den Leuten in den Autos, um sie zu beruhigen.

„In ungefähr einer Stunde werden wir befreit. Sie bleiben am besten in den Fahrzeugen. Die Wagen haben sie bisher noch nicht beschossen. Die wollen sie unverletzt als Geiseln haben.

Bis auf den Engländer waren sie alle einverstanden, nur der er verlangte: „Geben Sie mir eine Waffe. Dann werde ich ein paar von den Schweinen umlegen.“

„Wir haben nicht genügend Waffen und Munition; außerdem sind sie noch zu sehr geschwächt. Und sehen sie mal ihre Beine an. Entzündungen und eitrige Stellen überall. Nein, es ist besser, wenn sie im Wagen bleiben. Und es dauert ja jetzt nicht mehr lange. Machen Sie doch leise das Radio an, das entspannt!“

Aber nun schrie Berry Wing hysterisch an: „Ich will mich nicht entspannen, ich will die Schweine killen, abknallen, umlegen, auslöschen!“

Wing warf wütend die Autotür zu und kam zum Waldrand. Dort warteten die anderen immer noch hinter den Bäumen auf das, was kommen würde. Noch verhielten sich die Belagerer ruhig, allerdings waren eine halbe Stunde später zwei weitere Mopeds mit vier Bewaffneten angekommen, die sich auch rasch in den Reisfeldern postierten.

Wing grübelte über die Frage nach „Wann werden sie kommen?

Vor dem rettenden Hubschrauber? Dann würde es mit Sicherheit ein furchtbares Gemetzel geben!“

Räuberischer Juwelier II

Am späten Nachmittag waren Duch und Sok wieder vor dem Juweliergeschäft von gestern vorgefahren. Als sie den Laden betreten hatten, hatte der Juwelier große Augen gemacht. Ihm war sein Verhalten vom vorherigen Abend jetzt, als die gleichen Kunden nochmals kamen, offenbar etwas peinlich.

„Na, haben sie noch etwas Geld im Schrank?“ fragte Duch unbefangen. „Ja, schon, lassen Sie mal sehen, was sie heute haben.“ Der Juwelier hatte seit dem Morgen schon etwa drei Viertel des Schmuckes von Tag vorher an Berufskollegen mit erheblichem Gewinn verkauft. Ein derart ertragreiches Geschäft in so kurzer Zeit hatte er noch nie gemacht. Sie gingen alle zusammen in das Hinterzimmer. Zunächst nahm er sich den Sack mit dem Zahngold vor. Er zögerte lange und schaute noch einmal in den Sack. Er sah Duch voller Abscheu ins Gesicht und schüttelte langsam den Kopf. Dann legte er den Sack auf die

Waage. Zweiundzwanzig Kilogramm zeigte sie an. Mit rauer Stimme sagte er: „Wenn man davon ausgeht, dass ungefähr ein Viertel davon reines Gold ist, kommen wir auf etwas mehr als fünf Kilo. Das, äh, dieses Material hier muss ich selbst einschmelzen und dann trennen. Das kann man so nicht verkaufen. Es würden, äh, Fragen gestellt werden. Was halten Sie von 80‘000 Dollar?“

Duch schüttelte den Kopf. „einhundertzwanzig“, sagte er mit fester Stimme.

Der Juwelier überlegte kurz, sah den harten Ausdruck in den Augen, und bemerkte gleichzeitig, dass Sok seine rechte Hand wieder in der Jackentasche hatte. Er nickte und sagte, „Gut, dann Einhundertzwanzig“, und fragte darauf: „Und was haben wir sonst noch dabei?“

Als Sok den zweiten Sack öffnete, kam ein leiser Pfiff über die Lippen des Juweliers. Zunächst kippte er den gesamten Inhalt auf den großen Tisch. Dann sortierte er den reinen Goldschmuck aus dem Haufen. Übrig blieb ein kleinerer Berg mit Edelsteinschmuck. Besonders intensiv untersuchte er die Schmuckstücke, die mit Diamanten, Smaragden und Rubinen besetzt waren. „Zugegeben, da sind ein paar schöne Stücke dabei. Aber es ist sehr schwer, diese Sachen schnell los zu werden.“

„Also wie viel? fiel ihm Duch ungeduldig ins Wort. Der Juwelier zögerte etwas. Dann sagte er mit leiser Stimme: „ Mit dem äh, Kleinmaterial hier zusammen, eine Million.“ Duch schüttelte den Kopf. Mit brüchiger, trauriger Stimme sagte der Juwelier: „Mehr habe ich im Moment nicht zur Verfügung.“

Duch machte Anstalten, die Stücke wieder einzupacken. Sok ballte gut sichtbar in seiner Jackentasche die Faust. „Einskommaeine Million?“

„Einskommazwei, das ist unser letztes Wort!“

„Sie treiben mich in den Ruin. Also gut, einskommaeinsfünf“ Duch sah Sok an und zwinkerte ihm zu, was der Juwelier aber nicht sehen konnte. Duch nickte langsam, kniff scheinbar schmerzverzerrt die Augen zu schmalen Schlitzen zusammen und sagte: „Also gut, und keine Tricks wie gestern. Diesmal lassen wir das nicht durchgehen."

Der Juwelier nickte dienstbeflissen und ging zu seinem großen Safe. Er entnahm ihm 230 Bündel mit je 100 Noten zu 50 Dollar und legte sie auf den Tisch neben den Schmuck. „Sie können nachzählen“, sagte er mit leiser Stimme, aber Duch hatte schon damit begonnen, die Geldbündel in beiden Säcken zu verstauen. Mit ihnen in der linken Hand, die rechte Hand nun ebenfalls in seiner Jackentasche, verließ Duch den Raum.

Sok folgte ihm, rückwärtsgehend, wobei er den Juwelier nicht aus den Augen liess. Er schloss die Tür. Als sie im Auto saßen und sich in den gemächlich fließenden Verkehr eingereiht hatten, sagte Duch zu Sok: „Morgen ist der Eimer für dich an der Reihe.“

***

Wing hatte sich an einem Baum hochgehangelt. In etwa drei Metern Höhe hatte er einen umfassenden Überblick. Von hier aus konnte er in die Reisfelder hineinblicken Aber von den Leuten, die hinter dem Wall, der die Felder umgab, lagen, sah er nur die Beine und die unteren Teile der Hintern. Er zählte, und kam auf ungefähr vierundzwanzig Leute.

Ungefähr, weil er die Anzahl derjenigen, die hinter dem etwas weiter hinten stehenden Ford in Deckung gegangen waren, nur schätzen konnte. Er stieg wieder vom Baum herab, und ging zu Chen. Sie besprachen sich kurz. Dann hängten sich beide ihre Maschinenpistolen über den Rücken. Wing bestieg erneut den Baum.

Nun kletterte auch Chen, auf der anderen Seite des Weges, auf einen Baum. Von hier aus könnten sie, wenn es zum Angriff käme, die ersten Meter, die die Angreifer zurücklegen müssten, mit großflächigem Streufeuer belegen. Wenn sie nur mehr Munition hätten!

***

Plötzlich fielen die ersten Schüsse. Obwohl die Verteidiger damit gerechnet hatten, waren alle überrascht. Einige zuckten zusammen. Hinter dem Auto heraus wurde zum Teil mit Schrot, zum Teil mit normalen Patronen geschossen. Gleichzeitig sprangen hinter dem Wall am vorderen Ende der Reisfelder jeweils sechs Männer heraus. Alle trugen nach vorne gerichtete Gewehre in den Händen. Wing und Chen ließen sie ungefähr fünf Meter vorwärts gehen, dann bestrichen sie die Fläche, über die die Angreifer liefen, mit Dauerfeuer. Sieben stürzten getroffen zu Boden; die Übrigen rannten in Panik zurück. Da die MP-Magazine nur jeweils zwanzig Patronen enthielten, und diese nun leergeschossen waren, mussten Wing und Chen zum Magazinwechseln eine kurze Pause einlegen. Von den fünf Flüchtenden wurden zwei von den unter den beiden hinter den Bäumen liegenden Schützen getroffen. Einer blieb ebenfalls liegen, während der zweite zum Wall zurückhumpelte. Er war offenbar von einer Schrotladung aus Khieus Stummelgewehr getroffen worden. Es entspann sich eine Diskussion zwischen Uli und Joe, auf wessen Konto der Liegengebliebene zu verbuchen sei. Gerhard sagte mit beißender Ironie in der Stimme:

„Das kann man bei dem Betrieb hier wohl nicht mehr feststellen. Vielleicht war ich es ja auch."

Er hob die Pistole in seiner Hand und blies über die Mündung. So hatte er es mal in irgendeinem Western gesehen. Beide mussten grinsen, und Joe sagte voller Zweifel: „Du Brillenträger?"

„Na ja, vielleicht war es ja auch Glück oder ein Querschläger." Wing und Chen waren inzwischen von ihren Bäumen herabgestiegen. In seiner Hand hielt Chen einen langen Ast mit grünen Früchten. Er reichte ihnen eine davon entgegen:

„Zwischenmahlzeit! Mango!"

Joe nahm sie und nickte: „Danke." Mit seinem Messer schälte er die grüne Frucht und schnitt einen breiten Streifen des gelben Fruchtfleisches ab. Er bot es Uli an. Der schüttelte den Kopf.

„Danke, ich esse nur Äpfel und Birnen. Nicht mal Bananen! Obwohl, was gäbe ich jetzt für eine Banane?"

„Na jaa, Bananen sind gut, besonders für Frauen.“ Uli sagte:

„Du Schwein, die, mit denen Frauen spielen, meine ich nicht – ich meine die aus Thailand!“

„Na ja, die Bananen von Sikorski, Hubschrabb, schrabb, schrabb, schrabb, schrabb.“

Joe sagte: “Ich habe schon mal besser gelacht.“

„ Kennst du den denn nicht?“ fragte Uli Gerhard, dessen ernstes Gesicht betrachtend.

„Da fliegen zwei Gurken durch die Luft. Die eine ruft der anderen zu: „Pass auf, da kommt ein Hub-Schrabb, Schrabb, Schrabb, Schrabb, Schrabb!“

Es war wohl eher die Art Galgenhumor von Uli, der ihn bitter auflachen ließ. Aber sogleich wurde den Dreien wieder der Ernst der Lage bewusst.

Wing fragte: „Keiner verletzt von euch?“ „Nönö“, antwortete Joe.

„Aber das mit den Bäumen war eine gute Idee.“

„Nur dass wir jetzt für jeden lediglich noch ein Magazin haben.“ Nun wurde es wurde langsam dunkel.

„Hoffentlich kommt der Helikopter rechtzeitig“, dachte Gerhard bei sich „Was ist, wenn im letzten Moment jemand dazwischen gefunkt hat. Oder drüben das Wetter zu schlecht ist. Oder plötzlich der Pilot ausfällt, oder, oder, oder...“

Inzwischen lagen sie wieder alle hinter ihren Bäumen. Sie wurden langsam immer nervöser.

‚Die Hard’, würde Bruce Willis jetzt sagen“, rief Uli Joe zu. Gerhard musste wieder an Edmund denken. Ob der bei seinem Ende in Dien Bien Phu auch so wie er hinter einem Baum gelegen hatte?

Jetzt ging die Ballerei wieder los. Die hatten es aber eilig. Die Angegriffenen zogen ihre Köpfe ein. Diesmal wurde kein Schrot verschossen; unzählige Kugeln schlugen in die Bäume, hinter denen sie lagen, ein. Einige zischten haarscharf daneben vorbei.

„Scheisse!“, schrie Joe.

Gerhard rief, so laut er konnte: „Hast du was abgekriegt?“

„Ja, meine Schulter.“

Niemand konnte seine Deckung verlassen, die Kugeln pfiffen weiter um sie herum.

„Ist es schlimm?“ schrie Gerhard.

„Schmerzen wie’n Feuer!“

Gerhard lugte vorsichtig an seinem Baum vorbei. Nur noch ungefähr acht Meter von ihren Bäumen entfernt, sah er mehrere Gestalten auf sie zurennen. Da knatterten von rechts und links wieder Chen und Wing mit ihren Maschinenpistolen los. Sie gaben nur kurze Feuerstöße auf die Anstürmenden ab. Zwei der Angreifer stürzten zu Boden. Die anderen ließen sich auf den fallen und robbten rückwärts. Gleichzeitig hielt das konzentrierte Sperrfeuer auf sie an. Alle blieben hinter ihren Bäumen in Deckung. Es wäre Selbstmord gewesen, jetzt auf die rückwärts Robbenden zu zielen.

Als das gegnerische Feuer verstummte, zeigte ein vorsichtiger Blick: Zwei Männer lagen auf der freien Fläche vor ihnen; die anderen Angreifer waren verschwunden. Gerhard ging gebückt zu Joe hinüber. Hier zwischen den Bäumen war es inzwischen stockdunkel. Nur von vorn fiel etwas Mondlicht auf sie. Joe keuchte und hielt sich den Arm.

„Zeig mal her“, sagte Gerhard. Sein Bizeps blutete stark. Er riss von seinem Hemd einen langen Streifen ab, verdrehte ihn mehrmals und legte ihn zweimal oberhalb der blutenden Stelle um seinen Arm herum. Dann zog er die beiden Enden, so fest er konnte, zusammen und verknotete sie mehrmals. Die Blutung war fast gestoppt. Dann riss er einen weiteren Streifen vom Hemd ab, und drückte ihn fest auf die Wunde. „Metzger,“ stöhnte Joe auf.

„Ist halb so wild, drück den Streifen fest drauf. Der Hubschrauber muss gleich kommen“. Wing stand plötzlich hinter ihnen.

„Noch so ein Angriff, dann geht es Mann gegen Mann. Und dann sind die im Vorteil – einfach weil es viel mehr Leute sind. Wenn deine Thailänder nicht bald hier auftauchen, brauchen sie gar nicht mehr zu kommen. Oder sie können später unsere Leichen einsammeln.

Ein einzelner Schuss aus Richtung Auto fiel. Ein nur schemenhaft sichtbarer Kopf hinter dem Auto erschien. Für einen gezielten Schuss auf diese Entfernung war es schon zu dunkel. Ein Mann schrie ein paar Sätze auf Kambodschanisch herüber. Dann herrschte wieder Ruhe. Sie sahen Wing an. Er schüttelte leicht den Kopf. Dann sagte er mit gepresst klingender Stimme langsam auf Englisch: „Das war wohl der Anführer. Er hat ein Ultimatum gestellt. Er gibt uns fünf Minuten, um uns zu ergeben. Dann würden sie stürmen."

Er sah nach oben. Der Vollmond war inzwischen ganz hinter Wolken verschwunden. Er sah in die Runde und sagte: „In zehn Minuten wird es stockdunkel sein. Nehmt alle noch einmal das Auto ins Visier. Verballert ruhig alle Gewehrmunition, die ihr habt. Wenn die nachher stürmen, brauchen wir keine Gewehre mehr. Im Nahkampf sind die nur hinderlich. Dann kämpfen wir mit Pistolen, Khieus Schrotflinte, Joes Messer und den beiden Macheten. Und vielleicht durchschlägt die eine oder andere Patrone doch noch den Wagen und bleibt nicht im Polster oder der Türverkleidung stecken. Eventuell wird auch der eine oder andere getroffen. Das könnte ihre Kampfmoral schwächen. Also: Los!"

Auf dieses Kommando hin feuerten alle gleichzeitig in die Umrisse des Wagens, bis allen die Gewehrmunition ausgegangen war. Alle sahen gespannt auf ihr Ziel. Tatsächlich, am Heck erschien zunächst ein leichter heller Schimmer, der sich zu einer Flamme ausweitete.

„Wir haben den Wagen in Brand geschossen" jubelte Uli. Dann gab es einen Knall, und der Kofferraumdeckel hob sich. Eine Stichflamme, etwa zwei Metern hoch, schoss in den Himmel, verlosch aber sogleich wieder. Es entstand ein übel riechender Schwelbrand.

Uli meinte: „Vollgetankt war der aber auch nicht, und das war auch kein Superbenzin. Sonst wär's ein schönes Feuerwerk geworden."

Die Männer hinter dem Auto waren ein paar Meter zurückgewichen und berieten sich. Dann verteilten sie sich rechts und links in den Reisfeldern, wo sie sich hinter den vorderen Wall knieten. Auf ein Kommando hin standen alle auf und stießen spitze Schreie aus. Die ersten überschritten nun den Wall.

Rettung aus Thailand

Wing, der wohl die besten Augen hatte, schrie: „Sie kommen! Achtung."

Uli schrie zurück: „Es wird härter!" Er stand gleichfalls auf. Im selben Moment ertönte ein leises, unüberhörbares Brummen, das schnell anschwoll. Gerhards Handy brummte. Er hielt es an sein Ohr.

„Hallo Mr. Frings. Hier Thamachat, der Pilot. Wo sind ihre Gegner, wo seid ihr?" sagte eine Stimme. Das war der ersehnte Hubschrauber.

„Wir sind am Waldrand versteckt; die Gegner sind in beiden Reisfeldern und kommen auf uns zu."

„Gut, versucht sie zurückzutreiben und bleibt in Deckung."

Gerhard schrie, so laut er konnte: „Schießt, schießt, jagt sie zurück, und bleibt in Deckung."

Sie schossen mit allem, was an Waffen noch einsetzbar war. Die Herankommenden blieben stehen und blickten irritiert nach oben. Einige schossen auf den herabsinkenden Hubschrauber. Das riesige Fluggerät schwebte inzwischen in zehn Metern Höhe vor dem qualmenden Auto. Mit gleißenden Strahlern tauchte er den Platz zwischen Reisfeldern und Waldrand in taghelles, blendendes Licht. Dann fielen die ersten Granaten, sowohl Blend- als auch konventionelle Handgranaten. Einige SWAT-Männer warfen aus den geöffneten Seitentüren gezielt Granaten in die Reisfelder rechts und links. Dann bellten zwei Maschinengewehre los und metzelten mit Leuchtspurmunition etliche Leute, die nach hinten fliehen wollten, nieder. Andere in den Feldern hoben die Arme in die Höhe und verharrten so.

Inzwischen hatte der Hubschrauber auf dem Weg vor dem Auto aufgesetzt.

Die Verteidiger hoben ihre Hände und liefen auf eine der offenen Seitentüren zu. Da waren zwei Leute mit Kampfanzug, Helm und Nachtsichtgerät zu sehen. Nur keine Verwechselung jetzt! Gerhard machte für alle Fälle den Anfang, weil sie seine blonden Haare erkennen sollten. Dann folgte Uli, der durch seine schiere Körpergröße eindeutig als Nicht-Asiate zu erkennen war. Sie klappten eine kleine Leiter aus; Gerhard stieg hoch. Er sagte:

„Das war knapp. Dahinten im Wald sind noch vier der ehemaligen Geiseln. Die müssen vielleicht getragen werden. Jetzt sprangen zwei der SWAT-Leute aus dem Hubschrauber. Als sie vor Wing, Chen und Khieu standen, stutzten sie. Aber als Wing grinsend

„Sawasdee“ sagte, grinsten sie zurück. Im Dauerlauf verschwand die Gruppe im Wald. Eine Minute später kamen sie zurück. Der Norweger und der Franzose wurden von beiden Seiten gestützt, Roman, der Australier wurde von Chen unter einem Arm gehalten. Das waren drei.

„Wo ist der Vierte?” rief Joe den Männern entgegen.

Als der Norweger im Hubschrauber stand, sagte er schwer atmend: „Als wir den Hubschrauber gehört haben, hat Berry die Autotür auf seiner Seite aufgerissen und geschrien: „Ich muss noch ein paar von den Schweinen umlegen.

Inzwischen hatten die restlichen SWAT-Männer beide Reisfelder mit Gewehr im Anschlag durchkämmt. Immer wieder waren zwei Schüsse hintereinander zu hören, wenn sie auf einen der Gangster gestoßen waren. Dann kamen auch sie zurück.

Einer meinte: „Da vorne, am Anfang des Reisfeldes links, liegt ein toter Weißer.

Uli und Gerhard sprangen aus dem Hubschrauber und rannten dorthin. Schon von weitem erkannten sie Berry. Er lag auf dem Rücken, seine rechte Hand umklammerte ein Gewehr. Gerhard bückte sich und sah in sein Gesicht. Ein kleines Loch, mitten in der Stirn, und die darunter befindlichen starren Augen sprachen eine eindeutige Sprache.

Erschüttert trat Gerhad zurück. Ja, das war Berry, da vor ihnen. Er lag da, tot, tot im Reisfeld.

Uli drängte: „Los, den müssen wir mitnehmen." Sie zerrten ihn an den Händen durch das Reisfeld; dann schleiften sie ihn das kurze Wegstück zum Hubschrauber, dessen Rotoren schon schneller drehten.

Kaum waren Berry an Bord gehoben, und Gerhard und Uli die kleine Leiter emporgestiegen, beschleunigten die Rotoren auf Höchstlast, und der riesige Helikopter hob vom Boden ab. Er gewann schnell an Höhe. Die Leiter wurde eingeklappt, und die Seitentüren zugeschoben. Dann wurden alle Lichter bis auf die rötliche Beleuchtung der Instrumententafel ausgeschaltet. Gerhard schaute nach vorn in die Pilotenkanzel. Noch vielleicht einen Kilometer vor ihnen war tiefe Schwärze, aber dahinter überall erstrahlten helle Lichter, bis zum Horizont: Thailand!

Nun ging im Innenraum starkes, grünes Licht an. Einer der SWAT-Männer stellte sich als Kommandeur der Einheit vor. Er begrüßte alle per Handschlag.

Als er Gerhards Hand drückte, fragte dieser: „Warum haben ihre Leute auf die geschossen, die sich ergeben hatten?"

„Wir vom SWAT machen nie Gefangene. Außerdem haben sie vorher auf unseren Hubschrauber geschossen. Und hätten wir sie vielleicht gefangen nach Thailand mitnehmen sollen?

Überlegen Sie mal! Wenn wir sie mitnehmen würden, würden wir Bürger eines souveränen Staates entführen. Das könnte sich kein Staat gefallen lassen. Das wäre ein klarer, wie sagt man da: Casus belli! Nein, jeder bekam einen Schuss ins Kniegelenk und in das Gelenk des rechten Armes. Vergessen sie nicht, es sind Gangster!"

Das war in gewisser Weise logisch, trotzdem kollidierte dieses Denken mit ihrer westlichen Einstellung. Aber auf jeden Fall: Selten hatte sich Gerhard so gefreut, nach Thailand zu kommen.

Als der SWAT-Commander vor den drei Kambodschanern stand, zögerte er plötzlich. Ihnen die Hand zu geben, war ihm offenbarbar peinlich. Gerhard ging zu ihm hin, und sagte: „Das sind gute Leute, gute, mutige Kämpfer, wie ihre Kollegen. Die haben uns da herausgeholt. Bitte..." Aber da hatte der Kommandeur seine Bedenken offenbar überwunden. Er gab nacheinander Chen, Khieu und Wing die Hand und murmelte:

„Welcome on board!“

Nach fünfzehn Minuten wurde das Lichtermeer noch dichter und heller. Das musste Chanthaburi sein. Kurz vor der Stadt beschrieb der Hubschrauber eine enge Rechtkurve und verlor stetig an Höhe.

Der Kommandeur trat auf die drei Kambodschaner zu und sagte auf Englisch: „Ich muss ihnen jetzt die Augen verbinden. Wir landen auf der Air Force Basis. Sowie wir im Gebäude sind, werden die Augenbinden wieder abgenommen.“

Die drei Kambodschaner nickten: „Wir verstehen!“

Der Hubschrauber landete direkt neben einem Militärhospital. Im Eingang des Gebäudes standen Männer und Frauen in weißen Kitteln mit zehn Rollbahren.

Uli protestierte: „Es sind nur fünf Kranke; einer davon ist aber tot.“

„Das ist egal, zuerst werden sie alle untersucht“, sagte der Kommandeur

„Ist ja gut“, sagte Joe zu Uli, „Du hast wohl deine Halswunde vergessen. Wenn die sich entzündet, fault dir der Kopf runter. Und das sieht scheisse aus.“ Zum Kommandeur sagte er: „Geht schon klar, er will immer den Harten machen.“ Alle mussten sich auf eine Bahre legen; der tote Gerry wurde von vier Männern auf eine besondere gehoben, die mit einer grünen Gummimatte bedeckt war. Dann wurden die Bahren in einen überdimensionalen Fahrstuhl gefahren. Im vierten Stockwerk angekommen, wurden alle von mehreren Ärzten untersucht. Zuerst entfernte man alle Kleidungsstücke. Soweit notwendig wurden sie aufgeschnitten und in Plastiktüten entsorgt. Dann ging es in einen großen Nebenraum, wo die Patienten sorgfältig gebadet wurden. Allmählich verschwand der bestialische Gestank, den sie verbreitet hatten. Darauf wurden alle nicht verletzten Körperstellen mit

Dsinfektionsspray eingesprüht. Nun kleidete man sie in Spital-Kittel. Die Patienten mit offenen Beinen und Armen wurden in einen großen Nebenraum geschoben, und sorgfältig ärztlich versorgt. Der Norweger Ole Olafson wies darauf hin, dass es ihm so schlecht ginge, weil er während der gesamten Zeit seiner Gefangenschaft kein Insulin erhalten habe. Er sei aber stark zuckerkrank. Der ihn behandelnde Arzt bat ihn um etwas Geduld, da man zuerst ein Blutbild erstellen müsse. Daraus werde dann die zu verabreichende Dosis an Insulin ermittelt. Eine Stunde später kam der Arzt mit den Blutwerten zurück und bat ihn, einer weiteren Blutentnahme zuzustimmen. Ole erklärte sich natürlich – ein wenig verwundert – einverstanden. Dann brachte der Arzt eigenhändig die Blutprobe ins Labor und ließ die neue Probe während des Testlaufs nicht aus den Augen. Als er fünfzehn Minuten später den Ausdruck in der Hand hielt, und diesen mit den Werten der ersten Blutprobe verglich, nickte er mit dem Kopf und ging nach oben.

Er wandte sich direkt an den Norweger: „Herr Olos. Sorry, Mr. Ole.“ Er lächelte ihn an. „Es besteht kein Zweifel, Mr. Ole. ihre Blutwerte sind vollkommen in Ordnung. Sie sind jedenfalls nicht mehr zuckerkrank. Sie brauchen kein Insulin mehr. Ich habe darüber schon einmal gelesen. Dieses Phänomen tritt manchmal auf, wenn übergewichtige Zuckerkranke stark abnehmen. Sie haben wahrscheinlich in der Gefangenschaft viel Gewicht verloren?“

„Ja, das stimmt. Am Ende musste ich meine Hose mit einem Strick zusammenbinden, weil sie sonst zu Boden rutschte.“

„Wir werden sie morgen wiegen! Wissen sie, wie schwer sie vor der Gefangenschaft waren?“

„Leider nicht, ich habe mich schon lange nicht mehr gewogen. Als ich drei Zentner überschritten hatte, bin ich auf keine Waage mehr gestiegen. Das war schon immer zu deprimierend. Aber ich wog schätzungsweise weit über drei Zentner.“

„Dann sollte ich ihnen wohl gratulieren. Ich schätze, dass sie nur noch zwei Zentner wiegen. Wenn sie in der Lage sind, das gegenwärtige

Gewicht zu halten, haben sie auch eine bedeutend höhere Lebenserwartung. Und sie werden keine Probleme mit der Wirbelsäule bekommen, falls sie nicht schon welche haben. Jetzt fällt er mir wieder ein, dieser Fall, das war in Afghanistan, ein Fall wie ihrer. Ich glaube, der Mann war aus Deutschland. Ebenfalls stark übergewichtig, ebenfalls in Geiselhaft. Jedenfalls hatte er dabei viel Gewicht verloren, aber sein Blutzucker war danach wieder völlig normal. Blutzucker ist nun mal sehr oft das Nebenprodukt zu reichlicher Ernährung oder zu starken Biergenusses. Leider ist diese Krankheit auch in Thailand auf dem Vormarsch. Früher war Diabetes hier fast völlig unbekannt."

Danach wurden alle in Rollstühle gesetzt. und mit dem Fahrstuhl nach unten und in einen großen Speisesaal gebracht.

Auf den Tischen warteten schon vielfältige, duftende Speisen und diverse Kannen mit Tee. Zwei der Befreiten übergaben sich noch während des Essens. Aber mit unerschütterlicher Freundlichkeit wurden sie in ein Bad nebenan geschoben, abgeduscht, in neue Schlafanzüge gesteckt und in den Speisesaal zurückgeschoben. Nun ermahnte ein Dr. Wongborn die Patienten, sich mit dem Essen Zeit zu nehmen. Die Kantine sei während der ganzen Nacht geöffnet; das Personal stünde rund um die Uhr zur Verfügung. Allmählich wurden die ersten der Patienten müde. Einige nickten in ihren Rollstühlen während des Essens ein. Sie wurden umgehend in den fünften Stock gebracht, und in Einzelzimmern zur Ruhe gebettet. Als Gerhard in seinem Bett lag, genoss er das angenehme Gefühl, wieder in einem sauberen Bett zu liegen. Nur Sekunden später fiel er in tiefen Schlaf. In jedem Zimmer wachte eine Pflegerin über das Wohl des Patienten. Bald schon kehrte Ruhe ein.

Plötzlich wurde Gerhard wach und schreckte hoch. „Gerhard. Gerhard." Wieder die Stimme aus der Höhle. Die Frau in Schwarz! Er hatte sie ganz vergessen. Die Pflegerin der Nachtwache las weiter in einem Magazin. Sie bemerkte nichts.

„Ja, Berry ist gegangen. Seine Zeit war abgelaufen. Deine Freunde werden wieder gesund werden. Ich bin gekommen, um auf Wiedersehen zu sagen. Du brauchst mich jetzt nicht mehr. Wenn du mich brauchen solltest, dann rufe mich einfach.“ Gerhard fragte: „Wie ist dein Name?“

„Ich habe keinen und viele Namen. Rufe einfach! Ich werde kommen. Ich bin da, auch wenn man mich nicht sieht. Ich bin deine Freundin. Ich komme nur zu Freunden.“

„Darf ich dich etwas fragen?”

„Frage nur, nur zu!“

Gerhard sagte: „Seit zwei Jahren bin ich hier in Asien unterwegs. Ich suche einen Platz, wo ich innere Ruhe und Zufriedenheit finden kann, wo ich bleiben kann. Werde ich diesen Ort finden?“

„Ich kenne die Zukunft, aber ich kann nicht darüber reden. Deine Bestimmung ist jetzt, zu suchen. Alles hat seine Zeit. Suche weiter! Du bist auf dem Weg. Irgendwann wird deine Suche zu Ende sein. Du wirst am Ziel sein. An deinem Ziel! Dann wirst du es auch erkennen! Bleibe auf deinem Weg. Gehe ihn weiter. Aber vergiss nicht: Alle Menschen sind auf ihrem Weg. Für manche ist der Weg das Ziel. Andere bleiben stehen, weil sie denken, sie haben ihr Ziel erreicht. Manchmal ist das richtig, manchmal falsch. Jeder muss die Entscheidung für sich treffen, nur für sich selbst.

Ich gehe jetzt.“ Sie sah ihn noch einmal schweigend an. Das Bild verblasste langsam.

„Halt, bitte bleibe noch etwas. Alles, was du gesagt hast, war interessant und zutreffend. Wenn ich das Lazarett verlassen habe, würde ich dich gern noch einmal treffen.” Das Bild nahm wieder schärfere Konturen an. Jetzt sah sie ihn, mit ihren grossen Augen, genau an; der Blick war fragend und melancholisch zugleich. Es war ein faszinierender Blick.

„Bitte, kann ich dich einmal tagsüber treffen; oder auch abends, wenn dir das lieber ist? Wir könnten etwas zusammen trinken und etwas essen?“

„Ich trinke und esse nie.“

„Na ja, das kann ich für dich übernehmen. Gerne sogar.“ Irgendwie war diese Frau in Schwarz ganz seine Kragenweite. So einfach wollte er sie nicht gehen lassen.

„Ich habe so viele Fragen."

„Welche Fragen?"

„Ich würde gerne mal mit dir über dein Leben reden. Du erzählst von dir, und ich erzähle dir von mir."

Sie sah ihn verständnislos an. „Ich weiß alles von dir."

Gerhard sagte: „ Bist du da ganz sicher? Aber, ich weiß nichts von dir. Ich habe so viele Fragen. Wie zum Beispiel: Wie alt bist du? Was machst du genau? Was hast du früher gemacht? Wo kommst du her?"

Wenn das eine Fatamorgana war, würde er das schnell herausfinden. Aber wenn nicht…? "Und außerdem bist du sehr hübsch; Du bist geradezu von überirdischer Schönheit." Jetzt war ihr Blick noch verständnisloser; sogar etwas abweisend. Dann schaute sie ihn lebhaft an. „Du kannst mich jederzeit rufen. Das habe ich schon gesagt."

„Ich werde dich rufen. Wenn du hörst, dass ich Bellissima rufe, dreimal hintereinander, dann weisst du, dass ich dich meine."

Sie sah ihn lange an, legte den Kopf etwas schief, lächelte, und dann verschwand sie endgültig.

Die Nachtwache blätterte weiter in ihrem Magazin. Sie schaute plötzlich auf, direkt in seine Richtung. Hatte sie etwas mitbekommen?

Er schloss die Augen. Eine tiefe innere Ruhe und Wärme durchströmte ihn. Als Kind hatte ihm seine Mutter erzählt, jeder Mensch habe einen Schutzengel. War die schwarze Frau etwas Ähnliches? Waren Schutzengel eigentlich weiblich?

Flügel hatte sie keine, aber soweit er das erkennen konnte, lange, wohlgeformte Beine. Er schalt sich selbst wegen dieser Gedanken. Aber trotzdem. Wenn ja, dann…! Oder waren die Besuche der Frau Einbildung gewesen? Fieberträume? Inzwischen hatte er kein Fieber mehr. Kein Fieber, keine Fieberträume. Dann war die Frau also Realität! Oh, war das kompliziert. Zu kompliziert im Moment.

Er schloss die Augen und dachte über diese Begegnung nach und schlief rasch wieder ein.

***

Am nächsten Morgen wurde er gegen zehn Uhr in einen Frühstücksraum gefahren. Uli und Joe, Wing, Chen und Khieu waren schon da und freuten sich über ihr ausgiebiges Frühstück. Die Kambodschaner machten einen geknickten und schweigsamen Eindruck. Gerhard konnte das verstehen.

Sicher bewegte sie die Frage nach ihrer Zukunft. Nach dem Frühstück stand Chen auf, und bat, den SWAT-Kommandeur zu sprechen. Der erschien nach zehn Minuten und staunte nicht schlecht, dass sich Wing als stellvertretender Polizeichef von Sihanoukville vorstellte. Er wies auf Chen, der sich ebenfalls als Polizist erklärte. Wing bat den Kommandeur um ein Telefongespräch nach Sihanoukville; er müsse seinen Vorgesetzten informieren.

Der Kommandeur erklärte sich dazu bereit, wies aber darauf hin, dass ein solches Gespräch nur in Anwesenheit eines thailändischen Offiziers geführt werden könne. Er ging mit Wing in einen anderen Raum und stellte die Verbindung ins Polizeipräsidium von Sihanoukville her. Als er den Polizeipräsidenten Pat Sisowat am Telefon hatte, übergab er den Hörer an Wing. Dieser meldete sich: „Hallo Pat, hier ist Wing. Wie geht es dir?“

„Mir geht es gut. Wo steckst du denn? Wir haben uns schon große Sorgen gemacht. Einige von uns haben euch schon abgeschrieben. Was ist aus den Geiseln geworden?“

Wing schilderte präzise und kurz alle Vorkommnisse des gestrigen Tages. Am Ende sagte Pat: „Es kann sein, dass diese Nachrichten in Phnom Penh wie eine Bombe einschlagen. Ich werde jedenfalls dem Premierminister persönlich Bericht erstatten. Du weißt, dass ich mit dem Innenminister nicht reden kann. ihr Drei bleibt auf jeden Fall am besten vorläufig in Thailand, falls die Thailänder es gestatten.

Übrigens, heute Morgen war in den Frühnachrichten der lokalen Radiostation von Pailin über eine UFO-Landung berichtet worden. Etliche Bürger hatten gestern Abend beim Sender angerufen. Wegen der

Umstände bei der Geiselbefreiung mach' dir nicht allzu große Sorgen; wie ich das sehe, sind unsere Karten gar nicht so schlecht." Damit legte er auf.

Grinsend berichtete Wing dem Kommandeur und später allen von den Berichten über die ‚UFO-Landung'. Allgemeine Heiterkeit war die Folge. Der Kommandeur gab seine Zustimmung zum Verbleib der Kambodschaner in Thailand.

Die behandelnden Ärzte hatten sowieso darauf bestanden, dass alle Geiseln und Befreier für mehrere Tage im Hospital blieben.

***

Der SWAT-Kommandeur hatte unmittelbar nach Wings Gespräch den Staatssekretär Lupini vom erfolgreichen Ausgang der Befreiung – ohne eigene Verluste – informiert. Lupini hatte lapidar gemeint: „Mal sehen, was Phnom Penh und Bangkok daraus machen. Ins politische Klima passt es jedenfalls. Für Morgen ist nämlich ein Gespräch zwischen unserem und dem kambodschanischen Premierminister über die Ruinen des Tempels von Preah Vihear in Phnom Penh vereinbart. Sie werden irgendeine, beide Seiten zufrieden stellende, Lösung finden müssen. Die Ruine ist vor einigen Wochen von der UNESCO zum Weltkulturerbe erklärt worden. Da passen laufende Streitigkeiten nicht ins Bild. Außerdem geht es mal wieder um‘s liebe Geld. Denn beide Länder wollen jetzt natürlich vom zu erwartenen Touristenboom profitieren. Auf beiden Seiten wird schon seit geraumer Zeit der Neubau von Hotels und dergleichen, das ganze Drumherum inklusive Vergnügungsparks und Spielcasinos also, geplant. Die Ministerpräsidenten stehen stark unter dem Druck der Wirtschaft, zumal in beiden Ländern der Tourismus rückläufig ist. Sie werden ihre Innenminister dabei haben, weil sie endlich und endgültig die Probleme der immer stärker wuchernden grenzüberschreitenden Kriminalität angehen müssen. Da könnte man sogar die gestrige Aktion als Pilotprojekt der Presse verkaufen. Ich werde das auf jedem Fall heute noch unserem Premierminister vorschlagen. Ihnen und ihren Männer danke ich auf jeden Fall für ihren Einsatz. Sobald ich wieder mal unten bei ihnen bin, wird es einige Beförderungen geben. Und noch etwas: Die ganze Aktion war und ist immer noch geheim. Es wäre ein Fiasko, wenn etwas an die Öffentlichkeit käme, bevor nicht grünes Licht von ganz oben gegeben wird. Stellen sie sich mal vor, unser Premier erführe davon zuerst aus den Zeitungen. Ich verlasse mich auf sie.“

Politik

Noch am selben Vormittag flog Pat Sisowat nach Phnom Penh. Er hatte den Premierminister bei dessen offiziellen Besuchen in Sihanoukville kennengelernt. Ausserdem besass der Premierminister, wie mehrere Kabinettsmitglieder, ein großes Ferienanwesen bei Sihanoukville. Bei mehreren der zahlreichen, ausschweifenden Partys, die dort gefeiert worden waren, war Pat Sisowat in seiner Funktion als örtlicher Polizeichef eingeladen gewesen. Er war dem Premierminister durch seine hohe Intelligenz, seine Integrität und seinen Witz aufgefallen. So reichte ein Anruf von Pat Sisowat aus, um den Premierminister ans Telefon zu bekommen. Er verwies ihn auf die hohe Dringlichkeit seines Anliegens und auf die Notwendigkeit eines Gesprächs unter vier Augen. Da der Kalender des Premiers an diesem und am nächsten Tag keinen Platz für einen zusätzlichen Termin aufwies, lud dieser ihn kurzerhand zu einem gemeinsamen Mittagessen ein. Den Innenminister, mit dem er ursprünglich zum Essen verabredet war, verwies er auf einen anderen Tag.

Der Polizeipräsident schilderte zuerst in allen Einzelheiten die Vorkommnisse des gestrigen Nachmittages. Er unterstrich die sich zuspitzende Dramatik, und berichtete von Wings dringendem Hilfsersuchen an den stellvertretenden Innenminister, welche dieser wegen der bekannten Feindschaft zwischen den Familien von Wing Ban und der vom Innenminister schroff zurückgewiesen hatte.

„Und Wing Ban“ führte er weiter aus: „das kann ich ihnen versichern, ist ein wirklich guter, mutiger, integrer Polizist. Wenn es nicht unbedingt notwendig gewesen wäre, hätte er nie um Hilfe in Phnom Penh ersucht. Wegen dieser Animositäten wären durch unterlassene Hilfsleistung beinahe drei Kambodschaner und sieben Ausländer ums Leben gekommen. Wenn davon die Presse Wind bekommen hätte, wäre im Inland wie im Ausland die Hölle los gewesen. Als die Angelegenheit gegen Abend immer auswegloser und dramatischer geworden war, und das Kräfteverhältnis sechsundzwanzig zu sechs betrug, hatte einer der Ausländer in einem dringenden Hilfsappell an die thailändische Seite um sofortige Hilfe gebeten. Die thailändische Seite reagierte umgehend und schickte einen Hubschrauber zur Evakuierung der bedrohten Ausländer. Sie haben auch nicht gezögert, die drei Kambodschaner zu retten, die noch am selben Abend mit Sicherheit von den Gangstern aus Pailin getötet worden wären. Es war ein empörender, skandalöser Vorgang, zumal die notwendigen Rettungmittel wie Hubschrauber und Spezialkommandos auch in Kambodscha zur Genüge vorhanden sind.

Dass der thailändische Hubschrauber im Rahmen dieser Aktion für dreißig Minuten zehn Kilometer weit in kambodschanischen Luftraum eingedrungen ist, war meiner persönlichen Meinung nach nicht zu vermeiden.“

Der Ministerpräsident hatte bis hierher schweigend zugehört. Dann schrie er los: „Bin ich denn nur von unfähigen Ministern umgeben. Damit ist jetzt Schluss. Dieser Innenminister braucht mit gar nicht mehr unter die Augen zu treten. Der wird noch heute entlassen. Und sein Stellvertreter ebenfalls. Ich habe von diesem Pack die Nase voll, endgültig!“

Dann beruhigte er sich wieder und löffelte seine Suppe aus.

„Und was würden sie vorschlagen, wie würden sie jetzt weiter vorgehen?“ Pat Sisowat zögerte. Dann sah er dem Premier fest in die Augen. „Wollen sie wirklich meine Meinung hören?“ Der Premier nickte und schaute sein Gegenüber aufmunternd an.

„Wenn ich das sagen darf: ich weiß, es klingt ungeheuerlich. Aber vielleicht sollten wir uns bei den Thailändern bedanken." Der Premier schluckte, er verschluckte sich und hustete laut.

Dann schrie er: „Bei den Thailändern bedanken! Wissen sie, was sie da von mir verlangen?"

„Sie haben immerhin Dreien unserer Staatsbürgern das Leben gerettet; darunter das des stellvertretenden Polizeipräsidenten von Sihanoukville und eines weiteren Polizisten."

„Und sie haben unser Hoheitsgebiet verletzt; sie sind einfach eingedrungen!"

Jetzt wurde Pat Sisowat ärgerlich: „Hätten sie vielleicht in Phnom Penh anrufen sollen? Wen hätten sie denn fragen sollen?" Der Premier legte seine Hand auf die Schulter des Jüngeren:

„Nicht so heftig junger Mann. Irgendwie haben sie ja Recht. Lassen sie mich mal laut nachdenken. Ich treffe morgen den Premier von Thailand hier in Phnom Penh. Wir müssen eine Lösung finden für die Probleme mit den Ruinen des Tempels Prasat Vihear. Wenn ich mich zuerst bedanken würde, wäre das sicher gut für das Gesprächsklima." Pat Sisowat spitzte die Ohren.

Er fragte erstaunt: „Sie treffen wirklich morgen den thailändischen Premierminister. Dann könnten sie, wenn noch Zeit bleibt, vielleicht noch ein anderes Problem ansprechen. In Polizeikreisen in unserem Land herrscht allgemein Unmut und Bitternis über die nicht existierende Zusammenarbeit zwischen der Polizei beider Länder. Jeder Verbrecher hier weiß, dass er, wenn er die Grenze nach Thailand überschritten hat, in Sicherheit ist. Thailänder würden nie einen Kambodschaner ausliefern. Und die Thailänder verhalten sich ebenso. Wenn ihnen ein thailändischer Verbrecher über die Grenze in unser Land entwischt, weiß er genau, dass er in Sicherheit ist. Ich bin sicher, dass die Thailänder genauso oft frustriert sind. Sie müssen das verstehen: Da wird manchmal monatelang ermittelt. Und wenn genügend Beweise gesammelt sind, und die Verbrecher ins Nachbarland entkommen, war die ganze Arbeit umsonst. Wenn nur die Beweismittel weiter gegeben würden, könnte der Verbrecher ja auch im Nachbarland vor Gericht gestellt werden. Nur, es gibt keinerlei Zusammenarbeit, und die Syndikate auf beiden Seiten werden immer mächtiger und frecher.“

Der Premier nickte nachdenklich. Dann sagte er mit einem neugierigen Unterton in der Stimme: „Herr Sisowat, was halten sie von einem Ortswechsel?“

Pat sah ihn fragend an .

„Etwa von Sihanoukville nach Phnom Penh. Ich brauche einen neuen Innenminister. Morgen bringt der thailändische Premier seinen Innenminister mit. Sie als mein Innenminister könnten mit dem thailändischen Innenminister all diese Probleme besprechen. Was halten sie davon?“

„Das wäre sicherlich eine reizvolle Aufgabe. Darf ich um Bedenkzeit bitten?“

„In Ordnung, eine Stunde. Rufen sie mich an. Und machen sie sich schon mal Gedanken darüber, wie wir unsere drei Helden, die jetzt wohl noch in Thailand sind, gebührend empfangen solllen. So, nun muss ich aber gehen; für meinen nächsten Termin ist es sowieso schon zu spät. Überlegen sie es sich gut. Ich denke, unser Vaterland braucht in den wichtigen Positionen mehr Leute wie sie!“

Er stand auf und eilte davon. Pat Sisowat blieb noch etwas sitzen. Dass das Gespräch so verlaufen würde, hätte er sich nie im Leben träumen lassen. Dann ließ er sich vom Kellner ein Telefon bringen. Er wählte die Nummer, unter der ihn heute Morgen Wing angerufen hatte. Es dauerte einige Zeit, bis er Wing am Telefon hatte. „Hast du einen Stuhl in Reichweite? Ja? Dann setz dich zuerst mal. Du wirst ihn brauchen können!“

Dann erzählter er in allen Einzelheiten von seinem Gespräch mit dem Premierminister. Als er geendet hatte, war Wing tatsächlich baff. Damit war wirklich nicht zu rechnen gewesen! Dann merkte Wing an: „Jetzt noch etwas dienstliches. Die Kollegen in Phnom Penh haben doch Duch und Sok Vai noch unter Kontrolle. Informiere bitte den Polizeipräsidenten von Phnom Penh, dass man die beiden hopps gehen lassen kann. Nicht, dass die uns noch durch die Lappen gehen."

***

Kurz darauf rief Pat Sisowat den Premierminister an.

„Ich werde die Aufgabe gerne übernehmen. Ich denke, hier kann ich meinem Lande besser dienen als im Süden. In die Politik sollte wieder mehr Flexibilität und Bewegung hinein kommen. Sie haben den Anfang gemacht, dadurch, dass sie für morgen den thailändischen Premierminister eingeladen haben. Und Staatssekretär Lupini, der zur Delegation der Thailänder gehört, soll auch für vernünftige Veränderungen offen sein. Er hat ja doch durch jahrelange praktische Polizeiarbeit viel Erfahrung gesammelt. Ich freue mich, mit ihm über die notwendigen Verbesserungen zu reden."

Der Premierminister sagte zufrieden: „Ich habe mit dieser Antwort gerechnet. Dann bleiben sie heute am besten hier in Phnom Penh. Sie sollten sich etwas einarbeiten. Gehen sie zu ihrer neuen Wirkungsstätte in's Innenministerium. Ich habe schon mit Prea Log geredet und ihn gefeuert. Ich hatte schon oft Probleme mit ihm, und diese Sache hat nun das Fass zum Überlaufen gebracht. Heute Abend erhalten sie ihre Bestallungsurkunde."

„Herr Ministerpräsident, da ist noch eine Sachen, falls sie noch etwas Zeit haben." „Die Zeit nehme ich mir gerne. Schießen sie los!"

„Nun, meine Stelle in Sihanoukville ist vakant. Da sähe ich gerne meinen bisherigen Stellvertreter, Wing Ban."

„Die Entscheidung, wen sie dahin setzen, fällt in ihren Aufgabenbereich. Das wissen sie doch wohl. Und nun entschuldigen sie mich, bis heute Abend in meiner Residenz, wo sie offiziell ernannt werden, und Prea Log seine Entlassungsurkunde erhalten wird." Damit beendete der Premier das Gespräch.

Pat Sisowat lehnte sich in seinem Stuhl zurück. „Eine schnelllebige Zeit," dachte er. „Gestern noch als Polizeipräsident auf einem angesägten Stuhl in Sihanoukville, und morgen Innenminister bei einem Gespräch auf höchster Ebene. Da kann einem ja beinahe schwindelig werden!“

Er nahm das Telefon zur Hand und wählte wieder die Nummer in Chanthaburi. Diesmal dauerte es nicht lange, bis er Wing Ban am Telefon hatte. „Hier Pat Sisowat. Gute Nachricht: Meine erste Amtshandlung ist, dich zum Polizeipräsidenten von Sihanoukville zu ernennen. Deinen Stellvertreter kannst du dir selbst aussuchen. Was hältst du davon?“

„Das kannst du dir wohl denken. Tolle Sache. Dann wird Chen Won mein neuer Stellvertreter. Und noch eins. Khieu, der Apotheker, der uns die ganze Zeit geholfen hat, kann nun nicht mehr nach Pailin zurück. Und seine Tante, Kim Khun, war ebenso ein Opfer von Pol Pot. Wenn durchsickert, dass sie die Tante von Khieu ist, ist sie ebenfalls gefährdet. Die muss da auch weg.“

„Ist verständlich. Nimm diesen Khieu auch mit nach Sihanoukville, und lass seine Tante sofort dorthin nachkommen. Für die beiden werden wir uns auch noch etwas Gutes einfallen lassen. Sobald ich Zeit habe, werde ich runterkommen. Dann werden wir etwas feiern.“

„Das werden wir, und nicht zu knapp! Bis bald.“

***

In Phnom Penh hatten sich Duch und Sok Vai wieder beim Frühstück getroffen. Heute wollten sie je einen Eimer Schmuck für Sok Vai und Duch bergen. Zuerst allerdings zahlte Duch die 1,15 Millionen auf sein Nummernkonto ein. Gleichzeitig versuchte Sok Vai fieberhaft, Chap zu erreichen. Er hörte das Klingelzeichen, doch er meldete sich nicht. Dann versuchte er, Srae Chok, den Obergangster aus Pailin anzurufen. Aber auch das gelang nicht.

Beunruhigt stellte er die Versuche ein. Duch war zurückgekommen.

Er berichtete Duch von seinen vergeblichen Versuchen, Chap und Srae zu erreichen. Duch zuckte mit den Schultern. Heute noch die beiden Eimer, und morgen würde er sich endgültig aus dem Staub machen. Sie fuhren in Richtung Süden. Bei Takmau wurden sie schnell fündig. Sie gruben wieder einen Eimer mit Jadeschmuck aus. Allerdings war es hellgrüner Jadeschmuck. Der musste von den ärmeren Leuten stammen. Dann ging es weiter, etwa zehn Kilometer nach Osten. Als sie den Platz erreicht hatten, wo damals der Eimer vergraben worden war, erkannte Duch direkt, dass die Suche hier sinnlos war. Die Bäume, die als Erkennungsmerkmal dienen sollten, waren gefällt. Stattdessen stand hier ein riesiger Supermarkt. Enttäuscht machten sich beide auf den Heimweg. Duch versprach Sok, am nächsten Tag zu zwei weiteren Plätzen zu fahren. So fuhren sie zurück nach Phnom Penh. Sie wollten diesmal zu einem anderen Juweliergeschäft, um ihre Beute zu versilbern, weil sie nicht sicher waren, ob der Juwelier, bei dem sie am Vortag waren, schon wieder genug Bargeld in seinem Tresor haben würde. Als sie die Innenstadt erreicht hatten, bemerkten sie nicht, dass sich drei Limousinen hinter sie gehängt hatten. Diese verfolgten sie, bis die Beiden einen Parkplatz vor einem anderen großen Juweliergeschäft gefunden hatten. Als sie ausstiegen, Duch mit dem Sack in der Hand, sahen sie sich von acht bewaffneten Polizisten in Zivil umgeben. Duch hob sofort die Hände. Sok, der seine Rechte wieder in der Jackentasche hatte, und die Pistole umklammerte, schoss auf den nächsten Polizisten aus seiner Jackentasche heraus. Gleichzeitig ging er in die Knie, von insgesamt sieben Kugeln von allen Seiten getroffen. Er war sofort tot. Duch wurde festgenommen, und ins Zentralgefängnis gebracht.

***

Im Militärkrankenhaus machte die Heilung der Entzündungen nur langsam Fortschritte. Ulis Streifschuss am Hals und Joe‘s Armwunde eiterten, ebenso Gerhards offenen Stellen an Fuß- und Handgelenken. Bis die reichlich verabreichten Antibiotika Wirkung zeigen würden, meinten die Ärzte, könnten ein paar Tage vergehen. Und bis zum endgültigen

Abschluss der Heilung müsse man ein bis zwei Wochen warten.

Die drei anderen ehemaligen Geiseln bestanden darauf, dass sie, sobald ihre Transportfähigkeit hergestellt sei, in ihre Heimatländer zurückfliegen würden. ihre persönlichen Sachen wie Pässe und alle Gepäckstücke wurden von Sihanoukville per Kurier nach Chanthaburi gebracht. Das gleiche geschah mit den Utensilien des toten Engländers, der zwei Tage nach Abschluss der Obduktion in seine Heimat überführt werden sollte.

***

Der thailändische Premierminister hatte am Abend vor dem geplanten Treffen mit seinem kambodschanischen Amtskollegen seinen Innenminister zu sich gebeten. Er wollte die Verhandlungspunkte des Treffens am nächsten Tage in der kambodschanischen Hauptstadt mit ihm durchsprechen. Der Innenminister war als ausgewiesener Hardliner bekannt. Aber die Vorschläge von Staatssekretär Lupini hatten dem Premier gefallen. Er erzählte ihm von Lupinis Vorschlägen, mit den Kambodschanern bei der Bekämpfung der grenzüberschreitenden Kriminalität zusammen zu arbeiten.

„Da werde ich nie mitmachen", hatte der Innenminister geantwortet. „Mit Kambodschanern verhandelt man nicht, da schlägt man drauf." „Und wie wollen sie die Probleme mit den Auftragsmorden durch Kambodschaner hier in Thailand in den Griff bekommen. Und die Probleme mit dem sogenannten Yababa, mit dem unsere Städte überschwemmt werden. Wir verlieren unsere Jugend und damit unsere Zukunft?"

„Taksin hat damals schon mal eine Provinz im Norden durch harte Polizeieinsätze drogenfrei gemacht."

„Das war doch nur Augenwischerei; ein PR-Gag vor seiner Wiederwahl. Damals verschwanden mehrere hundert Jugendliche spurlos, die nur im Verdacht standen, etwas mit Drogen zu tun gehabt zu haben. Damit können wir uns jetzt rumschlagen. Die Angehörigen haben sich zusammengeschlossen und Anwälte von Menschenrechtsgruppen eingeschaltet. Die stellen jetzt Fragen, vor allem an die Polizei. Und die großen Dealer sind in andere Provinzen oder nach Kambodscha ausgewichen. Das weißt du besser als ich. Wir müssen zu einer einvernehmlichen Regelung für das Wat Preah Vihar kommen, sonst wird die UNESCO dem Tempel den Status als Weltkulturerbe aberkennen. Und welche wirtschaftlichen Schäden das haben würde, weißt du ebenfalls."

„ Wir müssen die Ruine besetzen, das habe ich schon vor Jahren gefordert. Und was die Drogen anbelangt: Warum machen wir die Grenze nicht dicht?"

„Selbst wenn wir die Grenzübergänge schließen würden, wie willst du die grüne Grenze dicht machen, über hunderte von Kilometern. Überlege mal, was du da vorschlägst. Das ist einfach technisch nicht machbar."

„Und ich bleibe dabei: Mit Kambodschanern verhandelt man nicht. Denen sagt man, was sie zu tun haben."

„Wenn du morgen solche Sprüche loslassen willst, können wir das Treffen gleich vergessen."

„Aber wir sind zehnmal stärker als diese Affen. Mit denen verhandelt man nicht, denen diktiert man. Ich werde jedenfalls meinen Mund aufmachen."

„Dann brauchst du gar nicht erst mitzukommen."

„Also eins kann ich schon jetzt sagen: Diese Politik der ‚Verständigung' werde ich auf keinen Fall mittragen. Dann trete ich zurück. In sechs Monaten sind Wahlen, dann werden wir ja sehen, wer Recht bekommt."

Der Premierminister dachte kurz nach. So ging es nicht weiter. Mit diesem ultra-konservativen Innenminister war er, der Pragmatiker, schon oft zusammen gerasselt. Jetzt hatte er die Nase voll. „Gut, dann nehme ich deinen Rücktritt an."

„Und wo willst du bis morgen einen guten Innenminister herbekommen?"

„Lass das mal meine Sorge sein. Du bist entlassen!“

Damit hatte der Innenminister zwar nicht gerechnet, aber er sagte sich, wenn er sich rechtzeitig vor den Wahlen von diesem Softi, diesem Weichei absetzte, könnte das kein Fehler sein.

Er stand auf, stürmte hinaus und knallte die Tür hinter sich zu. Der Premierminister sah zum Fenster hinaus. Dann ging er zum Schreibtisch zurück und nahm den Telefonhörer in die Hand. Er ließ sich mit Staatssekretär Lupini verbinden und kam direkt zur Sache: „Eben habe ich den Innenminister entlassen. Er sollte morgen mit nach Phnom Penh kommen. Aber er will die Politik der vorsichtigen Annäherung mit unseren Nachbarn aus Kambodscha nicht mittragen.

Er ist ein Eisklotz, ein Ultrakonservativer, der auf die nächsten Wahlen spekuliert. Eine friedliche Verständigung über Preah Vihear kommt für ihn nicht in Frage. Auch eine direkte Zusammenarbeit bei der Kriminalitätsbekämpfung ist für ihn undenkbar, obwohl wir alle wissen, dass die neuen Drogen, zum Beispiel, überwiegend aus Kambodscha kommen. Ich mache Ihnen einen Vorschlag: Kommen sie als geschäftsführender Innenminister mit. In ein paar Tagen werden sie dann offiziell zu seinem Nachfolger ernannt.“

„Und was ist mit dem stellvertretendem Innenminister? Warum wollen sie den nicht mitnehmen?“

„Der ist aus demselben Holz geschnitzt wie Rang Prasat.

Rang hat ihn damals als seinen Vertrauten mitgebracht. Sein Stellvertreter ist ihm hörig. Und beide sind Populisten, die von der Rückkehr von Thaksin träumen. Das wäre sinnlos. Also wie sieht es aus bei Ihnen? Haben Sie Lust? Trauen sie sich das zu?“ Lupini hatte kurz entschlossen zugesagt. Später kamen ihm allerdings Zweifel. Sein Sohn war vor kurzem von Kambodschanern erschossen worden. Im Wat Preah Vihear. Und darüber sollte jetzt verhandelt werden. Aber wenn diese Angelegenheit friedlich beigelegt würde, würde es dort keine Opfer mehr geben. Er beschloss, so schwer es ihm auch fallen würde, seinen persönlichen Beitrag zu einer Verständigung zu leisten.

***

Das Treffen zwischen den beiden Premierministern fand wie geplant in Phnom Penh statt. Beide hatten neue Innenminister bei sich. Bei den folgenden Verhandlungen wurde über den Prasat Preah/Wat Vihear Komplex eine Einigung erzielte. Die Tempelanlage würde in Zukunft eine gemeinsame, Thai-Kambodschanische Verwaltung erhalten. UNESCO Vertreter sollten eingeladen werden, damit die Restaurierung der teilweise in Trümmer liegenden Bereiche zügig voran gehen könnte.

Die beiden Innenminister waren Neulinge. Trotzdem kam es nach kurzer Zeit zu einem freimütigen Gespräch, als sie die Fachkompetenz ihres Gesprächspartners erkannten. Beide waren durch langjährige Polizeiarbeit mit Problemen der Verbrechensbekämpfung konfrontiert worden und besprachen danach lange Vor- und Nachteile einer Kooperation bei der Bekämpfung der grenzüberschreitenden Kriminalität. Sie beschlossen die Einsetzung einer Arbeitsgruppe aus hochkarätigen Polizeispezialisten beider Länder, welche die Einzelheiten der Zusammenarbeit aushandeln sollten. Vorbild sollte die Landesgrenzen überschreitende Zusammenarbeit von Organisationen wie Interpol und Europol sein. Man beschloss, Spezialisten beider Organisationen als Berater einzuladen, um von Anfang an ein Höchstmaß an Effizienz zu erreichen. Darüber hinaus wurde beschlossen, die drei Kambodschaner, also Wing, Chen und Khieu, in allen Ehren zwei Tage später in ihre Heimat zurückzuführen. Sie würden nach Bangkok geflogen werden, von wo sie mit Flügen in der Ersten Klasse auf thailändische Kosten nach Phnom Penh kommen sollten.

Bei der anschließenden Schlussbesprechung einigten sich beide Seiten darauf, die Vertragsunterzeichnung in Bangkok in feierlichem Rahmen durchzuführen. Gekrönt werden sollte der Festakt durch ein Staatsbankett, zu dem alle Kabinettsmitglieder beider Staaten sowie hochrangige Persönlichkeiten von Kambodscha und Thailand eingeladen werden sollten.

Britische Zeremonie

Einen Tag nach diesem denkwürdigen Treffen tauchte morgens im Militärkrankenhaus von Chanthaburi der britische Konsul aus Bangkok mit einem Assistenten auf. Er sollte die Überführung des toten Berry Mc. Guire über Bangkok nach London regeln.

Als alle, Gefangene und Befreier, beim Mittagessen saßen, richtete er das Wort an sie. „Ihr wart die Kameraden unseres Kameraden Berry. Wir wollen in zwei Stunden eine kleine Abschiedszeremonie für ihn abhalten. Wenn ihr einverstanden seid, sehen wir uns im Hangar sechs um 14.30 Uhr. Einverstanden?"

Er drehte sich um und verschwand wieder. Die Zurückgebliebenen sahen sich an.

Gerhard murmelte: „Für diesen Kotzbrocken?"

Uli meinte: „Sei nicht so, er war ja letztendlich auch nur 'ne arme Sau. ‚De mortuis nihil nisi bene' Auf Wiedersehen kann man schon sagen."

***

Zur vorgeschlagenen Zeit fanden sich dann alle in besagtem Hangar ein. In der Mitte der großen Halle stand auf einer Bahre der Sarg. Ein Blumenstrauß und ein Union Jack schmückten das Kopfende. Rechts und links vom Sarg hatten zwei thailändische Soldaten mit schwarzen Armbinden Aufstellung bezogen. Zwei Meter vom Fußende des Sarges entfernt versammelten sich die ‚Kameraden'. In der ersten Reihe saßen Ole, Philippe und Roman in ihren Rollstühlen. Dahinter standen Uli, Joe, Wing, Chen, Khieu und Gerhard, zum Teil immer noch in Schlafanzügen. Rechts von der Gruppe standen zwei Thailänder in Ärztekitteln und zwei superhübsche Krankenschwestern. Der Konsul kam aus dem hinteren Teil der Halle und ging zum Kopfende des Sarges. Er räusperte sich und begann mit seiner kurzen Ansprache:

„Kameraden und Freunde. Wir sind hier, um von unserem Kameraden und Freund Berry Mc. Guire Abschied zu nehmen. Unser Kamerad und Freund wird nun zu seiner letzten Reise in seine Heimat zu seinen Kameraden und Freunden aufbrechen. Böse Mächte haben dem Leben unseres Kameraden und Freundes ein jähes Ende gesetzt. Aber er war ein Kämpfer, der bis zum Ende gekämpft hat. Er fiel im Kampf gegen finstere Gesellen, Mann gegen Mann. Unser Kamerad und Freund war ein Kämpfer, ein tapferer britischer Krieger eben. Bye, Bye, Berry! Wir verabschieden dich mit einem dreifachen Hipp Hipp: Hurrayyy!" Er schaute sich entgeistert um. Keiner der Anwesenden hatte bei ‚Hurray' mit geschrien, außer seinem Assistenten, der von ganz hinten ‚Harry' gekrächzt hatte.

Der Konsul versuchte es noch einmal. Dabei schwang er im Rhythmus zu Hurra die Arme wie ein Dirigent. Als wieder nur von hinten sein Assistent mit gekrächzt hatte, versuchte er es mit einem dritten Versuch. Er stieg auf einen Stuhl in der Nähe. Von dort aus versuchte er noch einmal, die Anwesenden zu motivieren, in den Abschiedsruf einzustimmen. Von seinem erhöhten Standplatz aus hob er die Arme. Der Assistent verwechselte in seiner Aufregung dieses Zeichen mit dem vorher vereinbarten Signal zum Abspielen der britischen Nationalhymne Er bückte sich nach rechts, wo auf einem Stuhl ein alter Kassettenrecorder stand. Der Assistent drückte eine Taste des Recorders, und es erklang eine Sequenz aus ‚We are the Champions' mit Freddy Mercury auf. Verwirrt drückte der Assistent mehrere andere Tasten, mehrmals heulte der Recorder schrill auf. Jetzt verlor der Assistent die Nerven; er schlug mit der Faust auf den Recorder. Mit vernehmbaren Knall fiel das Gerät vom Stuhl. Der Aufprall hatte den Recorder wohl zur Besinnung gebracht. Denn jetzt ertönte mit ziemlich verzerrtem Sound die britische Nationalhymne ‚Gold save the Queen.'

***

Der Konsul atmete hörbar auf, setzte wieder eine feierliche Mine auf und nahm, auf dem Stuhl stehend, militärische Haltung an. Ole und Philippe wollten es ihm nachtun. Sie bemühten sich, aufzustehen, hatten aber offenbar vergessen, dass die Fußstützen ihrer Rollstühle ausgeklappt waren. Auf diesen Fußstützen standen ihre Füße, mit den Armen hielten sie sich halb stehend an den Armlehnen fest. Als sie sich weiter aufrichteten, und die Armlehne losließen, um die ausgestreckte rechte Hand zum militärischen Gruß an den Kopf zu legen, verloren sie just in dem Moment, als sie fast aufrecht standen, das Gleichgewicht und Beide begannen, bäuchlings nach vorne zu kippen. Da sie auf den Fußstützen standen, verloren auch ihre Rollstühle das Gleichgewicht und kippten mit lautem Getöse über die nun am Boden liegenden Männer. Der Assistent wollte wohl wegen dieser Lärmstörung den Kassettenrecorder lauter drehen, aber diesen Eingriff verzieh ihm das Gerät nicht. Es stellte mitten im Abspielen der Hymne seine Dienste ein. Der Konsul sprang mit Getöse von seinem Stuhl, hielt sich voller Verzweiflung die Hand vor die Augen, verbeugte sich noch einmal vor dem Sarg, und verließ fluchtartig den Ort der feierlichen Zeremonie durch die nächste Tür. Der Assistent hatte, als er seinen Chef entschwinden sah, den Kassettenrecorder geschnappt, und durch eine Hintertür ebenfalls das Weite gesucht. Irgendwie mussten sich die beiden draußen über den Weg gelaufen sein, denn nun hörte die immer noch versammelte Abschiedsgemeinde eine wilde englische Fluchkanonade von außerhalb des Gebäudes. Nun konnte keiner sich das Lachen mehr verkneifen, und alle prusteten lauthals los, während die respektvolleren Thailänder lediglich grinsten. Allerdings hielten sich die beiden Krankenschwestern eine Hand vor den Mund. Die mit ihren Rollstühlen umgefallenen Europäer hatten es mittlerweile aus eigener Kraft geschafft, die Rollstühle wieder aufzurichten und sich hinein plumpsen zu lassen. Sie schüttelten mehrmals die Köpfe, drehten ihre Rollstühle zum Ausgang hin und fuhren mit eigener Kraft davon.

Uli hatte Tränen in den Augen. „Ich brauch' jetzt ein Bier oder vier, das hält ja keine Sau aus." Er ging, gefolgt von Joe zu einer der bildhübschen Krankenschwestern, und sagte, immer noch grinsend: „Sorry, wo gibt es denn hier ein Bier?" Die beiden Ärzte im weißen Kittel beobachteten sie aufmerksam. „Oder vier", ergänzte Joe ebenfalls grinsend. „Sorry, kein Bier hier", sagte eine der beiden Schwestern und versenkte ihre braunen Mandelaugen in denen von Uli. Dieser erstarrte augenblicklich. Joe zerrte nach einer Minute an Uli's Schafanzugsärmel und murmelte: „Komm, reiß dich los, wir haben zu tun." Uli schreckte auf, nickte der Schwester tieftraurig zu und ging wie in Trance hinter Joe her. Er blickte ein paar Mal zurück, und flüsterte: „Granaten gibt es hier, nee nee."

„Was denkst denn du, wir sind schliesslich auf einer Militärbasis."

***

Alle gingen zum Lazarettgebäude zurück. Gerhard sagte:

„Also, im Speisesaal gibt es tatsächlich nichts. Ich bin unter dem Vorwand, ich brauchte noch etwas Brot, kurz in der Küche rumgestromert. Da war nichts, außer einer leeren Flasche Sang Som in einem Abfalleimer. Jetzt geh' ich mal nach draußen, da wird es ja sicher einen Supermarkt oder einen Kiosk oder so was geben. Wie überall in Thailand."

„Phantast", sagte Joe, „hast du mal aus den Fenstern gesehen? Vorne ist ein riesiger Exerzierplatz. Rechts, links und hinten sind die Hangars und dahinter kommen die Flugfelder und Stellplätze für die Hubschrauber."

Das war wirklich beunruhigend. Uli und Joe ließen die Köpfe hängen. Gerhard öffnete im Erdgeschoss des Gebäudes die Tür und drückte auf den Fahrstuhlknopf. Links vom Riesenfahrstuhl war ein kleinerer. Der kam als erster, die Tür öffnete sich und sie betraten ihn. Gerhard musterte die einzelnen Metallschilder neben den Geschosszahlen. Er suchte einen Hinweis auf eine Kantine oder ähnliches. Aber es gab kein entsprechendes Schild, oder auch sonstige Hinweise auf eine ‚Erfrischungsstation'. Das einzige Schild, mit dem er nichts anfangen konnte, trug die Aufschrift: MEDICAL REHABILITATION. Der Knopf daneben trug die Ziffer zwölf. Auf diesen drückte er kurz entschlossen. Er informierte seine Neffen: „Ich war mal im Saarbrücker Winterberg-Krankenhaus. Da gab's auch nichts. Irgendwann habe ich mit einem Patienten, der mir öfter durch eine Fahne aufgefallen war, den Fahrstuhl genommen. Wir fuhren zum dritten Untergeschoss. Das war das Reich des Hausmeisters. Wir gingen einen langen Gang voller Heizungsrohre entlang. Dann scharf rechts, und da standen drei uralte Riesenkühlschränke. Alle voller Bier, nur kaltes Bier. Verschiedene Marken. Damit hat der Hausmeister sein Gehalt aufgebessert. Gehfähige Patienten oder auch solche in Rollstühlen, die jemanden gefunden hatten, der sie schob, drückten sich in diesem Kellergang rum und heiterten sich da auf. Wenn das im zwölften Stock nichts ist, fahren wir auch in den tiefsten aller tiefen Keller."

Aber soweit brauchten sie dann gar nicht zu suchen. Denn als sie im besagten Stock ausstiegen, hörten sie hinter der Tür mit der erwähnten Aufschrift viele Stimmen, darunter auch fröhliches Quietschen. Gerhard klopfte dreimal, dann öffnete er die Tür. Er sagte ‚Hallo' und trat ein. Da gab‘s eine komplette Wirtschaft. Es wurde sogar in der Nähe der geöffneten Fenster heftig geraucht. Das erste, was Uli auffiel, waren die zwei Thailänder und die beiden Engel, die bei der Abschiedszeremonie dabei gewesen waren. Sie lächelten ihnen fröhlich und freundlich entgegen und boten ihnen an ihrem Tisch Plätze an. Einer der Engel stand auf und fragte nach ihren Wünschen. Gerhard antwortete: „Ein Bier bitte."

Joe sagte: „Besser vier Bier", und Uli sagte lächelnd: „Ein Bier und dich."

Die Thailänder, wie auch die Engel lachten herzhaft. Dann fragte Gerhard: „Eine Sache, die verstehe ich nicht: Wie kommt es, dass sie schon vor uns hier sind?"

Einer der Weißkittel antwortete: „Es gibt einen Gang unter der Erde, der alle Gebäude verbindet. Aber das ist streng geheim. Klar?“

„Klar, wohl so geheim wie der Platz hier!“ „Ja, und dieser Gang soll immer wieder getestet werden, damit sie auch im Ernstfall benutzt werden kann. Und vorhin konnten wir ihn benutzen. “Kaum hatte Gerhard Platz genommen, rief er Wing Ban an. Er erzählte ihm von ihrer ‚Entdeckung' und beschrieb ihm genau den Weg. Zuerst zögerte er zu kommen. Mit Thailändern einen Trinken?? Aber dann konnte Gerhard ihn überreden, sich zusammen mit Chen und Khieu zu ihm und den anderen zu gesellen. Die drei Kambodschaner wollten für sich Wasser bestellten. Aber Uli wies sie darauf hin, dass das Wasser hier vor einem Jahr ausgegangen sei. Es gäbe nur noch ‚gelbes Wasser'. Die Drei fügten sich in ihr Schicksal.

***

„Sag' mal, wieso ist denn das Verhältnis zwischen Cambo's und Thais eigentlich so gespannt, Onkel. Irgendwie schon seltsam?“, fragte Uli.

„Das ist nicht so einfach zu erklären.

Um die letzte Jahrtausendwende, aber auch schon manchmal viel früher, das hing von dem jeweiligen Herrscher ab, war das Reich der Khmer riesig. Es umfasste große Teile von Vietnam, bis zum Mekong Delta, und reichte in Siam bis nach Ayuttaya. Im Gegenzug gehörten im vorletzten Jahrhundert große Teile von Kambodscha zu Thailand, so die Provinzen Battambang und Siem Reap. Beide Seiten waren nie zimperlich im Umgang miteinander. So bedeutet zum Beispiel der Name: Siem Reap: Niederlage Siams. Stell dir mal vor, man hätte Dortmund: ‚Niederlage Englands' genannt, oder Kehl: ‚Sieg über Frankreich', und man hätte die Namen bis heute beibehalten. In Europa wäre so etwas heute undenkbar. Aber hier wird von manchen die Feindschaft gepflegt, im Prinzip wie bei uns in Europa vor vielen Jahrzehnten oder auch Jahrhunderten, als es dauernd Ärger zwischen Franzosen und Deutschen, zwischen Österreich, also Habsburg und Türken, zwischen Frankreich und Russland und so weiter gab. Bei uns hat man das glücklicherweise überwunden. Denke nur mal dran, wie oft das Saarland oder Elsass und Lothringen mal zu Frankreich, mal zu Deutschland gehörten, oder die Ostgebiete mal zu Polen, Russland oder Deutschland. Mal war Siam grösser, mal das Khmer-Reich. Und viele Politiker und Militärs in allen Ländern hier haben einfach nicht akzeptiert, dass wir im Hier und Jetzt leben. Viele der normalen, einfachen Leute haben ebenfalls Ressentiments. Und Pol Pot wurde von den Vietnamesen vertrieben, weil seine Soldaten immer wieder Dörfer und Städte in Vietnam überfallen haben, nicht weil Vietnam den Kambodschanern in ihrem Leid helfen wollte, sondern weil Pol Pot die alten Großmachtträume nicht überwinden konnte. Vietnam war ganz früher einmal zu großen Teilen Khmer-Reich. Und Pol Pot's Soldaten haben immer wieder Dörfer und Städte in Vietnam angegriffen, obwohl Vietnam viel stärker und kampferprobter durch den Krieg gegen die Amerikaner und die Franzosen war. Wie gesagt, alles so ähnlich wie früher in Europa. Du hast vielleicht mal die Sprüche aus der Zeit vor dem ersten Weltkrieg gehört: Jeder Schuss, ein Russ', jeder Tritt, ein Brit', jeder Stoß, ein Franzos'"

***

Nach einer halben Stunde stieß auch noch der SWAT-Commander zusammen mit dem Hubschrauberpiloten zu der fröhlichen Runde. Er wies die drei Kambodschaner grinsend darauf hin, dass er als Commander des Thailändischen Inlandsgeheimdienstes über sämtliche Vorgänge auf der Air-Base informiert sein müsse. Und wenn die Kambodschaner hier dem Alkohol zusprechen wollten, sei deren Überwachung halt am leichtesten zu bewerkstelligen, und am unauffälligsten, wenn er als Geheimdienstler bei den ‚Erfrischungen' mitziehe. Dann habe er die Kambodschaner immer im Auge. Um nicht aufzufallen, bestellte er für den Piloten und sich ein Gedeck, bestehend aus einer Flasche Sang Som, einem Behälter mit Eiswürfeln und Coca Cola. Allerdings auch ein ganzes Tablett mit Gläsern. Es wurde ein feuchtfröhlicher Nachmittag einer beginnenden Völkerfreundschaft und -verständigung zwischen Kambodscha, Thailand und Deutschland, die alle durch Erzählungen von den jüngsten gemeinsamen Heldentaten gewürzt wurden.

Als die Abenddämmerung einbrach, intensivierten sich die Verständigungsbemühungen. Auch die Sprachbarrieren fielen mehr und mehr. Allerdings konnte sich Gerhard später an den weiteren Verlauf des Abends nur noch schemenhaft erinnern, da irgendwann das Bier ausging und nur noch Sang Som aufgetischt wurde. Er konnte sich allerdings noch an Eines präzise erinnern: nämlich, dass die sechs Patienten zu sehr vorgerückter Stunde in Rollstühlen von Engeln in ihre Zimmer geschoben wurden.

***

Weitere drei Tage später war die Reisefähigkeit der drei Männer aus Frankreich, Norwegen und Australien soweit hergestellt, dass ihre Heimflüge arrangiert werden konnten.

Gerhard verabschiedete sich von ihnen eher förmlich, obwohl ihm bewusst war, dass deren oft ‚seltsames Benehmen' auf die besonderen Umstände während der Geiselhaft zurückzuführen war.

Nach der Verabschiedung gingen die drei Fring's wie fast jeden Tag seit der Entdeckung, in den ‚Medizinischen Rehabilitationsraum', wo, wie sie schon am Ende des ersten Besuches zu ihrem Erstaunen festgestellt hatten, dass alle ‚Erfrischungen', oder um korrekt zu bleiben, alle flüssigen ‚Rehabilitationen' kostenlos waren. Auf Nachfrage wurde ihnen erklärt, das thailändische Verteidigungsministerium fühle sich schließlich für das leibliche Wohlergehen seiner Mitarbeiter verantwortlich. Obwohl sie Ausländer waren, und so an sich keinerlei direkte Fürsorgepflicht für ihr Wohlergehen bestand, wären sie immer gern gesehene Gäste, wohl weil sie bei ihren Tagungen dort regelmäßig gute Laune an den Tag legten und verbreiteten.

Trotz der fürsorglichen Behandlung, die ihnen zuteil wurde, beschlossen sie, einige Tage später diesen gastlichen Ort der Völkerfreundschaft und -verständigung zu verlassen.

Zuvor hatten sie sich in einem etwas eigenwilligen Rahmen einer sehr feuchten ‚Abschiedszeremonie' von ihren kambodschanischen Freunden verabschiedet und sich gegenseitig ein baldiges Wiedersehen versprochen. Wing gab Uli das hochheilige Versprechen, dann eine kühle Schachtel Champagner bereitzustellen. Auch in Kambodscha seien Wettschulden schließlich Ehrenschulden!

Die Drei verzogen sich auf die reizvolle Insel Ko Chang, die ganze einhundert Kilometer Luftlinie entfernt liegt, um sich noch einige Tage der Rehabilitation zu gönnen. Die Behandlung der immer noch nicht völlig verheilten Verletzungen wurde auf Staatskosten von der örtlichen Niederlassung des Gesundheitskonzerns ‚Bangkok Hospital' übernommen.

Nachwort

Gegen den ehemalige Leiter des Lagers ‚S 21', Kaing Guek Eav, alias ‚Duch' wurde kurze Zeit nach dessen zweiter Verhaftung der Prozess vor dem internationalen Kriegsverbrechertribunal eröffnet. Er dauert gegenwärtig noch an. Sein gesamtes Barvermögen bei der ‚Singapore Bank' wurde beschlagnahmt. Er gab die Verstecke von weiteren 21 Fundorten preis, wo weiterer Gold-, Jade- und Edelsteinschmuck sowie Zahngold geborgen wurde. Das Versteck von geschätzten 20 Kisten mit Titanprothesen wurde nie gefunden. Der Juwelier, der von Duch Schmuck, Gold und Zahngold erworben hatte, wurde wegen Hehlerei festgenommen, und zu einer Geldstrafe von fünf Millionen Dollar verurteilt.

Da die ehemaligen Besitzer der Schmuckstücke nicht mehr ermittelt werden konnten, wurden einige der Stücke und das Zahngold inklusive der Zähne dem TUOL SLENG GENOCID MUSEUM übergeben. Der Rest des Schmuckes und Goldes verkaufte man, ebenso wie den bei Duch bei dessen Verhaftung gefundenen Jadeschmuck, auf dem freien Markt. Das dabei erzielte Geld wurde genau wie das Guthaben Duch's, sowie die Geldstrafe, die der Juwelier umgehend bezahlte, in ein Fondsvermögen eingebracht, aus dessen Zinsertrag Enkeln von Pol Pot Opfern eine High-School- und Universitätsausbildung ermöglicht wurde.

Nuon Chea, alias ‚Brother No. 2, wartet heute noch in Phnom Penh auf seinen Prozess

Der Apotheker Khieu Khun und seine Tante Chep Khun siedelten von Pailin nach Phnom Penh über. Khieu Khun erhielt den Posten des obersten Apothekers der kambodschanischen Polizeihospitäler. Seine Tante Chep Khun wurde die Nachfolgerin der verstorbenen Leiterin der Zentralstelle für die Aufklärung der Verbrechen während der Pol Pot Ära.

***

Nach einigen Tagen auf der Insel Ko Chang erreichte Gerhard ein Anruf aus dem thailändischen Innenministerium. Der neue thailändische Innenminister Lupini erkundigte sich nach seinem Wohlbefinden und dem seiner Neffen. Als er eine positive Antwort erhielt, lud er die drei zu einem Staatsbankett im Anschluss an die feierliche Unterzeichnung eines Abkommens über die gemeinsame Verwaltung der Tempelanlagen des Wat/ Prasat Preah Vihear ein. Er wies ausdrücklich darauf hin, dass diese Einladung nicht nur auf seinen persönlichen Wunsch hin erfolgte. Einige der eingeladenen kambodschanischen Ehrengäste hätten einen diesbezüglichen Wunsch geäußert. Darunter befänden sich an erster Stelle der Innenminister Kambodschas, der oberste Apotheker der königlichen Polizeikräfte Kambodschas und der Polizeichef von Sihanoukville.

Das Staatsbankett war interessant, zumal die drei Frings in neu erworbenen Smokings erschienen. Besonderes Aufsehen erzielte Joes eigenwilliger grüner Irokesenhaarschnitt, der einen interessanten Kontrast zu seinem Smoking und seiner roten Fliege bildete. Offenbar waren sie das Hauptgesprächsthema der anwesenden Damenwelt.

Noch viel interessanter aber war das danach stattfindende gesellige Beisammensein mit viel Karaoke, Gesangs- und Tanzdarbietungen, und engelhaften Wesen in Hülle und Fülle aus beiden Ländern.

Die handelnden Personen

Tatsächlich existent:

Kaing Guek Eav,

Spitzname: ‚Duch'

ehemaliger Mathematiklehrer. unter Pol Pot, Chef des Lagers Tuol Sleng bei Phnom Penh, auch bekannt als 'S 21', eines von vielen Vernichtungslagern in der Nähe der Killing Fields in Phnom Penh

Nuon Chea,

engster, ehemalige Mitarbeiter und Freund von Pol Pot, auch bekannt als ‚Brother Number Two

Die Deutschen Gerhard Frings, und dessen Neffen:

Uli Frings, Johan Frings, genannt Joe

Hun Sen,

Ministerpräsident von Kambodscha, unter Pol Pot Befehlshaber der Militärregion Ost

Ee Chheau, ehemals Bodyguard von Pol Pot und heutiger Gouverneur der Autonomen Provinz Pailin

Fiktiv:

Geiseln:

Berry Mc. Guire

Philippe Viflau

Ole Olafson

Roman Deutz

Gerhard Frings

Weitere:

Theo Thammer

Verlagsleiter und Vorgesetzter von Uli Frings in Münster

Paul Wegener, Kollege von Uli Frings in Münster und Froschfreund

Wing Ban,

zunächst stellvertretender und später Polizeichef von Sihanoukville

Chen Won,

Freund von Wing Ban, Polizist, später stellvertretender Polizeichef von Sihanoukville

Pat Sisowat,

Freund und Vorgesetzter von Wing Ban, Polizeichef von Sihanoukville, später Innenminister von Kambodscha

Prea Log,

bis zu seiner Entlassung stellvertretender Innenminister Kambodschas

Chep Khun,

bis zu seiner Entlassung Innenminister von Kambodscha

Herr Naumann,

Botschaftsmitarbeiter der deutschen Botschaft in Phnom Penh

Herr Kinkel,

Deutscher Botschafter in Bangkok

Kim Khun,

Überlebende des Pol Pot Regimes, später Leiterin des Dokumentationszentrums für die Gräuel des Pol Pot-Regimes

Khieu, ihr Neffe und Helfer,

später Chefapotheker der Polizei

Die Herren Schmidtbauer und Kaiser:

BKA Mitarbeiter

Surasak Lupini, Staatssekretär im Innenministerium, später Innenminister Thailands

Rang Prasat,

bis zu seiner Entlassung: Innenminister Thailands

Mr. Soy,

Mitarbeiter des SWAT

Fu Sen Miao,

Inhaber des einstmals teuersten Luxusrestaurants in Phnom Penh

Gangster:

Sok Vai,

Sohn von Nuon Chea, Freund von Duch und ehemaliger Funktionär

Mitgangster:

Chap Virak,

Sim Sam,

Kong Samit

Tep Tim

Srae Chok, Gangsterboss von Paillin

Die Orte der Handlung

Koordinaten der Höhle, wo die Geiseln gefangen gehalten wurden:

12° 58′ 29″ Nördlicher Breite, 102°31′ 30″Östlicher Länge

Pailin,

Stadt und gleichnamige Provinz in Kambodscha

Hang Meas Hotel,

Hotel in Pailin

Caesar International Resort und Casino

in Pailin

Psah Prum,

Grenzübergang zwischen Thailand und Kambodscha

Phnom Penh und Umgebung

Phsar Thmei, Zentralmarkt in Phnom Penh

Kleang Romsev Markt, Phnom Penh, zwischen 316. und 326. Straße. Schlechte Gegend

Riverside Hotel,

Hotel in Phnom Penh

Riverfont Park,

Barviertel in Phnom Penh

Wat Gohng-Kahng,

bekanntes Kloster in Pailin

Prasat/ Wat Preah Vihear,

Weltkulturerbe der UNESCO Besitzansprüche von Kambodscha und Thailand

Chanthaburi,

Stadt in Thailand

Die Grenze

zwischen Thailand und Kambodscha bei Ban Pakkard, der kleine Ort auf kambodschanischer Seite heißt Prum.

Inhalt

Gebhard Friebel

Ein weisser Koffer
Gefangen in Thailand

Thriller

380 Seiten, Paperback
ISBN 9783905960488
€ 15,80 (D)
€ 16,30 (A)
CHF 22,90 UVP

Vom selben Autor und mit denselben Protagonisten: Gerhard, Uli und Joe Frings. Das Geschehen spielt zeitlich vor dem des Bandes „Blutiger Reis", wieder owohl in Kambodscha, wie in Thailand. Bezüge hierauf werden im vorliegenden Thriller „Blutiger Reis" erwähnt. Gebhard Friebel schildert mit gleicher Spannung einen Vorgang, der jeden Touristen treffen kann, der es an der nötigen Aufmerksamkeit fehlen lässt: das unbemerkte Unterschieben von Rauschgift ins Reisegepäck und die Folgen mit Verhaftung und Einsitzen in einem Gefängnis.
Der Versuch. den Gefangen frei zu bekommen. führt zu dramatischen, grenzübergreifenden Verwicklungen, bis in Regierungskreisen, Auseinandersetzungen unter Beteiligten unterschiedlicher Glaubensrichtungen und zeigt, wie die Korruption auch von einfachen Beamten mit grösster Rafinesse praktiziert wird.
Mehr unter www.Universal-Frame-Verlag.ch